Stephanie Waletzki ·
Ehe und Ehescheidung in Tunesien

ISLAMKUNDLICHE UNTERSUCHUNGEN · BAND 241

begründet
von
Klaus Schwarz

herausgegeben
von
Gerd Winkelhane

KLAUS SCHWARZ VERLAG · BERLIN

ISLAMKUNDLICHE UNTERSUCHUNGEN · BAND 241

Stephanie Waletzki

Ehe und Ehescheidung in Tunesien

Zur Stellung der Frau in Recht und Gesellschaft

KLAUS SCHWARZ VERLAG · BERLIN · 2001

Die Deutsche Bibliothek – CIP-Einheitsaufnahme

Waletzki, Stephanie:
Ehe und Ehescheidung in Tunesien : zur Stellung der Frau in Recht und Gesellschaft /
Stephanie Waletzki. – Berlin : Schwarz, 2001
(Islamkundliche Untersuchungen ; Bd. 241)
Zugl.: Bonn, Univ., Diss., 2001
ISBN 3-87997-294-X

Klaus Schwarz Verlag GmbH, Postfach 41 02 40, D-12112 Berlin
ISBN 3-87997-294-X
Druck: Offsetdruckerei Gerhard Weinert GmbH, D-12099 Berlin

ISSN 0939-1940
ISBN 3-87997-294-X

Vorwort

Die vorliegende Arbeit wurde von der Philosophischen Fakultät der Rheinischen Friedrich-Wilhelms-Universität Bonn als Dissertation im Fach Islamwissenschaft angenommen.
An erster Stelle möchte ich meinem Doktorvater, Herrn Prof. Dr. Stefan Wild, für seine fachliche Betreuung und Menschlichkeit herzlich danken. Mein Dank gilt auch Frau Prof. Dr. Birgitt Hoffmann, die das Korreferat zur Arbeit verfaßt hat. Für seinen stets sachkundigen Rat danke ich Herrn Prof. Dr. Hilmar Krüger.
Zum Erfolg der Arbeit haben auch Fachleute aus Tunesien beigetragen. Dankbar bin ich vor allem Herrn Prof. Dr. Muḥammad al-Ḥabīb Aš-Šarīf und Frau Bušra Balḥāǧǧ Ḥamīda für aufschlußreiche Gespräche und die Vermittlung weiterführender Kontakte.
Ohne ein Promotionsstipendium des Cusanuswerks wäre diese Arbeit nicht zustande gekommen. Ich bin dem Werk in besonderer Weise für seine finanzielle und ideelle Förderung zu Dank verpflichtet.
Erwähnung haben auch mein Mann und meine Eltern verdient, die mich stets ermutigt und praktisch unterstützt haben.

Bonn, im September 2001

Für Markus

INHALTSVERZEICHNIS

Seite

Seite

Kapitel 2

Die Stellung der Frau im tunesischen Ehe- und Scheidungsrecht - Gesetzgebung und Rechtsprechung seit der Unabhängigkeit

Seite

Seite

Seite

Kapitel 3
Die Rolle der tunesischen Frau in Ehe und Familie - Eine empirische Annäherung

Seite

Seite

Technische Hinweise

Die Umschrift arabischer Wörter und Eigennamen orientiert sich am System der Deutschen Morgenländischen Gesellschaft. Auf eine Transkription wird bei in der deutschen Fachsprache geläufigen Begriffen (wie Koran, hanafitisch) verzichtet. Ortsbezeichnungen (Tunis, Sousse) und Namen bekannter Persönlichkeiten (Mohammed, Bourguiba) werden in ihrer in Tunesien üblichen französischen Schreibweise beibehalten.
Für die Zitierung fremdsprachlicher Literatur wurde ein Mischsystem gewählt. Während französisch- und arabischsprachige Textpassagen ins Deutsche übertragen werden, wird auf eine Übersetzung englischer Zitate verzichtet.
Die Koranzitate entstammen der Übersetzung von Rudi Paret.[1]

Einleitung

Thematischer Kontext

Es ist nicht nur die weltweit zu beobachtende Rückbesinnung auf den Islam, die die Frage nach der Vereinbarkeit islamischer Wertvorstellungen mit den Herausforderungen einer veränderten Welt aufwirft. Dem Konflikt zwischen Tradition und Moderne sehen sich auch solche Staaten gegenüber, die bereit sind, sich dem gesellschaftlichen Wandel zu öffnen und eine Anpassung ihres Rechtssystems an die neuen Lebensverhältnisse zu vollziehen. So wurden bisher vielerorts in der islamischen Welt Reformierungen und Kodifizierungen *šarī'a*-rechtlicher Vorschriften in fast allen Rechtsgebieten ohne größere gesellschaftliche Widerstände durchgeführt. Anlaß leidenschaftlicher Auseinandersetzungen ist aber stets das Familienrecht, das als zentraler Ordnungsfaktor und „*Basis der islamischen Gesellschaft*"[2] eine Sonderposition einnimmt. Tatsächlich lassen gerade die familienrechtlichen Bestimmungen in einem islamischen Staat Rückschlüsse auf dessen Bereitschaft zu, gesellschaftliche Strukturen zu moderni-

[1] Der Koran. Übersetzung von Rudi Paret, 5. Aufl., Stuttgart u. a. 1989. Zur Verwendung von Abkürzungen, Klammern und Fragezeichen vgl. ebd., S. 9.
[2] Anderson, Islamic law, S. 39.

sieren. Mit der Konzentration von Reformaktivitäten auf das islamische Familienrecht steht aber auch die Anpassungsfähigkeit der *šarī'a* an den sozialen Wandel auf dem Prüfstand.[3] Anpassung des islamischen Familienrechts an moderne Lebensverhältnisse bedeutet in erster Linie, die Stellung der Frau im Bereich der Ehe zu verbessern.[4] Doch gerade das Frauenrecht ist in der islamischen Welt Gegenstand kontroverser Diskussionen. Der Entwicklungsgrad einer Gesellschaft, ihr demokratisches Niveau und ihre zivilisatorische Reife werden heute ebenso an der Stellung der Frau gemessen wie ihre religiöse Verwurzelung und Traditionsgebundenheit. Für viele Länder des arabisch-islamischen Kulturkreises hat dies zur Folge, daß das Frauenrecht über seinen juristischen Aspekt hinaus längst eine politisch-ideologische Dimension angenommen hat. Dies trifft nicht zuletzt auch auf Tunesien zu.

Begründung der Objektwahl

Als geeignetes Beispiel für die Förderung der Frauenrechte mit dem Ziel der Modernisierung einer muslimisch geprägten Gesellschaft kann Tunesien herangezogen werden. Dessen 1956 erlassenes und seither mehrfach modifiziertes Personenstandsgesetzbuch (franz. *Code du Statut Personnel*[5], arab. *maǧalla*) ist durchaus als revolutionär einzustufen und genießt hinsichtlich der der Frau zuerkannten Rechte Vorbildcharakter in der arabisch-islamischen Welt. Wesentliche Neuerungen führte der CSP mit dem Verbot der Polygynie, der Abschaffung der Zwangsverheiratung von Mädchen und der gerichtlichen Ehescheidung ein, die seither auch von Frauen erwirkt werden kann. Damit entfernte sich der tunesische Gesetzgeber nach Auffassung von Kritikern erheblich von den Vorschriften des islamischen Rechts. Begründet wurden gesetzgeberische Aktivitäten seither stets mit der Forderung nach der Emanzipation der Frau im Sinne ihrer rechtlichen und sozialen Gleichstellung. Dem Postulat einer modernen, aber sich dennoch zum Islam bekennenden Gesellschaft folgend, versäumte es der Gesetzgeber nie, die Vereinbarkeit des kodifizierten Rechts mit dem Islam zu betonen und diese mit

---

[3] Kamali, Divorce, S. 99.
[4] Dilger, Entwicklung, S. 70.
[5] Im folgenden abgekürzt mit CSP.

einer Neuinterpretation der *šarī'a* zu rechtfertigen. Vor diesem Hintergrund konnten auch in den Folgejahren weitere, auf eine Besserstellung der Frau abzielende Gesetzesänderungen durchgesetzt werden. Für die kontinuierliche Weiterentwicklung der Frauenrechte stehen die Gesetzesmodifikationen der neunziger Jahre. Die Personenstandsreform von 1993 stellt die bisher umfassendste Änderung in der Geschichte des tunesischen Ehe- und Familienrechts dar. Die bemerkenswertesten Neuerungen beziehen sich auf die Abschaffung der Gehorsamspflicht gegenüber dem Ehemann, die Zustimmungspflicht der Mutter zur Eheschließung ihres minderjährigen Kindes und die Einführung des Gegenseitigkeitsprinzips im Bereich der ehelichen Pflichterfüllung und Kindererziehung. Auch mit der Einführung eines Fonds zur Sicherstellung von Unterhalt und Scheidungsrente wurde ein bedeutender Schritt in Richtung Besserstellung und Absicherung der geschiedenen Frau und ihrer Kinder getan. Der Reformwille der tunesischen Staatsführung ist ungebrochen. Als jüngstes Beispiel für Anpassungen des kodifizierten Rechts an die Bedürfnisse der Neuzeit ist die Einführung eines Gesetzes über die eheliche Gütergemeinschaft im Jahre 1998 zu nennen.

Von Interesse ist Tunesien als Untersuchungsland auch deshalb, weil dort die Frauenförderung relativ stringent verlief und selbst politische und wirtschaftliche Krisenzeiten den Frauenrechten, zumindest auf legislativer Ebene, nichts anzuhaben vermochten. Wir haben es dadurch mit einem muslimischen Land zu tun, das auf eine über vierzigjährige Geschichte erfolgreichen Kampfs für die Rechte der Frau zurückblickt. Tunesien bietet damit ideale Voraussetzungen für die Untersuchung von Wechselwirkungen zwischen Gesetz und sozialer Wirklichkeit.

Ein weiterer Grund für die Beschäftigung mit Tunesien ist die Tatsache, daß gerade Nordafrika in der deutschsprachigen Forschung über die arabisch-islamischen Staaten ein stark vernachlässigtes Gebiet ist und in der Regionalforschung eine untergeordnete Rolle spielt. Was die französische Orientforschung betrifft, so befaßt sie sich zwar traditionell mit Nordafrika, hier aber vor allem mit historischen Fragen. Ein Großteil der Veröffentlichungen bezieht sich zudem auf Algerien. Gleiches gilt für die Regionalforschung des deutschsprachigen Raums. Die Beschäftigung mit soziologischen und rechtswissenschaftlichen Fragen hat (angesichts der politischen Entwicklungen in den Ländern Nordafrikas) in den vergangenen Jahren zwar spürbar zugenommen, eine Tendenz zur systematischen sozialwissenschaftlichen Forschung vor dem Hintergrund übergreifender Fragestellungen ist aber ebensowenig zu erkennen wie die Bereitschaft zur interdisziplinären Erforschung der Region. Doch gerade bei der Beschäftigung mit der Frauenproblematik im Islam macht die Verbindung unterschiedlicher wissenschaftlicher Perspektiven Sinn. Mitte der achtziger Jahre bemängelte *Abdel Kader* die Unausgereiftheit der Forschung über Frauenfragen in der arabischen Welt und forderte eine interdisziplinäre, umfassende Forschung auf diesem Gebiet mit dem Ziel, Daten und Informationen über verschiedene Länder der Region und ihre unterschiedlichen sozialen Klassen zusammentragen zu können.[6] Was Tunesien als Untersuchungsland betrifft, so sind in den vergangenen Jahren vor allem von einheimischen Wissenschaftlern eine beachtliche Zahl von Beiträgen zur Frauenproblematik erschienen. Die meisten von ihnen behandeln das Thema aus soziologischer Sicht, wobei sich einige davon konkreten Fragestellungen empirisch nähern; andere betrachten Einzelfragen aus juristischer Perspektive. Umfassende interdisziplinäre Arbeiten zur Frauenproblematik in Tunesien sind indes rar gesät. Die vorliegende Arbeit versucht durch die Verbindung eines historisch-soziologischen mit einem juristischen Ansatz einen Vorstoß in diese Richtung.

Zielsetzung der Arbeit

Wie nahe Tunesien dem Ziel einer Gleichstellung der Geschlechter in Recht und Gesellschaft gekommen ist und welche Rolle dabei die Dualität von Tradition und Moderne spielt, ist die zentrale Frage, zu deren Klärung die Arbeit einen Beitrag zu leisten versucht. Inwieweit sich die Frauenemanzipation in Gesetz und sozialer Wirklichkeit heute bemerkbar macht, soll anhand der Ehe und Ehescheidung aufgezeigt werden. Die Ehe, vom Gesetzgeber konsequent in ihrer Funktion als Kern der Familie und Basis der modernen Gesellschaft bestärkt, bietet sich als ein Bereich an, in dem sich die Gratwanderung zwischen Tradition und Moderne besonders deutlich manifestiert. Darüber hinaus kann das Themenfeld Ehe und Ehescheidung angesichts seiner Vielfalt rechtlicher und sozialer Implikationen als

---

[6] Abdel Kader, Research on women, S.160.

geeignetes Forum zur Bewertung des Frauenstatus im heutigen Tunesien angesehen werden.

Die Autorin der vorliegenden Arbeit stellt die These auf, daß die dem positiven Recht zugrundeliegende Dynamik der Liberalisierung bzw. Öffnung nach außen nicht notwendigerweise auf die gesellschaftliche Praxis rückwirkt, vor allem dann nicht, wenn sie eine Infragestellung zentraler islamischer Geschlechterrollen in sich birgt. Insofern soll die Arbeit über eine „Bestandsaufnahme" der rechtlichen und sozialen Stellung der tunesischen Frau hinaus vor allem zur Klärung der folgenden Fragen beitragen:

- Wo erklären sich Lücken oder Doppeldeutigkeiten weniger durch ihre Unvereinbarkeit mit dem islamischen Recht als durch die Rücksichtnahme auf traditionelle Wertvorstellungen innerhalb der Bevölkerung?

- Haben juristische Reformen sowie die Politik der Frauenförderung als ganze fundamentale Veränderungen der Familie bewirkt? Wurden durch sie patriarchalische Strukturen zurückgedrängt?

- Inwiefern kann das tunesische Frauenrecht überhaupt als Motor der sozialen Entwicklung angesehen werden? „*The tunisian law is certainly an example of <social engineering>*" lobte ein bekannter Orientalist den gesellschaftsbildenden Charakter des tunesischen Personenstandsrechts im Jahre 1979.[7] Nach vier Jahrzehnten seiner Anwendung muß es Erkenntnisse geben, die diese Vermutung bestätigen oder widerlegen, und

- welche Perspektiven für die Entwicklung des Frauenstatus zeichnen sich in Recht und Gesellschaft Tunesiens ab? Ein Unsicherheitsfaktor liegt für westliche Beobachter nicht nur in der Abhängigkeit der Frauenrechte von politischen Zielsetzungen, sondern auch in der gespaltenen Haltung vieler Männer. „*The advances made in restructuring male attitudes towards women have been enormous but when a society is under such intense political and economic pressure, a retreat into the culturally familiar realms of tradition is*

[7] Pearl, Textbook, S. 113. Hervorhebung im Original.

often an attractive option." bemerkte eine amerikanische Wissenschaftlerin 1996.[8]

Aufbau und Methode

Mit Hilfe des ersten Kapitels, in dem der historisch-ideologische Hintergrund der Frauenemanzipation in Tunesien umrissen wird, soll die Basis für eine differenzierte Bewertung der rechtlichen und sozialen Stellung der Frau im heutigen Tunesien geschaffen werden. Die Entwicklung des Frauenstatus wird von der traditionellen vorkolonialen Gesellschaft bis in die Gegenwart hinein verfolgt. Dazu wurde das erste Kapitel in zwei Teile unterteilt. Der erste Teil behandelt die Stellung der Frau in der traditionellen islamischen Gesellschaft Tunesiens bis hin zur Kolonialzeit. Der zweite Teil über Emanzipationstendenzen und Statusverbesserungen im modernen Tunesien knüpft historisch an den ersten an, geht aber auf den Spuren des tunesischen Feminismus auf den Mitte des 19. Jahrhunderts beginnenden tunesischen Reformismus zurück. In der historischen Reihenfolge werden außerdem die kolonialen Befreiungstendenzen, die Ideologie des *aṭ-Ṭāhir al-Ḥaddād*, die Frauenpolitik *Bourguibas*, der tunesische Islamismus, die Frauenförderung unter *Ben Ali* sowie der organisierte Feminismus im heutigen Tunesien zur Sprache kommen. Die Ausführungen sollen über einen historischen Querschnitt hinaus vor allem die gesellschaftlichen, kulturellen und religiösen Einflußfaktoren sowie deren Auswirkungen auf die Stellung der Frau berücksichtigen.

Das zweite Kapitel widmet sich der Stellung der Frau in der Theorie und Praxis des tunesischen Ehe- und Scheidungsrechts. Ziel ist die Gesamtdarstellung und Diskussion der entsprechenden Bestimmungen des tunesischen Personenstandsgesetzes unter Berücksichtigung der relevanten Rechtsprechung. Eine Auswertung der Rechtsprechung fand in Fachbeiträgen und Dissertationen bisher nur zu Einzelfragen statt.

---

[8] Murphy, Women, S. 139.

Es werden außerdem Aspekte des Kollisions-, Kindschafts- und Güterrechts zur Sprache gebracht. Zentral ist die Frage, inwiefern sich Islamtreue einerseits und verfassungsmäßig garantierte Gleichberechtigung der Geschlechter andererseits im Gesetz widerspiegeln. Es sollen sowohl Stärken als auch Schwächen des tunesischen Rechts im Hinblick auf eine tatsächliche Gleichbehandlung von Mann und Frau herausgestellt werden. Zu diesem Zweck wird durchgehend ein Vergleich mit dem islamischen Recht, auf dem das tunesische Personenstandsrecht wurzelt, angestellt. Dabei ist zu zeigen, wo sich gesetzliche Regelungen aus der *šarī'a*, und hier vor allem aus der malikitischen und der hanafitischen Rechtsschule, herleiten lassen und an welchen Stellen sich der Gesetzgeber stark vom islamischen Recht entfernt. Auch auf Unklarheiten und Lücken im Gesetz, die als Mittel der Rechtsfortbildung von Bedeutung sind, soll eingegangen werden. Einen Eindruck von der Umsetzung und Ausgestaltung des kodifizierten Rechts liefern Beispiele der Rechtsprechung. Sie geben Aufschluß darüber, ob die Jurisdiktion die faktische Gleichberechtigung der Geschlechter mitträgt und inwiefern sie gesellschaftliche Entwicklung forciert oder auch abbremst. Vor diesem Hintergrund wurde das zweite Kapitel in einen grundlegenden und einen systematischen Teil gegliedert. Im ersten Teil über „das tunesische Familienrecht im Spannungsfeld islamischer und moderner Einflüsse" werden die Grundzüge der *šarī'a* dargestellt und auf Probleme der Rechtsreform im Islam sowie deren „Lösung" in Tunesien eingegangen. Im zweiten, systematischen Teil werden die wichtigsten Bestimmungen des Ehe- und Scheidungsrechts in den Abschnitten „Das Verlöbnis", „Die Ehe" und „Die Ehescheidung" behandelt und wie oben beschrieben diskutiert.

Im dritten Kapitel schließt sich eine Untersuchung über die gesellschaftliche Stellung der verheirateten und der geschiedenen Frau an. Als Ausgangspunkt der Betrachtung wird zunächst auf den Wandel der Familienstrukturen in Tunesien und seine Ursachen eingegangen. Im nächsten Schritt werden damit einhergehende demographische Veränderungen beleuchtet, darunter die Entwicklung des Heiratsalters, der Altersabstand zwischen den Ehepartnern sowie die Scheidungsrate und –initiative. Ob sich äußerliche Veränderungen der Familienstruktur auch in einem allgemeinen Bewußtseinswandel niederschlagen, soll zunächst mit Blick auf die in der Bevölkerung verbreiteten Wertvorstellungen untersucht werden.

Dabei werden die dominierenden Rollenzuweisungen an die Frau in den Vordergrund gestellt. Angesichts eines weitgehend modernen Personenstandsrechts stellt sich vor allem für den Bereich der Ehe die Frage nach neuen partnerschaftlichen Konzeptionen. Ob die in weiten Teilen rechtlich abgesicherte Emanzipation der Frau auf die realen Bedingungen der Eheschließung und die faktische Rollenaufteilung in der Ehe rückwirkt, welches die Hauptauslöser von Ehekonflikten sind und wie die Ehescheidung von Betroffenen erlebt wird, soll unter Zuhilfenahme empirischer Studien der achtziger und neunziger Jahre dargestellt werden. Diskrepanzen zwischen Stadt und Land, die hinsichtlich der Bindung an Werte und Traditionen teilweise erheblich sind, werden an geeigneter Stelle herausgearbeitet. Insgesamt soll eine Synthese der in der deutschsprachigen Forschung kaum aufgearbeiteten soziologischen Literatur zum Thema versucht werden. Persönliche Eindrücke und Erkenntnisse, die durch Gespräche mit tunesischen Frauenrechtlerinnen, Rechtsanwälten und Rechtsanwältinnen sowie Soziologinnen gewonnen wurden, werden weitestgehend in die Untersuchungen miteinbezogen.

Abgesehen von der Analyse der Rechtsprechung für den zweiten Teil der Arbeit und der (unsystematischen) Befragung von Einzelpersonen für den dritten Teil, ist die angewandte Methode deskriptiv, da sie sich überwiegend auf die Auswertung und Darstellung themenbezogener Literatur stützt. Sie ist außerdem interdisziplinär, denn sie verbindet einen historischen mit einem soziologischen Ansatz und bezieht rechtsvergleichende Gesichtspunkte mit ein.

<u>Art und Herkunft des verwendeten Materials</u>

Zur Bearbeitung des ersten grundlegenden Kapitels wurde größtenteils auf deutsch- und französischsprachige Publikationen zurückgegegriffen.

Die Quellenarbeit des zweiten rechtswissenschaftlichen Teils der Arbeit stützt sich überwiegend auf arabischsprachiges Material. Den Ausführungen über das tunesische Personenstandsrecht wurden die in einer regierungsamtlichen Veröffentlichung abgedruckten, „einzig verbindlichen“ arabischen Gesetzestexte zugrunde gelegt. Dies erwies sich insofern als sinnvoll, als die in der Rechtsliteratur fast ausschließlich verwendeten französischen Textfassungen häufig den Bedeutungsgehalt arabischer Termini ungenau wiedergeben und zum Teil in einem sinnentstellenden Maße interpretativ sind. Die rechtstheoretischen Betrachtungen werden durch Beispiele aus der Rechtspraxis ergänzt. Zu diesem Zweck wurden 480 arabischsprachige Gerichtsurteile der Jahre 1957 bis 1998 übersetzt und ausgewertet. Als hilfreich für die Arbeit am zweiten Kapitel erwies sich ein in Tunis aufgelegter, arabischsprachiger Handkommentar mit Gerichtsurteilen sowie ausführlichen Literaturhinweisen. Daß darin fast ausnahmslos Urteile wiederzufinden sind, auf die in der juristischen Literatur Bezug genommen wird, ließ diese Sammlung als solide Arbeitsgrundlage erscheinen. Eine einseitige Auswahl von Gerichtsentscheidungen durch den Autor konnte auch nach dem Abgleich mit einem Verzeichnis wichtiger Revisionsurteile ausgeschlossen werden, das für die Autorin 1995 auf Nachfrage vom tunesischen Justizministerium ausgedruckt worden war. Viele neuere Gerichtsentscheidungen sowie ein Teil der juristischen Fachaufsätze wurden arabischsprachigen Rechtszeitschriften sowie einer ebenfalls arabischsprachigen Publikation des Kassationsgerichtshofes in Tunis entnommen. Aufgrund lückenhafter Bestände entsprechender Publikationen in deutschen Bibliotheken erfolgte die Recherche fast ausnahmslos vor Ort, speziell an der Juristischen Fakultät der Universität Tunis sowie in einer dem Justizministerium angeschlossenen Präsenzbibliothek. Der Großteil der verarbeiteten Fachaufsätze ist einer tunesischen Rechtszeitschrift in französischer Sprache entnommen. Die Darstellung des islamischen Rechts stützt sich durchgehend auf Sekundärliteratur.

Für den dritten soziologischen Teil der Arbeit wurden neben Fachaufsätzen und empirischen Studien auch Dokumente und Publikationen des Frauenministeriums, verschiedener Frauenorganisationen sowie des *Centre de Recherche, d'Etude, de Documentation et d'Information sur la Femme* (CREDIF) in Tunis verarbeitet. Dieses Frauenforschungs- und Dokumentationszentrum verfügt über eine gut sortierte Bibliothek und moderne Arbeitsmethoden. Literatur wurde in Tunis außerdem im *Center for Maghrib Studies*, im *Centre d'Etudes, de Recherches et de Publications* sowie im *Institut de Recherche sur le Maghreb Contemporain* recherchiert; dort konnten auch Publikationen des *Institut National de la Statistique* (INS) eingesehen werden. Der Aussagegehalt der in der Arbeit verwerteten Statistiken relativiert sich vor dem Hintergrund oft undurchsichtiger Erhebungsmethoden. Dies gilt sowohl für offizielle Statistiken des INS als auch für Zahlenangaben in amtlichen und nichtamtlichen Veröffentlichungen. Delikat scheint das Thema Ehescheidung zu sein. Unveröffentlichte Statistiken zur Scheidungsrate, zur Entwicklung der Scheidungsarten und der Scheidungsinitiative wurden der Autorin bei ihren ersten Vorortrecherchen 1995 vom Statischen Dienst des Justizministeriums zur Verfügung gestellt, 1999 aber ohne Angabe von Gründen verweigert. Auch spätere Nachfragen blieben unbeantwortet.

Zur Verwendung der Begriffe „Tradition" und „Moderne"

Im Rahmen der vorliegenden Arbeit werden die Begriffe Tradition und Moderne vor allem zur Verdeutlichung zweier unterschiedlicher kulturhistorischer Einflüsse verwendet, die in Tunesien das soziale Leben, den Glauben, die Werte und Gesetze, Sitte und Moral etc. geprägt haben und prägen. Dabei wurde bewußt darauf verzichtet, der Moderne den Islam als begriffliches Pendant entgegenzustellen. Die Gleichsetzung des Islam mit der lokalen Kultur eines Landes kritisiert der amerikanische Sozial- und Islamwissenschaftler *Binder* mit den Worten:

„I am certain that it is wholly misleading to equate Islam and culture in general in any Middle Eastern country, and not only in the most westernized of them. Islam in its various forms and categories and applications is only a part of Middle East culture, and by itself accounts for little. It is often far more accurate to see various Islamic symbols as instruments wielded by those who have power."[9]

Daß die rechtliche und gesellschaftliche Stellung der tunesischen Frau in der Vergangenheit nicht nur religiös beeinflußt war, sondern als Ergebnis von Wechselwirkungen zwischen der islamischen Lehre, der gesellschaftlichen Praxis und den politischen Gegebenheiten gesehen werden muß, läßt die Verwendung

[9] Binder, Islamic Liberalism, S. 80 f.

des Terminus Tradition im Sinne von „kultureller" Tradition sinnvoller erscheinen. Die kulturelle Tradition einer Gesellschaft bezeichnet *Riegel* als

„jene(n) kollektive(n) Wissensvorrat ... der kontinuierlich und gesichert von Generation zu Generation weitergegeben wird, eine gewisse inhaltliche Identität über längere Zeiträume hinweg aufweist und von genügend Gesellschaftsmitgliedern als sinnstiftende Handlungsorientierung akzeptiert wird."[10]

Da im Falle Tunesiens spätestens die Kolonialzeit eine Beeinträchtigung der stringenten und gesicherten Tradierung allgemein akzeptierter kultureller Tatsachen mit sich brachte, müßte die sogenannte Tradition dieser Definition zufolge auf die vorkoloniale Zeit beschränkt sein. Da aber eine Vielzahl kultureller Werte und Normen die geschichtlichen Entwicklungen, insbesondere des 20. Jahrhunderts, überdauert haben, kann der Begriff der Tradition für die vorliegende Arbeit nur unter Betonung seines bis in die Gegenwart wirkenden Einflusses operationalisierbar gemacht werden.

Was Tradition im tunesischen Kontext bedeutet, soll im Rahmen der vorliegenden Arbeit weniger an wissenschaftlichen Definitionen, denn an konkreten Beispielen festgemacht werden. Gleiches gilt für den Terminus Moderne, der für sich genommen zunächst ein Abstraktum ist. Über das Problem von Islam und Moderne ist viel geschrieben worden, und auch die feministische Literatur hat sich mit diesem Thema auseinandergesetzt.[11] Dabei wurde häufig versucht, den Begriff der Moderne, des Modernismus bzw. der Modernität definitorisch zu fassen. Im Ergebnis liegen aber den gleichen Termini je nach Autor/in gänzlich unterschiedliche Konzepte zugrunde. Was Tunesien betrifft, so wurde der Begriff *modernité/modern* nach Erlangung der Unabhängigkeit geprägt und vor allem im Zusammenhang mit dem Aufbau eines laizistischen Staates verwendet, der sich am westlichen Entwicklungsmodell orientierte.[12] Bezogen auf die Frauenfrage wird er in Tunesien mit Gleichberechtigung, Weltoffenheit und Emanzipation assoziiert, wobei auch der Bedeutungsgehalt dieser Begriffe innerhalb der politi-

[10] Riegel, Tradition und Modernität, S. 76.
[11] Beispiele für neuere Veröffentlichungen zum Thema sind Heller, E./Mosbahi, H. (Hrsg.), Islam Demokratie Moderne. Aktuelle Anworten arabischer Denker, München 1998 und Abu-Lughod, L., Remaking Women. Feminism and Modernity in the Middle East, Princeton/New Jersey 1998.
[12] Zum Modernitätsbegriff der Ära *Bourguiba* vgl. Kap. 1, II., 2.1.1 der vorliegenden Arbeit.

schen Landschaft, der Frauenbewegung aber auch in der Bevölkerung selbst variiert, grundsätzlich aber als Gegenkonzept zu einer die Frau benachteiligenden Tradition verstanden wird. Eine Verwendung der Termini Tradition und Moderne muß also grundsätzlich unter Berücksichtigung der historischen, sozialen und politischen Entwicklung Tunesiens erfolgen. So verhält es sich auch mit dem Begriff der Frauenemanzipation. Er ist ebenfalls in erster Linie kulturell definiert und kann als solcher nur im Kontext der tunesischen Gesellschaft erfaßt werden.

Kapitel 1

Die historisch-ideologische Entwicklung des Frauenstatus in Tunesien

I. Die Frau in der traditionellen islamischen Gesellschaft Tunesiens

1. Der Einfluß des Islams auf die Stellung der Frau

Die Lage der Frau in der vorkolonialen Gesellschaft Tunesiens war durch ein Zusammenspiel verschiedener religiöser, sozialer und wirtschaftlicher Einflußfaktoren gekennzeichnet. Dabei kam dem Islam eine besondere Bedeutung zu, denn die aus ihm entwickelten Gesetze waren für das private, öffentliche und spirituelle Leben eines jeden einzelnen verbindlich und prägend. Wenn wir von dem Einfluß des Islams auf das soziale Leben einer Gesellschaft sprechen, so meinen wir damit weniger die auf Koran und *sunna* basierenden Grundlagen des Glaubens als vielmehr den Prozeß ihrer Deutung und Anwendung in der täglichen Praxis. Dies betrifft in besonderer Weise die Frauenrechte. In der muslimischen Gesellschaft Tunesiens waren die der Frau zugestandenen Rechte und Freiheiten über Jahrhunderte hinweg abhängig vom Urteil der Rechtsgelehrten und ihrer Akzeptanz innerhalb der Bevölkerung. Zwar brachte der Koran Frauen, indem er ihnen gewisse positive Rechte einräumte, eine deutliche Verbesserung ihrer Lage, doch die faktische Unterwerfung der Frau unter den Mann wurde durch die Bestimmungen des islamischen Rechts fortgesetzt und religiös abgesichert.[1] Viele koranische Rechte der Frau wurden nicht nur zu ihren Ungunsten ausgelegt, sondern im täglichen Leben umgangen oder schlicht ignoriert. Die Ursache für die Entrechtung von Frauen war nicht der Islam als Religion, sondern die Bindung an Werte einer patriarchalischen Gesellschaft, die sich lange vor dem Islam formiert hatte:

---

[1] Zu Fragen der Geschlechter(un)gleichheit im Islam vergleiche aus der überreichen Gender-Literatur z. B. Yazbeck Haddad, Y./Esposito, J. L. (Hrsg.), Islam, Gender and Social Change, Oxford (u.a.) 1998; Kandiyoti, D. (Hrsg.), Gendering the Middle East. Emerging Perspectives, London/New York 1996; Moghadam, V. M., Modernizing women. Gender and social change in the Middle East, Boulder/London 1993.

„Für die Araber im Vorislam war die Frau nicht mehr als ein Gegenstand ihres Haushaltes, der die Nachkommen des Mannes aufzog ... . Dieser konnte die Frau verstoßen, wann er wollte, seine eheliche Gewalt über sie ausüben, wie es ihm beliebte und nach Lust und Laune eine beliebige Anzahl von Frauen hinzuheiraten.“[2]

Wie stark zentrale Wertvorstellungen der tunesischen Gesellschaft auch heute noch durch islamische bzw. koranische Normen geprägt sind, kommt vor allem in der Geschlechterfrage zum Ausdruck. Als Ausgangspunkt aller weiteren Überlegungen soll deshalb zunächst das Gleichstellungs- wie auch das Diskriminierungspotential koranischer Bestimmungen herausgearbeitet werden. Ein Blick auf die islamische Praxis wird zeigen, inwieweit der Koran und die von ihm zur Norm erhobenen Rollenbilder in der Realität auf die Stellung der Frau rückwirkten.

1.1 Theorie und Praxis koranischer Wert- und Rollenzuweisungen

1.1.1 Gleichstellung der Frau als religiöses und soziales Wesen

Als Individuen stehen Frauen und Männer dem Koran zufolge auf einer Stufe.[3] Dies gilt sowohl im Hinblick auf die ihnen auferlegten religiösen, ethischen und sozialen Pflichten als auch hinsichtlich ihrer Beurteilung und Behandlung durch Gott. Daraus folgt zunächst, daß die Regeln, die der Koran für das religiöse Leben der Menschen aufstellt, für Frauen und Männer gleichermaßen bindend sind. Beiden obliegen die selben religiösen Pflichten, wie Gehorsam gegenüber Gott und dem Propheten, Almosen geben, Gebet und Fasten.[4] Dabei sind Ausnahmen als Konzession an biologische Spezifika - vor allem der Frau – vorgesehen.[5] Dennoch machten sich im islamischen Recht und in der gesellschaftlichen Praxis sehr bald Bestrebungen bemerkbar, die Frau an einer gleichberechtigten

---

[2] Al-Bāǧī, ḏātiyyat al-mar'a, S. 39.

[3] Die Unterscheidung zwischen der religiös-sozialen und der zwischengeschlechtlichen Ebene richtet sich nach Motzki, Die beiden Geschlechter, S. 622 ff.

[4] Koran 9:71; 57:18; 33:35; 2:177.

[5] So sind Frauen während der Menstruation und Stillzeit von der Pflicht des Fastens befreit, ebenso Kranke und Kinder.

Praktizierung des Glaubens zu hindern. So ist die dem Muslim vorgeschriebene Pilgerfahrt nach Mekka der Frau nach einstimmiger Auffassung aller Rechtsschulen nur in Begleitung ihres Mannes oder eines männlichen Begleiters erlaubt. Auch vom Gebet in der Moschee, das für die Frau noch im Frühislam zum religiösen Alltag gehörte, wurde sie, obwohl es hierzu im islamischen Recht keine entsprechende Bestimmung gibt, zunehmend ausgeschlossen. Sehr bald schon wurde für die Frau der häusliche Bereich der einzig gesellschaftlich akzeptierte Rahmen ihres religiösen Lebens.

Für Frauen und Männer gleichsam verbindlich sind auch die ethischen Verbote und Direktiven des Korans. Unerlaubtes Töten, Ehebruch, Unzucht und Diebstahl sind beiden Geschlechtern gleichermaßen untersagt.[6] Statt dessen sind Tugenden wie Demut, Ehrlichkeit, Geduld, Bescheidenheit und Keuschheit als geschlechtsneutrale Werte für das Leben aller Gläubigen maßgebend.[7]

Auch im Bereich des Umgangs miteinander sind gläubige Frauen und Männer, sofern nicht ihre Geschlechterbeziehungen als solche betroffen sind, einander weitgehend gleichgestellt. Ihnen obliegen die gleichen sozialen Pflichten. Unter besonderem Hinweis auf die Opfer und Verdienste der Mütter fordert der Koran von den Muslimen männlichen und weiblichen Geschlechts die respektvolle Behandlung der Eltern.[8] Auch die Wahrnehmung karitativer Pflichten gegenüber Minderjährigen, Alten, Waisen, Armen und Behinderten ist als göttliches Gebot beiden Geschlechtern verbindlich vorgeschrieben.[9]

Einen besonderen Platz im Bereich der zwischenmenschlichen Beziehungen nimmt das koranische Verbot der Tötung weiblicher Neugeborener ein. Es ist gleichzeitig ein wichtiger, wenn nicht sogar der zentrale koranische Hinweis auf die Gleichwertigkeit der Geschlechter vor Gott. Im Hinblick auf die im Vorislam verbreitete Sitte des weiblichen Infantizids[10] verurteilt der Koran Gram und

---

6 Koran 24:2; 5:38; 60:12.
7 Koran 33:35; ähnlich 60:12; 47:21.
8 Koran 19:14; 31:14; 29:8; 6:151;46:15.
9 Koran 4:2, 5-6, 8, 36, 127; 6:152; 2:215.
10 Vgl. dazu etwa Reintjens, Beduinen, S. 113 ff.

Schamgefühl bei der Geburt einer Tochter und verbietet die Tötung von Mädchen aus Furcht vor Armut oder Schande.[11]

Ausdruck göttlicher Wertschätzung des weiblichen Geschlechts[12] ist über das Tötungsverbot neugeborener Mädchen hinaus auch die den Eltern ans Herz gelegte gute Behandlung ihrer Töchter. So soll *Mohammed* demjenigen das Paradies in Aussicht gestellt haben, der *„ein oder mehrere Töchter hat und keinen Unterschied zwischen ihnen und den Knaben macht.*“[13]

Dem Koran zufolge beurteilt Gott jeden Einzelnen als Individuum, ohne Unterscheidung des Geschlechts. Er belohnt Frauen wie Männer für Rechtschaffenheit im Diesseits und eröffnet ihnen die gleichen Möglichkeiten des Seelenheils.[14] Der Eintritt ins Paradies als Belohnung für ein gottgefälliges Leben oder Ausdruck göttlicher Vergebung ist Frauen ebenso möglich wie Männern[15]

Gott vergibt den gläubigen Frauen und Männern im Jenseits[16] und straft die Ungläubigen ohne Rücksicht auf ihr Geschlecht.[17] Gleichermaßen auf Frauen und Männer anzuwenden sind auch eine Reihe irdischer Strafen, die Gott für Verstöße gegen die von ihm etablierte Ordnung vorgesehen hat. Beispielhaft seien an dieser Stelle das Abhacken der Hand bei Diebstahl und das Auspeitschen bei Ehebruch genannt.[18]

Als Individuum ist die Frau dem Mann im Koran also sowohl in der Sphäre des Glaubens und der Ethik als auch im Bereich der Mitmenschlichkeit weitgehend gleichgestellt. Hierauf weisen, wie deutlich wurde, eine Reihe koranischer Aussa-

---

[11] Koran 16:58-59; ähnlich 17:31; 43:17; 81:8-9,14; 6:151.

[12] Zu einer feministischen Lesung der alten Texte vgl. beispielsweise Hassan, R., Feministische Interpretationen des Islams, in: Schöning-Kalender, C. (et al.) (Hrsg.), Feminismus Islam Nation. Frauenbewegungen im Maghreb, in Zentralasien und in der Türkei, Frankfurt/New York 1997, S. 217-233; Charnay, J. P., Lire le Coran au féminin actuel, in: Les Cahiers de l'Orient, Nr. 47, 1997, S. 15-34 und Mernissi, F., Geschlecht, Ideologie, Islam, München 1987

[13] Masud, Islam, S. 148.

[14] Koran 16:97; 3:195.

[15] Koran 9:72; ähnlich 4:24; 13:23; 43:70; 48:5.

[16] Koran 33:73; 48:5.

[17] Koran 33:73; 9: 67-68.

[18] Koran 5:38; 24:2.

gen hin, die sich explizit sowohl an Frauen als auch an Männer richten. Auch wenn im Koran die männliche Form der Anrede dominiert,[19] dürfen vor allem dort, wo die Beziehungen zwischen Gott und den Gläubigen sowie deren Verhältnis untereinander angesprochen werden, neben Männern zumeist auch Frauen als Adressaten angenommen werden.

1.1.2 Unterordnung der Frau als geschlechtliches Wesen

Spezielle, die Frau betreffende Rollenleitbilder lassen sich im Koran vor allem aus den Geschlechterbeziehungen im engeren wie im weiteren Sinne ableiten.

Der Koran verkündet die schon in vorislamischer Zeit geltende prinzipielle Überordnung des Mannes über die Frau. Die Prävalenz des Mannes wird im Koran mit seiner natürlichen, von Gott gewollten Überlegenheit gegenüber der Frau sowie mit seinen finanziellen Verpflichtungen ihr gegenüber begründet.[20]

Die Unterlegenheit der Frau als zentrales weibliches Geschlechtsrollenleitbild wird im Koran durch Hinweise auf die körperlichen, religiösen und geistigen Defizite der Frau untermauert. So galten Frauenfeinden im Islam die biologischen Besonderheiten der Frau - vor allem ihre Unreinheit während der Menstruation - sowie die diesbezüglichen religiösen Sondervorschriften im Koran schon bald als Indizien für die physische und religiöse Unzulänglichkeit des weiblichen Geschlechts. Daß der Koran der Frau offensichtlich auch eine intellektuelle Schwäche bescheinigt, kommt bei der Beurteilung von Zeugenaussagen deutlich zum Ausdruck. Die klügste Frau sei in der islamischen Gesellschaft weniger wert als der dümmste Mann konstatiert *Munir*[21] in diesem Zusammenhang. Tatsächlich

---

[19] Dies ist die oft geäußerte Kritik von Frauenrechtlerinnen. Daß im Laufe der koranischen Offenbarung Männer und Frauen zunehmend auch gemeinsam angesprochen werden, könnte die Folge früher Frauenproteste gewesen sein. Vgl. dazu El Saadawi, The hidden face, S. 87.

[20] Koran 4:34; ähnlich 2:228.

[21] Munir, Die Frau, S. 124.

wird im Koran die Zuverlässigkeit der Zeugenaussage einer Frau nicht nur in Frage gestellt, sie gilt generell nur halb soviel wie die eines Mannes.[22]

Die von Männern empfundene Faszination für die ihnen unergründbare Andersartigkeit der Frau verbindet sich in der islamischen Tradition mit einem Gefühl der Bedrohung durch die weibliche Wesensart und Sexualität. Dabei spielt die männliche Furcht vor dem Verlust der Selbstkontrolle durch die Anziehungskraft der Frau (*fitna*) sowie das Bewußtsein der eigenen Verführbarkeit eine zentrale Rolle. Vor diesem Hintergrund müssen auch die Vorschriften gesehen werden, die der Koran für den sittsamen und keuschen Umgang einander fremder Personen unterschiedlichen Geschlechts vorsieht. Daß diese für Frauen umfassender und strenger als für Männer sind, liegt aus den oben genannten Gründen nahe.[23]

Waren die Folgen freier Sexualität im Vorislam vor allem Promiskuität und ungeordnete Verwandtschaftsverhältnisse, so sucht der Koran derartigen Gefahren vorzubeugen, indem er der Ausübung des Geschlechtsverkehrs göttliche Grenzen setzt. Der vorzuziehende Rahmen sexueller Aktivitäten ist dem Koran zufolge die Ehe. Als Leitbild verschiedengeschlechtlicher Beziehungen dient sie der *„Legalisierung bzw. Kanalisierung des Geschlechtstriebes nach dem Willen Gottes.“*[24] Die Sexualität selbst wird im Koran als menschliches Grundbedürfnis anerkannt und positiv gesehen.[25] Der Geschlechtstrieb gilt als Gabe Gottes und dient neben der Fortpflanzung auch dem menschlichen Lustgewinn. Ein befriedigendes, aktives und initiatives Geschlechtsleben wird im Koran aber vorwiegend dem Mann zugestanden. Die Frau dagegen erscheint fast durchgängig als Sexualobjekt.[26]

Der Zuweisung einer passiven sexuellen Rollennorm der Frau liegt im Islam, so widersprüchlich dies zunächst scheint, das Konzept einer aktiven weiblichen Sexualität zugrunde.[27] Schon *al-Ġazālī* forderte, die zerstörerische, alles absorbierende Sexualkraft der Frau zum Schutze des Mannes und der öffentlichen

[22] Koran 2:282.
[23] Vgl. dazu etwa Koran 24:30-31.
[24] Heller/Mosbahi, Hinter den Schleiern, S. 40.
[25] Koran 7:189; 30:21.
[26] Etwa Koran 2:222-223.
[27] Vgl. in diesem Zusamenhang auch Mernissi, Beyond the veil, S. 3.

Ordnung wegen kontrollier- und berechenbar zu machen.[28] Es ist also das gefährliche Potential der weiblichen Sexualität und nicht etwa ihre naturbedingte Inferiorität, die die sexuelle Unterordnung der Frau im Islam bedingt. Zahlreiche Restriktionen im Zusammenhang mit dem Geschlechtsleben der Frau sowie verschiedene Mechanismen der Geschlechtersegregation können in diesen Zusammenhang eingeordnet werden.

Auch für die der Frau vom Koran vorgeschriebene monogame Ehe kann das oben angeführte Erklärungsmuster herangezogen werden. Die Einehe bildet dem Koran zufolge den einzig legitimen Rahmen für das Geschlechtsleben der Frau, währenddessen dem Mann die Mehrehe mit bis zu vier Frauen erlaubt ist und er prinzipiell auch geschlechtliche Beziehungen zu seinen Sklavinnen unterhalten darf.[29] Auch wenn im Vorislam die Polygynie keiner zahlenmäßigen Beschränkung unterlag und deren Eingrenzung auf maximal vier Frauen eine gewisse Besserstellung der Frau bedeutete, so bietet die Mehrehe dem Mann hinsichtlich der Auswahl seiner Geschlechtspartner und der Praktizierung seiner Sexualität dennoch weitaus größere Freiheiten als der Frau.

Ein weiteres, von der vermeintlichen Schwäche und Unterlegenheit des weiblichen Geschlechts abgeleitetes koranisches Geschlechtsrollenmerkmal ist die Schutzbedürftigkeit der Frau. Sie kommt vor allem im Versorgungsanspruch der Frau gegenüber ihrem Ehemann zum Ausdruck. Diesen kann sie innerhalb der Ehe und für einen bestimmten Zeitraum nach Beendigung der Ehe in vollem Umfang geltend machen.[30]

Die vom Koran vorgesehene materielle Absicherung der Frau während und nach der Auflösung der Ehe dient vor allem dazu, sie in ihrer biologischen Funktion zu stärken, denn ihre koranische Destination liegt vor allem in der Sicherung des Fortbestandes der menschlichen Art. Im Zusammenhang mit der materiellen Absicherung der Frau spielt auch die Morgengabe, der sogenannte *mahr* eine Rolle. Er

---

[28] Höll, Die Stellung der Frau, S. 81.

[29] Koran 4:3. Zur Diskussion der Polygynie im Islam vgl. auch Kapitel 2, II., 2.1.3.2 der vorliegenden Arbeit.

[30] Koran 4:129,19,32,34-35; 2:231; 30:21.

muß der Frau dem Koran zufolge nach Vollzug der Ehe vollständig übergeben werden und ist ihr alleiniges Eigentum.[31] Erhielten im Vorislam die Eltern der Braut den *mahr* als Kompensation für die Kosten und Mühen der Mädchenerziehung und den Verlust weiblicher Arbeitskraft, so bedeutete die Einführung des *mahr* nach koranischem Gebot eine eindeutige Besserstellung der Frau. Der *mahr* im Koran steht aber nicht nur für die materielle Absicherung der Frau während und nach der Ehe, sondern auch für ihre Geschäftsfähigkeit, denn sie kann mit ihm nach Belieben verfahren. Besitz und Verwaltung des *mahrs* liegen alleine in der Hand der Frau.[32] Dieses Gebot wurde in der Praxis jedoch häufig umgangen. Es entwickelten sich verschiedene Formen der Rechtsbeugung. So ging der *mahr* in der Regel auch weiterhin an den Vater oder die männlichen Verwandten der Braut. Es war aber auch möglich, im Ehevertrag die Entrichtung der Morgengabe ausschließlich im Falle der Ehescheidung vorzuschreiben. Was ursprünglich als Schutz der Frau vor vorschnellen Entschlüssen des Mannes gedacht war[33] hatte in der Praxis nicht selten zur Folge, daß Männer Frauen eher an zerrütteten Ehen festhielten, als die mit einer Ehescheidung verbundenen Ausgaben des *mahr* zu tragen.

Trotz gewisser positiver Rechte, die der Koran der Frau zugesteht, ist sie in der Ehe bedingungslos dem Willen des Mannes unterworfen. Die Vorherrschaft des Mannes in der Ehe findet ihren deutlichsten Ausdruck in den koranischen Anweisungen zur Züchtigung ungehorsamer Ehefrauen. Obwohl der Koran Männern und Frauen den partnerschaftlichen, liebe- und erbarmungsvollen Umgang empfiehlt,[34] räumt er dem Mann das Recht ein, sich seine Vormachtstellung in der Ehe und die damit verbundene Kontrolle über seine Frau durch die Anwendung körperlicher Gewalt zu sichern. Bekannt ist der Vers, der Männer auffordert, ihre ungehorsamen Frauen mit sexueller Enthaltsamkeit und Schlägen zu strafen.[35]

---

[31] Koran 2:229, 236-237; 4:4,19-21.
[32] Zum *mahr* vgl. auch Kap. 2, II., 2.2.2 der vorliegenden Arbeit.
[33] Walther, Frau, S. 44.
[34] Koran 30:21.
[35] Koran 4:34, ebenso 4:16.

Das Verfügungsrecht des Mannes über seine Frau kommt auch im Bereich der Ehescheidung zum Ausdruck. Hier knüpft der Koran offensichtlich an vorislamische Verhältnisse an und gibt dem Mann das Recht der einseitigen Verstoßung, zu der es nicht der Zustimmung der Ehefrau bedarf.[36] Wenn der Koran auch einem harmonischen Eheleben oberste Priorität einräumt, Versöhnung empfiehlt und den Männern die gute Behandlung ihrer Ehefrauen ans Herz legt,[37] bleibt die Ehefrau letztlich doch der Willkür ihres Mannes ausgeliefert. Der Koran eröffnet zwar auch der Frau gewisse Möglichkeiten, die Scheidung von ihrem Mann zu erwirken, doch in der gesellschaftlichen Realität war ihre bedingungslose Unterordnung unter den Mann so tief verwurzelt, daß dadurch ihre Möglichkeiten eines selbständigen und eigenverantwortlichen Handelns erheblich relativiert wurden. Negativ auf die Scheidungsinitiative von Frauen in der traditionellen islamischen Gesellschaft dürfte sich zudem die materielle und soziale Perspektive Geschiedener ausgewirkt haben, die für Frauen im allgemeinen schlechter war als für Männer.

Die geschiedene oder verwitwete Frau hat im Koran das volle Verfügungsrecht über ihre Person und ihren Besitz. Anders als im Vorislam darf sie gegen ihren Willen weder wiederverheiratet noch innerhalb der Familie „weitervererbt" werden.[38] Auch der *mahr* darf ihr nach Beendigung der Ehe nicht genommen werden.[39]

Eine strikt nach Geschlecht differenzierende Behandlung ist auch im Bereich des koranischen Erbrechts festzustellen. Vereinfacht gilt, daß der Erbin immer die Hälfte dessen zusteht, worauf der Erbe gleichen Ranges Anspruch hat.[40] Diese offensichtliche Ungleichgewichtung wird von Verfechtern des koranischen Erbrechts vornehmlich mit dem Versorgungsanspruch der Frau innerhalb der Ehe und ihrer finanziellen Absicherung durch Erhalt des *mahrs* erklärt. Gemessen an den vorislamischen Verhältnissen, in denen eine Frau als Erbin gar nicht in

---

[36] Koran 2:229-231.
[37] Sure 4: 19, 35, 129; 2:231; 30:21.
[38] Koran 4:19, 22-23.
[39] Koran 2:229; 4:19.
[40] Koran 4:11-12.

Betracht gezogen wurde[41] und im allgemeinen auch nicht über Eigentum verfügte,[42] bedeutete die Neuregelung im Bereich des Erbrechts de facto eine erhebliche Verbesserung der Vermögenslage von Frauen. Dennoch sehen Frauenrechtlerinnen im Islam gerade in den koranischen Erbvorschriften einen Beweis für den geschlechterdiskriminierenden Charakter des Korans. Kritisch betrachtet hat die wirtschaftliche Übervorteilung von Frauen in der islamischen Gesellschaft durch die koranischen Erbregeln nicht nur eine Fortsetzung erfahren, sie ist darüber hinaus sogar religiös legitimiert worden. Hinzu kommt, daß der im Koran reglementierte Erbanspruch in der gesellschaftlichen Praxis häufig umgangen oder weitgehend ignoriert wurde. Als Hauptursache hierfür ist die Sorge um den Erhalt des Gruppeneigentums anzusehen, denn durch die Beiteiligung der Frau am Erbe ging im Falle ihrer Heirat ein Teil davon in den Besitz der angeheirateten Familie über. Um vor allem dem Verlust unbeweglichen Vermögens, meist Land, vorzubeugen, wurden Frauen entweder strikt vom Erbe ausgeschlossen oder durch die Umwandlung von Gemeinschaftseigentum in unteilbare Stiftungen, sogenannte *Habous*, um ihr Erbe betrogen. Eine weitere, in der islamischen Gesellschaft später fast ausschließlich praktizierte Möglichkeit, das Familieneigentum zu schützen, war die die bereits im Vorislam verbreitete Heirat innerhalb Familie, die sogenannte Endogamie. Durch sie war es möglich, die koranischen Erbregeln mit den wirtschaftlichen Interessen der Familie in Einklang zu bringen. Im Bereich der Erbschaftsregelungen war die Durchsetzung des Gewohnheitsrechts gegenüber dem islamischen Recht also weniger das Produkt frauenfeindlicher Agitationen als vielmehr der Versuch, dem scheinbar vorhandenen Widerspruch zwischen agnatischem Verwandtschaftsprinzip und koranischem Frauenerbrecht zu begegnen.[43]

---

[41] Walther, Frau, S. 42.
[42] Smith, Kinship, S. 117.
[43] Vgl. hierzu die These *Leßners* (Zur sozialen Lage, S. 54), wonach sich Agnatismus und das Erbrecht der Frauen im Islam gegenseitig ausschließen.

1.2 Das Leben im Patriarchat

1.2.1 Entfaltungsräume in Abhängigkeit von Lebensphasen

In der traditionellen islamischen Gesellschaft Tunesiens waren Status und Rolle einer Frau in erster Linie von ihrer Position innerhalb ihres patriarchalisch-agnatischen Familienverbandes abhängig. Aufgaben und Entfaltungsmöglichkeiten ergaben sich für die Frau in der Familie vor allem durch die Sequenz ihrer Verwandtschaftsrollen.[44]

Die Inferiorität des weiblichen Geschlechts prägte den Lebensweg einer Frau von frühester Kindheit an. Schon die Geburt einer Tochter wurde mit weitaus weniger Begeisterung zur Kenntnis genommen als die eines Jungen.

„Daß sie eine Tochter geboren hatte und nicht einen Sohn, konnte sie, bevor man es ihr sagte oder das Kind zeigte, schon daraus entnehmen, daß die Frauen, die bei der Geburt halfen, nicht laut jubelten und Allah priesen, sobald das Kind da war, sondern nur verhalten flüsterten."[45]

Die Ursachen für die Diskriminierung von Mädchen in der traditionellen islamischen Gesellschaft wurzeln in der patriarchalischen Familienorganisation. Während ein Sohn in späteren Jahren zur Sicherung des Familienunterhaltes beitragen konnte und im patrilinearen System durch Heirat und Fortpflanzung zur Vergrößerung und Stärkung des Familienverbandes beitrug, brachte die Geburt einer Tochter der Familie keine direkten Vorteile, denn mit der Heirat verließ sie ihre Familie, um fortan der des Ehemannes anzugehören. Die Aufzucht eines Mädchens wurde von der Mutter, die die Hauptlast der Kindererziehung trug, sogar als besondere Belastung empfunden, denn in ihrer *„Mutterschaft auf Zeit"*[46] hatte sie die Tochter erfolgreich auf ihre spätere Rolle als Ehefrau und Mutter vorzubereiten. In der patriarchalischen Gesellschaft, in der die Familienehre an Ruf und Ansehen der Töchter gekoppelt war, war das Gelingen der Mädchenerziehung für die Familie von nahezu existentieller Bedeutung. Da mit der Beurtei-

---

44 Leßner, Zur sozialen Lage, S. 50.
45 Walter, Frau, S. 43.
46 Lacoste-Dujardin, Mütter, S. 59.

lung eines Mädchens, vor allem seitens der Familie ihres Mannes, die Ehre ihrer Herkunftsfamilie auf dem Spiel stand und vermeintliche Erziehungsfehler alleine der Mutter zur Last gelegt wurden, befand diese sich, was die Behandlung und Disziplinierung ihrer Tochter betraf, unter einem besonderen Druck.

Um der Gefahr, die die Tochter für die gesamte Familie darstellte, zu begegnen, wurde dem Mädchen schon sehr früh rollenkonformes Verhalten anerzogen. Schon in jungen Jahre mußte es Aufgaben im Haushalt und auf dem Feld übernehmen und nicht selten *„ruhte auf den schmächtigen Schultern der Zwölfjährigen das materielle Leben der Familie und die Sorge um die kleinen Brüder und Schwestern.“*[47] Obwohl die religiöse Erziehung kleiner Mädchen im allgemeinen strenger als die der Jungen war,[48] blieb die Koranschule fast ausschließlich Jungen vorbehalten.[49] Bildungsmöglichkeiten und Bewegungsfreiräume außerhalb der häuslichen Mauern gab es für das Mädchen kaum. Aber auch innerhalb der Familie wurden die Entfaltungsmöglichkeiten des Mädchens mit zunehmendem Alter und entsprechend rigoroseren Verhaltensmaßregelungen immer geringer. In der Absicht, die Tochter zu Schamhaftigkeit und Keuschheit zu erziehen, wurde alles daran gesetzt, sie dem männlichen Einfluß fernzuhalten.[50] Schon ab dem fünften oder sechsten Lebensjahr war dem Mädchen der Kontakt bzw. die Nähe zu fremden Jungen und Männern untersagt, den eigenen Brüdern und besonders dem Vater aber hatten sie mit Respekt entgegenzutreten.[51] Als Tochter schuldete sie nicht nur dem Vater als Familienoberhaupt Gehorsam, sondern auch ihren Brüdern und zwar unabhängig von deren Alter.

Die Sorge um die Ehrbarkeit der Tochter, um ihre Schamhaftigkeit, Bescheidenheit und Zurückhaltung *(ḥišma)* kulminierte in der Angst vor dem Verlust ihrer Jungfräulichkeit. Die Unberührtheit der Tochter war *„für ihre Familie eine Frage der Ehre fast mystischer Art“*,[52] eine *„Institution von kultureller, religiöser und ideologischer Bedeutung“*,[53] die es mit allen Kräften zu verteidigen galt. Eine

[47] Zerdoumi, Enfant, S. 187.
[48] Zerdoumi, Enfant, S. 188.
[49] Walther, Frau, S. 65.
[50] Zerdoumi, Enfant, S. 189.
[51] Lacoste-Dujardin, Mütter, S. 63.
[52] Zerdoumi, Enfant, S. 189.
[53] Lacoste-Dujardin, Mütter, S. 71.

Vielzahl von Verhaltensnormen, Vorsichtsmaßnahmen und Drohungen bis hin zu drakonischen Strafmaßnahmen galten als probate Mittel, das ehrbare Verhalten von Mädchen zu garantieren und damit die Familienehre einerseits, aber auch den Wert und die Attraktivität des Mädchens als potentielle Ehefrau andererseits, zu erhalten.

Die Verheiratung der Tochter wurde in der Regel von den Eltern initiiert und fand zwecks Erhalt des eigenen Agnatenverbandes innerhalb der Familie statt. Die Präferenz- bzw. *bint 'amm*-Ehe, d. h. der Eheschließung mit der Tochter des Onkels väterlicherseits, wird in der islamischen Gesellschaft bis heute der „Fremdheirat" vorgezogen.

Durch die Heirat der Tochter ging die Vormundschaft des Vaters über sie auf ihren Ehemann über. Seinem Willen hatte sie sich von nun an zu fügen. Die Möglichkeit, von ihrem Mann jederzeit verstoßen werden zu können, zwang die Frau ohnehin zu bedingungslosem Gehorsam, denn die Aussichten für verstoßene Frauen waren schlecht. In der Regel mußten sie aus wirtschaftlichen und sozialen Gründen zu ihren Herkunftsfamilien zurückkehren, verloren das Sorgerecht für ihre Kinder und waren als Geschiedene gesellschaftlich stigmatisiert. Auch die Möglichkeit einer weiteren Eheschließung seitens des Mannes stellte für Frauen eine ständige Bedrohung dar. Viele von ihnen entwickelten im Laufe ihrer Ehe regelrechte Strategien zur Konfliktvermeidung, in deren Zentrum Gehorsam und Unterwürfigkeit standen.[54]

Da die Fortpflanzung der eigentliche Sinn der ehelichen Verbindung war, beschränkte sich die Rolle der Ehefrau vornehmlich auf ihre biologische Funktion. Die Paarbeziehung als solche hatte in einer streng zweckgebundenen Verbindung keinerlei Bedeutung. Da die eigentliche Bestimmung der Frau in der Mutterschaft gesehen wurde, stellte sie mit der Geburt eines Kindes nicht nur ihre Fruchtbarkeit unter Beweis, sondern erbrachte damit auch den entscheidenden Nachweis ihrer Existenzberechtigung. Höchstmögliche Anerkennung und persönliche Aufwertung

---

[54] Ben Miled, Violence, S. 21.

aber konnte sie nur durch die Geburt männlicher Nachkommen erlangen. Mit der Geburt eines Sohnes hatte die Frau das *„sine non qua ihrer persönlichen Karriere"*[55] erreicht und entsprechend intensiv war das Verhältnis, das sie zu ihm entwickelte. Unfruchtbare Frauen riskierten hingegen stets, verstoßen oder durch die Heirat ihres Mannes mit einer weiteren Frau persönlich degradiert zu werden.

Obwohl der Vater offiziell die höchste Autorität innerhalb der Familie genoß, war es die Mutter, die für die Erziehung der Kinder und deren Disziplinierung die Hauptverantwortung trug. Ihr Bewegungsspielraum blieb jedoch auf den häuslichen bzw. familiären Bereich begrenzt, denn in der Versorgung der Kinder, des Mannes und der Schwiegereltern lag ihre Hauptaufgabe. Durch den in der Regel starken Einfluß der Schwiegermutter hatte die Frau aber oft nicht einmal bei der Haushaltsführung und der Kindererziehung uneingeschränkte Handlungsfreiheit.

Einen erheblichen Machtzuwachs erfuhr die Frau erst in ihrer Funktion als Schwiegermutter. Sie war es, die ihrem Sohn die Frau aussuchen und sich ihre Arbeitskraft zunutze machen durfte. Bei den Fellachen nahm eine Frau, die mehrere Schwiegertöchter als Dienerinnen zur Arbeit im Haushalt und auf dem Feld beschäftigte, eine besonders geachtete Stellung ein.[56] Ihrer Schwiegertochter gegenüber befand sie sich als Angehörige desselben Haushaltes in eindeutig übergeordneter Position, die sie auf vielfältige Art und Weise auskostete. Nicht selten machten sich Frauen die Intensität ihrer Mutter-Sohn Beziehung zunutze, um gegen ihre Schwiegertochter zu intrigieren und selbst erfahrene Demütigungen an sie weiterzugeben.[57] Dies ging zum Teil soweit, daß sie den Einfluß, den sie auf ihren Sohn hatten, dazu nutzten, ihn zur Verstoßung seiner Ehefrau zu bewegen.

---

[55] Leßner, Zur sozialen Lage, S. 52.
[56] Walther, Frau, S. 74.
[57] Zur Komplexität der Beziehung zwischen Schwiegermutter und Schwiegertochter vgl. Lacoste-Dujardin, Mütter, S. 111-120.

1.2.2 Klaustration und Verschleierung

Als Mittel der Geschlechtersegregation hatte sich in der islamischen Gesellschaft schon früh und schließlich in immer stärkerem Maße die Praxis der sogenannten Klaustration, d. h. des Ausschlusses von Frauen aus dem öffentlichen Leben und ihre Zurückdrängung in den häuslichen Bereich, herausgebildet. Während die Absperrung von Frauen auf dem Land und in den Wüstenregionen weniger große Bedeutung hatte, war sie vor allem in den Städten und dort vornehmlich in den mittleren und oberen Gesellschaftsschichten verbreitet.

Von der Außenwelt abgeschirmt, waren Frauen und Mädchen wohlhabender Familien innerhalb der häuslichen Mauern in einer rein weiblichen Gemeinschaft, dem Harem (*ḥarīm*) zusammengeschlossen. Harem bezeichnet neben der Gruppe der weiblichen Familienangehörigen vor allem *„einen heiligen, unverletzlichen Ort, den Teil des Hauses, an dem sich die weiblichen Familienmitglieder und Haushaltsangehörigen aufhielten."*[58]

Innerhalb dieser nach außen hin strikt abgeschirmten Sphäre entwickelte sich unter den Frauen und Mädchen der Familie meist ein intensives Zusammengehörigkeitsgefühl, eine Solidarität, die bis hin zu verschwörerischer Opposition gegenüber Männern führen konnte. Die Welt der Frauen, in der sie selbstbestimmt und frei agieren konnten, beschränkte sich zwar nur auf einen räumlich abgegrenzten Teil des Hauses, doch innerhalb dieses Freiraumes leiteten Frauen oft unauffällig und im Verborgenen die Familiengeschicke, erzogen die Kinder und entwickelten Gegenstrategien zur Kompensation der sonst allgegenwärtigen Dominanz der männlichen Familienmitglieder. So soll es im Harem durchaus üblich gewesen sein, daß Frauen durch Zauber und Magie ihre Männer zu beeinflussen suchten, meist allerdings, um diese ihnen gegenüber wohlwollend zu stimmen oder sogar einer drohenden Verstoßung entgegenzuwirken.[59]

---

[58] Walther, Frau, S. 64.
[59] Zerdoumi, Enfant, S. 37.

Möglichkeiten, das Haus zu verlassen, boten sich für Frauen vor allem im Rahmen von Verwandtenbesuchen, die sie jedoch nie unbegleitetet, sondern immer gemeinsam mit anderen Frauen oder männlichen Familienangehörigen unternahmen. Kontakte oder Begegnungen mit fremden Männern waren dabei zu vermeiden. Es versteht sich von selbst, daß eine in diesem Maße auf den häuslichen Bereich beschränkte Frau in der Öffentlichkeit so gut wie gar nicht in Erscheinung trat.

Doch wäre es falsch, die häusliche Isolation von Frauen einer längst vergangenen Zeit zuzurechnen. Auch heute noch sehen Befürworter weiblicher Klaustration die Trennung von Frauen und Männern samt ihrer vor allem für Frauen beeinträchtigenden Vorschriften als gottgewollt an. Als religiöse Legitimation für die Absperrung von Frauen im Islam wird im allgemeinen eine Koranstelle herangeführt, die sich ausschließlich an die Frauen des Propheten richtet und diesen eine visuelle Abschirmung beim Kontakt mit fremden, nicht zum Kreis ihrer Familie oder ihres unmittelbaren häuslichen Umfelds gehörenden Personen vorschreibt.[60] In der Gemeinde *Mohammeds* nahmen dessen Ehefrauen als „Mütter der Gläubigen" einen gesellschaftlichen Sonderstatus ein und standen als solche besonders im Blickpunkt der Öffentlichkeit. Schon bald nach *Mohammeds* Auswanderung nach Medina aber hatten sich Zweifel am züchtigen Verhalten einiger seiner Gäste, für die das Haus des Propheten Tag und Nacht offen stand, gemehrt. Aufdringliche Blicke, die diese seinen durchweg jungen und hübschen Frauen zuwarfen, hatten den Propheten, nachdem Gerüchte über Belästigungen von Frauen durch ungläubige Medinenser hinzugekommen waren, zur Verkündigung entsprechender Verhaltensmaßregeln veranlaßt.[61]

Später wurden die Vorschriften nicht nur strenger, sondern auch auf alle gläubigen Frauen ausgedehnt:

„Prophet! Sag deinen Gattinnen und Töchtern und den Frauen der Gläubigen, sie sollen (wenn sie austreten) sich etwas von ihrem Gewand (über den Kopf) herun-

---

[60] Koran 33:53.
[61] Heller/Mosbahi, Hinter den Schleiern, S. 111.

terziehen. So ist es am ehesten gewährleistet, daß sie (als ehrbare Frauen) erkannt und daraufhin nicht belästigt werden."[62]

Obwohl es hier eigentlich nur um ein „*bestimmtes Maß an züchtiger Verhüllung*"[63] geht, dient diese Koranstelle vor allem der religiösen Rechtfertigung des Schleierzwangs in der islamischen Welt und dies obwohl „*sie so unklar (ist), daß aus ihr zumindest keine Verschleierungsvorschrift für Gesicht und Hände herauszulesen ist.*"[64] Dies gilt auch für einen weiteren Vers, der bis in die heutige Zeit ebenfalls als Begründung der Schleierpflicht herangezogen wird, vor allem aber ethische Weisungen für den außerehelichen Umgang der Geschlechter enthält. Auch er beinhaltet ebensowenig und explizit die Forderung nach einer grundsätzlichen und strikten Verschleierung der Frau:

„*Sag den gläubigen Frauen, sie sollen (statt jemanden anzustarren, lieber) ihre Augen niederschlagen, und sie sollen darauf achten, daß ihre Scham bedeckt ist (...), den Schmuck, den sie (am Körper) tragen, nicht offen zeigen, soweit er nicht (normalerweise) sichtbar ist, ihren Schal sich über den (vom Halsausschnitt nach vorne heruntergehenden) Schlitz (des Kleides) ziehen und den Schmuck, den sie (am Körper tragen), niemand () offen zeigen ... .*"[65]

Nach *Walther* setzt der zitierte Vers sogar voraus, „*daß bestimmte Stellen des Körpers normalerweise zu sehen sind*", gegen eine Ganzkörperverschleierung spreche laut Gegnern dieser Praxis auch die Entblößung von Gesicht und Händen, die während der Pilgerfahrt Frauen und Männern gleichermaßen vorgeschrieben sei.[66]

Hatte *Mohammed* seinen Frauen den Schleier im Bewußtsein und in der Sorge um ihre exponierte Stellung vorgeschrieben, so fand er entgegen seiner ursprünglichen Bestimmung rasch in der gesamten muslimischen Gesellschaft Verbreitung.

Obwohl man stets versuchte, den Schleier religiös zu rechtfertigen, scheint doch festzustehen, daß die Sitte des Schleiertragens vorislamischen Ursprungs ist. Es

[62] Koran 33:59.
[63] Walther, Frau im Islam, S. 407.
[64] Paret, Frauenfrage, S. 173.
[65] Koran 24:30-31.
[66] Walther, Frau im Islam, S. 408.

gibt Hinweise darauf, daß Frauen der Oberschicht in Mekka bereits vor dem Auftreten *Mohammeds* einen Schleier als Zeichen ihrer noblen Herkunft und ihres Wohlstandes trugen. Auch bei den Persern wurde der Schleier schon lange vor dem Islam zur Kennzeichnung von Standesunterschieden getragen. Nach *Ben Miled* sind Verschleierung und Jungfräulichkeitskult im Mittelmeerraum Erfindungen der griechisch-römischen Kultur, die in der patriarchalischen Gesellschaft der Unterscheidung von Jungfrauen und Prostituierten dienten.[67]

Von den Arabern selbst wurde die Sitte des Schleiertragens jedoch erst im Zuge der Islamisierung und der dadurch bedingten Berührung mit anderen Kulturkreisen übernommen. Trugen den Schleier in den Anfängen des Islams sodann auch hauptsächlich Frauen der städtischen Oberschicht, so wurde sein Zweck von Islamgelehrten bald neu definiert und in seiner Funktion pervertiert. Aus dem Recht der Verschleierung hatte sich in den patriarchalischen Gesellschaften der muslimischen Welt schließlich die für alle Frauen obligate Verschleierung als Mittel und Garant, aber auch als Symbol der Geschlechtersegregation entwickelt.

[67] Ben Miled, Etude, S. 84.

2. Der Einfluß des französischen Protektorats auf die Situation der Frau

2.1 Veränderung der traditionellen Wirtschafts- und Sozialstrukturen

Bis zur kolonialen Durchdringung Tunesiens war die Position von Frauen in Familie und Gesellschaft über ihre Abhängigkeit von islamischen Normen und Wertvorstellungen hinaus, vor allem durch die bestehenden ökonomischen Verhältnisse und Sozialstrukturen determiniert.

Die vorkoloniale Gesellschaft Tunesiens war weniger eine homogene Einheit als eine „*société mosaïque*",[68] die sich durch eine Vielzahl wirtschaftlich und sozial weitgehend eigenständiger Gruppen auszeichnete. Vor allem die in Stämmen organisierten Landbewohner waren durch die von ihnen betriebene Subsistenzwirtschaft relativ autonom und blieben, anders als die Städter im Norden des Landes und den Küstenregionen, zumeist außerhalb der Reichweite politischer Umbrüche.

Während in Siedlungsgebieten neben dem Ackerbau vor allem Handwerk und Handel eine Rolle spielten, beruhte die Existenzsicherung von Nomaden und Halbnomaden auf der Viehwirtschaft. Über Jahrhunderte hatte sich zwischen Seßhaften und Nomaden eine Art Symbiose entwickelt, die in einem regelmäßigen Austausch von Gütern bestand.[69] Grund und Boden waren in vorkolonialer Zeit Eigentum des Staates. Stämme, Familien oder ganze Dörfer erwarben durch die regelmäßige Bewirtschaftung bestimmter Ländereien und die im Gegenzug an den Staat abgeführten Steuern, lediglich Nutzungsrechte. Obwohl Ackerflächen und Ländereien damit überwiegend Kollektivbesitz waren, gab es auch Staats- und Stiftungsbesitz sowie in weniger großem Umfang privaten Besitz von Land, das vor allem von wohlhabenden Städtern gehalten und in Pachtverhältnissen bewirtschaftet wurde.[70]

---

[68] Camau, Tunisie, S. 26.
[69] Bolz, Tunesien, S. 8.
[70] Bolz, Tunesien, S. 10 ff.

Mit der Etablierung des französischen Protektorats, das durch die Verträge von 1881 und 1883 faktisch abgesichert wurde,[71] erfuhren die über Jahrhunderte tradierten ökonomischen und sozialen Strukturen einen tiefgreifenden Wandel. Hierzu trug im Anfangsstadium der Kolonialisierung vor allem die Enteignung von nicht registriertem Kollektivbesitz und *Habous*-Land sowie dessen Verkauf an französische Privatpersonen und Kapitalgesellschaften bei, der sich in atemberaubendem Tempo vollzog. Bereits 1892 befand sich ein Fünftel des anbaufähigen Landes in französischer Hand.[72] In der Folge wurden die besitz- und arbeitslos gewordenen Bauern aus dem Norden und Nordwesten Tunesiens in die zentraltunesischen Steppenregionen oder auch Weidegebiete der Nomaden zurückgedrängt, was zu ökologischem Raubbau, Verarmung und Hunger einerseits und dem Niedergang der Transhumanz andererseits führte.

Zu einer Verschärfung der sozialen Entwurzelung der Landbevölkerung trug in einer späteren Phase der Kolonialisierung der Aufbau einer modernen, markt- und exportorientierten Produktion bei. Die mangelnde Wettbewerbsfähigkeit traditioneller Produktionsverfahren sowie die wachsende Nachfrage nach Tagelöhnern setzte unter der von Arbeitslosigkeit und Elend betroffenen Landbevölkerung einen massenhaften Exodus in die Städte in Gang und forcierte damit das Auseinanderbrechen der traditionellen Sozial- und Stammesstrukturen. Besonders das einheimische Handwerk bekam die Konkurrenz ausländischer Produkte zu spüren. Hatte die Herstellung in vorkolonialer Zeit vornehmlich innerhalb des Familienverbandes stattgefunden und dessen hierarchische und patriarchalische Struktur abgesichert, so verlor die traditionelle Großfamilie im Zuge der ökonomischen Umwälzungen mehr und mehr ihre Funktion der „*cellule de production*".[73] Vor allem Frauen, die die heimische Produktion zu einem erheblichen Teil mittrugen,

---

[71] Mit Unterzeichnung des Vertrages von Bardo (12.5.1881) erkannte der Bey Frankreich als Schutzmacht an. Tunesien verlor im gleichen Zuge zwar die völkerrechtliche Souveränität, behielt jedoch weitgehend seine innenpolitische Handlungsfreiheit. Im Vertrag von La Marsa (8.6.1883), der die vollständige Unterstellung Tunesiens unter die französische Souveränität besiegelte, verpflichtete sich der Bey jedoch zur Durchführung aller von den Franzosen diktierten administrativen, juristischen und finanziellen Reformen. Obwohl der Bey formal Oberhaupt des Königreiches Tunesien blieb, war es im Grunde der von Frankreich eingesetzte *Résident Général*, der bis zur Unabhängigkeit im Land herrschte. Vgl. dazu Dridi, Identität, S. 56 f.

[72] Nelson, Tunisia, S. 38.

[73] Kerrou/Kharoufi, Maghreb, S. 28.

mußten in der Folge auf einen Großteil ihrer traditionellen Funktionen verzichten und büßten damit Verantwortung und Einfluß innerhalb der Familie ein.

Zudem hatte die Entstehung moderner Produktionsbereiche zu einer Neuverteilung von Aufgaben geführt, die die Abdrängung von Frauen in den gesellschaftlich wenig anerkannten, traditionellen Sektor verstärkte und ihre wirtschaftliche Abhängigkeit vergrößerte:

„Women continued to be at the centre of the traditional sector. However, the new order of „work-money-modernity" was reserved for men. Through its privileges it assured them prestige as well as domination (...) From then on, women were viewed as rural proletarians, devoid of any resources, and whose lowly tasks, though hard, were secondary."[74]

Während des Protektorats hatte sich innerhalb der Familien auch die Position von Männern gewandelt. Die Hauptursache hierfür bestand in der wirtschaftlichen Verarmung. Der Verlust der Wirtschaftskraft hatte für die meisten tunesischen Männer nämlich zur Folge, daß sie nicht mehr in der Lage waren, eine, geschweige denn mehrere Ehefrauen zu versorgen. Ihrer traditionellen Rolle als Alleinernährer konnten sie auf diese Art nicht mehr gerecht werden.

2.2 Zwischen kultureller Entfremdung und Identitätssuche

Der Wandel der Besitz- und Produktionsstrukturen hatte die tunesische Gesellschaft in ihren Grundfesten erschüttert. Im Zuge der Kolonialisierung hatten die Franzosen nicht nur neue sozio-ökonomische Stukturen eingeführt, auch die europäische Mentalität und Lebensart hielt unaufhaltsam Einzug in das bis dahin von europäischen Kultur weitgehend unbeeinflußte Tunesien. Vor diesem Hintergrund erstaunt es nicht, daß große Teile der Bevölkerung traditionelle islamische Werte gefährdet sahen und den Verlust ihrer kulturellen Identität fürchteten.

---

[74] Baffoun, Women, S. 232.

Je stärker das Gefühl der Akkulturation wurde, desto mehr schien man sich auf die Tradition zu besinnen. Dabei spielte die Familie und hier vor allem die Frau als *„Refugium der spirituellen Werte des Islams“*[75] eine zentrale Rolle. Ihre Verhaftung in der Tradition sollte einerseits als Bollwerk gegen die drohende Verwestlichung und kulturelle Entfremdung dienen, gleichzeitig war sie aber auch Ausdruck des stillen Protestes und der Auflehnung gegen eine als aggressiv empfundene Kolonialpolitik. Besondere Symbolkraft hatte die Verschleierung der Frau. Sie war das äußerlich sichtbare Zeichen der Identifikation mit traditionellen, islamischen Werten und diente den Kolonialisierten nicht zuletzt auch als Mittel der Aufrechterhaltung ihres nationalen Selbstbewußtseins.

Vor diesem Hintergrund werden die Motive der von den französischen Sozialisten eingeleiteten „Entschleierungskampagne“ erkennbar. Anfang der zwanziger Jahre waren im Presseorgan der Sozialisten *Tunis Socialiste* eine Reihe von Beiträgen zur Schleierfrage erschienen. Daneben wurden Diskussionsveranstaltungen organisiert, mit dem Ziel, die öffentliche Meinung gegen den Schleier zu mobilisieren. Nicht die Rückständigkeit der tunesischen Bevölkerung war es, gegen die sich die Franzosen wandten, vielmehr glaubten sie durch die Abschaffung des Schleiers *„die muslimische Familie, die nach wie vor als Widerstandsnest angesehen wurde, zerbrechen und damit das Volk endgültig unterwerfen zu können.“*[76]

Die Entschleierungskampagne der Franzosen scheiterte schließlich am erbitterten Widerstand (vor allem des männlichen Teils) der tunesischen Bevölkerung. Und so behauptete sich der Schleier bis in die Zeit der nationalen Unabhängigkeit, wenn sich bei einigen Frauen auch Zeichen einer schwindenden Akzeptanz des traditionellen Ganzkörperschleiers bemerkbar machten:

„Trotz moderner Einstellungen wagte noch keine Frau, ihn (d. h. den Schleier, die Verf.) abzulegen. Dennoch hatten ihn die fortschrittlichsten Frauen bereits durch den šaršaf ersetzt, einen kleinen Schleier, zu dem Kleidung im europäischen Stil getragen wurde. Der safsārī hatte den schweren ḥāyik ersetzt und ermöglichte es Frauen, häufiger auszugehen.“[77]

---

[75] Chater, Femme, S. 63.
[76] Richter-Dridi, Frauenbefreiung, S. 97.
[77] Montety, Mutation, S. 25.

Der Großteil der sich zunächst noch verhalten gegen die beengenden und freiheitsbeschneidenden Traditionen der islamischen Gesellschaft auflehnenden Mädchen und Frauen entstammte der wohlhabenden tunesischen Oberschicht und stand unter dem Einfluß einer französisch-arabischen Erziehung.

Unter dem französischen Protektorat waren zahlreiche neue Schulen gegründet worden, die jedoch mehr den Interessen der Kolonialmacht als denen der tunesischen Bevölkerung dienten. Während die für die europäischen Kinder gedachten französischen Schulen neben einer Elementar- auch eine weiterführende Ausbildung boten, vermittelten die für die tunesische Schülerschaft bestimmten französisch-arabischen Schulen *„gerade soviel an Grundkenntnissen in Sprache, Rechnen, Geographie und Geschichte ... wie zur Ausbildung einer Arbeitskraft notwendig war, die in der lokalen Landwirtschaft oder Industrie gebraucht werden konnte.*"[78] Für Posten im Öffentlichen Dienst oder die Ausübung freier Berufe qualifizierte nur die in den französischen Schulen offerierte moderne Ausbildung.[79]

Da muslimische Mädchen in der Regel vom Besuch der traditionellen Koranschulen ausgeschlossen waren, hatten sie erstmals durch die von den Franzosen errichteten Grundschulen Zugang zu einer Elementarausbildung. Doch nur eine verschwindend geringe Zahl von Tunesierinnen sollte in den ersten zwanzig Jahren des französischen Protektorats in den Genuß von Bildung kommen. 1887 waren von 1683 Grundschülerinnen nur sechs Tunesierinnen; viele Mädchen wurden in eine Tageseinrichtung geschickt, in der sie vor allem das lernten, was sie für ihr späteres Eheleben brauchten.[80] Den überwiegenden Teil der Tunesierinnen im schulfähigem Alter hielt man jedoch völlig vom Schulbesuch fern, teils weil die Notwendigkeit der Mädchenbildung nicht gesehen wurde, teils weil die wirtschaftliche Lage vieler einheimischer Familien den kostenpflichtigen Schulbesuch sowie den damit verbundenen Ausfall weiblicher Arbeitskraft nicht

[78] Sraieb, Bildungspolitik, S. 379.
[79] Kraiem, Pouvoir, S. 341.
[80] Raccagni, Origins, S. 67.

zuließ. Aber auch das mangelnde Vertrauen tunesischer Eltern in französische Lehrinhalte dürfte in diesem Zusammenhang eine Rolle gespielt haben.

Der eigentliche Anfangspunkt der Mädchenbildung in Tunesien wurde im Jahre 1900 mit der Gründung der Schule für muslimische Mädchen in der Rue Pacha in Tunis gesetzt, einer Einrichtung, die im ersten Jahr ihres Bestehens etwa zehn Schülerinnen gewinnen konnte und diesen unentgeltlich eine französische Elementarausbildung sowie Unterricht in arabischer Sprache, Hygiene und Nadelarbeiten bot.[81] In den Folgejahren erlebte die Mädchenbildung in Tunesien einen deutlichen Aufschwung. Es wurden zahlreiche, besonders bei der tunesischen Bourgeoisie beliebte Privat- und Ordensschulen gegründet; wenig später folgte die Eröffnung sogenannter Ausbildungszentren. Hier erhielten Mädchen der tunesischen Arbeiterklasse die Möglichkeit, einen Beruf zu erlernen und damit die Voraussetzungen für ihre finanzielle Eigenständigkeit zu erlangen. Aber auch Gymnasien und Universitäten öffneten ihre Tore für Mädchen und Frauen. Wenn es anfangs auch nur wenigen möglich war, das Bildungsangebot zu nutzen, so zeichnete sich im Vergleich zur desolaten Lage der Mädchenbildung zu Beginn des Protektorats eine durchaus positive Entwicklung ab. Immerhin stieg zwischen 1946 und 1956 die Einschulungsquote bei den 5 bis 19jährigen tunesischen Mädchen von 2,37 % auf 10,49 %. Gegenüber Jungen waren Mädchen dennoch deutlich benachteiligt.[82] Besonders in ländlichen Regionen blieben ihnen die neuen Bildungsmöglichkeiten vorenthalten. Fern ab von den Bildungsinstitutionen der Städte hatten Mädchen auf dem Land weiterhin vor allem die Aufgabe, durch ihre Arbeit im Haushalt und auf dem Feld zur Existenzsicherung der Familie beizutragen. Hinzu kommt, daß sich ein Bewußtsein für die Notwendigkeit der Mädchenbildung bei der Landbevölkerung, die von modernen Strömungen und Einflüssen der Protektoratszeit weitgehend unbeeinflußt geblieben war, nicht entwickelt hatte.

---

[81] Zu den Anfängen der Mädchenbildung in Tunesien vgl. ausführlich Bessis/Belhassen, Femmes, S. 39.

[82] Vgl. dazu mit umfassendem Zahlenmaterial Richter-Dridi, Frauenbefreiung, S. 105 f.

Aber auch der städtischen Bevölkerung ging es bei der Ausbildung ihrer Töchter nicht primär um emanzipatorische Ziele. Vielmehr waren es praktische Erwägungen, die bei der Entscheidung für die Ausbildung von Mädchen im Vordergrund standen: Junge, gut ausgebildete Männer waren immer seltener bereit, Tunesierinnen eines weitaus niedrigeren Bildungsstandes zu ehelichen und so häufte sich, besonder zur Zeit des ersten Weltkrieges, die Zahl der exogenen Verbindungen, vor allem der zwischen Tunesiern und Europäerinnen. *„Die persönliche Wahl unter Berücksichtigung körperlicher Anziehungskraft und intellektueller Affinitäten“*[83] schien zum neuen Leitmotiv der Partnerwahl zu avancieren und drohte, ungebildete oder gar nicht-alphabetisierte Tunesierinnen auf dem Heiratsmarkt ins Abseits zu drängen. Durch die Aus- und Weiterbildung junger Mädchen sollte dieser Entwicklung entgegengewirkt werden. Mit einer soliden Bildung, so glaubte man, erhöhe sich die Attraktivität von Mädchen und Frauen für Männer der Bildungsoberschicht. Die Motivation der Mädchenbildung war also weniger das Interesse an der Erziehung von Mädchen zu autonomen, selbstbewußten Persönlichkeiten als der Versuch der Aufrechterhaltung traditioneller Rollenmuster, denn

„... the position and personality of the woman, wife or daughter, reflected upon the personal status of the man and contributed to its elevation. For this reasons the most educated women were often the most alienated, and most submissive to the ever patriarchal superstructures of the dependent society.“[84]

Dennoch sollte aus dem Kreis der tunesischen Intellektuellen zu Beginn der dreißiger Jahre eine kleine Gruppe von Frauen heraustreten, die erstmals öffentlich für die Interessen der tunesischen Frau einstand, sich bald politisch organisierte und schließlich einen nicht unerheblichen Anteil am Gelingen der nationalen Unabhängigkeitsbewegung hatte.

---

[83] Temime-Blili, Evolution, S. 231 f.
[84] Baffoun, Women, S. 232.

II. Emanzipationstendenzen und Statusverbesserungen im modernen Tunesien

Die Frauenemanzipation in Tunesien ist im wesentlichen mit zwei historischen Persönlichkeiten verbunden: mit *aṭ-Ṭāhir al-Ḥaddād*, der Anfang der dreißiger Jahre eine Gleichstellung der Geschlechter auf der Basis einer frauenfreundlichen Lesart des Korans forderte und mit *Habib Bourguiba*, dem ersten Präsidenten des unabhängigen Tunesiens, dem das Land die Einführung eines modernen Personenstandsrechts verdankt. Die Politik der Frauenförderung wird unter dem seit 1987 regierenden *Zine El Abidine Ben Ali* weitergeführt, jedoch unter veränderten politischen Vorzeichen.

1. Die historischen Wurzeln der Frauenbefreiung in Tunesien

1.1 Das Aufkommen der Frauenfrage im tunesischen Reformismus

Obwohl die Frage nach dem Platz der Frau in Familie und Gesellschaft und Forderungen nach Gleichberechtigung erst mit dem Beginn der tunesischen Unabhängigkeitsbewegung in das Bewußtsein einer breiten Öffentlichkeit drangen, lassen sich Ansätze einer kritischen Auseinandersetzung mit der Frauenfrage in Tunesien bis in die vorkoloniale Zeit zurückverfolgen. Den historisch-ideologischen Hintergrund erster Emanzipationsforderungen bildet der tunesische Reformismus, der in der ersten Hälfte des 19. Jahrhunderts eingeleitet wurde und bis in die Kolonialzeit hinein wirkte.

Nach dem Niedergang des Osmanischen Reiches war Tunesien mit Beginn des 19. Jahrhunderts einem immer stärkeren europäischen Einfluß ausgesetzt. Infolge jahrzehntelanger Mißwirtschaft war das Land zunehmend in finanzielle Abhängigkeit von europäischen Geldgebern geraten. Gleichzeitig hatte sich die Zahl der nach Tunesien immigrierten Franzosen, Italienern und Malteken binnen weniger Jahre drastisch erhöht. Die drohende europäische Übermacht, die sich nicht nur im wirtschaftlichen, sondern auch im militärischen, politischen und sozialen Bereich zeigte, hatte den Tunesiern die Notwendigkeit einer umfassenden Reformierung nahezu aller Lebensbereiche vor Augen geführt. So kam es ab der Mitte des 19. Jahrhunderts zu einer Reihe von Reformmaßnahmen, die eine umfangreiche Neugestaltung institutioneller und gesellschaftlicher Strukturen bewirkten.[85] Zudem waren mit den neuen politischen, sozialen und marktwirtschaftlichen Ideen von Europa aus auch Begriffe wie Menschenrechte, Presse- und Meinungsfreiheit nach Tunesien transportiert worden,[86] die sich zunächst im Bewußtsein der herrschenden Klasse und bald auch im Denken der intellektuellen Elite des Landes niederschlugen. Die vornehmlich aus Ägypten und anderen islamischen Ländern nach Tunesien strömenden Reformgedanken führten schließlich zu der Forderung nach einer umfassenden Modernisierung der muslimischen Gesellschaft Tunesiens.

Während bekannte islamische Reformer wie *Muḥammad 'Abduh* und *Qāsim 'Amīn* zu jener Zeit bereits offen für die rechtliche und soziale Besserstellung von Frauen eintraten,[87] zeigte sich der von der tunesischen Geschichtsschreibung zu einem der bedeutendsten Reformer erklärte *Ḫair ad-Dīn* solchen Anliegen gegenüber weitgehend verschlossen. Er trat zwar offiziell für die Ausbildung von Mädchen ein, bewegte sich mit entsprechenden Forderungen aber stets innerhalb der vom Islam abgesteckten Grenzen.[88] Dennoch wurde seit etwa der Mitte des 19. Jahrhunderts wiederholt Kritik an der Rolle der Frau in Tunesien laut. Zunächst waren es noch westliche Beobachter, die die Diskriminierung der tunesischen Frau und ihre Unterdrückung in nahezu allen Lebensbereichen thematisierten. Exemplarisch hierfür sind zwei Schriften, auf die *Chater*[89] verweist: ein 1846 in Frankreich

---

[85] Zum vorkolonialen Reformismus vgl. Faath, Herrschaft, 1989, S. 52 ff. sowie Dridi, Identität, S. 45 ff.

[86] Dridi, Identität, S. 44.

[87] *Muḥammad 'Abduh* (1899-1905 Großmufti von Ägypten) war einer der ersten muslimischen Modernisten, die eine Neuinterpretation des Korans forderten. Sein Schüler *Qāsim 'Amīn* (1865-1908) nahm die Ideen *'Abduhs* auf und verfaßte 1899 die Schrift *Taḥrīr al-mar'a* (Die Befreiung der Frau), in der er die unterprivilegierte Stellung der Frau in der islamischen Gesellschaft nicht-islamischen Einflüssen und der Aufeinanderfolge despotischer Regierungen zuschrieb. Vgl. dazu Timm/Aalami, Die muslimische Frau, S. 32 f.

[88] Chater, Femme, S. 61.

[89] Chater, Femme, S. 59.

veröffentlichtes Buch, das in Form eines fiktiven Gesprächs zwischen einem *Šaiḫ*, einer Gläubigen und einem *Qāḍī* die untergeordnete Stellung der Frau in Tunesien und im Islam generell anprangert sowie ein Briefwechsel zwischen *Léon Roches* (französischer Generalkonsul in Tunesien von 1853-1863) und *Aḥmad Ibn Abī aḍ-Ḍiyāf* (Funktionsträger in der Staatskanzlei von 1827-1873) aus dem Jahr 1856.[90] *Léon Roche*, der Initiator des Schriftwechsels, fordert darin in Form eines Fragenkatalogs Antworten auf seine (westliche) Sicht der islamischen Gesellschaft. Seine Kritik gilt vor allem der Rolle der tunesischen Frau, die er u. a. durch die Klaustration, Polygynie und Verstoßung grob benachteiligt sieht. *Ibn Abī aḍ-Ḍiyāf* erläutert in seinem Antwortschreiben die Rolle der muslimischen Frau in Familie und Gesellschaft, verteidigt islamische Traditionen, wie die Polygynie, den Schleier und die Verstoßung und spricht sich für das Züchtigungsrecht des Mannes aus.[91] Die Frage nach dem Stellenwert der Frauenbildung im Islam beantwortet er mit dem Hinweis darauf, daß sie grundsätzlich religiös-moralischer Natur sein solle. Weder zweitrangige soziale Aufgaben, noch das auf den häuslichen Bereich beschränkte Familienleben erforderten eine vertiefte Ausbildung der Frau. Eine solche könne die Frau sogar ihrer traditionellen Rolle der Mutter und Hausfrau entfremden und den Familien- und Ehefrieden stören.[92] Auch wenn die Ansichten *Ibn Abī aḍ-Ḍiyāfs* kaum als emanzipatorisch zu bezeichnen sind, so ist seine *Risāla* doch in zweifacher Hinsicht bedeutend. Zum einen handelt es sich bei ihr um die erste öffentlich dokumentierte Auseinandersetzung prominenter Persönlichkeiten des 19. Jahrhunderts mit der Frauenfrage im Islam. Zum anderen hat das Dokument auch einen besonderen zeitgeschichtlichen Wert, denn es enthält viele Details über das Frauenleben der damaligen Zeit. Auch wenn die tunesische Gesellschaft zu jener Zeit noch weit davon entfernt war, die bestehende islamische Ordnung öffentlich in Frage zu stellen, so bewegte sich das Thema Frauenrechte langsam aber

---

[90] Ebd. Die entsprechenden Fragen und Antworten stellte *Ibn Abī aḍ-Ḍiyāf* in seiner „*Risāla fī l-mar'a*" (Epistel über die Frau) vor. Das Originalmanuskript ist abgedruckt in Aš-Šanūfī (Hrsg.), Ḥauliyāt al-ğāmi'a at-tūnisiyya, 5 (1968), S. 49-118. Kommentiert ist der Schriftwechsel bei Tlili, Aḥmad ibn abī-aḍ-Ḍiyāf, S. 167-230.

[91] Vgl. dazu Tlili, Aḥmad ibn abī-aḍ-Ḍiyāf, S. 198-216.

[92] Vgl. dazu Tlili, Aḥmad ibn abī-aḍ-Ḍiyāf, S. 200.

merklich aus der Tabuzone heraus und begann schließlich auch tunesische Intellektuelle zu beschäftigen.

Mit der Forderung nach einer eigenständigen Rechtsauslegung (*iǧtihād*), die innerhalb der reformistischen Literatur Tunesiens eine zentrale Rolle spielte, gewann auch die Frage nach den Rechten der Frau im Islam zunehmend an Bedeutung. Einer der ersten Tunesier, der sich im Rahmen einer kurzen Abhandlung dieser Frage zuwandte, war *Muḥammad As-Snūsī*. In seinem 1897 verfaßten „*L'épanouissement de la fleur*" sprach er sich vorsichtig, aber unmißverständlich für die Bildung von Mädchen aus und erregte damit das Mißfallen der konservativen Ulama. Traditionelle islamische Einrichtungen und Praktiken wie die Polygynie, die Verschleierung und die Geschlechtersegregation jedoch verteidigte auch er mit dem Hinweis auf ihre religiöse Legitimität und gesellschaftliche Funktionalität.[93] Auch die Forderungen der in den *Jeunes Tunisiens* (1882-1913) zusammengeschlossenen reformistischen Bildungselite, die sich die Modernisierung der tunesischen Gesellschaft unter dem französischen Protektorat zum Ziel gesetzt hatte, tangierten die Frauenfrage nur am Rande. Ihre Reformvorschläge für eine modernes Bildungswesen umfaßten zwar auch die Sicherung einer Elementarausbildung für Mädchen, weitergehende Emanzipationsforderungen aber stellten auch sie nicht auf. Erst *Šaiḫ 'Abdal'aziz aṯ-Ṯa'ālibī*, der sich als Mitglied der *Jeunes Tunisiens* und spätererer Vorsitzender der Verfassungspartei *Destour* einen Namen gemacht hatte, ging einen Schritt weiter. Er trat für eine rationalistisch-liberale Interpretation der islamischen Quellen ein. In dem 1905 zusammen mit zwei anderen Autoren veröffentlichten Werk „*L'esprit libéral du Coran*" macht er die Fehlinterpretation des Korans für die Dekadenz der islamischen Gesellschaft im allgemeinen und den niedrigen Status der Frau im besonderen verantwortlich; er spricht sich gegen die Absperrung der islamischen Frau und ihre Degradierung zum Lustobjekt aus, tritt für die Abschaffung des Schleiers ein und fordert Bildung und andere Rechte für die muslimische Frau.[94] Dennoch scheinen auch *aṯ-Ṯa'ālibīs* Reformforderungen nicht von einem tiefgreifenden Interesse an der Frauenfrage herzurühren. Es darf vielmehr

[93] Vgl. dazu Chater, Femme, S. 63 ff.
[94] Vgl. dazu Chater, Femme, S. 67 f.

angenommen werden, daß sein Plädoyer für die Besserstellung der islamischen Frau vor allem dazu dienen sollte, ihn als Verfechter des tunesischen Reformismus auszuweisen. Jedenfalls ließ er als späterer Vorsitzender der *Destour* kein besonderes Interesse an der Frauenemanzipation erkennen.[95]

Obwohl die Frauenfrage in Tunesien zunächst wenig ambitioniert verfolgt wurde, war ein wachsendes Interesse an der Auseinandersetzung mit dieser Problematik zu beobachten. Die Beschäftigung mit dem Status der Frau im Islam hatte unabhängig von ihrer zunächst geringen Transformationskraft bald einen festen Platz im Bewußtsein reformistischer Kreise eingenommen. Der Boden für weitere Auseinandersetzungen mit diesem Thema war damit bereitet.

Die Affäre um den später zum größten islamischen Frauenrechtler erklärten Tunesier *aṭ-Ṭāhir al-Ḥaddād* zeigt jedoch, wie virulent und gleichzeit tabuisiert das Problem der Frauenrechte in Tunesien bis in das erste Drittel des zwanzigsten Jahrhunderts hinein war.

1.2 *Aṭ-Ṭāhir al-Ḥaddād* als Wegbereiter der Frauenemanzipation

Der bedeutendste Vordenker der Frauenemanzipation in Tunesien war der 1899 in Tunis geborene *aṭ-Ṭāhir al-Ḥaddād*. Als politischer Aktivist hatte der Absolvent der traditionellen *Zaitūna*-Universität bereits in den zwanziger Jahren von sich Reden gemacht. Nach einigen Jahren Propagandaarbeit für die *Destour* wandte sich *al-Ḥaddād* 1924 der tunesischen Gewerkschaftsbewegung zu und begann sich bald darauf auch der Frauenfrage zu widmen. In der Benachteiligung von Frauen und ihrer Entrechtung in der islamischen Gesellschaft sah *al-Ḥaddād* die Hauptursache der sozialen und wirtschaftlichen Rückständigkeit seines Landes. In einer Zeitschrift liberaler Prägung veröffentlichte *al-Ḥaddād* 1928 zunächst eine Reihe von Beiträgen zu dieser Problematik, bevor er diese in das zweite Kapitel seines

---

[95] Chater, Femme, S. 68.

legendären Werkes *„'Imra'atunā fī š-šarī'a wa-l-muǧtama'* (Unsere Frau im religiösen Gesetz und in der Gesellschaft)"[96] integrierte.

Das besagte frauenrechtlerische Buch *al-Ḥaddāds* erschien erstmals im Dezember 1929 und besteht aus zwei Teilen: einem religiös-gesetzlichen (*al-qism at-tašrī'ī*) und einem soziologischen (*al-qism al-'iǧtimā'ī*). Für das Verständnis des reformistischen Ansatzes *al-Ḥaddāds* sind vor allem die Ausführungen des Rechtsteils (S. 21-125) ausschlaggebend. Darin stellt er zwei zentrale Thesen auf, die sich als Argumentationslinien durch sein gesamtes Werk ziehen. Es handelt sich dabei um das Erfordernis der zeitbedingten Interpretation koranischer Verse und zum anderen um die (aus diesem Verständnis ableitbare) im Koran verankerte Gleichberechtigung der Geschlechter. *Al-Ḥaddād* geht davon aus, daß von einigen ewig gültigen und unveränderlichen religiösen Gesetzen (wie z. B. der Einheit Gottes) abgesehen, die islamischen Vorschriften grundsätzlich wandelbar sind. Das islamische Gesetz, so *al-Ḥaddāds* Überzeugung, kann und muß der Entwicklung der Gesellschaft Rechnung tragen. Es sollte stets den Gegebenheiten und Erfordernissen der jeweiligen Zeit angepaßt und weiterentwickelt werden. Die Interpretationsbedürftigkeit koranischer Vorschriften sieht *al-Ḥaddād* in ihrer historischen Bedingtheit, im Kontext ihres Zustandekommens selbst angelegt. *Mohammed*, so gibt *al-Ḥaddād* zu Bedenken, sah sich angesichts des niedrigen Entwicklungsstandes seiner Zeitgenossen gezwungen, gesellschaftliche Mißstände schrittweise und nur bis zu einem gewissen, allgemein akzeptierten Grad zu bekämpfen. Verglichen mit den vorislamischen Verhältnissen aber dürfe das emanzipatorische Potential der koranischen Gesetzgebung nicht verkannt werden. Dieser, der koranischen Offenbarung zugrundeliegenden Dynamik, müsse auch die islamische Gesetzgebung folgen. Dies gelte insbesondere für die frauenrechtlichen Bestimmungen der *šarī'a*. Das Prinzip der Gleichheit der Geschlechter, das *al-Ḥaddād* im Islam selbst veranlagt sieht, spielt dabei eine wesentliche Rolle.

---

[96] Eine analytische Übersetzung erfolgte durch *M. Mutafarrij* und erschien in Revue des Etudes Islamiques, 1935, Bd. 3, S. 201-230. Eine Übersetzung des Vorworts, der Zusammenfassung des ersten und zweiten Teils sowie einiger anderer Textpassagen findet sich außerdem bei Borrmans, M., Documents sur la famille au Maghreb de 1940 à nos jours, Estratto da Oriente Moderno, Nr. 59, Paris 1979, S. 26-69. Die nachfolgenden Ausführungen basieren auf der arabischen Originalfassung, die letztmalig im Jahre 1998 aufgelegt wurde.

Ihm sind nach *al-Ḥaddāds* Auffassung alle die Frau sowie die eheliche Gemeinschaft betreffenden Vorschriften anzupassen.

Al-Ḥaddād fordert im ersten Kapitel eine in weiten Teilen radikale Modifikation von Gesetzestexten mit frauenrechtlichem Bezug. Neben gleichen Bürgerrechten (*ḥuqūq madaniyya*) und voller Vertragsfähigkeit der Frau (*'ahliyyat at-taṣarruf*) fordert er mit dem Hinweis auf die Entfaltungsfreiheit (*ḥurriyyat al-ḥayāh*) beider Geschlechter die Abschaffung des Schleierzwangs (*as-sufūr*) und geht sogar soweit, für eine vollständige Reformierung der koranischen Erbregeln (*al-mīrāṯ*) zu plädieren. Ins Zentrum seiner gesellschaftspolitischen Reformforderungen stellt *al-Ḥaddād* jedoch die Ehe, bzw. das Verhältnis der Ehepartner untereinander. Damit bewegt er sich in der islamischen Tradition, in der Familie und Ehe als Hort von Sittsamkeit, Glauben und Verantwortung eine gesellschaftsbildende bzw. -verändernde Funktion haben.[97] Eine wesentliche Grundlage der ehelichen Gemeinschaft ist *al-Ḥaddād* zufolge die gegenseitige Zuneigung (*'āṭifa*) der Ehepartner. Aus ihr leitet er das Recht auf freie Partnerwahl (*ḥurriyyat al-iḫtiyār*) und die Pflicht zur gegenseitige Unterstützung der Ehepartner bei der Erfüllung familiärer Pflichten ab. Mit Blick auf den reproduktiven Charakter der Ehe kritisiert er die eingeschränkten rechtlichen Möglichkeiten der Ehescheidung von Frauen bei Abwesenheit oder Impotenz des Mannes. Konservativ zeigt sich *al-Ḥaddād* hingegen in Fragen der Empfängnisverhütung und der gemischtreligiösen Verbindungen. So seien im Islam kontrazeptive Praktiken grundsätzlich untersagt und auch eine andere, die Regeln der legitimen Nachkommenschaft konterkarierende und sich im Zuge des Protektorats ausbreitende Sitte sei gesetzlich zu unterbinden: die Eheschließung mit Frauen fremder Nationalität und Kultur. Revolutionär ist dagegen die Auffassung *al-Ḥaddāds* zu Fragen der Polygynie (*ta'addud az-zauǧāt*) und Verstoßung (*aṭ-ṭalāq*). Der Islam, so *al-Ḥaddād*, erlaube die Mehrehe im Prinzip nicht. So habe die Vielehe in der vorislamischen Zeit gar keiner zahlenmäßigen Beschränkung unterlegen und sei von *Mohammed* zunächst auf vier Frauen begrenzt worden. Im Laufe der Offenbarung sei diese Regelung durch das Erfordernis der Gleichbehandlung aller

[97] Chani, Rapports, S. 113 f.

Ehefrauen weiter eingeschränkt und schließlich durch den Hinweis auf die Menschenunmöglichkeit eines solchen Unterfangens gänzlich verboten worden. Die in der islamischen Gesellschaft verbreitete Praxis der Verstoßung dagegen beruhe nicht auf einem Mißverständnis der koranischen Gesetzgebung. Nicht gegen die entsprechenden islamischen Regelungen richtet sich *al-Ḥaddāds* Kritik, sondern gegen deren mißbräuchliche Auslegung. Hier macht *al-Ḥaddād* nicht nur den Ehemännern einen Vorwurf, die ihre Frauen nach Belieben verstoßen und mit deren Schicksal spielen, sondern auch den Gesetzesgelehrten, die durch eine restriktive Auslegung des Gesetzestexte deren Sinn ins Gegenteil verkehren. Vor allem die Praxis der dreifachen Verstoßung (*aṭ-ṭālāq aṯ-ṯalāṯ*) ohne Einhaltung des im Koran vorgegebenen Zeitabstandes ist *al-Ḥaddād* ein Dorn im Auge. Geradezu revolutionär erscheint in diesem Zusammenhang *al-Ḥaddāds* Forderung nach der Einführung von Ehescheidungsgerichten (*maḥākim aṭ-ṭalāq*), die dem Geiste der islamischen Gesetzgebung entsprechend dazu beitragen könnten, die Stabilität der Familie zu sichern und die islamische Gesellschaftsordnung zu schützen. Auf den vorangegangenen Ausführungen basiert *al-Ḥaddāds* Gesellschaftskritik, mit der er den ersten Teil seines Werkes zusammenfaßt: Nicht der Islam, sondern die islamische Gesellschaft und speziell die Rechtsgelehrten seien Schuld an den sozialen Mißständen und der sich unter ihnen ausbreitenden Dekadenz, denn sie hätten das im Koran verankerte Erfordernis der Fortentwicklung des islamischen Rechts mißachtet. *Al-Ḥaddād* läßt in einem Anhang zum ersten Kapitel (S. 118-125) konservative Islam- und Rechtsgelehrte zu insgesamt 12 Fragen zu Wort kommen, die die Vormundschaft der Braut, die Verstoßung, die Ehescheidung und die Verschleierung betreffen.

Im zweiten, soziologischen Teil seines Buches (S. 127-217) kommt *al-Ḥaddād* auf die sozialen Benachteiligungen von Mädchen und Frauen zu sprechen. Er kritisiert die Ausbeutung junger Mädchen im Handwerk, ihre mangelnde hauswirtschaftliche und intellektuelle Erziehung, die Praxis der Absperrung und die Erziehung zur Prüderie und zu mangelndem Selbstbewußtsein. Besorgniserregend ist das Bild, das *al-Ḥaddād* von der in Tunesien verbreiteten Heiratspraxis, dem Ehe- und Familienleben zeichnet. So trieben schon die aufwendigen Hochzeitsfeiern ganze Familien in den Ruin, Minderjährige würden gegen ihren Willen und allzu oft mit wohlhabenden Greisen verheiratet und in vielen Ehen herrsche finanzielle Not infolge von Arbeitslosigkeit, Verschwendungssucht oder Trägheit des Mannes. Die Vielehe trüge in den meisten Fällen zum Ruin der Familie bei. Neben ihren finanziellen Belastungen säe sie Eifersucht und Mißtrauen und störe dadurch die eheliche Harmonie. Das Familienleben in Tunesien beschreibt *al-Ḥaddād* in den dunkelsten Farben. So seien Gewalt und Streitereien innerhalb der auf engstem Raum zusammenlebenden Großfamilie an der Tagesordnung. Die mangelnde Bewegungsfreiheit der Frau und ihr sklavenhaftes Dasein in der häuslichen Umgebung führe bei dieser zu Müßiggang und Vernachlässigung der häuslichen Pflichten. Die desolate Lage vieler tunesischer Familien bringt *al-Ḥaddād* mit der durch die Kolonialmacht verursachte Ausbeutung und Verarmung der Bevölkerung in Zusammenhang. Angesichts ihrer Ignoranz und Faulheit seien die Tunesier für ihr Schicksal jedoch selbst verantwortlich. Den Schleier (*ḥiǧāb*) der Frau verurteilt *al-Ḥaddād* aufs Schärfste. So hinderten Schleier und Klaustration die Frau an der Ausübung ihrer Rechte und seien u.a. der Grund für sexuelle Anomalien, intellektuelle Verarmung, die Vernachlässigung mütterlicher Pflichten sowie gesundheitliche Beeinträchtigungen der Frau. Mit dem Ruf nach Mädchenbildung (*ta ʿlīm*) stellt *al-Ḥaddād* nicht nur eine weitere emanzipatorische Forderung auf, er bietet damit sogleich einen Ausweg aus der sozialen Misere. Männlicher Egoismus und die Furcht vor unkalkulierbaren gesellschaftlichen Auswirkungen seien die Ursache dafür, daß Frauen weithin in Ignoranz und Unwissenheit gehalten würden. Dabei sei das Erfordernis der Bildung von Frauen sogar im Koran verankert. So tritt *al-Ḥaddād* für die Förderung der Frau auf allen Bildungsebenen ein. Im Hinblick auf die finanzielle Unabhängigkeit der Frau fordert er auch ihre Berufsausbildung. Die moderne Entwicklung, so gibt er zu bedenken, bringe der Frau immer größere Freiheiten. Da sie nicht aufgehalten werden könne, sei es sinnvoll, sie durch eine rationale Erziehung der Frau zu kanalisieren.

Der Widerstand, auf den *aṭ-Ṭāhir al-Ḥaddād* mit seiner Publikation stieß, war groß und in seinen Ausmaßen kaum voraussehbar. Waren wenige Tage nach Erscheinen des Buches noch über 100 Sympathisanten *al-Ḥaddāds* zusammengetroffen, um ihrer Zustimmung Ausdruck zu verleihen, so formierte sich innerhalb konservativer Kreise schon bald eine unerbittliche Opposition. Der Verwaltungsrat der *Zaitūna* trat im Oktober 1930 zusammen, um das Buch *al-Ḥaddāds* als ketzerisch zu verurteilen und dessen Verkauf zu verbieten, und die Presse startete eine in ihren Ausmaßen in Tunesien nie dagewesene Verleumdungskampagne gegen *al-Ḥaddād*. Man entzog ihm seine Lehrberechtigung, erkannte ihm sein Notariatsdiplom ab, und selbst zur Abschlußprüfung seiner rechtwissenschaftlichen Studien wurde er nicht zugelassen. Der Widerstand der Ulama gegen *al-Ḥaddād*, so gibt *Zghal* zu bedenken, war nicht deshalb so erbittert, weil er die Frauenemanzipation gefordert hatte, sondern weil er es gewagt hatte, als Muslim autonom zu denken.[98] So erschienen ab 1931 zahlreiche Gegenschriften zu *al-Ḥaddāds* Werk, die sich mehr oder weniger detailliert mit den darin aufgestellten Thesen auseinandersetzten.[99] Die persönlichen Anfeindungen und Bedrohungen nahmen schließlich solche Ausmaße an, daß sich *al-Ḥaddād* veranlaßt sah, einen Waffenschein zu beantragen. Er starb an Tuberkulose erkrankt und gesellschaftlich isoliert im Alter von 36 Jahren.

Nicht nur konservative Kreise hatten sich in Opposition zu *al-Ḥaddād* gestellt, auch die nationalistischen Eliten um *Bourguiba*, die für eine Renaissance des nationalen Bewußtseins eintraten, ließen keine oder nur geringe Unterstützung für *al-Ḥaddād* erkennen. Die Journalisten der *Voix du Tunisien*, dem Presseorgan der Nationalisten, so gibt *Raccagn*i zu bedenken, waren sich bewußt, daß die Situation der tunesischen Frau sehr zu wünschen übrig ließ, aber dies betraf schließlich die gesamte Bevölkerung.[100] Der einzige Schleier, der gelüftet werden müsse, so zitiert sie den Beitrag eines nationalistisch gesinnten Verfassers, sei der „*Schleier der Unwissenheit*“; immerhin galt nach damaliger Auffassung jeder als Apostat, der einen anderen als an der *šarīʿa* orientierten Personenstand forderte.[101]

---

[98] Zghal, Circulation, S. 27.

[99] Vgl. dazu insbesondere die Schmähschriften seiner Kritiker *Muḥammad al-Madanī al-Ġarībī* und *Muḥammad aṣ-Ṣāliḥ Ibn Murād*, in: Borrmans, Documents, S. 70-119.

[100] Raccagni, Origins, S. 217.

[101] Ebd.

Zur Erreichung ihrer politischen Ziele waren die Nationalisten noch auf die traditionelle tunesische Frau als Symbol nationaler Identität angewiesen.[102] Die Emanzipation der Frau hatte keinen Platz im Kampf um die Unabhängigkeit.

Obwohl die sich nach Ägypten und der Türkei auch in Tunesien vorsichtig ausbreitende Frauenemanzipation mit der Affäre um *al-Ḥaddād* einen herben Rückschlag erlitten hatte, sollten die Gedanken des größten tunesischen Frauenrechtlers nicht in Vergessenheit geraten. Für eine Umsetzung der von *al-Ḥaddād* vorgeschlagenen Reformen aber war die Zeit noch nicht reif. Erst mit der Unabhängigkeit erlebten die emanzipatorischen Ideen des tunesischen Reformers eine Renaissance. Sein Werk schuf wesentliche gedankliche Grundlagen für die nachkolonialen Reformen des Rechts- und Gerichtssystems in Tunesien unter Präsident *Bourguiba.*[103]

1.3 Die Entstehung der Frauenbewegung und ihre Rolle im nationalen Befreiungskampf

Erst die vollständige Etablierung der französischen Protektoratsmacht in Tunesien und ihre zunehmend aggressive Assimilationspolitik hatten in Tunesien seit Beginn des vorigen Jahrhunderts zur Entstehung eines nationalen Bewußtseins geführt. Ihren deutlichsten Ausdruck fand diese Entwicklung in der Gründung der *Destour*-Partei im Jahre 1920, die innerhalb der tunesischen Gesellschaft jedoch keine ausreichend breite Basis finden konnte. Erst 1934 kam es mit der Abspaltung einer Gruppe junger Intellektueller um *Habib Bourguiba* zur Gründung der *Neo-Destour*, die sich im Gegensatz zu ihren politischen Vorgängern auch der Frauenfrage widmete, denn ihren Vertretern war

„zu Bewußtsein gekommen, daß ihre Ziele, wie nationale Einheit, Fortschritt und sozio-ökonomische Entwicklung des Landes, ohne Mitwirkung der einen Hälfte

---

[102] Darghouth Medimegh, Droits et vécu, S. 47.
[103] Ebert, Personalstatut, S. 72; ders., Familiengesetze, S. 68.

der Bevölkerung, der Frauen, nicht zu erreichen war."[104]

Trotz einiger Forderungen, die sich auf Bildung und andere Rechte bezogen, hatte die Frauenfrage im Programm der Nationalisten keine Priorität, vielmehr wurde die Aufrechterhaltung traditioneller islamischer Gesellschaftsstrukturen als Mittel des passiven Widerstandes gegen die Kolonialmacht gesehen.

Protest gegen frauendiskriminierende Praktiken war bereits in den zwanziger Jahren in den Reihen der Frauen selbst laut geworden. Erstmals in der Geschichte des Landes hatte es 1924 eine Tunesierin gewagt, öffentlich gegen die zahlreichen Benachteiligungen von Frauen zu opponieren. Im französischen Literaturkreis *L'Essor* forderte die junge *Manūbiyya al-Wartānī* mehr Rechte für Frauen und plädierte für die Abschaffung des Schleiers, was sie eindrucksvoll dadurch unterstrich, daß sie vor Publikum demonstrativ ihren Kopfschleier ablegte.[105] Fünf Jahre später sahen die Mitglieder des *L'Essor* die Zeit für eine zweite Konferenz über die Schleierfrage gekommen. Zum Thema referierte diesmal *Ḥabība al-Munšārī*, die unverschleiert gekommen war. Wie *Manubiyya al-Wartānī* sprach auch sie sich nachdrücklich gegen den Schleier aus, prangerte den unter Frauen verbreiteten Analphabetismus an und verurteilte traditionelle islamische Praktiken wie die Absperrung und Zwangsverheiratung von Frauen.[106] Während die ersten öffentlichen Emanzipationsforderungen einer Frau weitgehend unbeachtet geblieben waren und lediglich eine Reihe zustimmender Beiträge in *Tunis Socialiste* nach sich gezogen hatten, war diesmal der Sturm der Entrüstung groß. *Bourguiba* und andere Konservative der *Destour* bezogen ausdrücklich Position für den Schleier und lieferten sich Wortgefechte mit den Fürsprechern der Frauenemanzipation und Initiatoren der Schleierfrage, die vor allem in den Reihen der Sozialisten zu finden waren. Im *L'Etendard Tunisien*, dem Presseorgan der *Destour*, verteidigte *Bourguiba* den Schleier als traditionelle Sitte der Tunesier und Merkmal ihrer ureigenen Identität und Persönlichkeit:

---

[104] Richter-Dridi, Frauenbefreiung, S. 99.
[105] Chater, Femme, S. 76; Marzouki, Mouvement, S. 35.
[106] Zu den Umständen und Folgen des Auftritts der beiden „ersten Feministinnen“ Tunesiens vgl. auch Chater, Femme, S. 76-79; Marzouki, Mouvement, S. 35 f.; Daoud, Féminisme, S. 39 f.

„Haben wir ein Interesse daran ... das Verschwinden unserer Sitten, unserer Gewohnheiten, seien sie nun gut oder schlecht, und aller dieser kleinen Nichtigkeiten, die in ihrer Gesamtheit ... unsere Persönlichkeit ausmachen, zu beschleunigen? Meine Anwort lautet angesichts der sehr speziellen Umstände, unter denen wir leben, kategorisch: Nein!“[107]

Bourguiba forderte den Schleier nicht aus religiösen Gründen. Daß er den Schleier so vehement verteidigte, geschah in erster Linie in der Absicht, das tunesische Volk vor dem Verlust seiner Persönlichkeit zu bewahren.[108] Wie die traditionelle arabische Männerkleidung nach und nach durch die Übernahme des europäischen Anzugs verschwunden ist, könne eines Tages möglicherweise auch der Schleier fallen, gab *Bourguiba* zu bedenken, insbesondere dann, wenn sich tunesische Frauen auf der Straße nicht mehr unwohl fühlten:

„... *an diesem Tag wird der Schleier von selbst und gefahrlos verschwinden, denn das, wofür er als Symbol stand, wird verschwunden sein.*“[109]

Den besten Beweis, daß die Zeit für einen Verzicht auf den Schleier noch nicht gekommen war, sah *Bourguiba* in der Tatsache, daß innerhalb von vier Jahren öffentlich nur zwei Schleier abgelegt worden waren und sich auch nach der Konferenz im *L'Essor* keine der anwesenden Musliminnen entschlossen hatte, den Schleier abzunehmen.[110] Trotz der heftigen Kontroversen und Emotionen, die die revolutionären Forderungen, zudem von einer Frau vorgebracht, ausgelöst hatten, blieb zunächst eine größere, sichtbare Wirkung aus. Erst mit *al-Ḥaddād* hatte sich in einer kleinen weiblichen Bildungsschicht ein Problembewußtsein für die Lage der islamischen Frau zu entwickeln begonnen. Frauen, vor allem die, die eine arabisch-französische Bildung genossen hatten und mit den Idealen islamischer und westlicher Frauenrechtler in Berührung gekommen waren, zeigten Anzeichen eines neu gewonnen Selbstbewußtseins, das schon bald in einer verstärkten öffentlichen Präsenz zum Ausdruck kam. 1930 verfaßte *Zuhra Ben Milād*, Mitglied der tunesischen Sektion der Internationalen Frauenliga für Frieden und Freiheit, eine Petition, in der sie die Thesen und Forderungen *al-Ḥaddāds*

[107] Habib Bourguiba, S. 3.
[108] Habib Bourguiba, S. 4 f.
[109] Habib Bourguiba, S. 5.
[110] Habib Bourguiba, S. 1, 5.

verteidigte. Im gleichen Jahr nahm eine Tunesierin als einzige Maghrebinerin offiziell an einer internationalen Konferenz über die Lage der orientalischen Frau teil, auf der Resolutionen zur Gleichheit der Geschlechter, zur Bildung und Berufsausbildung von Frauen sowie zur Abschaffung der Polygynie und Verstoßung verabschiedet wurden.[111]

Zu einem ersten Zusammenschluß tunesischer Frauen kam es schließlich im Jahre 1931, als eine Gruppe von Frauen für die Opfer einer Überschwemmungskatastrophe Hilfsdienste organisierte und beschloß, die *Société des Dames Musulmanes* zu gründen. Die in dieser Gruppe aktiven Frauen veranstalteten Treffen zur Diskussion der Fauenfrage und arbeiteten karitativ. Durch gesellschaftliches Engagement kamen Frauen in den Folgejahren, so gering ihre Zahl anfänglich auch war, erstmals in den Genuß von Freiheiten, die noch zu Jahrhundertbeginn undenkbar waren:

„*Ihre sozialen Aktivitäten eröffneten ihnen die Möglichkeit, mit Männern zusammenzutreffen. Einige Frauen erhielten Einladungen zu Veranstaltungen, die meist religiöser Natur waren, und an denen sie gemeinsam mit Männern teilnahmen.*“[112]

Die Tatsache, daß sich in französischen Reihen ein spezielles Interesse an der Frauenfrage herauszubilden begann und auch auf die tunesische Bevölkerung übergriff, stimmte viele Tunesier mißtrauisch. In einer Zeit, in der die traditionelle muslimische Familie und Ehe und auch der Schleier als letzte Bastion gegen eine übermächtige Kolonialmacht gesehen wurde und jede aufoktroyierte Frauenemanzipation dem ohnehin schon angegriffenen Ehrgefühl der tunesischen Männer einen weiteren Schlag versetzt hätte, konnte nur eine aus den muslimischen Reihen kommende Frauenbewegung auf gesellschaftliche Akzeptanz hoffen.

Eine solche muslimische Frauenorganisation entstand 1936. *Bašīra Ibn Murād*, Tochter des *Šaiḫ Muḥammad aṣ-Ṣāliḥ Ibn Murād*, eines konservativen Gelehrten der *Zaitūna* und Absolventin derselben gründete mit der ideellen und materiellen Unterstützung ihres Vaters die UMFT, die *Union Musulmane des Femmes de*

[111] Bessis/Belhassen, Femmes, S. 46 f.
[112] Chater, Femme, S. 79.

Tunisie. 1931 hatte sich der als streng-orthodoxe Muslim bekannte *Ibn Murād* zum Gegner *al-Ḥaddāds* erklärt und mit einem Pamphlet auf den Frauenrechtler von sich Reden gemacht. Was ihn dennoch dazu veranlaßte, sich zum Fürsprecher der Frauenemanzipation und Förderer der Frauenbewegung zu machen, beschreibt *Bašīra* mit den Worten:

„*Vater war davon überzeugt, daß sich die Frauen im gesellschaftlichen Kampf engagieren müßten, um ihrer persönlichen Emanzipation willen und um ein Teil des nationalen Befreiungskampfes zu sein. Die Frauen sollten Charakter und Gradlinigkeit zeigen und die Berechtigung ihres Engagements unter Beweis stellen.*“[113]

Der *Šaiḫ* verschaffte seiner Tochter nicht nur Zugang zum Presseorgan der *Zaitūna*, er unterstützte sie auch aktiv bei der Suche nach Mitgliedern, so daß sie nach und nach immer mehr Frauen der tunesischen Intelligentia für ihre Organisation gewinnen konnte und die Mitglieder der UMFT schließlich ein breites ideologisches Spektrum abdeckten: neben Frauen aus konservativen Kreisen waren in der UMFT bald auch die neuen nationalistischen und modernistischen Eliten vertreten.[114]

Trotz des zweifellos vorhandenen emanzipatorischen Potentials der in der UMFT zusammengeschlossenen Frauen[115] blieb ihr Engagement auf den sozial-karitativen Bereich beschränkt. Die Aufgaben der Organisation hatten den Frauen einen relativ engen Handlungsspielraum gegeben.[116] Sie waren auf der Grundlage einer feministischen Lesung des Korans mit den beiden Schwerpunkten „Frauenbildung“ und „Stärkung des sozialen Zusammenhalts“ entstanden und galten, was für die öffentliche Akzeptanz der UMFT von Bedeutung war, nur in diesen engen Grenzen als religiös legitimiert. Das übergreifende Ziel der UMFT, durch die Hebung des kulturellen Niveaus der Bevölkerung einen Beitrag zur sozialen Entwicklung und speziell zur Frauenförderung zu leisten, spiegelte sich in den

---

[113] Zit nach Marzouki, Mouvement, S. 37.
[114] Bessis/Belhassen, Femmes, S. 39.
[115] Zu ihnen zählten u. a. die erste tunesische Ärztin, die Ehefrau *aṭ-Ṭāhir al-Ḥaddāds* und andere Frauen, die auch noch im unabhängigen Tunesien eine Rolle in der Frauenbewegung spielten.
[116] Vgl. dazu Chater, Femme, S. 81 f.

zahlreichen Aktivitäten der Organisation wider. Die Frauen der Organisation engagierten sich für die Förderung der Schulbildung und der religiösen Erziehung von Mädchen, forderten die Einführung einer allgemeinen Schulpflicht und boten für nordafrikanische Studenten in Frankreich ideelle und finanzielle Unterstützung an. Zwar nahmen die Mitglieder der UMFT in begrenztem Umfang auch an politischen Veranstaltungen teil, pflegten den Kontakt zu politischen Führungskreisen und waren gern gesehene Gäste im Palast des Beys,[117] doch ihre gesellschaftliche Einflußnahme blieb begrenzt. Es war auch nicht im Interesse der UMFT, politische oder emanzipatorische Forderungen aufzustellen. Die Organisation war aus streng konservativen Kreisen hervorgegangen, und ihr politischer Auftrag war es weniger, feministische Ideen zu verbreiten, als vielmehr der Unabhängigkeitsbewegung einen national-identitären Anstrich zu verleihen. Was die Stellung der Frau betraf, so erwiesen sich die Anhängerinnen der UMFT, die bis ins Jahr 1956 fortbestand, sodann auch als Verfechterinnen des status-quo.[118]

1936 war auch die erste tunesische Frauenzeitschrift *Leila* erschienen. Ihr Herausgeber hatte sie ins Leben gerufen, um an die Ideen *aṭ-Ṭāhir al-Ḥaddāds* anzuknüpfen und die Öffentlichkeit für die Notwendigkeit der Frauenemanzipation zu sensibilisieren. Die bis zum zweiten Weltkrieg in unregelmäßigem Turnus erscheinende Monatszeitschrift stellte aber trotz einiger kritischer Beiträge zur Frauenfrage nie revolutionäre feministische Forderungen auf. Hinzu kam, daß die Zeitschrift, da sie in französischer Sprache herausgegeben wurde, nur einen begrenzten Leserkreis erreichte, und damit ihr Ziel, Sprachrohr für die tunesische Frau zu sein, ohnehin verfehlte.

Ein trauriges Bild vom Stand der Frauenbewegung in Tunesien zur Zeit des zweiten Weltkrieges zeichnet *Raccagni*:

„..geringe Einschulung von Mädchen, sehr wenige Karrierefrauen, eine einzige Ärztin. Die einzigen Beiträge von Frauen waren bescheidene Artikel in Leila oder Šams al-Islām, kleinen, außerhalb der Landesgrenzen völlig unbekannten Zeit-

---

[117] Daoud, Féminisme, S. 44.

[118] *Chater* (Femme, S. 82) lehnt es nicht nur ab, die UMFT als feministische Organisation zu bezeichnen, sie betrachtet sie sogar als „anti-feministisch".

schriften. Die einzige weibliche Aktivistin, Mme al-Munšārī, stieß mit ihren Bemühungen auf allgemeine Gleichgültigkeit und die UMFT erwies sich ... als profillos."[119]

Auch von den beiden auf Initiative der Kommunistischen Partei (PCT) i. J. 1944 gegründeten Frauenorganisationen *Union des Femmes de Tunisie* (UFT) und *Union des Jeunes Filles de Tunisie* (UJFT)[120] gingen keine bedeutenden Impulse für die Emanzipation der Frau aus. Wie im Falle der UMFT war auch die Gründung dieser beiden Organisationen mit der Absicht erfolgt, Frauen für eine politische Idee zu gewinnen und sie als Mitstreiterinnen und Multiplikatorinnen derselben zu instrumentalisieren. So brachte sowohl die UFT als auch die UJFT die Kommunisten ihrem politischen Ziel, die Bevölkerung für nationale Probleme zu sensibilisieren und soziale Gerechtigkeit zu erreichen, ein Stück näher: Die in der UFT zusammengeschlossenen Frauen nahmen im Rahmen des nationalen Befreiungskampfes an Demonstrationen und Kundgebungen der kommunistischen Partei teil, propagierten deren Ideale und engagierten sich für soziale Belange, wobei sie im Gegensatz zur Bourgeoisie-nahen UMFT vor allem das kleinbürgerliche Milieu erreichten. Zugunsten der unter den Folgen des zweiten Weltkriegs leidenden einheimischen Bevölkerung führten die beiden kommunistischen Frauenorganisationen Wohltätigkeitsveranstaltungen durch und sammelten Spenden. Sie unterstützten die Einrichtung von Armenküchen, die Verteilung von Lebensmitteln und Kleidern an Bedürftige und ermöglichten kostenlose medizinische Hilfsdienste. Wie die UMFT widmeten sich auch die UFT der Erziehung und Ausbildung von Kindern und Jugendlichen, richtete Kindergärten ein und führte Einschulungs- und Alphabetisierungskampagnen durch. Aber auch soziale Rechte von Frauen wurden eingeklagt. Doch obwohl die UFT mit ihren Forderungen nach Mutterschaftsurlaub, gleicher Entlohnung und besseren Arbeitsbedingungen für Frauen weitaus militanter auftrat als die UMFT, war auch ihr Engagement nicht darauf gerichtet, die eigentlichen Ursachen für die Unterdrückung und chronische Benachteiligung von Frauen zu beseitigen.

Parallel zu den Frauenorganisationen der Kommunisten hatte sich im Jahre 1944 auch eine Frauensektion der *Association des Jeunes Musulmans,* der Jugendorga-

---

[119] Raccagni, Origins, S. 239.

[120] Zur Geschichte der beiden Organisationen vgl. ausführlich Marzouki, Mouvement, S. 94-147.

nisation der *Zaitūna*, gebildet. Das Hauptanliegen dieser Frauengruppe war es, einer aufoktroyierten und überdies als falsch und gefährlich empfundenen Modernität die Verteidigung sozialer Strukturen und die Aufrechterhaltung von Sitte und Moral entgegenzusetzen. Und so bezogen sich auch die von dieser Gruppe behandelten Themen vornehmlich auf den sozialen und Bildungsbereich und unterschieden sich damit nicht wesentlich von denen der UMFT.[121] Wenn auch die Verdienste der Frauensektion der *Association des Jeunes Musulmans,* besonders die Errichtung einer Schule für analphabetische Mädchen Anerkennung verdienen, kann auch dieses Beispiel nicht darüber hinwegtäuschen, daß die verstärkte Gründung von Frauenorganisationen zur Zeit der nationalen Befreiungsbewegung hauptsächlich dazu diente, Frauen als Symbole und Verfechterinnen einer Gesellschaftsordnung zu funktionalisieren, die angesichts der französischen Penetration ums Überleben kämpfte.

Daß es innerhalb der Frauenbewegung dennoch Ansätze gab, eine Synthese zwischen islamischer Identität einerseits und modernem Frauenbild andererseits zu erreichen, zeigt die Gründung des *Club de la Jeune Fille Tunisienne,* der 1954 als Zusammenschluß tunesischer Studentinnen ins Leben gerufen wurde. Das Ziel des Clubs war es, ein neues Selbstverständnis der tunesischen Frau unter Rückgriff auf weibliche Vorbilder der islamischen Geschichte zu fördern. Die Anhängerinnen des Clubs hatten erkannt, daß die nationale Unabhängigkeit und die Entwicklung des Landes unweigerlich auch mit der Frauenfrage verbunden waren. Die Befreiung der Frau und die Verbesserung ihrer gesellschaftlichen Position, so ihre Überzeugung, ließen sich nur durch eine Rückbesinnung auf die Toleranz des Islams und seine Ursprünge erreichen.[122]

Es darf daneben nicht vergessen werden, daß tunesische Frauen über ihr Engagement in Frauenorganisationen hinaus auch eine aktive Rolle im nationalen Befreiungskampf spielten. Vor allem Ende der dreißiger Jahre, als die tunesische Unabhängigkeitsbewegung erstmals auf den heftigen Widerstand der Kolonialmacht stieß, nahmen auch Frauen, selbst wenn ihre Zahl insgesamt verhältnismäßig gering war, an Demonstrationen und Kundgebungen gegen die Kolonialmacht teil,

---

[121] Daoud, Féminisme, S. 47.
[122] Vgl. dazu Raccagni, Origins, S. 261.

setzten sich für politische Gefangene ein, unterstützten deren Familien und wurden z. T. selbst inhaftiert.[123] 1952 errichteten vier Aktivistinnen das neue Komitee einer Frauensektion der *Neo-Destour* in *Bāǧa* und organisierten dort im Auftrag *Bourguiba*s eine Protestkundgebung gegen die Franzosen. Weitere Frauensektionen der *Neo-Destour* unterstützten von Tunis und Bizerte aus die Befreiungsbewegung. 1952 kam es im Zuge einer von der Gewerkschaft UGTT *(Union Générale Tunisienne du Travail)* ausgerufenen Großdemonstration zur Verhaftung und sogar Verurteilung von Frauen, die sich an der begleitenden Frauendemonstration beteiligt hatten.[124]

Offensichtlich vermochten es Frauenorganisationen wie die UMFT und die UFT gerade in politischen Krisenzeiten nicht, junge Aktivistinnen an sich zu binden. Eine geeignetere Plattform für ihre nationalistische Gesinnung und entsprechende Aktivitäten fanden Frauen entweder in den Frauensektionen der *Neo-Destour* oder in der parteinahen UGTT. Und daß auch Frauen politisch erfolgreich sein konnten, wurde mit der Wahl zweier Frauen in den Nationalrat der *Neo-Destour* im November 1955 deutlich.[125]

Selbst wenn die Aktivitäten einiger weniger in den Befreiungskampf involvierter Frauen mehr nationalistisch denn feministisch motiviert waren, so waren die Signale, die von einer bis dahin unbekannten weiblichen Militanz ausgingen, unübersehbar. Doch obwohl das Selbstverständnis vieler Frauen, beeinflußt durch eine moderne europäische Erziehung und wachsenden Zugang zu Bildungsmöglichkeiten, bereits im Wandel begriffen war, hielt die tunesische Gesellschaft in der Sorge vor Verwestlichung und Akkulturation an traditionellen islamischen Wertvorstellungen fest. Infolgedessen zeigte sie sich vor allem der Frauenfrage gegenüber streng konservativ. Die islamische Tradition war das einigende Band der kolonialisierten Gesellschaft und Ausdruck ihrer Identität. Jedes Infragestellen tradierter sozialer Strukturen zur Zeit der Unabhängigkeitsbewegung hätte das Risiko einer Destabilisierung der tunesischen Gesellschaft in sich geborgen und

---

[123] Zu Zeitzeugnissen aktiver Frauen im tunesischen Befreiungskampf vgl. Chabbi-Labidi, L., Lutte des femmes contre la répression, in: IBLA, 1984, Bd. 47, Nr. 154, S. 249-276.
[124] Vgl. dazu Raccagni, Origins, S. 263 f.
[125] Vgl. dazu Raccagni, Origins, S. 266.

hinsichtlich der erstrebten Unabhängigkeit kontraproduktiv gewirkt. Erst mit der nationalen Unabhängigkeit sollten die Rahmenbedingungen für ein Umdenken in der Frauenfrage günstiger werden.

2. Die Frauenfrage als Schwerpunkt tunesischer Gesellschaftspolitik seit 1956

2.1 Frauenemanzipation als Mittel gesellschaftlicher Erneuerung unter *Bourguiba*

Als Tunesien 1956 in die Unabhängigkeit entlassen wurde,[126] waren die politischen und sozialen Verhältnisse im Land verhältnismäßig stabil. Anders als Algerien, das politisch geschwächt, mit ethnischen Rivalitäten und einer zerrütteten Elite aus dem nationalen Befreiungskampf hervorgegangen war, verfügte Tunesien über vergleichsweise günstige Voraussetzungen für einen problemlosen Übergang in die Unabhängigkeit.[127] Mit *Habib Bourguiba* und seinen Gefolgsleuten der *Neo-Destour* hatte das Land eine kohärente Führungselite, deren politischer Handlungsspielraum weder durch größere innenpolitische noch durch ethnische Konflikte eingeschränkt war. Diese Konstellation begünstigte in den Folgejahren die Umsetzung einer Reihe von Reformen, die auf eine massive Veränderung der politischen, wirtschaftlichen und sozialen Struktur des Landes abzielten.[128] Das erklärte Ziel der tunesischen Regierung, das Land aus dem Zustand der Unterentwicklung herauszuführen und es in einen modernen, zukunftsfähigen und prosperierenden Staat zu verwandeln, wurde vor allem in der ersten Dekade der Unabhängigkeit mit beispielloser Konsequenz verfolgt.

---

[126] Nach der internen Autonomie am 3.6.1955 wurde Tunesien am 20.3.56 die völkerrechtliche Unabhängigkeit zuerkannt. Im Juli 1957 wurde die Republik ausgerufen.

[127] Vgl. dazu Marshall/Stokes, Tradition, S. 638-644.

[128] Vgl. dazu Faath, S., Tunesien. Die politische Entwicklung seit der Unabhängigkeit 1956-1986, Kommentar und Dokumentation, Deutsches Orient Institut, Hamburg 1986; Moore, C. H., Tunisia Since Independence, Berkeley 1965; Tessler, M. A. (et al.), Tradition and Identity in Changing Africa, New York, 1973, S. 193-303.

2.1.1 Soziale Modernisierung durch Wertewandel

Die Besonderheit des eingeleiteten Transformationsprozesses bestand darin, daß er auf einem Verständnis von Modernisierung beruhte, das sich vorwiegend am westlichen Entwicklungsmodell orientierte. Der in Tunesien nach der Unabhängigkeit verfolgte Entwicklungsprozeß war

„eine lineare, eindimensionale und von innen induzierte Fortbewegung von der 'Tradition' zur 'Moderne' ... Das Entscheidende ist dabei, daß 'Modernität' die idealisierte westeuropäische und nordamerikanische Industriegesellschaft bedeutet, die als Endpunkt des Erreichbaren überhaupt präsentiert wird."[129]

Ein solcher Begriff von Modernisierung läßt jedoch nicht nur wenig Raum für autonome, den Eigenwert der islamischen Kultur berücksichtigende Entwicklungen, sondern bringt Unterentwicklung direkt mit den als negativ bewerteten Aspekten der traditionellen Kultur in Verbindung.[130] Aus dieser Theorie heraus erklärt sich, warum in Tunesien zum Zwecke der Errichtung einer sogenannten modernen postkolonialen Gesellschaft politische und wirtschaftliche Strukturen sowie traditionelle Denkweisen durchbrochen wurden und man fortschrittsfeindlichen Wertvorstellungen neue Ideale, vorzugsweise die der westlichen Welt entgegengesetzte.

Zum Zwecke der Modernisierung der tunesischen Gesellschaft hatte *Bourguiba* bereits kurz nach Erreichen der Unabhängigkeit mit der Umsetzung eines umfassenden Reformprogramms begonnen, das neben der Überwindung der wirtschaftlichen Unterentwicklung vor allem darauf abzielte, fortschrittshemmende Traditionalismen im religiösen und sozialen Bereich zu überwinden.

Vor diesem Hintergrund wurden bereits in den ersten Jahren der Unabhängigkeit eine Reihe von Maßnahmen eingeleitet, die die Entwertung bzw. vollkommene Zerstörung autoritativer religiöser Strukturen zum Ziel hatten. Den Ausgangspunkt bildete die Einführung eines modernen, am französischen Vorbild orien-

---

[129] Dridi, Identität, S. 193. Hervorhebung im Original.
[130] Dridi, Identität, S. 194.

tierten Rechtswesens mit säkularen, tunisifizierten Gerichten.[131] In der Absicht, den Einfluß konservativer religiöser Kreise zu schwächen, war zwischen 1956 und 1958 auch die Umwandlung der *Zaitūna* in eine der Universität von Tunis angegliederte Fakultät für islamische und arabische Studien erfolgt. Damit hatte *Bourguiba* nicht nur die Abwertung einer sein Modernisierungsprogramm anfeindenden Institution erreicht, sondern auch der Funktionalisierung religiöser Kreise Vorschub geleistet, denn gleichzeitig war er dazu übergegangen, Posten im Staatsdienst und vor allem im Justizministerium mit Studenten und Absolventen der Theologie zu besetzen.[132] Darüber hinaus wurden die traditionellen Koranschulen des Landes verstaatlicht und die Sufi-Orden aufgelöst, wodurch die islamischen Mystiker erheblich an rituellen Funktionen und spirituellem Einfluß einbüßten.

Während sich institutionelle Reformen ohne größeren Widerstand der Bevölkerung durchsetzen ließen, zeigte sich das Konfliktpotential, das ein staatlich gelenkter Übergang von der Tradition zur Moderne in sich barg, besonders deutlich in dem Versuch, einen Wandel traditioneller gesellschaftlicher Werte und Normen herbeizuführen. *Bourguiba* hatte erkannt, daß sich sein Verständnis von Fortschritt und Entwicklung ohne eine tiefgreifende Veränderung des gesellschaftlichen Bewußtseins nicht umsetzen lassen würde. So führte er, von Beginn seiner Amtszeit an, einen Kampf gegen die entwicklungshemmenden retrograden Mentalitäten, der aufgrund seiner Schärfe und Bedingungslosigkeit breiten Bevölkerungskreisen ein hohes Maß an Anpassungsbereitschaft abverlangte.

Im Wissen um die religiöse Verwurzelung seiner Landsleute und den „*sozialen Druck einer Religion, die in alle Bereiche des Lebens hineinspielt*",[133] war *Bourguiba* stets bemüht, seine Forderungen nach Modernisierung als mit dem Islam vereinbar zu präsentieren. Seine Argumentation stützte er dabei im wesentlichen auf das Erfordernis des selbständigen Bemühens in der Rechtsfindung

---

[131] Zur juristischen Neuordnung nach dem Eintritt in die Unabhängigkeit vgl. Kap. 2, I., 2.2 der vorliegenden Arbeit.
[132] Daoud, Féminisme, S. 50.
[133] Bessis/Belhassen, Bourguiba, S. 14.

(*iğtihād*). Damit bewegte er sich in der Tradition des im 19. Jahrhundert wurzelnden islamischen Modernismus,

„(dieser) propagiert den Geist, nicht die Buchstaben des Korans und sucht die Rechtsordnung des modernen Nationalstaats, die Erfordernisse des internationalen Wirtschaftsverkehrs und die Rationalität aufgeklärten Wissenschaftsdenkens mit einem reformierten Islam in Einklang zu bringen; dabei muß er im Interesse zeitgemäßer Lösungen die Authentizität und Geltung der Sunna in Frage stellen und die Satzungen des Korans auf eine neue Gesellschaft umdeuten... .“[134]

Durch den Rückgriff auf den *iğtihād*[135] versuchte *Bourguiba* aber nicht nur seinem Modernisierungskonzept sondern auch seiner politischen Autorität als solcher eine religiöse Legitimität zu verleihen. Als Staatschef war er gleichzeitig religiöses Oberhaupt des Staates und in dieser Funktion befugt, das religiöse Recht und seine Anwendung zu interpretieren.[136] Doch gerade in dieser Funktion war er auf die Akzeptanz seiner Landsleute angewiesen. Daß diese jedoch nie wirklich zur Disposition stand, ist im wesentlichen darauf zurückzuführen, daß er durch sein erfolgreiches Wirken im nationalen Unabhängigkeitskampf einen erheblichen Vertrauensvorsprung innerhalb der Bevölkerung besaß.

Das Charisma des Befreiers Tunesiens und „Vaters der Nation“, das ihm seither anhaftete, machte er sich vor allem zu Beginn seiner Amtszeit zunutzte. Immer wieder wandte er sich in öffentlichen Reden, im Radio, Fernsehen und in der Presse an seine Landsleute, um sie von der Notwendigkeit der umfassenden gesellschaftlichen Modernisierung zu überzeugen und den rückwärtsgerichteten Geist der Bevölkerung zu bekämpfen. Dabei hielt er die Bevölkerung dazu an, traditionelle Sitten und Verhaltensweisen bis hin zu Glaubensinhalten im Hinblick auf ihre Angemessenheit und Rationalität zu überprüfen:

„Ein Großteil unseres Volkes hält noch immer an unzähligen Vorurteilen und sogenannten religiösen Vorstellungen fest.“[137] *„Glaube und spirituelle Werte lohnen nur insoweit, als sie auf Verstand basieren.*“[138]

---

[134] Endreß, Islam, S. 91 f.

[135] *Hallaq* (Islamic legal theories, S. 211) spricht in diesem Zusammenhang von einem *„quasi-iğtihād“*, der mit dem traditionellen *iğtihād* nicht das Geringste zu tun habe.

[136] Ben Hammed, Laïcité, S. 111 f.

[137] *Bourguiba* in einer Rede d. J. 1965, zit. nach Tessler, Political change, S. 10.

[138] *Bourguiba* in einer Rede d. J. 1963, zit. nach Tessler, Political change, S. 10.

In seiner Offensive gegen überkommene gesellschaftliche Traditionen schreckte *Bourguiba* auch nicht davor zurück, traditionelle religiöse Pflichten öffentlich in Frage zu stellen. In der Sorge um die wirtschaftliche Entwicklung des Landes, dem durch die Pilgerreisen der gläubigen Bevölkerung regelmäßig enorme Mengen inländischer Devisen verloren gingen, riet er den Tunesiern von der Pilgerreise nach Mekka ab und forderte sie statt dessen auf, im Interesse der ökonomischen Entwicklung in die nationale Wirtschaft zu investieren.[139] Ebenso bezeichnete er das Schlachten anläßlich des *'Aid al-Kabīr* als Vergeudung und plädierte für einen Verzicht auf diese Tradition.[140] Um dem alljährlich im Ramadan zu verzeichnenden Verlust der Produktivkraft zu begegnen, ging *Bourguiba* 1960 sogar so weit, vor laufenden Fernsehkameras das Fasten zu brechen und die Bevölkerung explizit zur Nachahmung aufzufordern. Paradoxerweise aber griff *Bourguiba* zur Rechtfertigung seiner Innovationen auf traditionelle, islamische Konzepte zurück:

„*The struggle for modernization was a type of jihad and, according to Islamic tenets, the Ramadan fast may be broken in times of struggle.*"[141]

Dennoch stieß *Bourguiba* speziell mit seiner Fastenkampagne bei einer breiten Bevölkerungsschicht auf strikte Ablehnung, was nach *Brown* als Hinweis auf eine tiefe religiöse Verwurzelung der tunesischen Gesellschaft gedeutet werden kann:

„*Tunisians sensed that this move somehow struck at the heart of their religion and refused to accept it. The Ramadan incident seems to indicate a deep-root Muslim sentiment which remains in Tunisia and a fortiori in the rest of North Africa.*"[142]

Dennoch wurden viele islamische Traditionen, die im Kampf um die Unabhängigkeit noch als Mittel des gesellschaftlichen Zusammenhalts und Symbol der nationalen Identität gedient hatten, fortan nicht nur im Hinblick auf die angestrebte soziale Entwicklung modifiziert, sondern zum Teil radikal zurückgedrängt. Dies trifft in besonderem Maße auf die Rolle der Frau in der tunesischen Gesellschaft

[139] Darghouth Medimegh, Droits et vécu, S. 26.
[140] Ben Hammed, Laïcité, S. 112.
[141] Salem, Bourguiba, S. 164.
[142] Brown, North Africa, S. 116.

zu. *Bourguiba* hatte erkannt, daß sich sein modernes Gesellschaftskonzept nur unter Einbeziehung des weiblichen Teils der Bevölkerung und dessen Befreiung von traditionellen, entrechtenden und entwürdigenden Praktiken würde realisieren lassen. So erklärt es sich, daß er die Emanzipation der Frau von Beginn an zur *conditio sine qua non* der sozialen Umstrukturierung machte und die Frauenförderung ins Zentrum seiner Modernisierungspolitik stellte:

„Eine Gesellschaft kann weder intakt noch im Gleichgewicht sein, wenn die Hälfte der Bevölkerung ... weiterhin unterdrückt, ausgebeutet und gedemütigt wird.“[143]
„Ohne die Entwicklung des Frauenstatus ist kein Fortschritt möglich.“[144]

Mit dem Ziel, eine Zivilgesellschaft ins Leben zu rufen, deren Bürger, Männer wie Frauen, mit gleichen Rechten ausgestattet sind und in der Absicht, den Wandel traditioneller Werte zu forcieren, wurde bereits wenige Monate nach Eintritt in die Unabhängigkeit ein modernes Personenstandsgesetz erlassen. Der sogenannte *Code du Statut Personnel* (arab. *mağalla*) veränderte den Rechtstatus der Frau in nahezu revolutionärer Weise und genießt aufgrund seines emanzipatorischen Potentials bis heute Vorbildcharakter in der arabisch-islamischen Welt.

2.1.2 Die Frau im Zentrum rechtlicher und sozialer Reformen

Durch den Erlaß des *Code du Statut Personnel* (CSP) am 13.8.56 wurde erstmals in der Geschichte der islamischen Welt das Personenstandsrecht einschließlich dem Familien- und Erbrecht in eine kodifizierte Form gebracht. Hervorzuheben dabei ist, daß dieses seither mehrfach modifizierte Personenstandsgesetz über eine Kodifizierung des in Tunesien bis dahin maßgeblichen islamischen Rechts malikitischer und hanafitischer Prägung hinaus auch Neuerungen enthielt, die sich eindeutig von der *šarī'a* entfernten.[145] *Bourguiba* hingegen verteidigte den CSP

---

[143] *Bourguiba* in einer Rede d. J. 1966, zit. nach Chater, Femme, Fn 162, S. 93.
[144] *Bourguiba* in einer Rede d. J. 1960, zit. nach Chater, Femme, Fn 161, S. 93.
[145] Zu den Spezifika des *Code du Statut Personnel* und seiner Beziehung zum religiösen Recht vgl. ausführlich Kap. 2, I., 2.2 u. 2.3 sowie Kap. 2, II. der vorliegenden Arbeit.

als Ergebnis einer liberalen Interpretation des Islams. In seiner Rede zur Einführung des neuen Personenstandsrechts am 3.8.1956 präsentierte *Bourguiba* die neuen Gesetze als die Umkehr zum wahren Geist des Islams:

„Ideen, die noch immer verbreitet sind, schockieren heute die Menschheit, wie die Polygamie, die Verstoßung ... . Die Polygamie ist im 20. Jahrhundert unannehmbar ... (sie) war vom Islam nicht gewollt.“[146]

Als revolutionär einzustufen war das neue Personenstandsgesetz vor allem insofern, als es in weiten Teilen von zentralen Rechtsvorstellungen abwich, die mittel- und unmittelbar den Status der Frau in Ehe und Familie betrafen. Durch den CSP wurde die Frau in ihrer Rolle als Ehefrau und Mutter gestärkt und erhielt gleichzeitig den Status einer autonomen und gleichberechtigten Staatsbürgerin. Für die Männer hingegen brachte der CSP durch die Einführung des Gleichheitsprinzips in der Ehe eine beträchtliche Einschränkung der ihnen seit Jahrhunderten angestammten Rechte.

Die wesentlichen Reformen des neuen Gesetzes waren:

- Das Verbot der Mehrehe unter Strafandrohung (Art. 18 CSP),
- die Einführung eines Mindestheiratsalters von 15 Jahren für die Frau und 18 Jahren für den Mann (Art. 5 CSP),
- das Erfordernis der Zustimmung beider Ehepartner zur Heirat (Art. 3 CSP) und
- die Einführung der ausschließlich gerichtlichen Ehescheidung, die von beiden Ehepartner gleichermaßen erwirkt werden kann (Art. 30 CSP).

Daß die Reformen des CSP vor allem eine Aufwertung des Frauenstatus beinhalteten, kommentierte *Bourguiba* wenige Tage vor dem Erlaß des neuen Gesetzes mit dem Hinweis auf die unwürdige Behandlung von Frauen in der traditionellen islamischen Gesellschaft:

---

[146] *Bourguiba* in seiner Rede zur Einführung des CSP am 3.8.1956, zit. nach Ben Hammed, Laïcité, Fn 20, S. 114.

„Sie (die Reformen, die Verf.)) berücksichtigen den menschlichen Wert der Frau und waschen unsere Gesellschaft von einer unerträglichen Schande rein (...) Die muslimische Frau war ein reines Objekt in den Händen des Mannes ... .“[147]

Mit der Einführung des CSP war es *Bourguiba* aber nicht nur gelungen, die Frauenrechte auf geradezu revolutionäre Weise zu reformieren. Der zum Zwecke der nationalen Entwicklung angestebte Wandel gesellschaftlicher Werte und Realitäten sollte durch das neue Personenstandsrecht einen entscheidenden Impuls erhalten:

„Dieses Gesetzbuch ... symbolisiert und konkretisiert den Entwicklungsplan, mit dem sich unser Land identifiziert ... es verändert die Gesellschaft tiefgreifend und begründet eine neue ideologische Norm. Es ist eine neue nationale und soziale Charta.“[148]

Es versteht sich von selbst, daß ein Gesetz, das zentrale Vorstellungen des islamischen Rechts durchkreuzte, das Mißfallen vor allem der konservativen Kreise erregte. Opponierende Richter enthob *Bourguiba* jedoch kurzerhand ihres Amtes. Andere wiederum legten als Zeichen ihres Protestes gegen das neue Gesetz ihr Amt nieder. Mitglieder des Obersten *šarī'a*-Gerichts unterzeichneten eine *fatwā*, in der sie die Unvereinbarkeit des neuen Gesetzes mit der islamischen Überlieferung anprangerten.[149] Doch all dies blieb ohne größere Wirkung auf das gesamtgesellschaftliche Stimmungsbild. *Bourguiba* hatte das Gros der tunesischen Bevölkerung, vor allem Frauen und jüngere Menschen, hinter sich.

Um die Bevölkerung mit den Neuerungen des CSP vertraut zu machen und ein Umdenken der Massen in der Frauenfrage in Gang zu bringen, reiste *Bourguiba* durch Städte und Dörfer und suchte den persönlichen Kontakt und Austausch mit der Bevölkerung. Dabei brachte er unzählige gesellschaftliche Mißstände zur Sprache. Die Väter forderte er auf, von der *„im höchsten Maße abscheulichen Praxis“*[150] der Zwangsverheiratung ihrer Töchter Abstand zu nehmen. Die damit

---

[147] *Bourguiba* wenige Tage vor der Einführung des CSP, zit. nach Medimegh Darghouth, Droits et vécu, S. 24.
[148] Daoud, Féminisme, S. 52.
[149] Pritsch, Personenstandsgesetz, S. 189.
[150] *Bourguiba* in einer Rede d. J. 1965, zit. nach Darghouth Medimegh, Droits et vécu, S. 27.

in Zusammenhang stehende Endogamie tadelte er öffentlich als rückständig und diskriminierend, da sie Herkunft und Abstammung zum obersten Prinzip der Partnerwahl erkläre und bestimmte Bevölkerungsgruppen aus dem Kreise der potentiellen Ehepartner von vornherein ausschließe.[151]

Vehement sprach sich *Bourguiba* auch gegen die Sitte des Schleiertragens aus. War der Schleier zur Zeit des Befreiungskampfes von *Bourguiba* selbst noch als Symbol der „*tunesischen Persönlichkeit*" verteidigt worden,[152] so bezeichnete er ihn nun als „*grauenhaften Fetzen*".[153] Der Schleier sowie andere traditionelle, die Freiheiten der Frau beschränkende Praktiken entbehrten nun, da nach dem Ende des Protektorats keine Notwendigkeit der kulturellen Abgrenzung mehr bestünde, jedweder Grundlage:

„*... Lüftet den Schleier. Er paßt nicht mehr (zu uns). Das Gesicht der Frau braucht doch frische Luft. Die Frau muß atmen und leben können (...) Sie verdient es, ein angenehmes Leben zu führen, in einem komfortablen Haus mit Blick nach draußen in die Landschaft und nicht in einem Gefängnis ohne Fenster. Ihr habt keine Aggressionen mehr zu fürchten, der Staat wacht darüber.*"[154]

In seinem Bemühen um die Veränderung konservativer Mentalitäten und die Durchsetzung der Frauenrechte griff *Bourguiba* zuweilen auch zu drastischen Mitteln. So schreckte er weder davor zurück, konservative Geistliche öffentlich bloßzustellen, noch in der Öffentlichkeit stehende Personen aufgrund ihres Rollenverhaltens oder Frauenbildes zu tadeln; selbst in Gerichtsverfahren griff *Bourguiba* ein, wenn er die Rechte von Frauen mißachtet sah.[155] Richtern, die die Vorschriften des neuen Code nicht akzeptierten, drohte die Entlassung.

Erwähnenswert ist, daß der CSP nicht infolge von Forderungen aus den Reihen von Feministinnen zustande gekommen war, sondern alleine auf die Initiative *Bourguiba*s zurückzuführen ist. Die Überzeugung, daß die Besserstellung der Frau der gesamten Nation zugute kommen würde, brachte *Bourguiba* später in der

---

151 Abu-Zahra, Personal status code, S. 42.
152 Vgl. dazu Habib Bourguiba, S. 1 ff.
153 *Bourguiba* in einer Rede d. J. 1957, zit. nach Darghouth Medimegh, Droits et vécu, S. 26.
154 *Bourguiba* in einer Rede d. J. 1960; zit. nach Darghouth Medimegh, Droits et vécu, S. 26.
155 Vgl. dazu Richter-Dridi, Frauenbefreiung, S. 126.

Formulierung „*fī naǧāḥ al-mar'a naǧāḥ al-'umma*" (der Erfolg der Frau ist der Erfolg der Nation) zum Ausdruck. Weniger in Erinnerung an den Erlaß des neuen Personenstandsgesetzes denn in Würdigung der Frauenrechte als solche wird der 13. August in Tunesien als Nationalfeiertag begangen.

Das von *Bourguiba* initiierte Gesetzeswerk hatte seinerzeit jedoch nicht mit allen, die Frau benachteiligenden Regelungen des islamischen Rechts gebrochen. Um die ihm wichtigsten Reformen durchzusetzen, war *Bourguiba* in anderen Bereichen Kompromisse eingegangen. Es liegt nahe, daß er die herrschenden sozialen und politischen Kräfte nicht herausfordern und möglicherweise aus dem Gleichgewicht bringen wollte.[156] So blieb die Frau, um nur ein Beispiel zu nennen, durch die wortgetreue Übernahme des koranischen Erbrechts gegenüber männlichen Deszendenten weiterhin im Nachteil. Darüber hinaus wies das Gesetz an manchen Stellen Lücken und Ambiguitäten auf,[157] die seitens konservativer Richter in Anlehnung an das islamische Recht nicht selten zuungunsten von Frauen gedeutet wurden. So erklärt es sich, daß sich *Bourguiba* häufig veranlaßt sah, persönlich für eine Rechtsprechung einzutreten, die dem Geist des von ihm zuwege gebrachten Gesetzes entsprach:

„In diesem Land wollen wir uns wie zivilisierte Menschen benehmen. Als Bürgerin, Ehefrau und Mutter hat eine Frau Rechte, die ihr niemand streitig machen kann. Unsere Richter haben dafür zu sorgen, daß (die Frau) fair behandelt wird."[158]

Der von der Regierung zum Ausdruck gebrachte Wille, eine Besserstellung der Frau zu erreichen, schlug sich in den Folgejahren in einer Reihe weiterer Gesetzesnovellierungen nieder. So wurden per Dekret vom 18.7.59 privater Stiftungsbesitz, der u. a. dazu gedient hatten, weibliche Familienmitglieder vom Erbe auszuschließen, aufgelöst und die Aufteilung unveräußerlichen Ländereien auch unter weibliche Nachkommen erlaubt.[159] Eine Besserstellung der tunesischen

---

[156] Bessis/Belhassen, Bourguiba, S. 14; ähnlich Darghouth Medimegh, Droits et vécu, S. 53.

[157] Lücken, Doppeldeutigkeiten und Restriktionen innerhalb des CSP werden in Kapitel 2, II. der vorliegenden Arbeit zur Sprache gebracht.

[158] *Bourguiba* in einer Rede d. J. 1966, zit. nach Tessler, Emancipation, S. 142 f.

[159] Kraft Gesetz vom 31.5.1956 waren bereits die öffentlichen *Habous* abgeschafft und in Staatseigentum überführt worden.

Frau in vermögensrechtlicher Hinsicht erfolgte später auch durch eine Modifizierung der Erbrechtsregelungen. Per Gesetz vom 19.6.59 waren erstmals die weiblichen Nachkommen ersten Grades vor den männlichen Deszendenten höheren Grades erbberechtigt. Die Frauen benachteiligenden Erbregeln der *šarī'a* blieben ansonsten unangetastet und behielten ihre Geltung bis in die heutige Zeit.[160] Mit dem Inkrafttreten der Tunesischen Verfassung am 1.6.1959 wurde aber parallel das Gleichheitsprinzip grundrechtlich verankert. Fortan hatten Männer und Frauen als Staatsbürger (zumindest auf dem Papier) gleiche Rechte und Pflichten (Art. 6). Nachdem Frauen auf kommunaler Ebene bereits 1956 das Wahlrecht erteilt worden war, sicherte ihnen die Verfassung erstmals auch das allgemeine Wahlrecht zu (Art. 20, 21). Die der Frau traditionell zugewiesene Rolle erfuhr damit einen fundamentalen Wandel, der nicht ohne psycho-soziale Folgen blieb:

„Als Staatsbürgerin konnte sie den engen Rahmen des ihr seit Jahrhunderten zugewiesenen Bereiches des 'Drinnen' sprengen und die Angelegenheiten des 'Draußen', zuvor ausschließlich eine männliche Domäne, mitbestimmen. Aber die vielen tunesischen Männer, die aggressiv reagierten und ihre Frauen bei der Gemeindewahl 1957 einfach im Haus einsperrten, um sie am Wahlgang zu hindern, zeigten sehr deutlich, wie wenig sie bereit waren, ihre Mentalität zu verändern, im Gegenteil. Die Bedrohung, die von diesem Gesetz für sie ausging, war enorm.“[161]

Daß 1959 die erste Frau in die Nationversammlung gewählt wurde und aus den Gemeindewahlen 1969 landesweit immerhin 80 (6,8%) weibliche Ratsmitglieder hervorgingen,[162] zeigt nicht nur die politische Durchsetzungskraft einiger, wenn auch weniger Frauen. Es liegt auch die Vermutung nahe, daß diese Frauen ihren Wahlerfolg einer weiblichen Wählerschaft zu verdanken hatten.

Auch im privaten Bereich sollte die Besserstellung der Frau durch eine Vielzahl gesetzlicher Bestimmungen konsequent weiterbetrieben werden. Nennenswert ist in diesem Zusammenhang u. a. das Gesetz vom 1.8.1957, mit dem der zivilrechtli-

---

160 Eine gut verständliche, systematische Darstellung des islamischen Erbrechts bringen Spies/Pritsch, Recht, S. 230 ff. und Schacht, G. Bergsträsser's Grundzüge, S. 90 ff.

161 Richter-Dridi, Frauenbefreiung, S. 110. Hervorhebung im Original.

162 Chater, Femme, S. 102.

che Charakter der Ehe festgeschrieben wurde, um Mißbräuchen im Zusammenhang mit dem Polygamieverbot des CSP zu begegnen. 1964 wurde neben der Einführung neuer, die zivilrechtliche Form der Ehe präzisierender Bestimmungen, auch das Heiratsalter auf 17 Jahre für Frauen und 20 Jahre für Männer erhöht. Daneben wurde per Gesetz vom 3.11.1964 ein vorehelichen Gesundheitszeugnis eingeführt, mit dem der Schutz der Frau und des Mannes vor gesundheitlichen Beeinträchtigungen des Ehepartners verbessert werden sollte. Per Gesetz vom 9.1.1961 wurden der Import und Verkauf von Verhütungsmitteln legalisiert und das Gesetz vom 6.7.1965 gab Frauen das Recht auf Abtreibung. 1983 wurde ein zweimonatiger, voll durchbezahlter Mutterschutzurlaub und ein viermonatiger Erziehungsurlaub mit halber Gehaltsfortzahlung eingeführt. Stillenden Müttern sicherte das Arbeitsgesetzbuch das Recht auf eine Freistunde pro Tag zum Stillen zu und Betriebe mit mindestens 50 Mitarbeiterinnen wurden zur Bereitstellung eines Stillzimmers verpflichtet. 1962 wurden Frauen und Männer im Strafrecht gleichgestellt. Vergewaltigung wurde als Straftatsbestand anerkannt und unter bestimmten Voraussetzungen mit der Todesstrafe belegt.

Mit landesweit über 1200 Sektionen verfügte Bourguibas *Parti Socialiste Destourien* (PSD) über eine solide politische Organisationsstruktur, die es erlaubte, die Bevölkerung in die Diskussion nationaler Probleme einzubinden und ihr die Notwendigkeit des sozialen Wandels vor Augen zu führen.[163] Damit erfuhren auch die Inhalte des CSP sowie die ihn tragende Staatsideologie eine wirksame Verbreitung. Konkrete Frauenförderung betrieb die PSD u. a. durch Programme, die auf eine Erhöhung der politischen Partizipation von Frauen abzielten sowie durch Alphabetisierungs- und Berufsbildungsprojekte.[164]

Diese Angebote fügten sich in den Rahmen der 1966 eingeleiteten staatlichen Kampagne zur Massenalphabetisierung ein. Ziel der Alphabetisierungskampagne war es, das eklatant schlechte Bildungsniveau der Bevölkerung zu heben, wobei der Förderung der Frauen- und Mädchenbildung besondere Bedeutung beigemessen wurde. Diese sollte jedoch weniger einen emanzipatorischen Selbstzweck

163 Tessler, Emancipation, S. 143.
164 Ebd.

erfüllen, als vielmehr dazu dienen, auch den weiblichen Teil der Bevölkerung in den Prozeß der wirtschaftlichen und sozialen Entwicklung einzubinden und Frauen zu alphabetisierten, gebildeten und den gesamtgesellschaftlichen Fortschritt mittragenden Bürgerinnen heranzuziehen. Daß ihnen dabei besonders in ihrer Funktion als Mütter und Erzieherinnen der nachfolgenden Generation eine wichtige Verantwortung zukam, das Recht auf Schulbildung also auch im Hinblick auf eine „*qualifizierte Mutterschaft*"[165] eingefordert wurde, machten entsprechende Äußerungen *Bourguiba*s und anderer Funktionsträger deutlich:

„*Was kann man denn letztendlich von Bemühungen um die Bildung unserer Jugend erwarten, wenn man sie ihre Kindheit bei primitiven Müttern zubringen läßt?*"[166]

Indem Bildung letztlich auch als Schlüssel zur gesellschaftlichen Transformation und als Voraussetzung für die Herausbildung eines die Gemeinschaft zusammenhaltenden moralischen Bewußtseins gesehen wurde, gingen die an Frauen gestellten erzieherischen Anforderungen weit über die Vermittlung formalen Wissens hinaus. Die Aufgabe von Müttern war es nunmehr, die neuen gesellschaftlichen Werte in die Kindererziehung einfließen zu lassen und so zu deren Internalisierung beizutragen.[167] Die Herstellung und Aufrechterhaltung der gesellschaftlichen Moral wurde damit vor allem den Frauen aufgebürdet.

Wenn *Bourguiba* die Frauen öffentlich zur Berufstätigkeit aufforderte und ihnen die ökonomische Unabhängigkeit von ihren Ehemännern als unabdingbare Voraussetzung für die Inanspruchnahme der ihnen gesetzlich zugesicherten Rechte anpries, so geschah auch dies nicht in der Absicht, die Frauenemanzipation um ihrer selbst Willen voranzutreiben. Vielmehr standen dabei wirtschaftspolitische Erwägungen, speziell die Regulierung des Arbeitsmarktes zum Zwecke der ökonomischen Entwicklung im Vordergrund. Ähnlich verhielt es sich mit den staatlichen Maßnahmen zur Eindämmung des Bevölkerungswachstums. Nachdem schon 1961 der freie Verkauf von Kontrazeptiva erlaubt worden war, wurden im

---

[165] Richter-Dridi, Frauenbefreiung, S. 125.
[166] *Bourguiba* in einer Rede des Jahres 1960, zit. nach Chater, Femme, S. 93.
[167] Vgl. dazu Ben Said-Cherni, Quiétude, S. 34 ff.

Rahmen eines 1964 begonnenen nationalen Familienplanungsprogrammes das Abtreibungsrecht liberalisiert, Verhütungsmittel kostenlos verteilt und schließlich 1973 ein für Fragen der Familienplanung zuständiges Amt (*Office National du Planning Familial*) geschaffen. Obwohl diese Maßnahmen für Frauen zweifellos eine Reihe objektiver Verbesserungen brachten, zielten sie in erster Linie darauf ab, Demographie und Wirtschaftspolitik aufeinander abzustimmen. Zu diesem Zweck griff die Regierung auch auf restriktive Instrumente der Bevölkerungsplanung zurück, etwa die Beschränkung des Kindergeldes auf vier Kinder im Jahre 1960.

Wenn auch der CSP und andere Gesetzesinnovationen sowie eine Reihe staatlicher Maßnahmen zugunsten der Frau in erheblichem Umfang auf die Initiative *Bourguiba*s zurückgeführt werden können und er sich selbst durch unzählige Stellungnahmen und öffentliche Auftritte sorgfältig das Image eines Vorkämpfers für die Frauenrechte aufbaute, so muß dennoch gesehen werden, daß er selbst kein spezifisches Interesse an der Emanzipation der Frau hatte. Vielmehr fügt sich für ihn, der noch vor der Unabhängigkeit der Frauenfrage keine besondere Beachtung geschenkt hatte, die Emanzipation der Frau in den Kontext einer die gesamte tunesische Gesellschaft betreffenden Emanzipationsbewegung ein.[168] Daß es ihm bei der Propagierung der Frauenbefreiung mehr um eine graduelle Besserstellung denn um die formelle und faktische Gleichstellung von Frauen ging, wurde sehr bald deutlich. Was *Bourguiba* mit Frauenemanzipation meinte, war, wie sich zeigen sollte, nicht die bedingungslose Loslösung der Frau von einer sie beengenden Tradition, sondern vielmehr eine sozial verträgliche, gesellschaftliche Stimmungen und Empfindlichkeiten berücksichtigende Entwicklung, die sich problemlos und nutzbringend in den staatlichen Aufbau integrieren ließ. Der damit in Zusammenhang stehenden ambivalenten Frauenpolitik hatte auch die erste staatliche Frauenorganisation nichts entgegenzusetzen; vielmehr erwies sie sich als ihre treueste Verfechterin.

---

[168] Bessis/Belhassen, Bourguiba, S. 13; ähnlich Salem, Bourguiba, S. 133.

2.1.3 Die UNFT als Transporteur einer dualistischen Frauenpolitik

Bereits wenige Monate nach der Einführung des CSP wurde die *Union Nationale de la Femme Tunisienne* (UNFT) als offizielle Frauenorganisation des unabhängigen Tunesiens ins Leben gerufen. Als symptomatisch für das Selbstverständnis, die ideologische Ausrichtung und den Aktionsradius der UNFT erwies sich die Tatsache, daß die Organisation ihre Entstehung keinem gesellschaftlichen oder gar feministischen Konsens zu verdanken hatte, sondern allein auf die Initiative *Bourguiba*s zurückging. Die ersten, zunächst wenigen weiblichen Mitglieder der Union setzten sich sodann auch vornehmlich aus solchen Frauen zusammen, die entweder schon während des nationalen Befreiungskampfes ihre Solidarität mit *Bourguiba* unter Beweis gestellt hatten oder als Ehefrauen hoher Amtsträger oder Parteimitglieder Linientreue erwarten ließen.

Konformität mit den Zielen der *Neo-Destour* wurde von den Frauen der UNFT nicht nur erwartet, sie war unabdingbare Voraussetzung für ein dem parteipolitischen Verständnis nach erfolgreiches Agieren der Union. Personell, strukturell und konzeptionell war der Aufbau der UNFT genauestens auf seine eigentliche Destination abgestimmt: die Umsetzung und Propagierung der staatlichen Frauenpolitik.[169] Diese Aufgabe, die gleichzeitig das Hauptmotiv ihrer Gründung war, nahm die UNFT mit einigem Erfolg wahr. Dabei orientierte sich ihr Engagement vor allem an den beiden Hauptachsen Entwicklung und Förderung der Frau einerseits und Verpflichtung bzw. Treue gegenüber *Bourguiba* und der Partei andererseits.[170]

Die Aktivitäten, welche die UNFT entfaltete, waren vielfältig aber unterschiedlich effizient. Sie reichten von der Frauenförderung im sozialen und kulturellen

---

[169] Die UNFT verfügt über ein Zentralkomitee, ein Exekutivbüro, zahlreiche Kommissionen sowie regionale und lokale Sektionen, deren Zahl alleine zwischen 1958 und 1965 von 26 auf 273 anwuchs. (Vgl. dazu die Angaben bei Borrmans, Statut Personnel, S. 389 und Marzouki, Mouvement, S. 201.) Der Congrès National der UNFT tritt im Zweijahresrhythmus, der Conseil National im Fünfjahresrhythmus zusammen.

[170] Vgl. dazu die Statuten der Organisation, abgedruckt bei Borrmans, Statut Personnel, S. 391.

Bereich bis hin zu Maßnahmen, die darauf gerichtet waren, die Partizipation von Frauen am wirtschaftlichen und politischen Leben zu erhöhen.[171]

Mit ihren Hilfsaktionen im Winter 1956/57 hatte sich die UNFT bereits kurz nach ihrer Entstehung um das Wohl kälte- und hungerleidender Frauen und Mädchen verdient gemacht. Da die staatlichen karitativen Einrichtungen Unterkünfte und andere Dienste nur Männern zur Verfügung stellten, errichtete die UNFT Notunterkünfte für bedürftige Frauen, führte Spendenaktionen durch, verteilte Kleidung und Nahrung und setzte sich für die Adoption von Waisen ein.[172] Das so begonnene sozial-karitative Engagement wurde auch später kontinuierlich fortgesetzt und ausgedehnt. Es wurden Hilfszentren für Waisen und Unterkünfte für Obdachlose errichtet. Neben der materiellen Unterstützung von Frauen war die Aufklärung, Information und Erziehung der Bevölkerung ein wichtiger Eckpfeiler der Sozialarbeit der UNFT. Im Rahmen von Informationsveranstaltungen und Besuchsdiensten wurden Frauen in Fragen der Gesundheit, Hygiene, Ernährung, Haushaltsführung und Kindererziehung beraten und fortgebildet. Vor allem die Lebensgewohnheiten und Bräuche der Landbevölkerung versuchte die UNFT im Hinblick auf eine Überwindung der Stadt-Land-Disparitäten zu „modernisieren". Zu diesem Zweck hatte sie binnen weniger Jahre nicht nur in großen Städten sondern verstärkt auch in ländlichen Gegenden Sektionen errichtet. Ohne die Unterstützung der *Neo-Destour* und die Akzeptanz der männlichen Bevölkerung, denen die Sozialprojekte der UNFT in nicht unerheblichem Maße zugute kamen, wäre eine Expansion, wie sie die UNFT innerhalb kürzester Zeit erlebte, allerdings nicht möglich gewesen.[173] *Marzouki* führt jedoch an, daß sich einige der Mittel, denen sich die UNFT im Kampf gegen die soziale Rückständigkeit bediente, etwa Modenschauen und Kochkurse, aufgrund ihrer Oberflächlichkeit und fehlenden Sensibilität als wenig geeignet erwiesen, einen überzeugenden und nachhaltigen Wandel ländlicher Sitten herbeizuführen.[174]

---

[171] Zu den Aktivitäten der UNFT in den ersten Jahren ihres Bestehens vgl. Daoud, Féminisme, S. 53-56; Cherni-Ben Said, Femme, S. 130 f.

[172] Per Gesetz vom 4.3.58 wurde in Tunesien die Adoption legalisiert, was im Widerspruch zum islamischen Recht steht.

[173] Raccagni, Origins, S. 281.

[174] Marzouki, Mouvement, S. 190.

Bemühungen, die Landbevölkerung in den Wirtschaftsprozeß zu integrieren, unternahm die UNFT verstärkt seit Anfang der siebziger Jahre. Nach der Errichtung von Textilfabriken, Webereien und Teppichfabriken in Städten wie La Marsa, Gafsa und Bizerte, erfolgte im Rahmen des IV. Wirtschafts- und Entwicklungsplans (1973-76) die Gründung ländlicher Textilfabriken, Schneidereien und Verkaufslager. Im Rahmen der staatlichen Alphabetisierungskampagne hatte die UNFT in den sechziger Jahren landesweit auch ihr Engagement für die Aus- und Weiterbildung von Frauen verstärkt. In eigens von der UNFT betriebenen Schulungszentren wurden Frauen und Mädchen im Schreiben und Lesen sowie in Hauswirtschaft, Hygiene, Handarbeiten und Kinderpflege unterrichtet. Die Ausbilderinnen der UNFT klärten Frauen auch über ihre staatsbürgerlichen und politischen Rechte auf und warben für die Mitgliedschaft in der Partei bzw. in staatlichen Organisationen. Auf dem Land entstanden sogenannte *Centres de la jeune fille rurale (Zentren der jungen Landfrau)*, in denen Mädchen und Frauen ausgebildet wurden. Die Bildungsschwerpunkte galten vor allem den handwerklichen Fertigkeiten. Ziel der Ausbildung war jedoch weniger die Qualifizierung für einen Beruf, als die Vorbereitung auf ein „*aktiveres, effizienteres und harmonischeres Leben der Landfrau.*“[175] Mit der Aus- und Fortbildung von Frauen verfolgte die UNFT das Ziel, die weibliche Bevölkerung sozial zu integrieren und somit in den staatlichen Modernisierungsprozeß einzubinden.

Bei der Erziehung von Frauen stand die UNFT vor der Aufgabe, einerseits deren Partizipation am gesellschaftlichen, politischen und wirtschaftlichen Leben zu fördern und sie andererseits in ihrer traditionellen, familiären Rolle zu bestärken. Ein Bestreben, in dem die ganze Widersprüchlichkeit der staatlichen Frauenpolitik zum Ausdruck kam. Diese propagierte die Emanzipation der Frau, ihre Befreiung von gesellschaftlichen Zwängen und ihre Einbindung ins öffentliche Leben, operierte gleichzeitig aber mit Traditionalismen, die die Frau auf die ihr „naturgemäß“ zugedachte Rolle in Ehe und Familie festlegten. Hinter diesem doppelten Referenzsystem verbarg sich vor allem die Angst vor dem Zerfall grundlegender

[175] Sahli, Insertion, S. 158.

sozialer Strukturen, auf denen die islamische Gesellschaft Tunesiens noch immer basierte.[176] Dies betraf in besonderem Maße die Familie, die als Hort nationaler Werte und Garant des sozialen Zusammenhalts schützenswert erschien. Eine besondere Verantwortung kam dabei der Frau zu. Ihre Aufgabe war es, moralischen Verirrungen durch erzieherische Einflußnahme vorzubeugen und das soziale Gleichgewicht herzustellen.[177]

Das der tunesischen Emanzipationspolitik zugrundeliegende Frauenbild, das an traditionellen weiblichen Werten wie Moral, Tugend und Keuschheit festhielt, gleichzeitig aber Bildung, Weltoffenheit und Entwicklungsfähigkeit zu Idealen erklärte, wurde seitens der UNFT nahezu kritiklos transportiert. Daß sie dabei tendenziell das Interesse der Frauen dem der Partei unterordnete, zeigte sich vor allem Mitte der sechziger Jahre, als sich erste Unzufriedenheiten mit den Folgen der Frauenemanzipation bemerkbar machten. Anlaß der öffentlichen Diskussion waren bestimmte Verhaltensweisen und Moden, mit denen Jugendliche und vor allem Frauen das Mißfallen konservativer Kreise erregt hatten. Mit der Kritik an der Entwicklung der Frauenbefreiung stand auch die Arbeit der UNFT zur Disposition. Mit Blick auf die Arbeit der UNFT-Ausbilderinnen in ländlichen Gegenden bemerkte eine tunesische Tageszeitung 1966:

„Ohne sich darüber im klaren zu sein, laden sie zu Anarchie ein, zerstören die Familie und provozieren Streitigkeiten im privaten Bereich.“[178]

Mit dem Vorwurf konfrontiert, Ehefrauen gegen ihre Männern aufgebracht und eine Reihe von Freizügigkeiten begünstigt zu haben, berief sich die UNFT auf ihre Parteigebundenheit und stellte sich geschlossen hinter *Bourguiba*. Voreheliche, zwischengeschlechtliche Beziehungen oder das Tragen von Miniröcken bezeichnete dieser als Auswüchse einer falsch verstandenen Frauenbefreiung und rief dazu auf, geschlossen gegen die sich in der Gesellschaft breitmachende Dekadenz vorzugehen.[179] Der Sittenverfall bei Jugendlichen, so gab die UNFT ihrerseits zu bedenken, sei eine Randerscheinung und als solche der blinden Nachahmung

[176] Marzouki, Mouvement, S. 211.
[177] Ben Said-Cherni, Quiétude, S. 40.
[178] *Al-'Amal* vom 31.8.66, zit. nach Karoui, Notion, S. 115.
[179] *Bourguiba* in einer Rede des Jahres 1966, zit. nach Marzouki, Mouvement, S. 203.

westlicher Verhaltensweisen zuzuschreiben.[180] Dennoch führte der gesellschaftliche Druck dazu, daß die UNFT zwischen 1965 und 1967 in eine Legitimationskrise geriet, ihre Aktivitäten auf ein Minimum drosselte, keine Mitgliederwerbung mehr betrieb und schließlich auch ihre Zeitschrift *al-Mar'a* zwei Jahre lang nicht herausgab.[181] Die schwindende Akzeptanz der UNFT innerhalb der Bevölkerung war vor allem meßbar an der Entwicklung der Mitgliederzahlen, die Ende der sechziger Jahre sprunghaft zurückging.[182] Allerdings war dieser Einbruch nur von kurzer Dauer. Bis Ende der siebziger Jahre zählte die UNFT immerhin 54.000 Mitglieder in weit über 300 Sektionen.[183]

Kritikerinnen der UNFT sahen in der einseitigen Parteinahme der Organisation bei der Moraldebatte der sechziger Jahre, aber auch in der ideologischen Verquickung der Frauen- und Familienfrage samt der ihr beigestellten Diskussion von den Rechten und Pflichten der Frau einen offenen Bruch mit den Idealen und Zielen tunesischer Feministinnen; als Propagandaorgan der PSD habe die UNFT die Aufgaben einer Frauenorganisation nur unzureichend erfüllt.[184] Besonders deutlich wird dieser Vorwurf am Beispiel der Frauenerwerbstätigkeit. So ermutigte die UNFT Frauen ausschließlich zur Ausübung sozialer oder pflegerischer Berufe und dies auch nur unter der Bedingung ihrer Vereinbarkeit mit familiären Pflichten. In der Konsequenz bedeutete dies, daß die propagierte Emanzipation der Frau dort an ihre Grenzen stieß, wo familiäre Interessen direkt oder indirekt berührt wurden. Unmißverständlich erinnerte *Bourguiba* die UNFT in diesem Zusammenhang an ihre Hauptaufgabe:

„(Sie) besteht darin, der Frau ihre familiären Pflichten als Ehefrau, Mutter und Hausfrau bewußt zu machen. Die Rolle der UNFT ist es nicht, für Frauen Anstellungen in Verwaltung und Wirtschaft zu fordern, die sie von ihren Familien entfernen und zuweilen zur Vernachlässigung ihrer wichtigsten Hausfrauenpflichten führen."[185]

---

[180] *Al-Mar'a*, n°89, 9/1979, zit. nach Marzouki, Mouvement, S. 203.
[181] Daoud, Féminisme, S. 56.
[182] Vgl. dazu die Zahlenangaben bei Marzouki, Mouvement, S. 201.
[183] Marzouki, Mouvement, S. 201 f.
[184] Vgl. dazu Ghanmi, Mouvement, S. 126 f.; Chater, Femme, S. 190 ff.
[185] *Bourguiba* in einer Rede des Jahres 1976, zit. nach Ben Saïd-Cherni, Quiétude, S. 53.

Bourguiba hatte seinerseits nie einen Zweifel am Sinn der Frauenemanzipation gelassen. Nicht die bedingungslose Frauenbefreiung war das Ziel, sondern eine kontrollierte, die gesellschaftlichen Notwendigkeiten berücksichtigende Weiterentwicklung der Frauenrechte im Dienste der Gesellschaft. Die Doppelbödigkeit der tunesischen Frauenpolitik, die die rechtliche und soziale Besserstellung der Frau je nach Erfordernis begünstigte, abbremste oder auch negierte, zeigte sich vor allem mit Beginn der siebziger Jahre, als sich das soziale und politische Klima in Tunesien zu verschärfen begann. Hatte sich *Bourguiba* mit Unterstützung der UNFT 1970 noch erfolgreich gegen eine Kampagne zur Abschaffung des CSP zur Wehr gesetzt, so verlangsamte sich der Reformprozeß im rechtlichen Bereich erheblich. Ein Beispiel hierfür ist die Verschärfung des Kollisionsrechts, zu der es 1973 kam. Um vermeintlichen Negativeinflüssen aus dem Westen vorzubeugen und um zur „*Bewahrung der Originalität der tunesischen Familie*“[186] beizutragen, wurden Ehen zwischen Muslimen und Nichtmuslimen per Zirkular verboten. In der Folge verloren geschiedene, nichtmuslimische Frauen, die im Ausland lebten, das Besuchsrecht gegenüber ihren aus gemischtreligiösen Ehen hervorgegangenen Kindern.[187] Forderungen der UNFT nach einer Reformierung des Erbrechts sowie nach Verbesserungen in der finanziellen Absicherung geschiedener Frauen konnten sich dagegen nicht durchsetzen.

Staatliche Kontrolle und Bevormundung sowie eine sich in den eigenen Reihen breitmachende Lethargie hatten die UNFT in den ersten beiden Jahrzehnten ihres Bestehens in die politische Handlungsunfähigkeit und Bedeutungslosigkeit geführt. Forderungen der Organisation nach einer Konsolidierung ihrer Strukturen und neuen Einflußbereichen wurden erst Mitte der siebziger Jahre laut, als Frauen im Zuge der Wirtschafts- und Sozialkrise nicht nur zum Opfer eines angespannten Arbeitsmarktes sondern auch zur Zielscheibe rückwärtsgerichteter sozialpolitischer Forderungen zu werden drohten.

---

[186] Daoud, Feminisme, S. 67.
[187] Zur Frage der gemischtreligiösen Ehen vgl. auch Kap. 2, II., 2.1.3.3 der vorliegenden Arbeit.

2.2 Gefährdungen der Frauenemanzipation seit 1970

2.2.1 Frauenbildung und -berufstätigkeit auf dem Prüfstand

Anstrengungen, die weibliche Bevölkerung Tunesiens durch die Förderung von Bildung und Berufstätigkeit in den anvisierten Entwicklungsprozeß einzubinden, wurden gezielt seit Beginn der Bildungsreform 1958[188] unternommen und sollten schon bald erste Erfolge zeitigen.

Hatte die Analphabetenquote der tunesischen Bevölkerung 1956 noch rund 85% betragen, so gelang es, den Anteil der über 10 Jahre alten Lese- und Schreibunkundigen an der Gesamtbevölkerung bis 1966 auf rund 67 % abzusenken.[189] Dennoch blieb die Bevölkerung ländlicher Gebiete sowie die weibliche Bevölkerung insgesamt überdurchschnittlich stark vom Analphabetismus betroffen.[190] Die Alphabetisierungsfortschritte waren im wesentlichen auf die Bemühungen zurückzuführen, einen möglichst großen Anteil der Kinder im schulfähigen Alter einer Primarschulausbildung zuzuführen. Aber auch die Maßnahmen zur Erwachsenenbildung, die im Rahmen der staatlichen Alphabetisierungskampagne durchgeführt wurden, zeigten erste Erfolge. Von den enormen Anstrengungen, die zur Reformierung des Bildungswesens unternommen wurden,[191] profitierten vor allem die Mädchen. War der weiblichen Bevölkerung bis zur Unabhängigkeit der Zugang zu schulischer Bildung nahezu verschlossen gewesen, so änderte sich binnen weniger Jahre das Bild. Die Zahl der Schülerinnen und Studentinnen nahm auf allen Bildungsebenen rapide zu, blieb aber jeweils deutlich hinter der der

[188] Dem durch den Abzug der Europäer entstandenen Mangel an gut ausgebildeten Arbeitskräften versuchte die tunesische Regierung durch eine umfassende Reformierung des Bildungswesens zu begegnen. Kernpunkt der Bildungsreform war die angestrebte Einschulung aller Kinder unabhängig von Geschlecht und sozialer Herkunft. Zu den inhaltlichen und strukturellen Veränderungen des Bildungssystems vgl. ausführlich Sraieb, Bildungspolitik, S. 383-389; Dridi, Identität, S. 134-149.

[189] Statistisches Bundesamt (Hrsg.), Länderbericht Tunesien 1976, S. 27.

[190] Ebd.

[191] Zwischen 1959/60 und 1969/70 erhöhte sich in Tunesien die Zahl der Schulen von 933 auf 2.180, die der Lehrer von 6.155 auf 18.922 und die der Schüler von 361.532 auf 900.519. Dafür hatten sich die Ausgaben im Bildungssektor allein zwischen 1956 und 1968 verdreifacht und waren auf 8,2% des B.I.P. angestiegen. Vgl. dazu die Angaben bei Dridi, Identität, S. 147 u. 150.

Jungen zurück.[192] Für die mangelnde Integration von Mädchen in schulische Bildungsprozesse waren im wesentlichen infrastrukturelle Defizite, Traditionalismen sowie ökonomische „Notwendigkeiten" verantwortlich zu machen. Besonders in ländlichen Regionen lebten Familien häufig kilometerweit von Bildungsstätten entfernt, und nur die wenigsten gestatteten den Töchtern, den langen Schulweg ohne Begleitung zu unternehmen,

„... *und das ist es nicht allein .... Der Lehrer in der Schule, der die neuen Werte der Moderne verkörpert, wird von den Kindern bald als die neue Autorität akzeptiert und der nur rudimentär gebildete Vater verliert viel von seiner Omnipotenz. Um dem zu entgehen, verbietet er den Schulbesuch, und hier sind es wieder die Mädchen, die besonders ... zu leiden haben. Aber nicht nur die Väter untersagen den Töchtern den Schulbesuch, auch die Mütter wollen die Mädchen zu Hause behalten ... .Sie brauchen sie als Arbeitshilfe.*"[193]

So erstaunt es nicht, daß die restriktivere Schulpolitik, die mit Beginn der siebziger Jahre eingeleitet wurde[194] und einen allgemeinen Rückgang der Schülerzahlen bewirkte, vor allem Mädchen traf. Deren Anteil an der Primarschulpopulation fiel zwischen den Schuljahren 1970/71 und 1973/74 um 0,5% auf 38,5%, stieg danach jedoch wieder konstant an.[195] Anders sah die Entwicklung im Sekundarschulbereich aus. Während dort mit geringer Verzögerung die Zahl der Schüler zwischen 1972/73 und 1974/75 deutlich absank, stieg der Anteil der Schülerinnen an der Gesamtheit aller Sekundarschüler kontinuierlich an und erreichte im Schuljahr 1975/76 33,9%.[196] Positiv entwickelte sich auch die Zahl der Studentinnen an der Universität Tunis. Allein im Zeitraum von 1965/66 bis 1972/73 verdoppelten sich dort die Immatrikulationen von Frauen von 1.195 auf 2.330.[197] Von einer „*Femi-*

[192] Vgl. dazu die Zahlenangaben bei Taamallah, Femmes, S. 145.
[193] Richter-Dridi, Frauenbefreiung, S. 143 f.
[194] Lehrermangel, finanziell bedingte Kürzungen der Stundenpläne, zu große Klassen und die Einführung des Französischen in der Grundschule hatte die Zahl der Klassenwiederholer und Schulabbrecher seit Beginn der Bildungsreform alarmierend in die Höhe getrieben. Doch anstelle einer Überwindung dieser Mißstände, wie sie die Reformansätze des Planungs-, Wirtschafts- und seit 1968 auch Bildungsministers *Ben Ṣāla*ḥ vorsahen, entschied man sich nach dessen Sturz 1969, den finanziellen und personellen Schwierigkeiten im Bildungssektor durch Senkung der Schüler- und Studierendenzahlen beizukommen. Vgl. dazu ausführlich Sraieb, Bildungspolitik, S. 389-401.
[195] Vgl. dazu Richter-Dridi, Frauenbefreiung, Tab. 4, S. 103.
[196] Vgl. dazu Richter-Dridi, Frauenbefreiung, Tab. 5, S. 136.
[197] Statistisches Bundesamt (Hrsg.), Länderbericht Tunesien 1976, Tab. S. 89.

nisierung der Hochschulbildung"[198] konnte jedoch bei weitem keine Rede sein. Vielmehr setzte sich im akademischen Bereich die schon in den Schulen zu verzeichnende Unterrepräsentation von Mädchen fort. Beachtlich ist dennoch, daß von der restriktiven Bildungspolitik, die auch im Hochschulsektor griff und 1972/73 in einem vorübergehenden Einbruch der Studierendenzahlen sichtbar wurde, Studentinnen proportional weitaus weniger betroffen waren als Studenten. Hatte der Anteil der Studentinnen an der Universität Tunis im Studienjahr 1965/66 noch 19,2% betragen, so erhöhte er sich bis 1972/73 auf immerhin 25,2%.[199]

Neben dem Zugang zur Bildung war Frauen, insbesondere seit Beginn der staatlich gelenkten Industrialisierung,[200] auch der Zugang zum Arbeitsmarkt erleichtert worden. Allein zwischen 1966 und 1975 verfünffachte sich die Zahl der sogenannten „aktiven Frauen"; ihr Anteil an der Gesamtbeschäftigtenzahl stieg im gleichen Zeitraum von 6,1% auf 18,7%.[201] Ein Blick auf die weibliche Beschäftigungsstruktur sowie die entsprechenden Tätigkeitsfelder relativiert die vermeintliche Positiventwicklung jedoch erheblich. So ist für den rapiden Anstieg der weiblichen Beschäftigtenzahlen vor allem ein enormer Zuwachs an marginalisierten Arbeitskräften verantwortlich zu machen. Hierzu zählen insbesondere unentgeldliche Aushilfen in familiären Kleinbetrieben, in Heimarbeit Beschäftigte und Arbeiterinnen. Zwischen 1966 und 1975 hatte sich der Anteil der beschäftigten Frauen deutlich zugunsten des Primär- und Sekundärsektors verschoben - eine Entwicklung, die der Ausbeutung und Proletarisierung von Frauen erheblichen Vorschub leistete. Denn besonders in Landwirtschaft und Industrie wurde bevorzugt auf kostenlose und analphabetische bzw. gering qualifizierte weibliche Arbeitskräfte zurückgegriffen, die als Opfer der

---

198 Taamallah, Enseignement, S. 308.

199 Eigene Berechnungen auf der Grundlage von Zahlen des Statistischen Bundesamtes, Länderbericht Tunesien 1976, Tab. S. 89.

200 Auf den seit der Unabhängigkeit verfolgten ökonomischen Liberalismus folgte in der sozialistischen Phase unter *Ben Ṣālaḥ* seit 1961 eine Epoche der staatlich gelenkten Industrialisierung und Kollektivierung der Landwirtschaft. Nach dem Scheitern *Ben Ṣālaḥs* Wirtschaftspolitik und dessen Sturz wandte sich Tunesien der rein kapitalistisch orientierten Marktwirtschaft zu.

201 Eigene Berechnungen auf der Grundlage von Zahlen des Statistischen Bundesamtes (Hrsg.), Länderbericht Tunesien 1979, Tab. S. 85 u. Länderbericht Tunesien, 1988, Tab. 6.1, S. 3.

Schulreform von 1972 zu Scharen auf den Arbeitsmarkt drängten. Vor allem die Textilindustrie, die seit 1972 einen ernormen Aufschwung erlebt hatte und bereits 1975 mehr als 92% der Industriearbeiterinnen beschäftigte, profitierte von dem Überangebot an arbeitswilligen jungen Frauen: 1975 verfügten über 93% der weiblichen Arbeitskräfte in der Textilindustrie über keine oder nur eine Primarschulbildung und lediglich 29,4% waren Lohn- und Gehaltsempfängerinnen.[202] So waren die speziell Frauen benachteiligenden Strukturen des Primär- und Sekundärsektors letztlich auch ein Spiegel der noch immer unterprivilegierten Stellung der Frau in der tunesischen Gesellschaft. Aber auch der Tertiärsektor reflektierte seinerseits die in der tunesischen Gesellschaft lebendigen, traditionellen Rollenmuster. 1975 waren hier über 60% der Arbeitnehmerinnen entweder als Hausangestelle oder im sozialen Bereich tätig.[203] Auch die stetig zunehmende Beschäftigung von Frauen im Bildungs- und Gesundheitsbereich bei einer nahezu gleichbleibenden Unterrepräsentanz in Sektoren wie Handel und Transport[204] paßte sich in dieses Muster ein. Als Gründe für die Benachteiligung von Frauen im Berufsleben nennt *Taamallah* neben einer unzureichenden Schulbildung auch fehlende bzw. traditionelle Berufsausbildungen, die junge Mädchen insbesondere auf minderqualifizierte und schlecht bezahlte Tätigkeiten vorbereiteten.[205]

Inwiefern der weitgehend proletarisierten weiblichen Arbeitskraft vor allem eine „arbeitsmarktregulierende" Funktion zukam, zeigte sich deutlich seit Mitte der siebziger Jahre, als sich das wirtschaftiche und soziale Klima in Tunesien zu verschlechtern begann.[206] Vor allem die Krise auf dem Arbeitsmarkt, die sich zwischen 1975 und 1984 verschärfte, traf die weibliche Bevölkerung in zweifacher Hinsicht: Neben der in Zahlen faßbaren Arbeitslosigkeit wurden vor

---

[202] Vgl. dazu die Zahlenangaben bei Mahfoudh-Draoui, Formation, S. 269-271.

[203] Mahfoudh-Draoui, Formation, S. 265.

[204] Von 1966 bis 1975 erhöhte sich der Anteil der weiblichen Angestellten im Bildungssektor von 16% auf 25%, im Gesundheitssektor sogar von 33% auf 37%. Marginal war dagegen die Zahl der Frauen im Handel und Transport, wo sie 1984 jeweils nur 4% der Beschäftigten ausmachten. Vgl. dazu Taamallah, L'emploi, S. 227 f.

[205] Taamallah, Scolarisation, S. 127.

[206] Mitte der siebziger Jahre setzte in Tunesien eine Rezession ein. Gleichzeitig führte die mangelhafte Aufnahmekapazität des Arbeitsmarktes zu einem Anstieg der Arbeitslosigkeit. Zu den wirtschaftlichen und arbeitsmarktpolitischen Problemen Tunesiens in den siebziger Jahren vgl. Bolz, Tunesien, S. 53-415.

allem Frauen auf dem Arbeitsmarkt die Opfer subtiler Verdrängungsmechanismen. Nachdem die Frauenarbeitslosigkeit, bedingt durch den massiven Andrang weiblicher Arbeitskräfte auf den Arbeitsmarkt, zunächst abgefangen wurde, schnellte sie zwischen 1980 bis 1984 wieder in die Höhe. Nach 11% 1975 und einem „Zwischenttief" von 9% zu Beginn der achtziger Jahre betrug sie 1984 bereits 18,6%.[207] Daß die Arbeitslosigkeit der Frauen insgesamt jedoch langsamer anstieg als die der Männer,[208] lag nicht etwa an einer für Frauen günstigeren Arbeitsmarktsituation - im Gegenteil. Nach einer Phase der gezielten Anwerbung weiblicher Arbeitskräfte war in arbeitsmarktpolitisch schwierigen Zeiten die Unterstützung für die Frauenerwerbstätigkeit spürbar zurückgegangen. *Khouini* bezeichnet den sich in der Folge einstellenden Rückgang der auf den Arbeitsmarkt drängenden Frauen als *chômage de non encouragement* (Arbeitslosigkeit der Nicht-Ermutigung), die gleichzeitige Abnahme der weiblichen Arbeitskraftreserve als *chômage de découragement* (Arbeitslosigkeit der Entmutigung).[209]

Bourguiba, einst Förderer und Verfechter weiblicher Erwerbstätigkeit, hatte, indem er sich 1976 für die Heimarbeit von Frauen und damit für ihren Rückzug in den häuslichen Bereich aussprach, selbst die entscheidende Kehrtwende eingeleitet:

„Es ist nicht notwendig, daß die Frau einer bezahlten Tätigkeit außer Haus nachgeht, vor allem dann nicht, wenn sie über handwerkliche Fähigkeiten verfügt.“[210]

Auch der Aufruf zur Teilzeitarbeit war dazu geeignet, Frauen aus dem angespannten Arbeitsmarkt hinauszudrängen und ihnen die Wahrnehmung ihrer traditionellen Hausfrauenrolle zu erleichtern. Die Angst vor dem Zerfall familiärer Strukturen, vor einer zu schnellen und unkontrollierbaren Emanzipation der Frau war gesellschaftlich tief verwurzelt. Eine Ironie angesichts der Tatsache, daß das Gros der berufstätigen Frauen aus rein materiellen Gründen arbeitete,[211] und die realen Arbeitsbedingungen und Familienverhältnisse weniger als befreiend, denn

---

[207] Khouini, L'impact, S. 212.
[208] Khouini, L'impact, S. 213.
[209] Ebd.
[210] *Bourguiba* in einer Rede des Jahres 1976, zit. nach Daoud, Féminisme, S. 65 f.
[211] So das Ergebnis einer Untersuchung des Jahres 1975. Vgl. dazu Taamallah, Femmes, S. 153.

als belastend und konfliktbeladen empfinden mußte. Das doppelte Wertesystem, das sich einerseits auf die im CSP und anderen Rechtstexten festgelegte (Quasi-)Gleichberechtigung der Frau und andererseits auf ihre traditionelle, familiäre Rolle referierte, barg für die berufstätige Frau kaum zu lösende Konflikte. Neben der neuen Aufgabe, den materiellen Wohlstand ihrer Familie mitzusichern, oblag Frauen noch immer die traditionelle Verantwortung der Haushaltsführung und Kindererziehung. Diese Doppelrolle führte in der Konsequenz zu häufigen Fehlzeiten, im Extremfall sogar zu psychischen Erkrankungen. Als eine vor allem bei Arbeiterinnen der unteren Gesellschaftsschicht verbreitete Gemütskrankheit nennt *Ferchiou ǧnūn*, die Bessenheit von Geistern:

„Frauen sehen sich zunehmend zwei einander widersprechenden Lebensweisen gegenüber, der traditionellen und der westlichen... . Sie sind gefangen zwischen zwei Arten von Verpflichtungen, den beruflichen und den häuslichen. Viele sind hin und her gerissen, voller Schuldgefühle und schaffen es nicht mehr, ihr Leben all diesen Zwängen anzupassen. Andere verweigern sich diesen Zwängen, flüchten sich in die Besessenheit, um auf diese Weise neue Beziehungen zu ihrer Umwelt aufnehmen zu können.“[212]

Vor allem Industriearbeiterinnen hatten häufig nicht nur einen stark patriarchalisch ausgerichteten Familienhintergrund, sie wurden, sozusagen in der Verlängerung ihrer traditionellen Rolle, auch am Arbeitsplatz ausgebeutet und diskriminiert. Diese Mißstände führten dazu, daß Arbeiterinnen der Textil-, Bekleidungs- und Elektroindustrie 1975 erstmals in Streik traten und Forderungen nach mehr Lohn sowie besseren sozialen Leistungen aufstellten. Der gewerkschaftliche Organisationsgrad tunesischer Arbeiterinnen blieb insgesamt jedoch gering.[213]

Die siebziger Jahre bezeichnet *Daoud* als Jahre *„voller Gefahren“*.[214] Eine Wirtschaftsentwicklung, hinter der die Hoffnung auf Partizipation für breite Bevölkerungsschichten zurückstehen mußte; die zunehmende Polarisierung zwischen arm und reich sowie eine ständig wachsende Arbeitslosigkeit waren die Kehrseite der

---

[212] Ferchiou, Pouvoir, S. 89.
[213] Zur Rolle von Frauen im tunesischen Gewerkschaftswesen vgl. Mahfoudh, D., La syndicalisation des femmes en Tunisie, in: Peuples Méditerranées, Nr. 44-45, Paris 1988, S. 29-47.
[214] Daoud, Féminisme, S. 70.

tunesischen Entwicklungs- und Modernisierungspolitik und trafen Frauen als sozial schwächste Gruppe in besonderem Maße.

Eine weitere, mit den beschriebenen Entwicklungen in Zusammenhang stehende Erscheinung markiert die Krisenhaftigkeit der siebziger Jahre: das Aufkeimen des tunesischen Islamismus als rückwärtsgerichtete, religiös-ideologische Bewegung. Diese rückte die Frauenfrage ins Zentrum ihrer Heilsbotschaft und fand ihren Nährboden in der sich ausbreitenden sozialen Verunsicherung und Orientierungslosigkeit.

2.2.2 Ursachen und Erscheinungsbild des tunesischen Islamismus

Das vor allem seit den siebziger Jahren im Orient um sich greifende Phänomen der Islamisierung bzw. Re-Islamisierung, das *Steinbach* als Versuch erklärt, *„den Islam und das islamische Gesetz in der ganzen islamischen Welt wieder umfassend zur Geltung zu bringen"*,[215] hat vor allem der westlichen Welt die Schwierigkeiten islamischer Staaten beim Übergang von der Tradition zur Moderne vor Augen geführt. Die Ursachen sind vielfältig und komplex. Durch die Adaption westlicher Markt-, Politik- und Gesellschaftsmodelle wurden, anstelle wirksame Konzepte gegen die Unterentwicklung zu entwerfen, Abhängigkeiten vom hegemonial geprägten Weltmarkt gefördert. Daneben führte der Umbruch sozialer Strukturen sowie die weitgehende Marginalisierung religiöser Bezüge im öffentlichen Leben zu einer kulturellen Entfremdung breiter Bevölkerungsschichten, die den Ruf nach einer islamischen Erneuerung laut werden ließ.

„Traditionsbewußte Muslime erkannten, daß die kritiklose Übernahme nichtislamischer Ideologien eine große Gefahr für die eigenen Werte bedeutete und letztlich doch zum Verlust der islamischen Identität und zur Entwurzelung führen mußte. Die Begegnung mit dem Abendland enttäuschte und verband sich mit dem Gefühl der Demütigung. (...) Da die islamische Gesellschaft zu keiner Zeit den

---

[215] Steinbach, „Re-Islamisierung", S. 205.

Kontakt zu ihren Ursprüngen verloren hatte, bot sich eine Rückbesinnung auf die Vergangenheit ganz selbstverständlich an. "[216]

Der Prozeß der islamischen „Selbstfindung" erschöpfte sich jedoch nicht allein in der Suche nach neuen Formen religiösen Bewußtseins. Vielmehr führte er zu einer Ideologisierung und Politisierung des Islams, was einerseits die Umwandlung der Religion in eine Ideologie und andererseits deren Instrumentalisierung in der politischen Auseinandersetzung mit dem Staat bedeutet und gemeinhin als „Islamismus" [217] bezeichnet wird. Den Islamisten gemein ist, daß sie sich zur Durchsetzung ihrer Ideale in Staat, Recht und Gesellschaft religiösen Vokabulars bedienen, bei der Interpretation der islamischen Lehre auf einen strengen Dogmatismus zurückgreifen und ihre Anhänger vor allem durch moralische Appelle an sich zu binden versuchen. Tatsächlich aber handelt es sich bei den islamistischen Bewegungen um Gruppen mit politischem Herrschaftsanspruch, deren moralisch und religiös abgesicherte Forderungen nicht selten zu einer sich ins Destruktive steigernden Kompromißlosigkeit führen können.[218] *Khalid* definiert den Islamismus vor diesem Hintergrund als eine *„sozio-ökonomisch-politische Ideologie, die den Zustand des identitätsbedrohenden gesellschaftlichen Wandels durch einen nativistischen Totalitarismus beheben soll*".[219] Die Überwindung der in erheblichem Maße westlichen Einflüssen zugeschriebenen Insuffizienz der islamischen Welt soll durch einen Rückgriff auch die frühen Quellen des Islams, auf dessen idealisierte Frühzeit erreicht werden. Was in diesem Zusammenhang landläufig als modernitätsfeindlich, sogar als Entwurf einer islamischen „*Gegenmoderne*"[220] bezeichnet wird, zielt im Grunde jedoch nicht gegen die Moderne an sich, sondern gegen deren westliche Ausprägung.

„Im Süden vollzieht sich der Prozeß der Modernisierung häufig als Invasion einer fremden Kultur, oft von außen aufgezwungen, wenn auch meistens nicht ohne Zuspruch, begeisterte Mitwirkung oder gierigen Zugriff einheimischer

---

[216] Munir, Frau, S. 75.

[217] Obwohl zur Bezeichnung des Phänomens in der Literatur auch von „Fundamentalismus" oder „Integrismus" die Rede ist, wird in Fachkreisen dem Begriff „Islamismus" der Vorzug gegeben. Vgl. dazu Meier, Strömungen, S. 23, Krämer, Politischer Islam, S. 41; Reissner, Fundamentalismus, S. 88, 92 f.

[218] Faath, Demokratisierung, Fn 12, S. 17.

[219] Khalid, Wiederbelebung, S. 558.

[220] Meier, Strömungen, S. 22.

Machtgruppen. Er hat dort bis heute so gut wie nirgendwo zu Demokratie und gesicherten Menschenrechten geführt, aber zu aufreizendem Wohlstand für winzige Modernisierungseliten. Mit ihm kontrastieren Elend und kulturelle Entwurzelung der Armen dieser Länder himmelschreiend."[221]

Gesellschaftliche und schließlich politische Relevanz erlangte der Islamismus mit Beginn der siebziger Jahre auch in Tunesien, wo er sich als Protestbewegung gegen eine als identitätsbedrohend empfundene kulturelle Überfremdung etablierte und von einer stetig zunehmenden Unzufriedenheit innerhalb der Bevölkerung profitierte. Die islamistische Bewegung Tunesiens, die Ende der sechziger Jahre aus Moschee-Kreisen hervorgegangen war und sich Mitte der siebziger Jahre in den Universitäten ausbreitete, rekrutierte (und rekrutiert) sich größtenteils aus gebildeten, aber sozial marginalisierten Jugendlichen und jungen Erwachsenen.[222] Allgemeine Enttäuschung über die Verheißungen der westlichen Konsumgesellschaft, soziale und berufliche Perspektivlosigkeit sowie ein Gefühl der kulturellen Minderwertigkeit bestimmten seinerzeit das Lebensgefühl der tunesischen Jugendlichen. Ihnen bot die islamistische Bewegung eine Zukunftsvision an, die auf eine Revolutionierung der bestehenden Macht- und Verteilungsverhältnisse abzielte und eine Moralisierung von System und Gesellschaft versprach.[223]

Als eine weitere Ursache des Islamismus in Tunesien kann die weitgehend kompromißlos verfolgte Säkularisierung des offiziellen Islam angeführt werden. In diesem Zusammenhang stellt *Hermassi* fest, daß Tunesien das einzige aller arabischen Länder sei, in dem die modernistische Elite willkürlich den institutionellen Islam angegriffen und seine Infrastruktur im Namen einer systematischen sozialen und kulturellen Reformierung zerstört habe.[224] Tatsächlich trat mit dem Aufkommen der islamistischen Bewegung in Tunesien der traditionell-religiöse Diskurs, der noch im Unabhängigkeitskampf eine Rolle gespielt und nach Erreichen der Autonomie von offizieller Seite weitestgehend aufgegeben

---

[221] Meyer, Fundamentalismus, S. 68 f.

[222] *Faath* (Entwicklung, S. 76) weist darauf hin, daß bei den Gründungsmitgliedern der islamistischen Bewegung MTI sowie bei deren Verhaftung 1981 nicht weniger als 50% unter dreißig Jahre alt waren.

[223] Faath, Demokratisierung, S. 17.

[224] Hermassi, Société, S. 40.

worden war, erneut in Erscheinung.[225] Für diese Entwicklung macht *Zghal* vor allem die tunesische Regierung verantwortlich, die eine offene Diskussion über die nationale Kultur und ihre Beziehungen zum Westen stets verhindert habe.[226]

Obwohl sich die Ideen der Islamisten, begünstigt durch die in den siebziger Jahren aufkommende Infragestellung okzidentaler Werte im gesamten islamisch-arabischen Raum rasch ausbreiteten,[227] wurde ihnen politische Aufmerksamkeit zunächst nur insofern geschenkt, als sie ein willkommenes Gegengewicht zu den Idealen der universitären und gewerkschaftlichen Linken bildeten. Erst infolge ihrer Politisierung und der Gründung des *Mouvement de la Tendance Islamique* (MTI) im Jahre 1981 traten die Islamisten unter der Federführung des Präsidenten und Theoretikers der Bewegung *Rašīd Ġanūšī* offen in Opposition zum Staat. Hatten sich ihre Forderungen ehemals auf die sittliche und moralische Erneuerung der Gesellschaft beschränkt, so wurde nun offen Kritik an der Regierung geübt. Die Islamisten prangerten neben der personalisierten Herrschaft *Bourguiba*s und der Einheitspartei auch die Einschränkung von Bürgerrechten sowie Mängel in der Sozial- und Außenpolitik an[228] - Kritik die von einer wachsenden und sich gleichfalls politisierenden Anhängerschaft geteilt wurde.[229]

Vor allem zwischen 1981 und 1987 wechselten Zugeständnisse, Überwachung und Repression des Staates gegenüber der islamistischen Bewegung einander ab. Bereits wenige Wochen nach ihrer Gründung wurde die Führungsriege des MTI im Rahmen einer anti-islamistischen Regierungskampagne verhaftet, z. T. zu hohen Gefängnisstrafen verurteilt und 1984 wieder amnestiert. Zwischenzeitlich hatte sich jedoch ein radikaler Flügel gebildet, der sich besonders von der durch

---

[225] Ben Hammed, Laïcité, S. 106.
[226] Zghal, Retour, S. 43; ähnlich Daoud, Féminisme, S. 71 ff.
[227] Faath, Entwicklung, S. 76.
[228] Ben Achour, Islam, S. 74. Zum Programm des MTI vgl. das 1986 erarbeitete Strategiepapier der Bewegung „*Al-ru'ya al-fikriyya wa-l-manhaǧ al'uṣūlī* (Ideologische Sichtweise und Prinzipien der islamischen Jurisprudenz) in Zusammenfassung bei Aldeeb Abu-Sahlieh, S. A., Le mouvement tunisien de la Tendance Isalmique, la loi islamique et les droits de l'homme, in: AAN, Bd. 35, 1998, S. 382 f.
[229] Nach Hermassi (Société, S. 52) stieg die Auflage des Presseorgans der Islamisten „*Al-Maʿrifa*", von 6000 i. J. 1971 auf 25.000 i. J. 1976. 71% der Mitglieder traten der Organisation zwischen 1976 und 1981 bei.

Ġanūšī vertretenen Strategie des „demokratischen Weges“ distanzierte und auf Gewaltanwendung statt politischen Dialog setzte.

Krämer stellt diese Entwicklung in den Zusammenhang fehlender Aktions- und Bewährungsmöglichkeiten der islamistischen Bewegung:

„Almost from the beginning, the MTI's declarations of good faith were ignored (...) During the short periods of relaxation, invariably followed by contraction and repression, the islamists had little chance to build confidence and prove their democratic convictions.“[230]

Dennoch besteht berechtigterweise Zweifel am Willen der Islamisten, den als wesentlichen Bestandteil der demokratischen Ordnung Tunesiens angesehenen CSP sowie andere, den Frauen formal und faktisch zugestandene Freiheiten aufrechtzuerhalten. Von Beginn an bildete die Frauenfrage einen Schwerpunkt des islamistischen Diskurses. Die von den Islamisten angestrebte sittlich-moralische Erneuerung der tunesischen Gesellschaft wurde vor allem an der Stellung der Frau festgemacht. Als Verfechter einer gesellschaftlichen Re-Traditionalisierung traten die Denker der Bewegung offen für eine Revision des CSP ein. *Ben Hammed* zeichnet anhand einiger islamistischer Publikationen und Interviews mit Vertretern der Bewegung das Frauenbild der Islamisten sowie ihre Ablehnung gegenüber dem CSP nach: Demnach gilt die Frau der islamistischen Ideologie zufolge als Unmündige und muß beschützt werden.[231] Das Recht auf Arbeit hat sie nur im Falle extremer Bedürftigkeit, und ihre Bildung sollte sich auf Lesen, Rechnen, Religion, die Historie der „rechtschaffenen Vorfahren“ und die Grundprinzipien der Kindererziehung beschränken.[232] Das neue Personenstandsrecht, so die Argumentation der Islamisten, habe in den Familien gravierende Probleme verursacht und den Frauen durch den Anstieg der Scheidungsraten enorme Nachteile gebracht.[233] *Ġanūšī* revidierte später einige seiner Positionen, indem er beispielsweise auf die Geschlechtersegregation in den Schulen verzichtete und die

---

[230] Krämer, Integration, S. 216.
[231] Ben Hammed, Laïcité, S. 134.
[232] Ebd.
[233] Ebd.

Erwerbstätigkeit der Frau als einen Beitrag zum Familienunterhalt akzeptierte.[234] Bald schienen sich innerhalb der Bewegung gerade in der Frauenfrage die Lager zu spalten. Während *Ġanūšī* den CSP als mögliche Interpretation koranischer Bestimmungen anerkannte,[235] bezeichneten andere führende Vertreter der Bewegung den Code weiterhin als „*Verirrung*" sowie „*unislamisch*" und forderten dessen Abschaffung.[236] Wie viele andere zweifelt *Aldeeb Abu-Sahlieh* eine ideologische Kehrtwende *Ġanūšīs* an. Anhand einer Publikation *Ġanūšīs* des Jahres 1988 weist er nach, daß der Islamistenführer gerade in der Frauenfrage nicht von seinen islamistischen Überzeugungen abgerückt ist; so habe *Ġanūšī* beispielsweise die Kindererziehung und Schaffung neuer Generationen als Hauptaufgabe der Frau bezeichnet und ihre Berufstätigkeit nur unter der Voraussetzung akzeptiert, daß sie für Männer keine Konkurrenz darstellt.[237]

Innerhalb der Gesellschaft operierte die islamistische Bewegung als eine Art soziales Subsystem mit eigenen Verhaltensregeln.[238] Frauen verschleierten sich, verzichteten auf Schminke und auffällige Kleidung; Frauen und Männer spielten in Theater- und Musikgruppen nach Geschlechtern getrennt, zahlreiche Buchläden verkauften Tonbandkassetten religiösen Inhalts.[239] Eine spezielle islamische Presse entstand und überschwemmte den Markt mit einer Vielzahl von Publikationen, die einen rückwärtsgerichteten Geist, besonders hinsichtlich der Frauenrolle erkennen ließen.[240]

Tessler stellt in einer soziologischen Untersuchung fest, daß die Unterstützung der Bevölkerung für die Frauenemanzipation bereits Ende der sechziger Jahre nachließ und führt dies auf einen Rückgang des staatlichen Engagements für den sozialen Wandel zurück.[241] Dieser Trend setzte sich bis in die achtziger Jahre hinein fort. So reagierte die Staatsführung auf die sich im Land entwickelnden

---

[234] Chater, Femme, S. 138.
[235] Interview in Jeune Afrique, Nr. 1543 vom 25.7.1990, zit. nach Bessis/Belhassen, Femmes, S. 219.
[236] Bessis/Belhassen, Femmes, S. 219.
[237] Aldeeb Abu-Sahlieh, Le mouvement, S. 392 f.
[238] Ben Achour, Islam, S. 72 f.
[239] Belhassen, L'Islam, S. 83.
[240] Beispiele hierfür gibt Chater, Femme, S. 37 ff.
[241] Tessler, Emancipation, S. 145 ff.

islamistischen Tendenzen zunächst mit Zugeständnissen, indem sie beispielsweise islamistische Publikationen erlaubte und auf Forderungen der Islamisten nach Gebetsräumen an Arbeitsplätzen und Universitäten einging.[242] Durch die Einleitung von Bildungsreformen zur Arabisierung und Islamisierung des Lehrstoffes sowie den verstärkten Bau von Moscheen setzte sie zunächst einschlägige Signale für eine Rückbesinnung auf traditionelle, islamische Werte. Die Frauenpolitik der achtziger Jahre war dementsprechend zwiespältig. So wurde die rechtliche Stellung der Frau durch eine Teilmodifikation des CSP im Jahre 1981[243] zwar weiter verbessert und 1984 ein Familien- und Frauenministerium mit einer Frau an der Spitze eingerichtet. Als es aber infolge einer Verschärfung der Wirtschafts- und Arbeitsmarktkrise in den achtziger Jahren zu regelrechten Kampagnen gegen die Frauenerwerbstätigkeit kam, versäumte es die Regierung *Bourguiba*s, diesen Bestrebungen wirksame Argumente entgegenzusetzen. Eine nicht unbeträchtliche Zahl von Frauen gab sich angesichts der sozialen Mißstände sowie ihrer eigenen unsicheren gesellschaftlichen Position dennoch kämpferisch: Im Rahmen der sogenannten „Brotunruhen" von 1984 gingen Arbeiterinnen auf die Straße und protestierten mit der Parole „*Wacht auf! Wir sind die wahren Männer. Ihr seid nichts anderes als Schwächlinge!*" gegen Unterbezahlung und mangelnde gesellschaftliche Anerkennung für ihre wirtschaftliche Rolle innerhalb der Familie.[244]

Während die sich im Schatten der Regierungspartei verlierende Frauenorganisation UNFT zunehmend an Akzeptanz und Bedeutung einbüßte,[245] kristallisierte sich Anfang der achtziger Jahre aus Universitätskreisen eine neue feministische Bewegung okzidentalen Typs heraus.[246] Ihr gegenüber standen jedoch Frauen, die weitgehend konträre Ziele verfolgten. Die Islamisten hatten in der städtischen

---

242 Hermassi, Sociéte, S. 47; Ben Achour, Islam, S. 73.

243 Im Zuge der Personenstandsreform des Jahres 1981 wurden u. a. die Entschädigung im Scheidungsfall neu geregelt und die Vorschriften zum Sorgerecht verändert. Vgl. dazu auch Kap. 2, II., 3.5.2 und 3.6 der vorliegenden Arbeit.

244 Bessis/Belhassen, Femmes, S. 169.

245 Vgl. dazu die Einschätzung befragter Frauen in Chater, Femme, S. 189 ff.

246 Zu den einzelnen Gruppierungen, wie dem *Club d'Etude de la Condition des Femmes*, der *Commission Syndical Féminine* der *UGTT*, der *Commission Féminine de la Ligue Tunisienne des Droits de l'Homme* oder der feministischen Zeitschrift *Nissa* vgl. ausführlich Marzouki, Mouvement, S. 227 ff. Eine Beschreibung jüngerer Zusammenschlüsse von Frauen findet sich in Kap. 1, II., 2.3.2 der vorliegenden Arbeit.

Unter- und Mittelschicht Anhängerinnen gefunden, die ihre rückwärtsgerichtete Ideologie annahmen und zum Teil erfolgreich in die Gesellschaft hineintrugen.

2.2.3 Frauen als Verfechterinnen der islamistischen Ideologie

Es mag auf den ersten Blick paradox erscheinen, daß eine sich vor allem in der Frauenfrage stark reaktionär zeigende Bewegung Unterstützung auch innerhalb der weiblichen Bevölkerung Tunesiens fand. Enttäuscht von den Verheißungen staatlicher Emanzipationspolitik, von der nur wenige privilegierte Frauen wirklich profitierten, wandten sich vor allem Frauen aus dem bescheidenen, kleinbürgerlichen Milieu der islamistischen Bewegung zu. Der mit dem sozialen Wandel einhergehende Verlust traditioneller Werte, das Auseinanderbrechen der Familienstrukturen sowie das sich verschärfende soziale Ungleichgewicht veranlaßten vor allem gebildete Frauen zur kritischen Reflexion und Suche nach einem alternativen Lebensmodell, das eher als der Modernismus säkularistischer Prägung geeignet war, problemlösend und identitätsstiftend zu wirken.

Als Symbol der Abgrenzung, des Protests, um nicht zu sagen der Revolte gegen eine als fehlgeleitet empfundene Gesellschaft hatte sich seit Mitte der siebziger Jahre der *ḥiǧāb*[247] auf den Straßen von Tunis ausgebreitet. Obwohl *Darghouth-Medimegh* mit Recht darauf hinweist, daß Verschleierung nicht zwangsläufig mit Islamismus gleichzusetzen ist[248] und sich zahlreiche Frauen trotz *ḥiǧāb* nicht den Islamisten zurechneten,[249] entwickelte sich der Kopfschleier bald zum Symbol der islamistischen Bewegung und wurde von ihrer weiblichen Anhängerschaft als Zeichen ideologischer Identifikation und Erkennungsmerkmal getragen. *„Den Schleier zu tragen*“, so gibt eine libanesische Schriftstellerin zu Bedenken,

---

[247] Erstmals zu sehen war diese neue Art des Kopfschleiers im Ramadan 1975. Bei einer vom Fernsehen übertragenen Konferenz über „Die Frau im Islam“ trug ihn zum allgemeinen Erstaunen eine über das emanzipatorische Potential des Islam referierende Universitätsprofessorin. Vgl. dazu Darghouth Medimegh, Droits et vécu, S. 125 f.

[248] Darghouth Medimegh, Droits et vécu, S. 135.

[249] Zu den unterschiedlichen Motivationen verschleierter Frauen vgl. Chater, Femme, S. 110-118.

bedeute für diese Frauen auch, *„sich gegen jene heuchlerische Gesellschaft aufzulehnen, die ihnen von den angeblichen Vorkämpfern weiblicher Emanzipation als Modell angeboten und vorgelebt wird.“*[250]

Belhassen zeigte in einer Untersuchung über islamistische Frauen in Tunesien, daß sich vor allem Frauen mittleren und höheren Bildungsniveaus als Ausdruck einer Sinnsuche oder aufgrund einer individuellen Einsicht für den Schleier entscheiden, diesen gegenüber ihren Familien verteidigen und letztlich erfolgreich Einfluß auf ihre Umgebung ausüben, während Frauen mit geringer Bildung den Schleier zumeist infolge äußerer Einflüsse tragen.[251]

In der Öffentlichkeit, in Universitäten und am Arbeitsplatz gewann der Schleier nicht zuletzt als Mittel ideologischer Infiltration an Bedeutung. In modernen Strukturen entwickelte sich eine islamistische Frauenbewegung, deren Wortführerinnen bald eine gesellschaftliche Sonderstellung einnahmen.

„Ab dem Moment, zu dem sie sich entscheiden, den Schleier ... zu tragen, bekommen sie das Recht, an den militanten Aktivitäten der Bewegung zu partizipieren. Für den Familienkreis werden sie zu Asexuellen. Sie dürfen überall hingehen und mit wem sie wollen, auch alleine oder in der Nacht. Die Zugehörigkeit zur Bewegung, die der Schleier symbolisiert, verschafft ihnen ein gewisses Prestige und eine Führungsrolle unter anderen Frauen. Sie treten als die Wissenden, Erklärenden und Überzeugenden in Erscheinung und genießen eine Macht, die Frauen in der tunesischen Gesellschaft selten hatten.“[252]

Die militanten Anhängerinnen der Bewegung, die meist über eine große propagandistische Begabung und politische Bildung verfügten, machten sich diese Vorzüge zunutze, bereisten das Land, hielten mit anderen Frauen Gebete, Koran-Rezitationen oder Gesprächskreise in Moscheen ab und gaben die Kleidungs- und Verhaltensvorschriften der Islamisten an ihre Sympathisantinnen weiter:

„Der Schleier darf nicht durchsichtig sein und das Kleid muß einen schlichten, einfarbigen und gedeckten Ton haben ... . Die Nägel müssen kurz geschnitten sein ... . Haarentfernung ist verwerflich sowohl für den, der sie durchführt, als

---

[250] Mosbahi, Hoda Barakat. SZ vom 15./16.6.1996.
[251] Belhassen, Femmes, S. 80, 92 f.
[252] Ferchiou, Pouvoir, S. 90.

auch für den, der sich ihr unterzieht. Auch das Tragen von Schmuck ist verboten ... . Orientalische wie westliche Kunst, Lieder, Filme und Sport sind Opium fürs Volk, ein Instrument ... um das Volk seiner Realität zu entfremden.“[253]

So einheitlich das öffentliche Auftreten und Erscheinungsbild der Islamistinnen auch war, so nuanciert bis divergierend waren die Positionen, die Anhängerinnen der Bewegung in Einzelfragen vertraten. In Interviews mit weiblichen Mitgliedern des MTI der siebziger und achtziger Jahre traten Meinungsverschiedenheiten militanter Islamistinnen zu zentralen Fragen der Frauenemanzipation deutlich zutage. Wurde in den Reihen der Islamistinnen auf der einen Seite der Reformismus *al-Ḥaddāds* und *Bourguiba*s für die religiöse Entwurzelung der Tunesier verantwortlich gemacht und den Frauenverbänden Handlangertum und Realitätsferne vorgeworfen, so gab es auf der anderen Seite auch die Identifikation mit den Zielen der großen tunesischen Reformer und Frauenorganisationen.[254] Vor allem in der Beurteilung des CSP spalteten sich die Lager. Während es, wie unter den meisten männlichen Anhängern der Bewegung, auch bei Frauen Stimmen gab, die den CSP und insbesondere seine Vorschriften zur Ehescheidung und Monogamie als „*Ketzerei*“ und „*Verletzung des islamischen Rechts*“[255] ablehnten, erklärten sich andere Anhängerinnen der Bewegung konform mit der dem kodifizierten Frauenrecht zugrundeliegenden Interpretation des Korans[256] - eine Auffassung, die konträr zum Traditionalismus des MTI stand und als solche auch bewußt vertreten und formuliert wurde:

„*Meine Interpretation des islamischen Rechts entspricht nicht der des* MTI. *Sie (die Bewegung, die Verf.) tritt für eine wortwörtliche Lesart ein, während ich mir, genau wie der Großteil der islamistischen Jugend, eine Lesart wünsche, die mehr auf unsere Realität abgestimmt ist. Der Islam ist auf Entwicklung ausgerichtet, aber der MTI ... berücksichtigt die Entwicklung des Kontextes nicht* ... .“ [257]

Für eine den Erfordernissen der Zeit entsprechende Interpretation des Korans trat 1984 erstmals öffentlich *'Alya al-Wātī*, eine der hauptverantwortlichen Frauen der

[253] Belhassen, Femmes, S. 91.
[254] Vgl. dazu die Stimmen bei Belhassen, Femmes, S. 81, 88 und Bessis/Belhassen, Femmes, S. 213.
[255] Vgl. dazu Belhassen, Femmes, S. 90; ähnlich Chater, Femme, S. 245 f. und M'rad/Bagga, Statut, S. 11.
[256] Chater, Femme, S. 244.
[257] Chater, Femme, S. 115 f.

islamistischen Bewegung, ein. In einem Zeitungsinterview des Jahres 1984 sprach sie sich offen für eine Weiterentwicklung der koranischen Erbregeln auf der Grundlage des *iğtihād* aus und erntete damit nicht nur die Kritik konservativer *Ulama* sondern auch die der MTI-Basis.[258] Daß die militanten Anhängerinnen der Bewegung in Moscheen den Koran rezitierten, sich in der Exegese verstanden und Glaubensfragen beantworteten, wurde seitens der Bewegung nicht nur hingenommen, sondern unterstützt. Ging es aber um Kompetenzen im Zusammenhang mit Rechtsfragen, so stieß der „Feminismus" der Islamisten schnell an seine Grenzen. Die gerade in der Frauenfrage zum Vorschein kommenden Widersprüche der Bewegung spiegeln sich auch in den Versuchen ihrer Anhängerinnen, Religion und Alltagswelt in Einklang zu bringen. Dabei machte sich, wie bei den islamischen Erneuerern allgemein verbreitet, die Tendenz bemerkbar, nicht mehr generell legalistisch, sondern selektiv logisch und zeitgenössisch zu argumentieren.[259] So wurde die Berufstätigkeit islamistischer Frauen von diesen entweder mit ökonomischen Zwängen begründet oder aber mit dem Argument, am Arbeitsplatz den Kampf für den Islam zu führen und propagandistisch tätig sein zu können.[260] Ähnlich auch die Argumentationslogik in Fragen der Familienplanung: hier dienten beispielsweise wirtschaftliche Schwierigkeiten, Raumnot, aber auch physische Integrität selbst den gegen die allgemeine Geburtenkontrolle votierenden Islamistinnnen als Rechtfertigung für ihre persönliche Entscheidung zur Empfängnisverhütung.[261]

Angesichts der Tatsache, daß Frauen vor allem in den siebziger und achtziger Jahre eher geneigt waren, islamistischen als feministischen Appellen Gehör zu schenken, kommen *Bessis/Belhassen* zu der folgenden, desillusionierenden Erkenntnis:

„Die Tunesierinnen blicken entsetzt auf ihre maghrebinischen Nachbarinnen, die weniger Rechte haben. Aber jenseits ihrer fragilen Errungenschaften bleiben sie ... überzeugt, daß ihr Status den ihrem Geschlecht inhärenten Grenzen Rechnung tragen muß (...) Sie erkennen weiter die Überlegenheit des Mannes an, wie sie es

---

[258] Darghouth Medimegh, Droits et vécu, S. 130.
[259] Sivers, Maghreb, S. 411.
[260] Belhassen, Femmes, S. 88 f.
[261] Belhassen, Femmes, S. 89.

immer getan haben, geben an ihre Söhnen den Männlichkeitskult weiter und erziehen ihre Töchter zur Gehorsamkeit. Da sie ... ihr Leben ... an sozio-religiöse Regeln anpassen, die sie besser gefangen halten als der strengste Schleier, scheinen sie sich dem Moralkodex der Islamisten ohne größere Schwierigkeiten anpassen zu können ... ."[262]

Islamistischen oder verschleierten Frauen die Opferrolle zuzuschreiben, wäre eine Verkennung der Realitität. Immerhin erscheint vielen der auch heute noch mit islamistischen Ideen sympathisierenden Frauen die Rückkehr zu einem orthodoxen Islam als einziger Weg, zu einem Selbstverständnis zurückzufinden, das ihnen durch die „Verwestlichung" der tunesischen Gesellschaft abhanden gekommen ist. Islamistin zu sein, bedeutet diesen Frauen, für eine Gesellschaft zu kämpfen, in der jeder seinen wahren Platz einnimmt, in der sie aber vor allem selbst in Frieden mit sich leben können.[263]

2.3 Die Instrumentalisierung der Frauenfrage seit 1987

2.3.1 Politische Stabilisierung und Konsolidierung der Frauenrechte unter *Ben Ali*

Nachdem es 1986/87 zu einer offenen Konfrontation zwischen Staatsführung und radikalisierter islamistischer Opposition gekommen war, brachte die „friedliche", verfassungskonforme Machtübernahme des ehemaligen Premierministers *Zine El Abidine Ben Ali* am 7.11.1987 zunächst eine Entspannung im Verhältnis zu den Islamisten. Durch die gezielte Inwertsetzung des Islams, die *Ben Ali* durch Maßnahmen wie die Rundfunk- und Fernsehübertragung der fünf täglichen Gebete, die Wiedereinrichtung der *Zaitūna*-Universität und die Schaffung eines Obersten Islamischen Rates symbolisch unterstrich,[264] kam es anfangs zu einer scheinbaren Annäherung zwischen dem offiziellen und dem islamistischen Diskurs. Der Versöhnungskurs mit den Islamisten, der von staatlicher Seite gezielt

262 Bessis/Belhassen, Femmes, S. 269.
263 Ferchiou, Pouvoir, S. 90; Belhassen, Femme, S. 79.
264 Vgl. dazu Daoud, Féminisme, S. 106; Bessis/Belhassen, Femmes, S. 238.

durch Generalamnestien in Gang gesetzt wurde, führte im laizistischen Lager zunächst zu Mißstimmungen und ließ vor allem bei Frauen die Befürchtung aufkommen, schon bald Opfer einer islamistenfreundlichen Staatspolitik zu werden.[265] Es sollte sich jedoch zeigen, daß *Ben Alis* politische Taktik weniger auf Aussöhnung, denn auf eine Entschärfung des islamistischen Gegners abzielte. Denn obwohl sich *Ġanūšī* nach seiner Haftentlassung 1989 für die Fortsetzung des gewaltlosen, demokratischen und systemkonfromen Kurses der im gleichen Jahr in *Ḥizb an-Nahḍa* (Partei der Wiedergeburt) umbenannten Bewegung aussprach, wurde ihr die Anerkennung als Partei sowie die direkte Teilnahme an den Präsidentschafts- und Parlamentswahlen im April 1989 verweigert.[266] Mit der Schulbuchreform im Herbst 1989, die auf eine Modernisierung der Lehrinhalte abzielte, eskalierten die Auseinandersetzungen zwischen den radikalisierten Fraktionen der *an-Nahḍa* und der Regierung. Als nach blutigen Attentaten 1991 auch vermeintliche subversive Agitationen eines dem radikalen Flügel der Bewegung zugehörigen Geheimapparates aufgedeckt wurden, bereitete sich die Regierung auf deren endgültige Zerschlagung vor. Das massive staatliche Vorgehen gegen alle Facetten des Islamismus in Tunesien, die Repression und Diffarmierung radikaler wie gemäßigter Islamisten hat dazu geführt, daß heute sowohl Aktivisten als auch Sympathisanten der Bewegung in großer Zahl inhaftiert sind, im Exil leben oder im Untergrund operieren.

Ben Ali, dem es zur Zeit seines Amtsantritts noch an persönlichem Charisma und revolutionärer Legitimität fehlte,[267] hat heute das Gros der Bevölkerung auf seiner Seite. Ohne auf das positive Erbe *Bourguiba*s zu verzichten, ist es ihm gelungen, sich vom Schatten seines Vorgängers zu lösen und dem einst heruntergewirtschafteten und einem politischen Pulverfaß ähnelnden Land zu wirtschaftlicher Blüte und innenpolitischer Stabilität zu verhelfen. Dadurch, sowie durch die Schaffung einer antiislamischen Stimmung im Land, hat er erfolgreich breite Bevölkerungsschichten hinter sich gestellt. Zu den zahlreichen Anstrengungen, die *Ben Ali* seit seiner Amtsübernahme zur Stabilisierung des Systems unternommen

---

265 Marzouki, Mouvement, S. 301; ähnlich Charrad, Repudiation, S. 66.
266 Hermassi, Islamicist Movement, S. 199.
267 Krämer, Integration, S. 217.

hat, gehören institutionelle und Wahlrechtsreformen, Maßnahmen zur Wirtschafts- und Bevölkerungsentwicklung, Reformen im Gesundheits- und Bildungswesen sowie Maßnahmen zur Frauenförderung. Die Stärkung der rechtlichen und gesellschaftlichen Stellung der Frau hat sich mit Beginn der neunziger Jahre sogar zu einem wesentlichen Politikum der Ära *Ben Ali* herausgebildet.

„Das tunesische Personenstandsgesetz ist eine Errungenschaft, der wir uns verbunden fühlen und an der wir festhalten. Sie erfüllt uns mit großem Stolz. Das was Tunesien zugunsten der Frau und der Familie verwirklicht hat, wird weder in Frage gestellt noch aufgegeben werden.“[268]

Durch die gezielte Besserstellung der Frau soll die Kontinuität der von *Bourguiba* initiierten Frauenförderung gewahrt werden. Die Frauenpolitik dient aber auch und vor allem der Stabilisierung des demokratischen Regierungskurses sowie des Regimes als ganzem und wird gezielt als Propagandainstrument eingesetzt. Von zentraler Bedeutung ist dabei der Kampf gegen den Islamismus, dem man die Frauenrechte als eine Art „Bollwerk“ entgegenzustellen versucht - eine Strategie, die sich bisher als durchaus wirkungsvoll erwiesen hat.

Der bemerkenswerteste Schritt der Regierung *Ben Ali* in Sachen Frauenförderung wurde 1993 mit der Teilreform des Personenstandsgesetzes getan. Es handelt sich dabei um die bisher umfassendste Modifikation in der Geschichte des tunesischen Ehe- und Familienrechts. Zu den Neuerungen zählen u. a. die Abschaffung der Gehorsamspflicht gegenüber dem Ehemann (Art. 23 a. F. CSP), die Einführung des Gegenseitigkeitsprinzips im Bereich der ehelichen Pflichterfüllung und die Zusammenarbeit in Familienangelegenheiten (Art. 23 n. F. CSP) sowie die Zustimmungspflicht der Mutter zur Eheschließung ihres minderjährigen Kindes (Art. 6 n. F. CSP).[269] Außerdem wurde mit der Einführung des sogenannten *Garantiefonds für Unterhalt und Scheidungsrente* die Besserstellung und Absicherung der geschiedenen Frau und ihrer Kinder einen wichtigen Schritt vorangebracht. Im Hinblick auf eine „frauenfreundliche“ Modernisierung des

---

[268] *Ben Ali* in einer Rede d. J. 1988, zit. nach La vie politique, S. 7.

[269] Auf die im Rahmen der Personenstandsreform d. J. 1993 erfolgten Modifikationen wird ausführlich in Kap. 2, II. der vorliegenden Arbeit eingegangen.

Personenrechts wurden außerdem Modifikationen im Staatsangehörigkeits-, Straf- und Arbeitsrecht vorgenommen. Nach Art. 12 n. F. Code de Nationalité kann die mit einem Ausländer verheiratete tunesische Frau neuerdings ihre Staatsangehörigkeit auf ihr im Ausland geborenes Kind übertragen, sofern der Vater einverstanden ist. Kritikerinnen der neuen Regelung bemängeln jedoch die Zustimmungspflicht des Vaters und sehen darin einen eindeutigen Verstoß gegen das Gleichheitsprinzip.[270]
Die Änderungen im Strafgesetzbuch zielen auf eine Stärkung der Ehe wie der Kernfamilie insgesamt ab. So gilt der Totschlag an einem Ehebrecher nach der Abschaffung des Art. 207 Code Pénal nicht mehr als besonderer Straftatbestand. Darüber hinaus wird die Körperverletzung an Ehepartnern oder Verwandten nach der neuen Fassung des Art. 218 Code Pénal härter bestraft als das gleiche Vergehen an anderen Personen. Außerdem sieht Art. 319 Code Pénal neuerdings bei Körperverletzungsdelikten in der Ehe eine Unterbrechung der Strafverfolgung für den Fall vor, daß die Klage zurückgezogen wird.[271]
Die Modifikationen im Arbeitsrecht sind auf eine Gleichstellung von Mann und Frau bei der Entlohnung gerichtet (Art. 135 und 234 Code du Travail).

1996 wurden eine Reihe weiterer Maßnahmen eingeleitet, deren Ziel die *„Förderung des Gleichgewichts und der Stabilität der Familie“*[272] ist. Dazu zählen Familienbeihilfen für alleinerziehende Mütter und die Einführung eines kostenlosen Rechtsbeistandes für besonders bedürftige Frauen. 1998 wurde außerdem das *„Gesetz über die eheliche Gütergemeinschaft“* erlassen, das die Frau in vermögensrechtlicher Hinsicht besserstellen soll.[273] Die Förderung von Frauen wurde auch auf Regierungsebene vorangetrieben. So berief *Ben Ali* 1992 eine Ministerin für Frauen und Familienangelegenheiten, ernannte eine Frau zur Beraterin des Präsidenten in Frauenfragen und schuf innerhalb der Regierungspartei RCD den Posten des Sekretärs für Frauenangelegenheiten. Anläßlich des VIII. Entwicklungsplans (1992-1996) wurde 1991 die *Commission Nationale „Femme et*

---

[270] So etwa Al-Madani, al-mar'a, S. 17 und Bouraoui, Droit de la famille, S. 129.
[271] Zur Kritik an dieser Regelung vgl. Kap. 2, II, 3.3.1.2 der vorliegenden Arbeit.
[272] M.A.F.F. (Hrsg.), Les mesures du 5 Avril 1996.
[273] Vgl. dazu Kap. 2, II., 2.2.1 der vorliegenden Arbeit.

Développement" ins Leben gerufen, deren Aufgabe es ist, Strategien zur Förderung der wirtschaftlichen und sozialen Entwicklung von Frauen und Familien zu entwickeln; auf sie folgte ein Jahr später die Schaffung des *Conseil National „Femme et Famille*", der das Frauen- und Familienministerium in Frauen- und Familienfragen berät.[274]

Hinter der in weiten Teilen abgesicherten rechtlichen Gleichstellung bleibt die gesellschaftliche Realität gewissen Fortschritten zum Trotz noch immer deutlich zurück. So läßt die Präsenz von Frauen im öffentlichen Leben weiterhin zu wünschen übrig. In den neunziger Jahren waren nur etwa 20% aller Mitglieder der Regierungspartei Frauen,[275] und das Parlament zählte im Jahr 1996 nur 12 weibliche Abgeordnete.[276] Günstiger ist die Entwicklung auf kommunaler Ebene, wo der Anteil der Stadträtinnen in der zweiten Hälfte der achtziger Jahre sprunghaft angestiegen ist und 1996 16,7% betrug.[277] Das Engagement auf kommunaler und lokaler Ebene, so schlußfolgert eine UNO-Studie des Jahres 1987, wird von Frauen vor allem als *„Verlängerung ihrer familiären Rolle*"[278] gesehen. Unterrepräsentiert sind Frauen weiterhin auch im Erwerbsleben. 1989 stellten sie nur 19,5 % der aktiven Bevölkerung.[279] Dagegen wurden immerhin 39,7% der Universitätsabschlüsse im Jahrgang 1990/91 von Frauen erreicht.[280]

2.3.2 Rolle und Aktionsmöglichkeiten jüngerer feministischer Zusammenschlüsse

Seit Ende der achtziger Jahre entwickelten sich neben den bereits bestehenden Frauenverbänden und Interessensgruppen auch neue feministische Strukturen

---

[274] Vgl. dazu M.A.F.F. (Hrsg.), 1987/1997, S. 18 f.
[275] CREDIF (Hrsg.), Potentiel économique, S. 25.
[276] CREDIF (Hrsg.), Potentiel économique, S. 26.
[277] Ebd.
[278] Zit. nach CREDIF (Hrsg.), Femmes de Tunisie, S. 196.
[279] CREDIF (Hrsg.), Femmes de Tunisie, S. 134.
[280] Eigene Berechnung aufgrund von Zahlenangaben bei CREDIF (Hrsg.), Femmes de Tunisie, Tab. S. 81-83.

staatlichen und nichtstaatlichen Charakters. Auffallend ist, daß sich die überwiegende Zahl der neu entstandenen Organisationen und Einrichtungen die wirtschaftliche und berufliche Integration der Frau zum Ziel gesetzt hat. So handelt es sich bei der im Februar 1989 gegründeten *Association des Femmes Tunisiennes pour la Recherche et le Developement (*AFTURD*)* um einen Zusammenschluß von Wissenschaftlerinnen, deren Hauptzielsetzung die Erstellung von Studien über die Integration von Frauen in den Entwicklungsprozeß ist.[281] Der Erforschung sozialer, wirtschaftlicher und juristischer Implikationen der Frauenerwerbstätigkeit widmet sich die seit Juli 1991 bestehende *Commission Nationale „Femme et Travail"* der UGTT. Von den berufsspezifischen Zusammenschlüssen sind vor allem der seit Juni 1990 bestehende Unternehmerinnenverband *Chambre Nationale des Femmes Chefs d'Entreprises* (CNFCE*)* sowie der im Dezember 1990 gegründete Landwirtschaftsverband *Federation Nationale des Femmes Agriculteurs* (FNA*)* zu nennen. Beide Verbände vertreten die Interessen ihrer Mitglieder und beruflichen Zielgruppe gegenüber der Öffentlichkeit, sind aber auch informierend und beratend tätig. Frauen, welche die berufliche Selbstständigkeit anstreben, können sich Rat und Hilfe bei der *Association de Promotion des Projets de Femmes dans l'Economie* (APROFE) holen, einer Gesellschaft, die im Juni 1990 speziell für Frauen ins Leben gerufen wurde.

Aushängeschild und Propagandainstrument staatlicher Frauenförderung ist der im August 1990 gegründete *Centre de Recherche, d'Etude, de Documentation et d'Information sur la Femme* (CREDIF), eine dem Frauen- und Familienministerium unterstellte Einrichtung, zu deren Aufgaben es u. a. gehört, Studien und Berichte über die Stellung der Frau in Tunesien anzufertigen, entsprechende Daten und Dokumente zu sammeln und der Öffentlichkeit zugänglich zu machen sowie Position bei der Behandlung frauenrelevanter Themen zu beziehen.[282]

---

[281] Zu den Zielsetzungen der im folgenden genannten Zusammenschlüsse vgl. Marzouki, Mouvement, S. 296-300 u. Les acquis de la femme tunisienne, S. 19-22.

[282] Es versteht sich von selbst, daß eine regierungsabhängige Einrichtung wie der CREDIF frauenkritische Forschung und Dokumentation nur begrenzt leisten kann bzw. darf. Abgesehen von seinem relativ eng gefaßten Artikulationsrahmen hat sich das Zentrum für die Arbeiten der Autorin jedoch als wichtige Anlaufstelle erwiesen.

Als Gegengewicht zur alteingesessenen und *RCD*[283]-gelenkten *Union Nationale de la Femme Tunisienne* (UNFT*)* konnte sich vor allem die im August 1989 offiziell zugelassene *Association Tunisienne des Femmes Démocrates* (ATFD) *etablieren*, eine Frauenorganisation, die sich vorwiegend aus akademisch gebildeten Städterinnen wohlhabender Schichten rekrutiert. Die Gründerinnen der ATFD *gehörten* zur autonomen Frauenbewegung, die Ende der siebziger Jahre entstanden war und sich bis zu diesem Zeitpunkt um das Kulturzentrum *Club Tahir Haddad* formiert hatten. Während die staatlich finanzierte UNFT über die Erstellung von Studien und das Angebot diverser Hilfs- und Informationsdienste hinaus vor allem Öffentlichkeitsarbeit für die „frauenfreundliche" Politik *Ben Alis* betreibt, gilt die ATFD als regimekritisch. Die Organisation hat sich die Beseitigung aller Formen von Diskriminierung der Frau, die Verteidigung ihrer Errungenschaften sowie ihre rechtliche und faktische Gleichstellung zur Aufgabe gemacht.[284] Die Zulassung der ATFD als regierungsunabhängige Frauenorganisation steht in direktem Zusammenhang mit der antiislamistischen Politik der achtziger Jahre. Aktivitäten der Organisation sind u. a. die Organisation von Kongressen und Seminaren, die Veröffentlichung von Studien sowie die Rechtsberatung von Frauen. 1993 machte die ATFD mit der Gründung eines Hilfszentrums für Gewaltopfer auf sich aufmerksam.[285] Zu den Verdiensten der Organisation gehört es, daß sie (so weit als möglich) autonom agiert und in der Öffentlichkeit couragiert auch zu politischen Fragen Stellung bezieht. So engagierte sich die ATFD in den vergangenen Jahren nicht nur gegen den Einfluß der Islamisten und für die Weiterentwicklung des CSP,[286] sondern sparte auch nicht mit öffentlicher Kritik an der Frauenpolitik der Regierung, was zuweilen mit staatlichen Repressionen beantwortet wurde.[287] *„Kaum waren die Islamisten zurückgedrängt, wurde die Repression gegen die ATFD wieder verstärkt*".[288] In den öffentlichen Medien darf über die ATFD nicht berichtet werden und fast täglich werden ihre Mitglieder von

---

[283] Regierungspartei Ben Alis *Rassemblement Constitutionel Démocratique.*

[284] Vgl. das Statut der ATFD bei Marzouki, Mouvement, S. 297.

[285] Vgl. dazu auch Kap. 3, II., 2.3.2 der vorliegenden Arbeit.

[286] Marzouki, Mouvement, S. 297 f.

[287] Laut *amnesty international* (Women, S. 6) werden in Tunesien fortdauernd die Menschenrechte von Aktivistinnen verletzt. So habe die Regierung beispielsweise im März 1995 eine von ai und der ATFD organisierte Feier zum Internationalen Frauentag verhindert.

[288] Wolff, Polizeistaat, S. 43.

Geheimdienstmitarbeitern schikaniert.[289] Doch die Vereinigung setzt sich gegen Einschüchterungsversuche zur Wehr. 1993 bemerkte die Präsidentin der ATFD mit Hinweis auf das Verbot der Tunesischen Liga für Menschenrechte (LTDH),[290] man wolle sich weiterhin gegen die partriarchalische, politische und wirtschaftliche Unterdrückung der Frau einsetzen, *„auch wenn wir für unseren Kampf wieder ins Gefängnis müssen.“*[291]

Tatsächlich wurden seit Beginn der neunziger Jahre zahlreiche rechtsstaatliche Instrumente, speziell im Bereich der Presse- und Meinungsfreiheit sowie der Menschenrechte, sicherheitspolitischen Interessen geopfert.[292] So hat die Regierung in den letzten Jahren nicht nur massiven Druck auf verschleierte Studentinnen und Angestellte des öffentlichen Dienstes ausgeübt und sie zum Teil durch Androhung von Strafmaßnahmen zum Verzicht auf den als islamistisch stigmatisierten *ḥiǧāb* gezwungen.[293] *amnesty international* und andere Menschenrechtsorganisationen prangern überdies an, daß beim Kampf gegen Aktivisten und Mitglieder der seit 1990 verbotenen *Ḥizb an-Nahḍa* regelmäßig auch Frauen zur Zielscheibe von Verfolgung, Schikane und Folter werden.[294]

Kritik an Unterdrückung und Menschenrechtsverletzungen beantwortet die Regierung jedoch mit dem Hinweis auf die günstige wirtschaftliche und soziale Entwicklung des Landes, die nur in einem Klima politischer Stabilität möglich sei.[295] Auch die gewalttätigen Entwicklungen im Nachbarland Algerien bieten *Ben Ali* *„einen guten Vorwand für die staatliche Repression.“*[296]

---

289 Wolff, Polizeistaat, S. 44.

290 Durch ein neues Vereinigungsgesetz im Jahre 1992 wurde der LTDH offiziell die Legitimationsgrundlage entzogen. Aktiv ist die tunesische Menschenrechtsliga wieder seit 1994.

291 Hilfszentrum. Ostsee-Zeitung vom 5.3.1993.

292 Vgl. dazu ausführlich Faath, S., Anspruch und Grenzen der Demokratisierungsbestrebungen in Tunesien unter Präsident Ben Ali, in: S. Faath/Hanspeter Mattes (Hrsg.), Demokratie und Menschenrechte in Nordafrika, Hamburg 1992, S. 489-563.

293 amnesty international (Hrsg.), Women, S. 21.

294 Vgl. dazu die Ausführungen und Fallbeispiele in: amnesty international (Hrsg.), Tunesien. Frauen Opfer von Schikanen, Folter und Inhaftierung, 06/1993, ai Index MDE 30/02/93, London 1993; C.S.V.R.T. (Hrsg.), Tunisie. Situation des droits de l'Homme. Témoignages et Rapports Accablants, Bd. 4: Témoignages sur les Femmes Réprimées en Tunisie, Paris 1996.

295 Lerch, „Brotunruhen“. FAZ vom 19.11.1996.

296 Plewka, Musterdemokratie?, S. 14.

Zwar werden die Islamisten in Tunesien derzeit nicht als systemgefährdend angesehen, doch kann das von ihnen ausgehende Unruhepotential eine Fortsetzung und Ausweitung der vorsichtig eingeleiteten Öffnungspolitik beeinträchtigen.[297] Welche Auswirkungen das Spannungsverhältnis zwischen staatlicher Liberalisierung und politischer Restriktion in Zukunft auf die Frauenpolitik der Regierung haben wird, bleibt abzuwarten. Solange sich die Frauenförderung als Kampf- und Propagandamittel gegen den Islamismus-Diskurs jedoch weiterhin als nützlich erweist, muß eine Demontage der Frauenrechte in Tunesien nicht befürchtet werden. Anders sieht es mit den Entfaltungsmöglichkeiten der Frauenbewegung aus, die nach außen hin gefördert wird, nach innen aber staatlicher Bevormundung und Kontrolle unterliegt. Unter dieser Politik wird weiterhin vor allem die sich als „Alternative" zur regierungsnahen Frauenunion UNFT verstehende ATFD zu leiden haben. Für fehlende Ausdrucksmöglichkeiten und eingeschränkte Handlungsspielräume macht die Organisation einen Mangel an Demokratie im Land verantwortlich.[298] Einer kritischen Meinung zufolge dienen der offizielle Diskurs über Frauen und ihre Emanzipation sowie die Maßnahmen, die in der Fortführung des Werkes *Bourguibas* getroffen wurden, ohnehin nur dazu, gegenüber dem Ausland den Anschein von Demokratie und Modernität zu erwecken.[299]

---

[297] Faath, Tunesien, S. 281.
[298] So der Vorwurf eines führenden Mitgliedes der ATFD in einem Gespräch mit der Autorin im April 1995 in Tunis.
[299] Toscane/Lamloun, Les femmes. Le monde diplomatique, 06/1998.

Kapitel 2

Die Stellung der Frau im tunesischen Ehe- und Scheidungsrecht - Gesetzgebung und Rechtsprechung seit der Unabhängigkeit

I. Das tunesische Familienrecht im Spannungsfeld islamischer und moderner Einflüsse

Während in den meisten islamischen Ländern insbesondere im Straf- und Wirtschaftsrecht eine europäisch inspirierte Gesetzgebung an die Stelle der *šarī'a* getreten ist, haben sich fast überall islamische Rechtsvorstellungen im Familien- und Erbrecht halten können. Beide Rechtsgebiete sind heute noch in nahezu allen islamischen Ländern des Nahen und Mittleren Ostens, aber auch Afrikas und Südostasiens[1] eindeutig vom islamischen Recht geprägt.[2] Da sich ein Großteil rechtlicher Bestimmungen in Koran und *sunna* auf Fragen des Familienrechts bezieht, ist dieses Rechtsgebiet gleichzeitig am stärksten mit der Religion verquickt.[3] Damit kommt dem Familienrecht auch eine identitätsstiftende Rolle zu. In den familienrechtlichen Regelungen der islamischen Länder reflektieren sich nämlich sowohl regionale und landesspezifische Sitten und Gebräuche als auch die Verinnerlichung des Islams bei großen Teilen der Bevölkerung.[4] So erklärt es sich, daß gesellschaftliche Modernisierungsbestrebungen in der Regel mit Forderungen nach einer Reformierung familienrechtlicher Bestimmungen einhergehen. In vielen arabisch-islamischen Staaten machen sich heute Tendenzen bemerkbar, zentrale koranische Regelungen des Eherechts den Erfordernissen der Zeit anzupassen. Dies gilt in besonderer Weise für Tunesien. Die Modernisierung des Familienrechts wurde hier mit großer Entschiedenheit vorangetrieben. Das tunesische Personenstandsrecht gilt heute als das fortschrittlichste in der arabischen Welt.[5]

---

[1] Eine Ausnahme bildet die Türkei, in der unter *Atatürk* 1926 das Familien- und Erbrecht nach schweizerischem Vorbild reformiert wurde.
[2] Dilger, Entwicklung, S. 66; ders., Tendenzen, S. 436; Rauscher, Sharī'a, S. 9.
[3] Jaeger, Modernisierung, S. 184.
[4] Ebert, Familiengesetze, S. 79.
[5] Aldeeb Abu-Sahlieh, Le mouvement, S. 380.

1. Der Einfluß der *šarī'a*[6]

1.1 Grundlagen und Rechtsschulen

Die *šarī'a*, das heilige Recht, ist im Islam von zentraler Bedeutung. Sie gilt als der Inbegriff islamischen Denkens, als die typischste Ausprägung islamischer Lebensform, als Herzstück und Wesenskern des Islams überhaupt.[7] Die *šarī'a* fungiert als umfassende Lebensordnung, die das Verhalten des Menschen gegenüber Gott, der Gemeinschaft und den Mitmenschen regelt.[8] Entgegen weitverbreiteter Auffassung ist das islamische Recht jedoch kein religiöses Recht im eigentlichen Sinne, unterscheiden die Rechtsgelehrten doch stets zwischen Moralischem bzw. Religiösem einerseits und Juristischem andererseits.[9] Die *šarī'a* ist eine Pflichtenlehre, die neben kultischen und rituellen Vorschriften (*'ibādāt*) auch eine Anzahl eigentlicher Rechtsnormen umfaßt.[10] Neben vermögens- und strafrechtlichen Bestimmungen spielt in der *šarī'a* vor allem das Familien- und Erbrecht eine Rolle. Der Totalitätsanspruch des islamischen Rechts leitet sich von der Überzeugung ab, daß sich in diesem der souveräne Wille Gottes manifestiert. Der gläubige Moslem hat sich dem göttlichen Willen zu unterwerfen und seinen Glauben in dieser Hingabe zum Ausdruck zu bringen.[11] Als ius divinum ist das islamische Recht in seiner Substanz verbindlich und unwandelbar.[12] Es ist vor allem die Unantastbarkeit des religiösen Rechts, in der der Konflikt zwischen Tradition und Moderne wurzelt. Dennoch verfügen heute die meisten islamischen Länder über eine Mischung aus westlich geprägter und islamischer Gesetzgebung.[13]

Charakteristisch für die *šarī'a* ist das Bemühen, alle menschlichen Handlungen ihrer religiösen Ethik nach zu klassifizieren. So kennt das islamische Recht neben

---

6 Wörtlich übersetzt bedeutet *šarī'a* „der Weg (den der Gläubige zu gehen hat)", ferner „das offenbarte Gesetz des Islams".
7 Schacht, Introduction, S. 1.
8 Spies/Pritsch, Recht, S. 2; Wiedensohler, Grundbegriffe, S. 633.
9 Mezghani, Réflexions, S. 58 f.; Schacht, Introduction, S. 201.
10 Spies/Pritsch, Recht, S. 222.
11 Khoury, Rechtssystem, S. 3.
12 Anderson, Islamic law, S. 3; Coulson, History, S. 5; Spies/Pritsch, Recht, S. 221.
13 Vgl. dazu im einzelnen Anderson, Law reform, S. 86 ff.

den drei rechtlichen Kategorien des Gebotenen (*wāǧib*), des Verbotenen (*ḥarām*) und des rechtlich Indifferenten (*mubāḥ*) oder Erlaubten (*ǧā'iz*) auch die des Empfehlenswerten (*mandūb)* und des Verwerflichen (*makrūh*), die juristisch unverbindlich sind und nur eine moralische Bedeutung haben.[14] Die Bewertung einer Handlung kann überdies je nach Rechtsschule unterschiedlich sein.[15] Hinsichtlich der Rechtsfolge wird ferner unterschieden, ob eine Handlung rechtswirksam (*ṣaḥīḥ*), fehlerhaft (*fāsid*) oder nichtig (*bāṭil*) ist.[16] Da aber Handlungskategorie und Rechtsfolge unabhängig voneinander sind, kann selbst eine verbotene Handlung von Gesetzes wegen rechtswirksam sein.[17] Anders als das säkulare Recht stellt die *šarī'a* keine allgemeinen, übergeordneten Regeln auf, sondern erschöpft sich in der Bereitsstellung konkreter und materieller Standards, weshalb in ihrem System Werte wie Ehrlichkeit, Redlichkeit, Gerechtigkeit und Wahrheit hinter kasuistische Einzeldarstellungen zurücktreten und eine eher untergeordnete Rolle spielen.[18]

Die islamische Gesetzeswissenschaft (*fiqh*) basiert im sunnitischen Islam auf vier orthodoxen Rechtsschulen (*maḏāhib,* Sg. *maḏhab*)[19], die sich im späten zweiten und frühen dritten islamischen Jahrhundert[20] herausgebildet haben und sich nur unwesentlich voneinander unterscheiden.[21] Es handelt sich dabei um die Schulen der Hanafiten, der Malikiten, der Schafiiten und der Hanbaliten.

Die hanafitische Rechtsschule ist mit etwa 340 Millionen Anhängern[22] die am

---

[14] Spies/Pritsch, Recht, S. 222. Vgl. dazu auch Coulson, History, S. 83 f.; Juynboll, Handbuch, S. 59 f.; Jaeger, Ehe- und Scheidungsrecht, S. 7; Schacht, Introduction, S. 121; Bousquet, Droit musulman, S. 31 f.

[15] Vgl. dazu etwa Juynboll, Handbuch, S. 60 ff.

[16] Zwischen *bāṭil* und *fāsid* unterscheiden vor allem die Hanafiten, während bei allen anderen Rechtsschulen eine weitgehend synonyme Verwendung der Begriffe zu beobachten ist. Vgl. dazu EI², Art. „*Fāsid wa Bāṭil*", S. 829 ff.; Schacht, Introduction, S. 121 ff.; Bousquet, Droit musulman, S. 32 f.

[17] Juynboll, Handbuch, S. 61.

[18] Schacht, Introduction, S. 203, 205; ähnlich auch Bousquet, Droit musulman, S. 60.

[19] Abgesehen von einigen weniger verbreiteten Riten ist im Islam die schiitische Rechtstradition von Bedeutung. Sie unterscheidet sich von den sunnitischen Lehren vor allem in der Akzeptanz der Rechtsquellen- und Erblehre. Vgl. dazu Coulson, History, S. 109 ff.; EI², Art. "Fiḵh", S. 890.

[20] Die islamische Zeitrechnung beginnt am 15.6.622, dem Datum des Auszugs *Mohammeds* aus Mekka (*hiǧra*) und wird im folgenden durch den Zusatz H. gekennzeichnet.

[21] EI², Art. „Fiḵh", S. 889 f.; Schacht, Introduction, S. 28; Spies/Pritsch, Recht, S. 221 f.; Coulson, History, S. 38.

[22] Antes, Islam, S. 60.

weitesten verbreitete Richtung und gilt mitunter als die liberalste.[23] Sie geht zurück auf *an-Nu'mān Ibn Ṯābit Abū Ḥanīfa* (gest.150 H.), der in Kufa lehrte und der freien Meinungsbildung mehr Bedeutung beimaß als der strengen Überlieferung.[24] Die grundlegenden Werke der hanafitischen Schule wurden von zwei Schülern *Abū Ḥanīfas* verfaßt: das *kitāb al-ḫarāǧ* von *Abū Yūsuf* (gest. 182 H.) und das rein kasuistische *al-ǧāmi' aṣ-ṣaġīr* von *aš-Šaibānī* (gest. 189 H.).[25] Vertreten ist die Rechtsschule der Hanafiten vor allem in Jordanien, der Türkei, Afghanistan, Pakistan, Indien, der ehemaligen Sowjetunion, China und Indochina.[26]

In Medina entstand die malikitische Rechtsschule. Begründet wurde sie von *Mālik Ibn Anas* (gest. 179 H.), der mit seinem Hauptwerk, dem *kitāb al-muwaṭṭa*, das erste schriftlich überlieferte Kompendium islamischen Rechts vorlegte.[27] Die konservative, an der Tradition und dem Gewohnheitsrecht der Stadt Medina orientierte[28] malikitische Schule ist heute noch in Tunesien, Marokko, Algerien, Sudan, Kuweit und Bahrain maßgebend.[29]

In Unterägypten, Ostafrika, Südarabien und Südostasien herrscht dagegen die schafiitische Rechtsschule vor.[30] Sie wurde von *Muḥammad Ibn Idrīs aš-Šāfi'ī* (gest. 204 H.) begründet. *Aš-Šāfi'ī* wird als Urheber der Rechtswissenschaft angesehen, weil er in seinen beiden Hauptwerken *risāla* und *kitāb al-'umm* die rechtswissenschaftliche Methodik entwickelte und zur Anwendung brachte.[31] Da die schafiitische Rechtstheorie einen Kompromiß zwischen dem Diktat des göttlichen Willens und dem Gebrauch der menschlichen Vernunft schloß,[32] gilt sie als Mittlerin zwischen dem Traditionalismus bzw. Konservatismus der Malikiten und

[23] Singgemäß Dilger, Entwicklung, S. 64; EI², Art. „Ḥanafiyya", S. 163.
[24] Jaeger, Ehe- und Scheidungsrecht, S. 5.
[25] Dilger, Entwicklung, S. 64; ebenso EI², Art. „Ḥanafiyya", S. 162 f.
[26] Antes, Islam, S. 60.
[27] Jaeger, Ehe- und Scheidungsrecht, S. 5; Rauscher, Sharī'a, S. 6; EI², Art. „Mālik B. Anas", S. 264.
[28] Khoury, Rechtssystem, S. 27; EI², Art. „Mālik B. Anas", S. 265.
[29] Antes, Islam, S. 60.
[30] Dilger, Entwicklung, S. 65; Jaeger, Ehe- und Scheidungsrecht, S. 6.
[31] Dilger, Entwicklung, S. 65; Rauscher, Sharī'a, S. 6; ausführlich Coulson, History, S. 53 ff.
[32] Coulson, History, S. 70.

der freien Rechtsfindung der Hanafiten.[33]

Die hanbalitische Rechtsschule verdankt ihren Namen dem Rechtsgelehrten *Aḥmad Ibn Ḥanbal* (gest. 241 H.), der durch die Sammlung von über 80.000 Traditionen in seinem Werk *al-musnad* bekannt wurde.[34] Die Rechtsschule des *Ibn Ḥanbal* gilt aufgrund ihrer strengen Bindung an Koran und Tradition als die methodisch konservativste.[35] Verbreitet ist sie hauptsächlich auf der Arabischen Halbinsel, im Libanon und Syrien.[36]

Die genannten Rechtsschulen erkennen sich gegenseitig an[37], sind sie doch lediglich unterschiedlich in Ausmaß und Freiheit der Auslegung.[38] Obwohl der einzelne Muslim quasi in die Zugehörigkeit zu einem bestimmten Ritus hineingeboren wird,[39] kann er diese jederzeit ändern.[40] Es ist ihm theoretisch sogar möglich, für einen einzelnen Rechtsakt eine Schule seines Beliebens auszuwählen.[41] Auch die weniger bedeutsamen schiitischen Rechtsschulen, die auf der Seite der Anhänger *'Alīs*, des Neffen und Schwiegersohns *Mohammeds*, entstanden, unterscheiden sich nicht grundsätzlich von den vier sunnitischen.[42] Häufig stimmt die schiitische Auffassung mit mindestens einer sunnitischen Rechtsschule, meistens der hanafitischen überein.[43] Als Erklärung für die gleichberechtigte Koexistenz der verschiedenen Rechtsschulen wird gerne ein Ausspruch des Propheten herangezogen. Demzufolge soll *Mohammed* die Meinungsverschiedenheiten innerhalb seiner Gemeinde als einen Gnadenerweis Gottes bezeichnet haben.[44]

---

33 Khoury, Rechtssystem, S. 27.
34 Coulson, History, S. 71; Jaeger, Ehe- und Scheidungsrecht, S. 5.
35 Vgl. dazu EI², Art. „Ḥanābila", S. 158; Khoury, Rechtssystem, S. 28 f.; Coulson, History, S. 71 f.
36 Antes, Islam, S. 8.
37 Schacht, Introduction, S. 67; Anderson, Law reform, S. 9; Juynboll, Handbuch, S. 29 f.; Bousquet, Droit musulman, S. 35.
38 Endreß, Islam, S. 83.
39 Antes, Islam, S. 60.
40 Schacht, Introduction, Fn 1, S. 68.
41 Ebd.
42 Jaeger, Probleme, S. 183.
43 Dilger, Entwicklung, S. 65.
44 Schacht, Introduction, S. 67; Juynboll, Handbuch, S. 30; Bousquet, Droit musulman, S. 35.

1.2 Quellen und Methoden der Rechtsfindung

Im sunnitischen Islam bilden der Koran (*qur'ān*)[45], die Aussprüche und Verhaltensweisen des Propheten *Mohammed* (*sunna*), der Konsensus der Rechtsgelehrten (*'iğmā'*) und der Analogieschluß (*qiyās*) die vier Quellen oder Wurzeln der islamischen Jurisprudenz (*'uṣūl al-fiqh*).

Hauptquelle des islamischen Rechts ist der Koran,[46] das heilige Buch der Muslime. In ihm ist wortwörtlich erfaßt, was Gott seinem Gesandten *Mohammed* durch den Engel Gabriel in arabischer Sprache hat eingeben lassen. Nach islamischem Verständnis hat Gott selbst den Koran als Hauptquelle des Glaubens, der sittlichen Normen und der gesetzlichen Bestimmungen festgelegt[47] und damit ein Werk geschaffen, dessen Bestimmungen Gesetzeskraft haben. Daraus ergibt sich auch, daß der Koran von allen Rechtsschulen als authentische und vorrangige Rechtsquelle anerkannt wird. Dennoch hat der Koran nicht den Charakter eines Rechtskodexes.[48] Er bietet lediglich Lösungen für kasuistische Einzelfälle, ohne allgemeine Regeln aufzustellen.[49] Hinzu kommt, daß nur etwa 80 von über 6000 Versen rein juristische Probleme behandeln.[50] Ferner sind eine Anzahl von Versen sogar widersprüchlicher Natur. In solchen Fällen tritt der Grundsatz der Abrogation in Kraft, wonach eine frühere Offenbarung durch eine spätere als aufgehoben gilt.[51] Ein Text wird durch einen anderen auch dann als abrogiert angesehen, wenn dieser zwar den gleichen Gegenstand behandelt, jedoch ein neues Element beinhaltet.[52] Bei Koranversen, die rechtliche Bestimmungen enthalten, unterscheidet man deutliche, die nur eine Interpretation zulassen, von zweideutigen, die auf verschiedene Art interpretiert werden können.[53] Die Aufgabe der Rechtsgelehrten

---

[45] Am besten ist *qur'ān* im Deutschen wiederzugeben mit „der zu rezitierende, heilige Text". Juynboll, Handbuch, S. 2. Hervorhebung im Oringinal.

[46] Der Koran umfaßt 114 Abschnitte (Suren), die ihrerseits aus einer unterschiedlichen Anzahl von Versen (drei bis 186/187) bestehen. Zur Struktur des Korans vgl. ausführlich EI², Art. „Al-Kur'ān", S. 400 ff.

[47] Khoury, Rechtssystem, S. 7.

[48] Juynboll, Handbuch, S. 7.

[49] Schacht, Introduction, S. 205; Bousquet, Droit musulman, S. 14 f.

[50] Coulson, History, S. 12.

[51] Es handelt sich hierbei um ein Prinzip, das im Koran selbst verankert ist (z. B. 2:106 und 16:101). Zur Lehre von den abrogierten und abrogierenden Versen vgl. Juynboll, Handbuch, S. 40 f.; EI², Art. „Naskh", S. 1009 ff.

[52] Coulson, History, S. 91.

[53] Khoury, Rechtssystem, S. 9.

(*fuqahā'*) kann es nach sunnitischem Verständnis nur sein, das von Gott gesetzte Recht aufzudecken, bewußt zu machen und im Hinblick auf neue Lebenssituationen anzuwenden.[54] Für explizit und eindeutig geregelte Sachverhalte aber gilt das Prinzip der absoluten Verbindlichkeit, das seinerseits zu erheblichen Konflikten bei allen Bestrebungen der Modernisierung führt.[55]

Da die koranischen Vorschriften aber nicht ausreichen, um alle regelungswürdigen Bereiche abzudecken, stützt sich das islamische Recht auf die *sunna* des Propheten, d. h. die Überlieferung seines Tuns (*fi'l*) und Sprechens (*qaul*) sowie seines unausgesprochenen Gutheißens (*taqrīr*).[56] Entsprechende schriftlich fixierte Überlieferungen (*'aḥadīṯ, Sg. ḥadīṯ*) wurden erst etwa 200 Jahre nach dem Tod *Mohammeds* in umfangreichen Textsammlungen festgehalten. Hinsichtlich des Verhältnisses zwischen Koran und *sunna* unterscheidet *aš-Šāfi'ī* in seiner *risāla* die *sunna*, die vollkommen mit dem Koran übereinstimmt, ferner die *sunna*, die eine Erklärung des heiligen Textes ist, und schließlich die *sunna*, die in keinem direkten Zusammenhang mit dem Koran steht.[57]

Nachdem Lösungsmöglichkeiten für juristische Probleme durch den Rückgriff auf Koran und *sunna* bald erschöpft waren, suchte die muslimische Gemeinschaft der Gläubigen (*'umma*) nach neuen Wegen der Rechtsbildung. Mit dem Konsensus (*'iǧmā'*), der übereinstimmenden Lehre und Meinung aller in einer bestimmten Epoche anerkannten religiösen Autoritäten[58], bildete sich so die dritte Quelle des islamischen Rechts heraus. Damit wurde eine auf Koran und *sunna* wurzelnde Lehrmeinung dann allgemein anerkannter Glaubensinhalt, sobald sich alle namhaften Religions- bzw. Rechtsgelehrten einer Zeit auf sie geeinigt hatten.[59] Dem Konsensus wird unter Berufung auf den Koran[60] allgemein ein bindender und verpflichtender Charakter zugeschrieben. Da dem Konsensus mit der Zeit auch dann Gesetzeskraft zukam, wenn er sich nicht auf einen originären Text bezog, wurde er bald zu einem wichtigen Faktor der Fortentwicklung und Anpassung des

---

[54] Dilger, Entwicklung, S. 61; Rauscher, Sharī'a, S. 4.
[55] Jaeger, Probleme, S. 182.
[56] EI[1], Art. „Sunna", S. 601.
[57] Schacht, Introduction, S. 47.
[58] EI[2], Art. „Idjma' ", S. 1023; Wiedensohler, Grundbegriffe, S. 636.
[59] Juynboll, Handbuch, S. 46, Fyzee, Outlines, S. 18; Bousquet, Droit musulman, S. 27.
[60] Etwa Koran 4:59, 4: 83 und 4:115.

islamischen Rechts an die Erfordernisse der jeweiligen Zeit.[61]

Zu den Quellen des islamischen Rechts wird für gewöhnlich auch die logische Deduktion bzw. der Analogieschluß (*qiyās*) gezählt, obwohl es sich bei ihm weniger um eine Rechtsquelle, denn um eine Methode der Rechtsfindung handelt.[62] Der Analogieschluß erlaubt die systematische Ableitung einer Regel aus einer auf Koran, *sunna* oder *'iǧmā'* basierenden Rechtsnorm[63]. Da der *qiyās* letztlich nicht auf dem göttlichen Willen sondern der menschlichen Ratio gründet, stößt er im Koran sowie in zahlreichen *'aḥādīṯ* auf strikte Ablehnung [64] und sorgte dafür, daß im Islam lange Zeit die "Leute der Tradition (*aṣḥāb al-ḥadīṯ*)" und die "Leute der eigenen Einsicht (*aṣḥāb ar-ra'y)*" gegnerische Parteien bildeten.[65]

Für das Bemühen in der Rechtsfindung (*iǧtihād*) auf der Grundlage der eigenen Einsicht gewannen neben Koran, *sunna*, *'iǧmā'* und *qiyās* weitere Methoden an Bedeutung. So suchten vor allem die Hanafiten neue Wege durch *istiḥsān*, einer Deduktionsmethode, die Entscheidungen auf der Grundlage der individuellen juristischen Präferenz erlaubt.[66] Bei den Malikiten ist die Rechtsfigur des *istiṣlāḥ* bekannt, die im Unterschied zum *istiḥsān* das öffentliche Interesse (*maṣlaḥa*) in den Vordergrund rückt,[67] im Ergebnis aber gleichfalls die Erkenntnisse des *qiyās* außer Acht läßt.[68] Deshalb und angesichts der uneingeschränkten Autorität von Koran und *sunna* spielen beide Methoden jedoch in Theorie und Praxis eine deutlich untergeordnete Rolle.[69] Den Schafiiten erschloß sich eine pragmatische Methode der Rechtsschöpfung im *istiṣḥāb*, dem „Anschluß-Suchen“ an einen früheren Zustand, von dessen Fortbestand ausgegangen wird, bis eine Änderung der zugrunde liegenden Verhältnisse eingetreten ist.[70] *Bousquet* betont, daß in

---

61 Wiedensohler, Grundbegriffe, S. 637.
62 Spies/Pritsch, Recht, S. 221.
63 Wiedensohler, Grundbegriffe, S. 637; EI², Art. „Ḳiyās", S. 239; auf Koran und Sunna verengt Jynboll, Handbuch, S. 50.
64 EI², Art. „Ḳiyās", S. 240.
65 EI², Art. „Ḳiyās", S. 239; Juynboll, Handbuch, S. 51.
66 Endreß, Islam, S. 73; Coulson, History, S. 91.
67 Coulson, History, S. 91. Zu den Besonderheiten dieser beiden Rechtsfiguren vgl. Coulson, History, S. 91.
68 Juynboll, Handbuch, S. 53.
69 Schacht, Introduction, S. 204.
70 Demnach bleiben selbst bei langer Abwesenheit einer Person alle Regeln in Kraft, die gelten würden, wenn der Betreffende noch lebte. Juynboll, Handbuch, S. 53; Coulson, History, S. 92 f.; Bousquet, Droit musulman, S. 30.

gewissem Maße auch das Gewohnheitsrecht in die Rechtsbildung einspielte, insofern nämlich, als Sitten und Gebräuche, die dem Gesetz nicht zuwiderliefen, weitergalten oder aber explizit in die Rechtsprechung einflossen.[71]

Die überwiegende Zahl der islamischen Rechtsgebiete bezieht ihre Vorschriften weder aus Koran noch aus *sunna*, sondern beruht auf Rechtfindung durch Interpretation und Schlußfolgerung. *Rohe* wagt mit aller Vorsicht die Aussage, *„daß keine einzige verbindliche Vorschrift des Islamischen Rechts ohne solche Auslegung anwendbar ist.“*[72] Doch durch die Etablierung der verschiedenen Rechtsschulen und die daraus resultierende Verhaftung des *fiqh* in vorgegebenen Strukturen wurde der *iǧtihād* mit der Zeit immer mehr zurückgedrängt. Nach Auffassung namhafter Orientalisten führte die Überzeugung, daß das islamische Recht alle regelungsbedürftigen Fragen abdecke, dazu, daß sich das „Tor des selbständigen Bemühens (*bāb al-iǧtihād*)“ ab Ende des 3. Jahrhunderts islamischer Zeitrechnung endgültig schloß und fortan das Prinzip des *taqlīd*, d. h. der unbedingten Übernahme von Lehrmeinungen anerkannter Rechtsschulen galt.[73] *Hallaq* dagegen stellte in seinen Untersuchungen fest, daß das Bemühen in der Rechtsfindung nie zu einem Abschluß gekommen ist und der *iǧtihād* bis in die Gegenwart hinein in Theorie und Praxis eine Rolle spielte.[74]

Die vielfach kritisierte Rigidität des islamischen Rechts führte in der Konsequenz häufig zu einer tiefen Kluft zwischen Theorie und Praxis und erwies sich für die Entwicklung der islamischen Gesellschaft als großes Hemmnis. Dennoch gab es seitens der Rechtswissenschaft stets Versuche, einen Ausweg aus dem Dilemma zwischen den formalen Vorgaben der *šarī'a* einerseits und den sich verändernden Anforderungen des täglichen Lebens andererseits zu finden. Da generell im islamischen Recht die ratio legis hinter das wortgetreue Verständnis einer Rechtsnorm zurücktritt, setzten sich in der Praxis eine Reihe von Verfahren durch, die eine Umgehung und im Extremfall auch Verletzung gesetzlicher Vorschriften ermöglichen. Ein Beispiel hierfür ist die Anwendung sogenannter Rechtskniffe

---

[71] Bousquet, Droit musulman, S. 30 f.

[72] Rohe, Der Islam, S. 23. Dort auch eine gut lesbare Abgrenzung der verschiedenen Rechtsauffassungen.

[73] Vgl. dazu Anderson, Law reform, S. 52; Coulson, History, S. 80 ff.

[74] Hallaq, Gate of Ijtihad, passim.

(*ḥiyal*), die *Schacht* treffend als *„legale Mittel zur Erreichung außer-legaler Ziele“*[75] bezeichnet. Von der schafiitischen Lehre anerkannt sind ferner Gesetzesbrüche im Falle einer sozialen oder wirtschaftlichen Zwangssituation bzw. Notwendigkeit (*ḍarūra*).[76] Die Rechtsfigur der *ḍarūra* spricht den Muslim in einer persönlichen Notlage von der bedingungslosen Befolgung des islamischen Gesetztes frei.[77] Die Akzeptanz dieser sowie anderer Normenverstöße macht deutlich, daß das islamische Recht nicht zwangsläufig auf seiner praktischen Anwendung besteht, solange es formal als religiöses Ideal anerkannt wird.[78]

Neben den genannten Konzessionen an das bestehende Recht haben sich, vor allem durch die unter europäischem Einfluß einsetzende Veränderung der Wirtschafts- und Sozialstrukturen, verschiedene Methoden der Rechtsfortbildung entwickelt. Ihr Ziel ist es, das in seiner Substanz verbindliche islamische Recht an neue Bedürfnissen anzupassen.

---

[75] Schacht, Introduction, S. 78; ders., EI² Art. „Ḥiyal“, S. 511. Vgl. dazu auch Coulson, History, S. 139 ff.

[76] EI², Art. „Ḍarūra“, S. 164; Schacht, Introduction, S. 84.

[77] Die Legitimierung einer prinzipiell verbotenen Handlung durch die Feststellung einer Notlage ist ein im Koran wurzelndes Prinzip. Vgl. dazu etwa Koran 6:119 und 16:115.

[78] Schacht, Introduction, 1964, S. 84; ähnlich auch Bousquet, Droit musulman, S. 37 ff.

2. Die Modernisierung des Familienrechts

Widerständen konservativer Kreise zum Trotz ist vielerorts vor allem im Familienrecht *„ein innerer Druck spürbar, traditionelle islamische Rechtsvorstellungen im Weg der Gesetzgebung an die Erfordernisse der modernen Zeit anzupassen.“*[79] Entsprechende Maßnahmen werfen neben rechtsideologischen vor allem auch rechtsmethodische Fragen auf. Sofern die *šarī'a* nämlich als gottgegeben und verbindlich erachtet wird, sind Eingriffe in ihre Substanz unannehmbar. Weil aber die Erkenntnis des Rechts in der Tradition der *šarī'a* liegt und sie damit einer Anpassung an gewandelte gesellschaftliche Gegebenheiten theoretisch zugänglich macht, besteht in der islamischen Welt die Tendenz, jede Veränderung des islamischen Rechts nicht als Reform sondern als Weiterentwicklung der *šarī'a* zu rechtfertigen.[80] Dennoch kam es in den vergangenen Jahrzehnten vielfach, vor allem im Bereich des noch wesentlich vom islamischen Recht bestimmten Personalstatuts, zu Abweichungen vom klassischen Recht.[81]

2.1 Methoden und Probleme der Rechtsfortbildung

Die zeitgemäße Ausgestaltung des Rechts kann unter Anwendung verschiedener Methoden[82] erfolgen. So steht es der politischen Autorität nach der sogenannten siyāsa-Lehre frei, gesetzgeberische Maßnahmen zum Wohle der Bevölkerung einzuleiten, allerdings unter der Voraussetzung, daß hierdurch keine wesentlichen Prinzipien der *šarī'a* außer Kraft gesetzt werden.[83] Zu den administrativen Prärogativen des Souveräns gehört nach der *siyāsa*-Lehre auch die Gestaltung des Gerichtswesens, so etwa geschehen in Tunesien mit der Substitution der *šarī'a*-Gerichtshöfe durch weltliche Gerichte.[84]

---

[79] Dilger, Tendenzen, S. 436 f.
[80] Rauscher, Sharī'a, S. 10.
[81] Dilger, Rechtsfortbildung, S. 82.
[82] Die folgende Aufzählung der Reformmethoden richtet sich nach Dilger, Entwicklung, S. 67 ff.
[83] Vgl. dazu auch Anderson, Law reform, S. 43 ff.; EI^2, Art. „Siyāsa (In the sense of *siyāsa shar'iyya*)“, S. 694 ff.; Dilger, Rechtsfortbildung, S. 83.
[84] Coulson, History, S. 172.

Verbreitet sind darüber hinaus die Auswahl (*taḫayyur*)[85] von Lehrmeinungen anerkannter Rechtsschulen sowie deren Verknüpfung (*talfīq*)[86] durch Aufspaltung einer Rechtsfrage. Auch wenn der *talfīq* Rechtsreformern als geeignetes Mittel dient, den Anschein der Traditionsgebundenheit zu wahren[87], führt er mitunter zu Ergebnissen, die weniger als Kompromißlösungen, denn als Verfremdung des islamischen Rechts angesehen werden müssen.[88]

Eine weitere Methode, die Spielräume des islamischen Rechts zu erweitern, ist die Anwendung von Hilfskonstruktionen. Als Beispiel mag die Legitimierung eines Verwandtschaftsverhältnisses durch die Anerkenntnis (*iqrār*) der Vaterschaft dienen, das insbesondere im Adoptionsrecht angewandt wird. [89] Ein weiteres Beispiel für die Einschaltung des *iqrār* ist die Herbeiführung der Legitimität eines Kindes, dessen Zeugung zu einem Zeitpunkt vor der Eheschließung angenommen wird.[90]

Gegenstand von Reformdiskussionen ist seit einigen Jahrzehnten auch die Wiedereröffnung des Tores des *iǧtihād* (der freien Meinungsbildung).[91] Die Behandlung einer Rechtsfrage durch eine auf die modernen Verhältnisse abgestimmte Neuinterpretation von Koran und *sunna* ist vor allem dann umstritten, wenn sie zu Lösungen führt, die in offenem Widerspruch zu klassischen islamischen Rechtsauffassungen stehen.[92]

Auf eine Flexibilisierung des Rechts zielt auch die gesetzlich vorgeschriebene Ausfüllung von Gesetzeslücken nach den Grundsätzen des islamischen Rechts.[93] Sie erlaubt dem Richter den Rückgriff auf Lehrmeinungen seiner Wahl.

---

85 Vgl. dazu Anderson, Law reform, S. 47 ff.; Coulson, History, S. 185 ff.; Bousquet, Droit musulman, S. 186 ff.

86 Vgl. dazu Schacht, Introduction, S. 106; Coulson, History, S. 197 ff.

87 Anderson, Law reform, S. 59.

88 Vgl. dazu Coulson, History, S. 199 f.; mit Beispielen Hallaq, Islamic Legal Theories, S. 210.

89 Vgl. dazu mit aktuellen Beispielen Spies/Pritsch, Recht, S. 227.

90 Anderson, Law reform, S. 139 f.; EI^2, Art. „*Iḳrār*", S. 1081.

91 Vgl. dazu Coulson, History, S. 202 ff.; Anderson, Law reform, S. 58 ff.

92 Als Beispiel für einen die *šarī'a* verfremdenden Neo-*iǧtihād* wird deshalb gerne das tunesische Personenstandsgesetz herangezogen.

93 Vgl. dazu mit Länderbeispielen Dilger, Entwicklung, S. 68.

Ein in der neueren Literatur bisher wenig berücksichtigtes Mittel der Rechtsfortbildung ist das Schweigen des Gesetzgebers als Möglichkeit, Interpretationsspielräume zu bieten, ohne eine bestimmte Entwicklung vorzudiktieren.[94] Am Beispiel des tunesischen Personenstandsgesetzes wird später zu zeigen sein, daß sich der Verzicht auf explizite Regelungen auf zweifache Weise auswirken kann. Zum einen kann dadurch eine *„schöpferische Unruhe* (*inquiétude créatrice*)"[95] geschaffen werden, die modernen Entwicklungen den Boden bereitet, ohne in Konfrontation mit konservativen Rechtsauffassungen zu treten. Zum anderen kann das Schweigen des Gesetzgebers immer auch einen Rückgriff auf die Tradition nahelegen. Wo das Gesetz keine eindeutigen Regelungen bietet, ist es der Rechtsprechung nämlich freigestellt, an überbrachte Lehrmeinungen anzuknüpfen.

2.2 Besonderheiten des *Code du Statut Personnel*

Bis zur Erlangung der Unabhängigkeit unterstanden die Tunesier je nach Religionszugehörigkeit unterschiedlichen Personalstatuten. Muslime und Juden waren an ihr jeweiliges religiöses Recht gebunden, für alle anderen Staatsbürger war das französische Recht maßgeblich. Durch das per Dekret vom 13.8.1956 erlassene[96] und am 1.1.1957 in Kraft getretene Personenstandsgesetz, den sogenannten *Code du Statut Personnel*[97] (*mağallat*[98] *al-'aḥwāl aš-šaḫṣiyya*) wurde zunächst nur das für muslimische Staatsangehörige geltende islamische Familien- und Erbrecht[99]

---

[94] Vgl. dazu ausführlich Dilger, Rechtsfortbildung, S. 85 ff.
[95] Lagrange, Législateur, S. 11, 24.
[96] Veröffentlicht im tunesischen Gesetzesblatt *Ar-rā'id ar-rasmī li-l-ğumhūriyya at-tūnisiyya*, Nr. 66 vom 17.8.1956; franz. Fassung im *Journal Officiel de la République Tunisienne* (J.O.R.T.), Nr. 104 vom 28.12.1956.
[97] Im folgenden abgekürzt mit CSP.
[98] Der Begriff *mağalla* ist mit dem osmanischen Zivilgesetzbuch von 1877 verbunden, das seinerseits jedoch keine mit dem tunesischen Gesetzbuch vergleichbaren Regelungen enthielt. Ebert, Familiengesetze, S. 67.
[99] Die wichtigsten personenstandsrelevanten Rechtstexte finden sich in der regierungsamtlichen Veröffentlichung *Mağallat al-aḥwāl aš-šaḫṣiyya. Mulḥaq bihā: Tanẓīm al-ḥāla al-madaniyya wa-š-šihādat aṭ-ṭibbiyya as-sābiqa li-z-zawāğ wa-t-taqādīm wa-l-wilāyat wa-t-tabannī. Al-matba'a ar-rasmiyya li-l-ğumhūriyya at-tūnisiyya*, Tunis 1994 (arab./franz.). Eine gut verständliche, systematische Darstellung des islamischen Erbrechts bringen Spies/Pritsch, Recht, S. 230 ff. und Schacht, G. Bergsträsser's Grundzüge, S. 90 ff.

kodifiziert. Für Juden und nichtjüdische Tunesier galt das jüdische bzw. französische Personalstatut zunächst weiter.

Das islamische Personenstandsrecht war ein nur in privaten Rechtsschriften tradierter und teilweise verworrener Rechtsstoff, den doktrinäre Unterschiede zwischen den lokal vorherrschenden Lehrmeinungen kompliziert hatten.[100] Maßgeblich in Tunesien waren die hanafitische und die malikitische Rechtsschule, wobei letztere eindeutig dominierte.[101]
Das Fehlen eines eigenständigen Gesetzeswerkes des islamischen Rechts hatte führende Rechtsgelehrte bereits 1947 dazu veranlaßt, einen Kodex zu erarbeiten, der sowohl die malikitische als auch die hanafitische Lehrmeinung berücksichtigte, der Prüfung durch die verantwortlichen Stellen jedoch nicht Stand hielt.[102] Erst die Unabhängigkeit begünstigte einen erneuten Vorstoß in diese Richtung. Der unter der Regierung *Bourguibas* zustande gekommene CSP ging inhaltlich und formal jedoch weit über eine simple Kodifizierung des klassischen islamischen Familienrechts hinaus. Mit Blick auf die gesellschaftliche Entwicklung ließ er zum Teil erhebliche Abweichungen von den in Tunesien bis zu diesem Zeitpunkt angewandten Rechtssätzen erkennen.

Von den in der arabisch-islamischen Welt bis heute einzigartigen Neuerungen sind in erster Linie die Abschaffung der Zwangsehe (Art. 3 CSP), die Festsetzung eines Mindestalters für die Eheschließung (Art. 5 CSP), das Verbot der Polygynie unter Strafandrohung (Art. 18 CSP) sowie die Einführung der gerichtlichen und auch durch die Frau erwirkbaren Ehescheidung (Art. 31 CSP) zu nennen. Zu den Besonderheiten späterer Änderungen[103] gehören u. a. die Einführung einer Scheidungsrente (Art. 31 CSP), die Unterhaltspflicht der vermögenden Ehefrau (Art. 23, 47 CSP) sowie das Zusammenwirkung von Mann und Frau in Erziehungsangelegenheiten (Art. 23 CSP).[104] Formal hebt sich der CSP vom islamischen Recht insofern ab, als er mit seinen 12 Büchern und insgesamt 213 Artikeln

---

[100] Pritsch, Personenstandsgesetz, S. 188.
[101] Colomer, Le code, S. 14.
[102] Vgl. dazu Anderson, The tunisian law, S. 263 und Fn 1, S. 264.
[103] Modifikationen wurden durch die Gesetze vom 4.7.1958, 30.8.1962, 20.2.1964, 3.6.1966, 18.2.1981 und 12.7.1993 vorgenommen.
[104] Zu den ehe- und scheidungsrechtlichen Bestimmungen des CSP vgl. ausführlich Kap. 2, II. der vorliegenden Arbeit.

ein umfassendes und in sich geschlossenes Kompendium familienrechtlicher Regelungen darstellt. Im Unterschied zum islamischen Recht verzichtet er ferner auf ausführliche Analysen und kasuistische Einzeldarstellungen und zeichnet sich stattdessen durch stilistische Simplizität, (weitgehend, d. Verf.) inhaltliche Präzision und die Darlegung übergeordneter Rechtsprinzipien aus.[105] Damit, so betonte der damalige Justizminister *Aḥmad Mastīri*, trage das neue Personalstatut den Anforderungen des modernen Zeitalters an eine Beschleunigung und Vereinfachung der Rechtsfindung Rechnung.[106] Der CSP ist wie folgt untergliedert:

1. Buch: Heirat (Art. 1-28)
2. Buch: Scheidung (Art. 29-33)
3. Buch: Wartezeit (Art. 34-36)
4. Buch: Unterhalt (Art. 37-53 a)
5. Buch: Personensorge (Art. 54-67)
6. Buch: Abstammung (Art. 68-76)
7. Buch: Findelkind (Art. 77-80)
8. Buch: Verschollenheit (Art. 81-84)
9. Buch: Erbfolge (Art. 85-152)
10. Buch: Entmündigung und Volljährigkeit (Art. 153-170)
11. Buch: Testament (Art. 171-199) und
12. Buch: Schenkung (Art. 200-213).

Im Zuge der juristischen Neuordnung kam es 1957 schließlich auch zur Abschaffung der religiösen Gerichte und zur Übertragung ihrer Kompetenzen auf weltliche Gerichtsbarkeiten. Nachdem den *šarī'a*-Gerichten per Dekret vom 3.8.1956 bereits die Zuständigkeit in Personalstatutssachen entzogen worden war, folgte per Dekret vom 27.9.1957 auch die Abschaffung der Rabbinatsgerichte.[107] Damit galt der zunächst nur auf Tunesier muslimischen Glaubens angewandte CSP ab dem 1.10.1957 für alle tunesischen Staatsbürger, unabhängig von ihrer Religionszugehörigkeit.

---

[105] Samaran, Le droit, S. 393; Anderson, The tunisian law, S. 263.
[106] *Aḥmad Mastīri* im Vorwort zum offiziellen Kommentar des CSP von As-Snūsī, mağallat, S. 3 (arab. Teil), S. 4 (franz. Teil).
[107] Lagrange, Législateur, S. 15.

2.3 Bezugsquellen der Gesetzgebung und Rechtsprechung

War das islamische Familienrecht durch die Unterlegenheit der Frau sowie die Fragilität ehelicher Bindungen gekennzeichnet,[108] so trugen die Neuerungen des tunesischen Personenstandsgesetzes zu einer erheblichen Verbesserung des Frauenstatus innerhalb und außerhalb der Ehe bei. Damit wurde eine wesentliche (formale) Voraussetzungen für die in der Tunesischen Verfassung garantierte Gleichberechtigung der Geschlechter[109] geschaffen.

Vor allem die Neuerungen im Ehe- und Scheidungsrecht waren es, die konservative und progressive Kräfte spalteten und in einer Vielzahl von Beiträgen analysiert und kommentiert wurden. Während die einen den CSP als Errungenschaft des modernen Staates lobten, kritisierten andere die Gesetze als Verstoß gegen die *šarī'a* und den Geist des Islams.[110]

Daß die Tunesier das neue Personenstandsrecht trotz einiger, dem klassischen islamischen Recht widersprechender Neuerungen, *„relativ gelassen akzeptierten"*,[111] mag zunächst erstaunen. Entscheidend in diesem Zusammenhang aber ist, daß der Staat stets darauf bedacht war, die gesetzlichen Neuerungen als eine den Prinzipien des Islams getreue Interpretation tradierter Rechtsvorschriften darzustellen.[112] *Schacht* spricht in diesem Zusammenhang von einer *„Verknüpfung ... sachlich kühnster Neuerungen mit ängstlicher Wahrung des Scheins der šarī'a-Gemäßheit"*[113] und bringt damit die schwierige Gratwanderung zwischen moderner Gesetzgebung einerseits und Wahrung der islamischen Identität andererseits zum Ausdruck. Die Befreiung von den Fesseln der islamischen Rechtstraditionen und die Rückkehr zu den wahren Wurzeln des Islams war das Credo, das den profanen Gesetzesneuerungen eine islamische Legitimationsbasis geben sollte. Vor diesem Hintergrund wird deutlich, warum in der offiziellen Exegese der tune-

---

[108] Charfi, Droit tunisien, S. 14 f.

[109] "*Alle Bürger haben die gleichen Rechte und Pflichten. Sie sind gleich vor dem Gesetz.*" (Art. 6 der Tunesischen Verfassung vom 1.6.1959).

[110] Vgl. dazu etwa die gegensätzlichen Positionen bei Charfi, Droit tunisien, S. 11; Jaeger, Modernisierung, S. 197; Coulson, History, S. 210.

[111] Bouraoui, Inégalité, S. 440.

[112] So etwa *Aḥmad Mastīri* im Vorwort zu As-Snūsī, maǧallat, S. 4 (arab. Teil), S. 5 (franz. Teil).

[113] Zit. nach Pritsch, Personenstandsgesetz, S. 205.

sischen Rechtstexte mit einer (für westliche Beobachter) erstaunlichen Konstanz auf den Koran Bezug genommen wurde.[114] *Charfi* nennt diese Reformmethode „*religiös*", weist aber gleichzeitig darauf hin, daß sich der tunesische Staat wahlweise auch einer „*juristischen*" im Sinne von laizistischen Gesetzgebungsmethode bedient, vornehmlich dort, wo nationalstaatliche Interessen in den Vordergrund treten.[115] Das Spannungsverhältnis von Islam und Laizismus tritt vor allem dort zutage, wo das Gesetz Lücken oder Unklarheiten aufweist. Obwohl die tunesische Verfassung den Islam zur Staatsreligion erklärt,[116] ist im Familienrecht eine explizite Bezugnahme auf muslimische Referenzen nicht zu finden. Der Verzicht auf entsprechende Angaben könnte dazu dienen, einer areligiösen Reform des Familienrechts den Boden zu bereiten und islamische Prinzipien von Familienbeziehungen zugunsten westlicher Rechtsvorstellungen zurückzudrängen.[117] Mit Recht weist aber *Meziou* darauf hin, daß auch von einem „*absoluten Laizismus*" in keinem der Rechtstexte die Rede ist.[118] So sind es vor allem modernistische Kräfte, die eine dem fortschrittlichen Geist des CSP Rechnung tragende, extensive Interpretation der Rechtssätze befürworten. Konservative hingegen plädieren für eine restriktive Auslegung gesetzlicher Vorschriften und eine Schließung von Gesetzeslücken durch einen Rückgriff auf die Werke des *fiqh*.[119] Als Argumentationsbasis dient ihnen neben dem Fehlen gegenteiliger Vorschriften vor allem das islamische Selbstverständnis des Staates.

Auf den Verfassungsrang des Islams als Staatsreligion blickt vor allem die tunesische Frauenbewegung besorgt. Sie sieht darin ein Alibi für die mangelnde rechtliche Gleichstellung von Frauen.[120] *Laghmani* beschreibt die Anerkennung des Islams als Staatsreligion als ein dem Aufbau einer modernen Zivilgesellschaft entgegenstehendes und in sich widersprüchliches Konzept:

---

[114] Lagrange, Législateur, S. 20.

[115] Charfi, Droit tunisien, S. 26-29.

[116] „Tunesien ist ein freier, unabhängiger und souveräner Staat, seine Religion ist der Islam, seine Sprache ist arabisch und seine Staatsform ist die Republik." (Art. 1 der Tunesischen Verfassung).

[117] So vermutet von Mezghani, Réflexions, S. 70 und Ebert, Familiengesetze, S. 78.

[118] Meziou, Féminisme, S. 254 f.

[119] Wiedensohler, Ehescheidungsrecht, S. 153. Exemplarisch für die gegensätzlichen Positionen z. B. Karrū, zawāğ al-muslima, S. 19, Mezghani, Réflexions, S. 63 ff. und Colomer, Le code, S. 11.

[120] So etwa Bessis/Belhassen, Femmes, S. 256.

„ ... den Islam als Grundlage staatlicher Autorität zu fordern, bedeutet, dem Staat jede eigene, spezifische Autorität abzusprechen, ... seine Souveränität, d. h. sein Gesetzgebungsmonopol zu leugnen (...) In Ländern, die den Islam zur Staatsreligion erklären, wird der Islam nie total marginalisiert aber auch nie vollkommen verbindlich sein ... .[121]

Einen ersten Hinweis darauf, daß sich die tunesische Rechtsprechung im Zweifelsfall islamischen Grundsätzen verpflichtet sieht, gab ein richterliches Urteil d. J. 1966, das eine Tunesierin vom Erbe ihrer Mutter ausschloß, weil sie zuvor die Staatsangehörigkeit ihres nichtmuslimischen Mannes angenommen hatte. Damit, so die Urteilsbegründung, gelte sie nach islamischem Recht als Apostatin und sei nicht erbberechtigt.[122] Nach islamischer Rechtsauffassung darf Erbe eines Muslims nur ein Muslim sein. Art. 88 CSP betrachtet jedoch nur denjenigen als erbunwürdig, der den Erblasser vorsätzlich tötet oder ihn zu töten versucht hat. Die im islamischen Recht bekannte Erbunwürdigkeit aufgrund von Religionsverschiedenheit[123] wird vom CSP explizit nicht berücksichtigt. Dies kann nach *Dilger* theoretisch zwei Gründe haben: Das Schweigen des Gesetzgebers kann bedeuten, daß die unterschiedliche Religionszugehörigkeit von Erblasser und Erben in Abweichung vom islamischen Recht keinen Erbausschließungsgrund mehr darstellt; das Übergehen der Religionsverschiedenheit kann aber auch eine echte Lücke im Gesetz sein, die entweder durch Rückgriffe auf das islamische Recht oder die Einführung moderner Rechtsgedanken gefüllt wird.[124] Dieses und andere Beispiele[125] zeigen, daß es sich bei der Frage der Religionszugehörigkeit offenbar um eine Aussparung handelt, auf die die Rechtsprechung unter Zuhilfenahme der islamischen Rechtstradition antwortet.

Daß die Jurisdiktion gesetzliche Uneindeutigkeiten oder Lücken auch in anderen Bereichen durch eine Anlehnung an die Tradition füllt, ist naheliegend. *„Man muß zu den Quellen der islamischen Gesetzeswissenschaft zurückgehen, die die Hauptquelle ist, aus der der CSP seine Bestimmungen bezieht,"* liest man in

[121] Laghmani, Droit musulman, S. 162 f.
[122] Qarār ta'qībī madanī, 'adad 3384, 31.1.1966, maǧallat al-qaḍā' wa-t-tašrī', 'adad 6, 1967, S. 389; Vgl. dazu Borrmans, Statut Personnel, S. 366 ff.
[123] Zu den Erbausschließungsgründen nach islamischem Recht gehören neben der Verschiedenheit der Religion auch die Sklaverei, die Tötung des Erblassers und die Verschiedenheit der Gebietszugehörigkeit.Vgl. dazu Schacht, G. Bergsträsser's Grundzüge, S. 91.
[124] Dilger, Rechtsfortbildung, S. 87.
[125] Vgl. dazu Kapitel 2, II., 2.1.3.3 der vorliegenden Arbeit.

einem Urteil d. J. 1968.[126]

Bei der Frage nach anderen Bezugsquellen des tunesischen Gesetzes spielt auch die in der Verfassung verankerte Überordnung internationaler Verträge über das nationale Recht eine Rolle.[127] *„Ein Regierung, die sich die Abschaffung des männlichen Privilegs zum Ziel gesetzt hat*“, so wird die tunesische Juristin und Frauenrechtlerin *Chekir* zitiert, *„kann ihre Quellen nur in internationalen, sich auf die Menschenrechte stützenden Instrumenten finden.*“[128] Durch die Unterzeichnung zahlreicher internationaler Konventionen[129] hat sich Tunesien sodann auch zur Einhaltung der Menschenrechte verpflichtet. Eine Vielzahl von Gesetzesmodifikationen der vergangenen Jahre erfolgte mit Blick auf die Angleichung des tunesischen Rechts an das internationale Recht. Als Beispiele können das Nationalitätenrecht, das Parteienrecht und das Arbeitsrecht dienen, die jeweils umfassend reformiert wurden. Eine Reihe der von Tunesien ratifizierten Konventionen beziehen sich überdies speziell auf die Rechte von Frauen. Dazu zählt auch die sogenannte Kopenhagener Konvention von 1979 über die Beseitigung jeder Form von Diskriminierung der Frau.[130] Bei diesem von Tunesien 1985 ratifizierten Menschenrechtsabkommen handelt es sich bezeichnenderweise um das erste, das von Tunesien unter dem Vorbehalt der Vereinbarkeit mit dem Islam unterzeichnet wurde.[131] 1989 kritisiert *Chekir* die von Tunesien formulierten Vorbehalte[132] wie folgt:

---

[126] Ḥukm ibtidā'ī madanī (Tunis), ʿadad 8487, 30.12.1968, maǧallat al-qaḍā' wa-t-tašrī', ʿadad 6-7, 1969, S. 164. In diesem Sinne auch Karrū, zawāǧ al-muslima, S. 14; Faṭnāsī, nušūz, S. 232.

[127] Art. 32 der Tunesischen Verfassung.

[128] Bessis/Belhassen, Femmes, S. 257.

[129] Eine Auflistung der von Tunesien ratifizierten internationalen Abkommen findet sich bei Bergmann-Ferid, Ehe- und Kindschaftsrecht, S. 10 f. sowie bei Chérif Chamari, Femme, S. 153 f.

[130] Abgedruckt bei Chérif Chamari, Femme, S. 155-169. Weitere Konventionen zur Absicherung von Frauenrechten, denen Tunesien bisher beigetreten ist, sind neben der Allgemeinen Erklärung der Menschenrechte von 1948 vor allem die Internationale Konvention über die politischen Rechte der Frau, New York 31.3.1953 (ratifiziert am 21.11.1967), die Internationale Konvention über die Nationalität der verheirateten Frau, New York, 20.2.1953 (21.11.1967) und die Internationale Konvention über die Zustimmung zur Eheschließung, das Mindestheiratsalter und die Registrierung der Eheschließung, New York, 10.12.1962 (21.11.1967).

[131] Chekir, Reserves, S. 47.

[132] Zu einzelnen Vorbehalten wird im Zusammenhang mit der Diskussion der ehe- und scheidungsrechtlichen Vorschriften des CSP eingegangen. Eine Zusammenstellung der Vorbehalte findet sich bei Chérif Chamari, Femme, S. 170 und Chekir, Reserves, S. 48-51.

„ ... (sie) halten eine Situation der Ungleichheit innhalb eines juristischen Systems aufrecht, das sich als Förderer der Geschlechtergleichheit aufschwingt. Ist dies nicht ein Widerspruch ... der nur durch den eisernen Willen, die vorherrschende patriarchalische Mentalität, die Unterlegenheit der Frau und ihre Dominierung durch den Mann, fortzuschreiben, zu rechtfertigen ist? (...) Die Vorbehalte ... sind ein Angriff auf Wesen und Ziel der Konvention.“[133]

Bouraoui gibt in diesem Zusammenhang zu Bedenken, daß gerade im Bereich der Frauenrechte der auch in anderen internationalen Konventionen zum Ausdruck kommende Gleichheitsgedanke auf die „*ontologische Ungleichheit der Geschlechter in der klassischen Koranexegese*“ trifft.[134]

[133] Chekir, La convention, S. 82.
[134] Bouraoui, Inégalité, S. 429.

II. Systematischer Teil

Der Gleichberechtigung der Geschlechter, wie sie in der Tunesischen Verfassung garantiert und in supranationalen Abkommen gefordert wird, steht in der klassisch islamischen Lehre ein gegenteiliges Konzept entgegen, das bezüglich der Position von Frauen auf Unterordnung und Schutzbedürftigkeit basiert. Es wird im folgenden zu zeigen sein, inwiefern der CSP[135] diesen Konflikt spiegelt, ob und wo er ihn auflöst oder auch offen läßt. Eine wichtige Bedeutung kommt dabei der Offenlegung von Lücken, Mehrdeutigkeiten und Widersprüchen innerhalb der Gesetzestexte zu. Wo das Gesetz eindeutig ist, wird die Frage nach seinen Bezugsquellen im Vordergrund stehen. Es wird außerdem zu zeigen sein, welche Spielräume sich der tunesischen Rechtsprechung bieten, und auf welche Weise sie dem „Geist" des CSP in der Vergangenheit zur Umsetzung verholfen hat.

Die folgenden Ausführungen basieren auf den offiziellen arabischen Gesetzestexten. Sie wurden von der Autorin so wortgetreu wie möglich und nur wenn nötig frei, aber sinngemäß aus dem Arabischen übersetzt. Dabei war es in einigen Fällen notwendig, die amtliche, französische Fassung zu Rate zu ziehen. Eine deutsche Übersetzung des tunesischen Ehe- und Kindschaftsrechts findet sich auch bei *Bergmann-Ferid.*[136] Diese läßt jedoch einige Neuerungen der Personen-

[135] Aus dem *Code du Statut Personnel* vom 13.8.1956 werden neben dem Ersten Buch über „Die Ehe" (Art. 1-28) und dem Zweiten Buch über „Die Scheidung" (Art. 29-33) in Auszügen herangezogen: das Dritte Buch über die „Wartezeit der Frau" (Art. 34-36), das Vierte Buch über „Die Unterhaltspflicht" (Art. 37-53 a), das fünfte Buch über „Die Sorge für die Kinder" (Art. 54-67), das Sechste Buch über „Die Abstammung" (Art. 68-76) und das Zehnte Buch über die „Unmündigkeit und die Volljährigkeit" (Art. 153-170). Desweiteren werden berücksichtigt das Gesetz Nr. 57-3 vom 1.8.1957 über das Personenstandswesen (*Tanẓīm al-ḥāla al-madaniyya; Réglementation de l'Etat Civil* – im folgenden mit LEC abgekürzt), veröffentlicht in *Ar-rāʾid ar-rasmī li-l-ǧumhūriyya at-tūnisiyya*, Nr. 2-3 vom 30.7.1957 und 2.8.1957 sowie im J.O.R.T., Nr. 2-3 vom 30.7.1957 und 2.8.1957, das Gesetz Nr. 93-65 vom 5.7.1993 über die Schaffung eines Garantiefonds für Unterhalt und Scheidungsrente (*Ṣundūq ḍamān an-nafaqa wa-ǧirāyat aṭ-ṭalāq*; *Fonds de Garantie de la Pension Alimentaire et de la Rente de Divorce*), veröffentlicht in *Ar-rāʾid ar-rasmī li-l-ǧumhūriyya at-tūnisiyya*, Nr. 50 vom 6.7.1993 sowie im J.O.R.T., Nr. 50 vom 6.7.1993, und das Gesetz Nr. 98-91 vom 8.11.1998 über die eheliche Gütergemeinschaft (*Ar-rāʾid ar-rasmī li-l-ǧumhūriyya at-tūnisiyya*, Nr. 91 vom 13.11.1998 und J.O.R.T., Nr. 91 vom 13.11.1998).

[136] Bergmann-Ferid, Internationales Ehe- und Kindschaftsrecht, Loseblattsammlung, begr. von A. Bergmann, fortgef. von M. Ferid, Frankfurt/Main 1996, S. 7-34.

standsreform von 1993 unberücksichtigt[137] und orientiert sich, trotz gegenteiliger Angaben, vorwiegend an der amtlichen französischen Übersetzung. Letztere kann zwar im Zweifelsfall Aufschluß über die eigentlichen Absichten des Gesetzgebers geben, der arabische Gesetzestext ist aber der allein maßgebliche.[138]

1. Das Verlöbnis

1.1 Die Natur des Verlöbnisses

Das Verlöbnis (*al-murākana*), vom tunesischen Gesetzgeber als Heiratsversprechen und Austausch von Heiratsversprechen (*al-wa'd bi-zawāğ wa-l muwā'ada bihi*) verstanden, begründet nach Art. 1 CSP keine Ehe (*zawāğ*) und gehört damit nicht zu den Voraussetzungen einer Eheschließung. Wie im islamischen Recht[139] lassen sich aus der Verlobung keine ehelichen Rechte ableiten;[140] auch können die Verlobten nicht zur Umsetzung des Heiratsversprechens verurteilt werden (*lā yuqḍā bihi*, Art. 1 CSP).[141] Da es sich bei der Verlobung nicht um ein Rechtsinstitut im eigentlichen Sinne handelt, finden sich im Gesetzestext keine präzisierenden Angaben zur Form des Heiratsversprechens bzw. seines Austauschs. Üblicherweise aber handelt es sich um ein mündliches Versprechen, das öffentlich, d.h. in Anwesenheit von Zeugen, meist der Familie, gemacht wird und ggf. auch in Schriftform festgehalten werden kann.[142] Der im Gesetzestext für Verlöbnis gebrauchte arabische Begriff *murākana* (von arab. *rākana* „sich stützen, sich verlassen, vertrauen“) weist darauf hin, daß die mit dem Heiratsversprechen eingegangene wechselseitige Verpflichtung vor allem eine moralische Dimension

---

137 Z.B. den dreimaligen Versöhnungsversuch im Falle der Ehescheidung (Art. 32 CSP) und das Erreichen der Volljährigkeit durch Eheschließung (Art. 153 CSP).

138 Mezghani, Réflexions, S. 67; Colomer, Le code, S. 11.

139 Vgl. dazu Linant de Bellefonds, Traité de droit II, Nr. 601.

140 1976 entschied der Kassationsgerichtshof in einem Vergewaltigungsprozeß, daß sich aus dem bloßen Entschluß zu heiraten, kein Recht auf Geschlechtsverkehr mit der Verlobten ergibt. Qarār ta'qībī ǧazā'ī, 'adad 443, 5.5.1976, našriyyat maḥkamat at-ta'qīb 1976, al-qism al-ǧazā'ī, ǧuz' 3, S. 30.

141 Dies schließt schon die gesetzlich vorgeschriebene Zustimmung beider Ehegatten zur Eheschließung nach Art. 3 Abs. 1 CSP aus. Vgl. dazu Kap. 2, II., 2.1.1 der vorliegenden Arbeit.

142 Chérif Chamari, Femme, S. 38; dies., mariage, S. 14 f.

hat. Hingegen ist der *šarī'a* ein Verlöbnis im Sinne eines gegenseitigen Versprechens nach vorangegangenen Begegnungen unbekannt. Rechtlich gebilligtes Kennenlernen der zukünftigen Ehegatten gilt vielerorts in der islamischen Welt als Ausdruck westlicher Unmoral.[143] Bekannt ist eine Tradition, wonach der Mann und die Frau, die sich unverheiratet gemeinsam an einem einsamen Ort aufhalten, als in Begleitung des Teufels beschrieben werden.[144] In Koran und *sunna* wird das Verlöbnis, respektive die *ḫiṭba* (von arab. *ḫaṭaba* „werben, anhalten um ein Mädchen") sodann auch lediglich als eine Form des Heiratsantrages behandelt.[145] Während nach islamischem Recht die Gültigkeit der *ḫiṭba* daran geknüpft ist, daß weder ein anderer angenommener oder unbeantworteter Heiratsantrag im Raum steht, noch eines der üblichen Ehehindernisse vorliegt,[146] nennt das tunesische Gesetz explizit keine Kriterien für die Gültigkeit einer Verlobung. Das Schweigen des Gesetzgebers in dieser Frage läßt weitgehend offen, ob im Konfliktfall islamisches Recht zur Anwendung kommen soll oder nicht. Auch wenn die Frage nach der Gültigkeit eines Heiratsversprechens in der tunesischen Rechtspraxis eine untergeordnete Rolle zu spielen scheint, so stellt sie sich in der Theorie doch vor allem im Hinblick auf ihre Rechtswirkungen. Diese kommen, wie noch zu zeigen sein wird, besonders im Falle eines Rücktrittes von der Verlobung zum Tragen.

1.2 Die Auflösung des Verlöbnisses und deren Folgen

Während das Verlöbnis, wie bereits erwähnt, keinen Anspruch auf eine Eheschließung begründet, zieht es Rechtsfolgen lediglich im Falle seiner Auflösung (*'udūl*) nach sich.

---

[143] Rauscher, Sharī'a, S. 31.
[144] Linant de Bellefonds, Traité de droit II, Nr. 600.
[145] Jaeger, Ehe- und Scheidungsrecht, S. 12.
[146] Vgl. dazu Linant de Bellefonds, Traité de droit II, Nr. 596-599; Jaeger, Ehe- und Scheidungsrecht, S. 12 f.

1.2.1 Entschädigung und Rückgabe von Geschenken

Wie im islamischen Recht[147] können die Verlobten ihr Versprechen jederzeit zurücknehmen. Nach tunesischer Rechtsprechung ist jedoch zum Schadensersatz verpflichtet, wer dem anderen durch die unbegründete Aufkündigung des Heiratsversprechens einen materiellen oder immateriellen Schaden (*ḍarar*) zufügt.[148] Die Ächtung eines Rechtsmißbrauchs sowie die zivilrechtliche Verantwortung für die Schädigung eines Dritten[149] markieren eine bedeutende Entwicklung der tunesischen Jurisprudenz: die Verbindung von Recht und Moral.[150]

Die finanzielle Kompensation des immateriellen Schadens stellt gerade für Frauen, die im Falle einer Entlobung auch im heutigen Tunesien noch um ihre Reputation fürchten müssen, ein wichtiges Zugeständnis an die sie umgebenden sozialen Bedingungen dar. Als Beispiel für eine moralische Schädigung nennt eine Informationsbroschüre für Jugendliche auch die durch die Verlobung entgangene Chance einer Eheschließung mit einem anderen.[151] Entschädigungszahlungen für einen durch die Rücknahme des Heiratsversprechens erlittenen Nachteil sind nach islamischer Lehre vor allem deshalb unüblich, weil nach ihr das Verlöbnis den Charakter eines nicht existenten Vertrages hat, von dem sich im Falle seines Bruchs keinerlei vertragliche Verantwortung ableiten läßt.[152] Lediglich die Malikiten lassen eine weniger kategorische Haltung in dieser Frage erkennen.[153] In Ausnahmefällen erkennen sie einen Schadensersatzanspruch an, wobei nicht der Rücktritt von der Verlobung, sondern das durch den Rücktritt verursachte selbständige Ereignis auf zivilrechtlicher Grundlage zum Schadensersatz berechtigt.[154]

---

[147] Vgl. dazu Juynboll, Handbuch, S. 162.

[148] As-Snūsī, mağallat, Fn 1, S. 12 f. (arab. Teil), Fn 1, S. 10 (franz. Teil). In diesem Sinne auch Qarār ta'qībī madanī, 'adad 1556, 3.3.1959, mağallat al-qaḍā' wa-t-tašrī', 'adad 2, 1959, ṣ. 30.

[149] Vgl. Art. 103 COC .

[150] Borrmans, Statut Personnel, Fn 20, S. 295.

[151] M.A.F.F. (Hrsg.), Le code, o. S.. Zu Beispielen materieller und immaterieller Schädigung im Falle der Entlobung vgl. As-Snūsī, mağallat, Fn 1, S. 13 (arab. Teil), Fn 1, S. 11 (franz. Teil).

[152] Linant de Bellefonds, Traité de droit II, Nr. 601.

[153] Ebd.

[154] Jaeger, Ehe- und Scheidungsrecht, S. 14. In diesem Sinne auch Qarār ta'qībī madanī, 'adad 1556, 3.3.1959, mağallat al-qaḍā' wa-t-tašrī', 'adad 2, 1959, ṣ. 30 ff.

Ähnlich verhält es sich mit der Rückgabe von Geschenken. Auch hier ist eine Ausrichtung des tunesischen Rechts an der malikitischen Lehrmeinung festzustellen. Diese knüpft eine Rückforderung von Geschenken seitens des Verlobten an die Bedingung, daß die Auflösung der Verlobung nicht von ihm selbst, sondern von der Frau verursacht wurde.[155] Dieses Prinzip greift der tunesische Gesetzgeber auf: "*Jeder der beiden Verlobten kann Geschenke, die er dem anderen gemacht hat, zurückfordern, solange der Rücktritt nicht von ihm selbst ausging oder eine besondere Vereinbarung (šarṭ ḫāṣṣ) getroffen wurde.*" heißt es in Art. 2 n. F. CSP.[156] In der alten Fassung desselben Artikels fand nur der Anspruch des Mannes auf Rückgabe seiner Geschenke Berücksichtigung. Die Frau war im Falle des Rücktritts von der Verlobung verpflichtet, dem Mann die Verlobungsgeschenke zurückzugeben oder ihm deren Wert zu erstatten.[157] Mit der Rückgabepflicht materieller Werte durch den Mann ist es dem tunesischen Gesetzgeber gelungen, eine dem malikitischen Recht entlehnte Regelung um den Grundsatz der Gleichberechtigung der Geschlechter zu erweitern. Lange hatte die Frauenbewegung darauf hingewiesen, daß heutzutage auch weibliche Verlobte der anderen Seite Geschenke machten und ein Recht auf Rückforderungen derselben haben müßten.[158] Mit dieser Neuerung trägt der tunesische Gesetzgeber der Berufstätigkeit der Frau, ihrer finanziellen Eigenständigkeit sowie den veränderten Mentalitäten und Bräuchen Rechnung.[159]

Der Anspruch auf Rückgabe von Geschenken besteht nur gegenüber derjenigen Seite, die die Auflösung der Verlobung herbeigeführt hat. Die Erstattung von Vermögenswerten kann also grundsätzlich nur gegenüber der Verlobten oder dem Verlobten selbst, nicht gegenüber Dritten, also beispielsweise der Familie geltend gemacht werden. Vor diesem Hintergrund bestätigte der Kassationsgerichtshof 1973 ein Urteil, das die Verlobte, nicht ihre Eltern, zur Rückgabe von Verlobungsgeschenken verpflichtet hatte. Der Kläger hatte sich auf eine

---

155 Linant de Bellefonds, Traité de droit II, Nr. 603.

156 Der Zusatz n. F. kennzeichnet die durch das letzte umfassende Änderungsgesetz Nr. 74-93 vom 12.7.1993 vorgenommene Neufassung eines Artikels. Umgekehrt wird die alte, also vor dem 12.7.1993 gültige Fassung eines modifizierten Artikels durch den Zusatz a. F. kenntlich gemacht.

157 Qarār ta'qībī madanī, 'adad 318, 27.10.1977, našriyyat maḥkamat at-ta'qīb 1977, al-qism al-madanī, ǧuz' 2, ṣ. 145; Qarār ta'qībī madanī, 'adad 5526, 3.11.1981, našriyyat maḥkamat at-ta'qīb 1981, al-qism al-madanī, ǧuz' 4, ṣ. 62.

158 So etwa Chérif Chamari, Femme, S. 39.

159 Aš-Šarīf, maǧallat, S. 14.

Landessitte berufen, wonach die Frau die von ihrem Verlobten empfangenen Geschenke ihren Eltern zu treuen Händen gibt.[160] Umgekehrt ist nur die an der Verlobung direkt beteiligte Seite berechtigt, Geschenke zurückzufordern. Mit dem Hinweis, daß Verlobungsgeschenke nur vom Verlobten selbst zurückverlangt werden könnten, hob der Kassationsgerichtshof 1981 ein gegenteiliges Urteil auf. Dieses hatte einem Mann das Recht zugesprochen, Geschenke, die er der Verlobten seines Sohnes gemacht hatte, nach deren Rücktritt von der Verlobung persönlich von ihr zurückzufordern.[161]

Das „Verursacherprinzip", wonach nur der für die Entlobung Verantwortliche zur Rückerstattung materieller Werte verplichtet ist, galt bis in jüngste Zeit nur eingeschränkt. Nach tunesischer Rechtsprechung fand es keine Berücksichtigung, wenn es sich bei den der Frau übergebenen Geschenken um einen Teil oder eine Anzahlung auf die Morgengabe *(mahr)*[162] handelte. Unabhängig davon, wer die Entlobung herbeigeführt hatte, waren solche Zuwendungen grundsätzlich zurückzuerstatten. In Ermangelung einer konkreten Vorschrift orientierte sich die tunesische Rechtsprechung in dieser Frage stets am islamischen Recht. Dieses betrachtet die Rückgabe von Verlobungsgeschenken als obligatorisch, sofern nachgewiesen ist, daß sie eine Anzahlung auf den *mahr* waren.[163]
So bekamen in einem Berufungsverfahren d. J. 1982 die Erben eines Mannes das Recht zugesprochen, die als Anzahlung auf den *mahr* gedachten Verlobungsgeschenke des Erblassers zurückzufordern, da eine die Wertgeschenke rechtfertigende Eheschließung durch Tod verhindert worden sei.[164] Aus der Art der Verlobungsgeschenke ließen sich bis in die neunziger Jahre hinein also ganz unterschiedliche Rechtsansprüche ableiten. So mußten tunesische Gerichte in der Vergangenheit in zahlreichen Verfahren darüber entschieden, ob es sich bei Geschenken an die Frau um die im Rahmen einer Verlobung üblichen Aufmerksamkeiten oder um einen Teil des *mahr* handelte, der ggf. zurückzuerstatten

---

[160] Qarār ta'qībī madanī, 'adad 8506, 26.6.1973, našriyyat maḥkamat at-ta'qīb 1973, al-qism al-madanī, ǧuz' 1, ṣ. 127.
[161] Qarār ta'qībī madanī, 'adad 5526, 3.11.1981, našriyyat maḥkamat at-ta'qīb 1981, al-qism al-madanī, ǧuz' 4, ṣ. 62.
[162] Zum *mahr* vgl. ausführlich Kap. 2, II., 2.2.2 der vorliegenden Arbeit.
[163] Linant de Bellefonds, Traité de droit II, Nr. 603.
[164] Qarār ta'qībī madanī, 'adad 4146, 11.3.1982, našriyyat maḥkamat at-ta'qīb 1982, al-qism al-madanī, ǧuz' 2, ṣ. 209.

sei.[165] Ein wesentlicher Faktor der Urteilsfindung war in solchen Verfahren die Orientierung an Gewohnheit und Brauch, also die Frage danach, welche materiellen Werte den jeweiligen regionalen Sitten und Gebräuchen zufolge als *mahr* oder auch nur als gewöhnliche Geschenke einzustufen seien. Zur Klärung undurchsichtiger Fälle waren unter Berücksichtigung des „*besonderen moralischen Anspruchs*" der Verlobung auch Zeugenaussagen zugelassen.[166] Nach Angaben einer tunesischen Rechtsanwältin führte das Schlupfloch, das der Gesetzgeber hier läßt, nicht selten dazu, daß von der Verlobung zurückgetretene Männer auf Rückerstattung wertvoller Verlobungsgeschenke klagten, indem sie diese schlicht als Teil oder Anzahlung auf den *mahr* ausgaben.[167] Vor diesem Hintergrund wird die Tragweite eines Urteils des Kassationsgerichtshofes von 1995 deutlich, das die Klage eines Mannes auf Rückerstattung von Verlobungsgeschenken ablehnte.[168] Entgegen der herkömmlichen Rechtspraxis wurde in der Urteilsbegründung darauf hingewiesen, daß Kleidung und Schmuck, die der Kläger seiner Verlobten gekauft habe, lediglich als Geschenke anzusehen seien, da eine den *mahr* begründende Eheschließung noch gar nicht stattgefunden habe. Da dieser Urteilsspruch letzlich auch zum Schutze der Frau die Tradition der sogenannten Anzahlung auf den *mahr* in Frage stellt, bleibt abzuwarten, ob er künftig Signalfunktion haben wird.

1.2.2 Der Rechtsstatus unehelich geborener Kinder

Die Auswirkungen eines diskriminierenden Abstammungsrechts haben Frauen und ihre Kinder im Falle einer unehelichen Geburt zu tragen. Die „legitime" Abstammung (*nasab*) eines Kindes in Tunesien wird nur über dessen Vater, nie

---

[165] Darunter Qarār ta'qībī madanī, 'adad 6924, 14.4.1970, našriyyat maḥkamat at-ta'qīb 1970, al-qism al-madanī, ṣ. 69, maǧallat al-qaḍā' wa-t-tašrī', 'adad 1, 1971, ṣ. 59; Qarār ta'qībī madanī, 'adad 15641, 14.10.1986, našriyyat maḥkamat at-ta'qīb 1986, al-qism al-madanī, ǧuz' 2, ṣ. 214, maǧallat al-qaḍā' wa-t-tašrī', 'adad 5, 1988, ṣ. 89.

[166] Qarār ta'qībī madanī, 'adad 12671, 5.11.1985, našriyyat maḥkamat at-ta'qīb 1985, al-qism al-madanī, ǧuz' 2, ṣ. 209.

[167] *Bušra Balḥāǧǧ Ḥamīda*, Rechtsanwältin und derzeitige Vorsitzende der ATFD, im Gespräch mit der Autorin im März 1995 in Tunis.

[168] Qarār ta'qībī madanī, 'adad 35362, 5.4.1995, našriyyat maḥkamat at-ta'qīb, al-qism al-madanī, 1995, ṣ. 444-445.

über die Mutter, hergestellt. Die unverheiratete Frau kann ihrem Kind keinen legitimen Status verleihen; Mutterschaft außerhalb der Ehe begründet nach tunesischem Recht lediglich die „natürliche“ Abstammung. Außereheliche Beziehungen gelten nach tunesischem Recht als Unzucht (*zinā'*) und die aus ihnen entstammenden Kinder als illegitim.[169] Auch nach islamischem Recht kann das Kind einen legitimen Status nur über seinen Vater erwerben. Unabdingbare Voraussetzung ist darüber hinaus seine Zeugung innerhalb der Ehe, wobei es keine Rolle spielt, ob diese Ehe gültig ist oder nicht.[170] Sogar die außereheliche Zeugung eines Kindes während der gesetzlichen Wartezeit nach der Scheidung (*'idda*)[171] führt dazu, daß es als legitimes Kind des Ehemannes und nicht etwa seines leiblichen Vaters anerkannt wird.[172] Das islamische Recht kennt nur die „legitime“ Familie, also die Familie, die ihren Ursprung in der Ehe hat; das Prinzip der natürlichen Abstammung ist ihm unbekannt.[173] Während nach islamischem Recht *„'das eheliche Bett' ... als eigentliche Grundlage für den Nachweis der Abstammung perzipiert werden (kann)“*[174] und dem unehelichen Kind auch der nachträgliche Erwerb eines legitimen Status verwehrt bleibt,[175] sind die Spielräume nach tunesischer Gesetzgebung deutlich erweitert. Nach Art. 68 CSP gründet die legitime Abstammung

1. auf einer (legalen) Geschlechtsbeziehung (*firāš*)[176] oder

2. dem Anerkenntnis des Vaters (*iqrār*) oder

3. dem Zeugnis zweier oder mehrerer vertrauenswürdiger Zeugen (*bi šahādat šāhidain min 'ahl aṯ-ṯiqa 'au 'akṯar*).

---

[169] Qarār ta'qībī madanī, 'adad 1352, 2.1.1979, našriyyat maḥkamat at-ta'qīb 1979, al-qism al-madanī, ǧuz' 1, ṣ. 11; Qarār ta'qībī madanī, 'adad 4339, 6.1.1981, maǧallat al-qaḍā' wa-t-tašrī', 'adad 2, 1981, ṣ. 61; Qarār ta'qībī madanī, 'adad 10838, 4.12.1984, našriyyat maḥkamat at-ta'qīb 1984, al-qism al-madanī, ǧuz' 2, ṣ. 109.

[170] Rauscher, Sharī'a, ṣ. 121.

[171] Zur *'idda* vgl. Kap. 2, II., 2.1.3.2 der vorliegenden Arbeit.

[172] Ḫmayyis, tuhmat az-zinā', S. 15.

[173] Colomer, Le code, S. 40; Salem, Filiation, S. 3.

[174] Ebert, Personalstatut, S. 118. Hervorhebung im Original.

[175] Salem, Filiation, S. 3.

[176] Obwohl der Gesetzgeber den Begriff *firāš* (wörtl. Decke, Bett, im übertragenen Sinne Geschlechtsbeziehung) nicht näher definiert, ist davon auszugehen, daß ausschließlich der eheliche Verkehr gemeint ist. Vgl. dazu Faṭnāṣī, ṯubūt an-nasab, S. 22 ff.

Streng genommen bedeutet dies, daß das Kind unverheirateter Eltern den Status eines legitimen Kindes dann erhält, wenn die Vaterschaft offiziell anerkannt wird. Die Anerkennung der Vaterschaft erfolgt vor Gericht oder außergerichtlich[177] und kann nicht ohne weiteres rückgängig gemacht werden.[178] Erkennt ein Mann ein Kind unbekannter Herkunft als sein leibliches an, so gilt dadurch die Abstammung als begründet, es sei denn, der Anerkannte bringt einen gültigen Gegenbeweis vor.[179] In der Realität spielt das Fremdzeugnis, zumindest was den Vaterschaftsnachweis betrifft, eine vollkommen untergeordnete Rolle. Verweigert der Vater das Anerkenntnis oder stirbt er, so ist die Mutter bezüglich der legitimen Abstammung ihres Kindes in der Beweispflicht, denn die Mutterschaft selbst begründet wie erwähnt lediglich eine „natürliche" Abstammung.[180] Zwar werden medizinische Vaterschaftstests auch von tunesischen Gerichten anerkannt, doch nur in Ausnahmefällen wird es einer alleinstehenden Mutter gelingen, den Richter von der Notwendigkeit einer Blutanalyse zu überzeugen. In der Regel müssen die Kosten hierfür aus eigenen Mitteln bestritten werden, so daß diese Form des Vaterschaftsnachweises in der Praxis nahezu keine Bedeutung hat. Hinzu kommt, daß das Interesse des Kindes bei der Erhebung einer Vaterschaftsklage im Vordergrund stehen muß. Gelangt das Gericht dagegen zu der Überzeugung, daß es persönliche Motive sind, die eine Frau gegen den angeblichen Vater ihres Kindes vor Gericht ziehen lassen, so ist ihre Klage abzulehnen.[181]

Für den Nachweis des Nichtbestehens der Vaterschaft, der in den meisten Fällen von Männern angestrebt wird, wird der Bluttest ebenfalls als Beweismittel anerkannt.[182] Doch aus den genannten Gründen gilt auch hier, daß er eher die Aus-

---

177 Qarār ta'qībī madanī, 'adad 6143, 18.7.1968, našriyyat maḥkamat at-ta'qīb 1968, al-qism al-madanī, ṣ. 33, maǧallat al-qaḍā' wa-t-tašrī', 'adad 1-2, 1969, ṣ. 25.

178 Qarār ta'qībī madanī, 'adad 23480, 13.6. 1989, maǧallat al-qaḍā' wa-t-tašrī', 'adad 4, 1993, ṣ. 97.

179 Qarār ta'qībī madanī, 'adad 1780, 14.3.1978, našriyyat maḥkamat at-ta'qīb 1978, al-qism al-madanī, ǧuz' 1, ṣ. 118; Qarār isti'nāfī madanī (Sousse), 'adad 5332, 2.11.1978, maǧallat al-qaḍā' wa-t-tašrī', 'adad 5, 1979, ṣ. 124.

180 Qarār ta'qībī madanī, 'adad 11609, 15.7.1975, našriyyat maḥkamat at-ta'qīb 1975, al-qism al-madanī, ǧuz' 2, ṣ. 182; Qarār ta'qībī madanī, 'adad 760, 26.4.1977, našriyyat maḥkamat at-ta'qīb 1977, al-qism al-madanī, ǧuz' 1, ṣ. 243.

181 Qarār isti'nāfī madanī (Sousse), 'adad 264, 28.1.1971, maǧallat al-qaḍā' wa-t-tašrī', 'adad 5, 1971, ṣ. 36.

182 Qarār ta'qībī madanī, 'adad 5931, 21.8.1968, našriyyat maḥkamat at-ta'qīb 1968, al-qism al-madanī, ṣ. 86, maǧallat al-qaḍā' wa-t-tašrī', 'adad 8, 1969, ṣ. 45; Qarār isti'nāfī madanī (Sousse), 'adad 3411, 17.1.1974, maǧallat al-qaḍā' wa-t-tašrī', 'adad 4, 1974, ṣ. 66; Qarār ta'qībī madanī, 'adad 11005, 27.7.1976, maǧallat al-qaḍā' wa-t-tašrī', 'adad 8, 1976, ṣ. 72.

nahme als die Regel ist. Einem Urteilsspruch d. J. 1980 zufolge können analog dem islamischen Recht auch Zeugenaussagen die Nichtexistenz eines Verwandtschaftsverhältnisses beweisen.[183] Darüber hinaus ist das Gericht verpflichtet, allen vom Kläger genannten Hinweisen, die das Nichtbestehen der Vaterschaft bestätigen könnten, nachzugehen. So revidierte der Kassationsgerichtshof 1993 ein Urteil, das die Klage eines Mannes abgelehnt hatte. Dieser hatte vor Gericht seine Vaterschaft geleugnet und als Beweis zwei Zeugen beigebracht, deren Aussagen nicht als Beweis anerkannt wurden. Das Gericht hatte auch dem Hinweis des Mannes, er habe in letzter Zeit Anlaß gehabt, seiner Frau zu mißtrauen, keine Aufmerksamkeit geschenkt. Darin sah der Kassationsgerichtshof einen Mißbrauch der Kompetenzen des Gerichts. Dieses sei in jedem Fall dazu verpflichtet gewesen, den Andeutungen des Mannes nachzugehen.[184]

Anders verhält es sich für den Fall, daß die Mutter eines minderjährigen Kindes dessen legitime Abstammung vom Vater bestreitet, obwohl dieser die Vaterschaft anerkannt hat oder das Kind während der Ehe geboren wurde. Die tunesische Rechtsprechung gestattet einer Frau unter diesen Umständen nicht, eine entsprechende Klage zu führen. Eine Klage auf Aberkennung der Abstammung eines Minderjährigen, so entschied das Berufungsgericht in Sfax 1972, könne nur durch seinen gesetzlichen Vertreter, nicht aber durch die Mutter erhoben werden.[185]

Dagegen gilt die Abstammung eines Kindes, das bis zu einem Jahr nach einer Ehescheidung geboren wurde als legitim, sofern der geschiedene Mann keinen gültigen Beweis für die Nichtabstammung beibringt.[186] Hat die Frau aber zur gegebenen Zeit eine bestehende Schwangerschaft geleugnet, so besteht später keine Aussicht auf eine Anerkennung der legitimen Abstammung vom Vater.

---

[183] Qarār ta'qībī madanī, 'adad 4078, 10.6.1980, našriyyat maḥkamat at-ta'qīb 1980, al-qism al-madanī, ǧuz' 1, ṣ. 154.

[184] Qarār ta'qībī madanī, 'adad 27777, 26.1.1993, našriyyat maḥkamat at-ta'qīb 1993, al-qism al-madanī, ṣ. 283.

[185] Qarār isti'nāfī madanī (Sfax), 'adad 575, 20.4.1972; al-maǧalla al-qānūniyya at-tūnisiyya 1975, ṣ. 143. In diesem Sinne auch Qarār isti'nāfī madanī (Sousse), 'adad 4211, 24.7.1975, maǧallat al-qaḍā' wa-t-tašrī' 1976, ǧuz' 1, ṣ. 26.

[186] Qarār ta'qībī madanī, 'adad 185, 6.2.1958, maǧallat al-qaḍā' wa-t-tašrī', 'adad 3, 1959, ṣ. 36; Qarār ta'qībī madanī, 'adad 5990, 25.6.1968, maǧallat al-qaḍā' wa-t-tašrī', 'adad 5, 1969, ṣ. 25; Qarār ta'qībī madanī, 'adad 521, 10.1.1978, našriyyat maḥkamat at-ta'qīb 1978, al-qism al-madanī, ǧuz' 1, ṣ. 13, maǧallat al-qaḍā' wa-t-tašrī', 'adad 5, 1978, ṣ. 70.

1992 lehnte das Berufungsgericht in Tunis die Vaterschaftsklage einer geschiedenen Frau mit dem Hinweis darauf ab, sie habe in der gerichtlichen Versöhnungssitzung angegeben, nicht schwanger zu sein.[187]

Ebenso erkennt das tunesische Recht die Abstammung im Falle ungesetzlicher Ehen als erwiesen an (Art. 22 Ziff. b CSP), wozu auch die vor 1956 traditionell geschlossenen Ehen (*'urf*-Ehen) zählen. 1989 entschied der Kassationsgerichtshof in einem Vaterschaftsprozeß: „*Der Begriff der legitimen Geschlechtsbeziehung firāš geht von einer ehelichen Beziehung zwischen Mann und Frau aus, inbegriffen der vor 1956 geschlossenen 'urf-Ehe. Diese begründet das Abstammungsverhältnis, selbst wenn sie nicht gültig nach Art. 22 CSP ist.*“.[188]

Formal ist die Unterscheidung zwischen „legitimer“ und „illegitimer“ Abstammung vor allem im Zusammenhang mit Erb- und Unterhaltsansprüchen von Bedeutung, denn nur ein „legitimes“, also offiziell von seinem Vater abstammendes Kind kann diesen beerben und von ihm Unterhalt einfordern. Wird dagegen die Vaterschaft ausgeschlossen, so verliert das Kind nach Art. 72 CSP seine Unterhalts- und Erbansprüche (*yasquṭ ḥaqquhū fī n-nafaqa wa-l- 'irṯ*).

Die Frage danach, ob ein Kind als „legitim“ oder „illegitim“ gilt, hat darüber hinaus eine nicht zu unterschätzende gesellschaftliche Dimension. In der Regel geht die illegitime Abstammung mit der sozialen Stigmatisierung von Mutter und Kind einher. Die Geburt eines unehelichen Kindes gilt in Tunesien nach wie vor als Schande, die so groß ist, daß betroffene Frauen nur in den seltensten Fällen Unterstützung von ihren Familien erwarten können.[189]

---

187 Qarār isti'nāfī madanī (Tunis), 'adad 93630, 2.6.1992, al-qism al-madanī, 'adad 7, 1992, ṣ. 118.

188 Qarār ta'qībī madanī, 'adad 21419, 13.6.1989, našriyyat maḥkamat at-ta'qīb 1989, al-qism al-madanī, ṣ. 292. In diesem Sinne auch Qarār ta'qībī madanī, 'adad 3568, 23.2.1965, našriyyat maḥkamat at-ta'qīb 1965, al-qism al-madanī, ṣ. 9; Qarār ta'qībī madanī, 'adad 5350, 2.4.1968, Našriyyat maḥkamat at-ta'qīb 1968, al-qism al-madanī, ṣ. 33, maǧallat al-qaḍā' wa-t-tašrī', 'adad 1-2, 1969, ṣ. 25; Qarār ta'qībī madanī, 'adad 9853, 29.4.1975, našriyyat maḥkamat at-ta'qīb 1975, al-qism al-madanī, ǧuz' 1, ṣ. 231; Qarār ta'qībī madanī, 'adad 12799, 5.11.1985, Našriyyat maḥkamat at-ta'qīb 1985, al-qism al-madanī, ǧuz' 2, ṣ. 207. Zu den Gültigkeitskriterien der Eheschließung vgl. Kap. 2, II., 2.1 der vorliegenden Arbeit.

189 Die Folgen reichen vom Verheimlichen der Schwangerschaft bis hin zu selbst durchgeführten Abtreibungsversuchen oder der Aussetzung von Neugeborenen. Vgl. dazu ausführlich Nasraoui, M., Les enfants abondonnés en Tunisie: Analyse de la situation de l'enfant et de la mère, in: L'avenir de la famille au Moyen Orient et en Afrique du Nord, Cahier du CERES, Série Psychologie n° 7, Tunis 1990, S. 139-147.

Interessant ist hier die Rolle der Rechtsprechung, die nach zunächst extensiver Anwendung des Abstammungsrechts später zu einer restriktiven Lesart der gesetzlichen Bestimmungen übergegangen ist. Während noch Ende der sechziger Jahre der Begriff *firāš* auf die geschlechtliche Beziehung von Verlobten ausgedehnt und ihren Kindern trotz Fehlens eines abgeschlossenen Ehevertrages eine legitime Abstammung zuerkannt wurde,[190] beurteilte man entsprechende Fälle ab den beginnenden siebziger Jahren weitaus strenger. So ist in einer Urteilsbegründung d. J. 1973 zu lesen: *„Das Kind, das infolge einer sexuellen Beziehung geboren wurde, die nicht ehelich war, stammt nicht legitim von seinem Vater ab und gilt lediglich als das Ergebnis einer unzüchtigen zinā-Beziehung.“*[191] Das Nichtbestehen einer ehelichen Verbindung genügte fortan, um den daraus entstammenden Kindern das Recht auf eine legitime Abstammung zu verwehren.[192] Obwohl das Vaterschaftsanerkenntnis in Art. 68 CSP als eine von drei unabhängig voneinander existierenden Möglichkeiten des Abstammungsnachweises genannt ist, war die Rechtsprechung in dieser Frage nie einheitlich. So kam es in der Vergangenheit beispielsweise vor, daß das Vaterschaftsanerkenntnis analog dem islamischen Recht[193] an die Bedingung einer ehelichen Beziehung geknüpft wurde. Auf diesen Zusammenhang wird in einer Urteilsbegründung d. J. 1984 explizit hingewiesen: *„Das in Art. 68* CSP *genannte Vaterschaftsanerkenntnis gründet auf dem Vorhandensein einer legalen ehelichen Beziehung ... .“*[194] Anders, aber in die gleiche Richtung zielend, die Argumentation eines Kassationsurteils von 1992. Die Klage

---

[190] Qarār ta'qībī madanī, 'adad 5350, 2.4.1968, maǧallat al-qaḍā' wa-t-tašrī', 'adad 8, 1968, Našriyyat maḥkamat at-ta'qīb 1968, ṣ. 33; Qarār ta'qībī madanī, 'adad 6112, 21.8.1968, Našriyyat maḥkamat at-ta'qīb 1968, al-qism al-madanī, ṣ. 82, maǧallat al-qaḍā' wa-t-tašrī', 'adad 6-7, 1969, ṣ. 27.

[191] Qarār ta'qībī madanī, 'adad 9108, 11.12.1973, našriyyat maḥkamat at-ta'qīb 1973, al-qism al-madanī, ǧuz' 1, ṣ. 144.

[192] Qarār ta'qībī madanī, 'adad 9062, 20.2.1973, našriyyat maḥkamat at-ta'qīb 1973, al-qism al-madanī, ǧuz' 1, ṣ. 147, maǧallat al-qaḍā' wa-t-tašrī', 'adad 10, 1974, ṣ. 36; Qarār ta'qībī madanī, 'adad 9210, 6.3.1973, našriyyat maḥkamat at-ta'qīb 1973, al-qism al-madanī, ǧuz' 1, ṣ. 142; Qarār ta'qībī madanī, 'adad 9853, 29.4.1975, našriyyat maḥkamat at-ta'qīb 1975; al-qism al-madanī, ǧuz' 1, ṣ. 231; Qarār ta'qībī madanī, 'adad 760, 26.4.1977, našriyyat maḥkamat at-ta'qīb 1977, al-qism al-madanī, ǧuz' 1, ṣ. 243; Qarār ta'qībī madanī, Nr. 1352, 2.1.1979, našriyyat maḥkamat at-ta'qīb 1979, al-qism al-madanī, ǧuz' 1, ṣ. 11; Qarār ta'qībī madanī, Nr. 4339, 6.1.1981, maǧallat al-qaḍā' wa-t-tašrī', 'adad 2, 1981, ṣ. 61; Qarār ta'qībī madanī, 'adad 10838, 4.12.1984, našriyyat maḥkamat at-ta'qīb 1984, al-qism al-madanī, ǧuz' 2, ṣ. 109.

[193] Vgl. dazu Fyzee, Outlines, ṣ. 183.

[194] Qarār ta'qībī madanī, 'adad 9976, 15.5.1984, Dirasat qanuniya 1992/2, ṣ. 29. Chérif Chamari (Femme, S. 55) erwähnt im gleichen Kontext ein weiteres Urteil: Ḥukm ibtidā'ī madanī (Sousse) 'adad 1883, 17.3.1975, maǧallat al-qaḍā' wa-t-tašrī', 'adad 12, 1975, ṣ. 47.

auf Anerkennung der legitimen Abstammung des Kindes zweier Verlobter wurde hier mit der Begründung abgewiesen, eine uneheliche, geschlechtliche Beziehung gelte nach tunesischem Recht als Straftat und könne schon allein aus diesem Grund keine Abstammung begründen.[195] Für den gleichen Zeitraum sind jedoch auch konträre Gerichtsentscheidungen zu finden, die die drei in Art. 68 CSP genannten Abstammungsnachweise als unabhängig voneinander betrachten und auch dem unehelich geborenen und von seinem Vater anerkannten Kind das Recht auf eine legitime Abstammung zuerkennen.[196]

Solange der Gesetzgeber die vorhandenen Interpretationsspielräume nicht schließt, werden unverheiratete Frauen und ihre Kinder die Unwägbarkeiten des tunesischen Abstammungsrechts auch weiterhin zu spüren bekommen. Spezielle Regelungen für unehelich geborene Kinder sieht das tunesische Recht - mit Ausnahme einer einzigen strafrechtlichen Bestimmung - nicht vor. Diese berücksichtigt den Fall, daß eine Minderjährige ein Kind aus einer unehelichen Beziehung erwartet. Nach Art. 227 a Code Pénal drohen dem Kindsvater in einem solchen Fall fünf Jahre Zwangsarbeit, falls die Frau unter 15 Jahren alt ist und fünf Jahre Freihheitsentzug, falls sie zwischen 15 und 19 Jahre alt ist. Einer Strafverfolgung entgeht der Täter (*fā'il*) nur dann, wenn er die Geschädigte (*al-muġnī 'alaiha)*[197] heiratet und vor Ablauf von zwei Jahren nicht die Ehescheidung nach Art. 31 Abs. 3 CSP[198] beantragt. Was auf den westlichen Betrachter eher befremdlich wirkt, macht aus der Sicht einer tunesischen Juristin durchaus Sinn. Eine solch erzwungene Ehe, so räumt *Chérif Chamari* in einem Ratgeber zum tunesischen Ehe- und Scheidungsrecht ein, widerspräche zwar dem Prinzip der freien Partnerwahl und sei nicht auf Dauerhaftigkeit angelegt, doch bringe sie auch Vorteile. So erhalte das Kind der Verlobten zumindest einen legitimen Status und

---

[195] Qarār ta'qībī madanī, 'adad 26431, 2.6.1992, našriyyat maḥkamat at-ta'qīb, al-qism al-madanī, ṣ. 183).

[196] Qarār ta'qībī madanī, 'adad 3712, 12.3.1981, našriyyat maḥkamat at-ta'qīb 1981, al-qism al-madanī, 'adad 1, ṣ. 99; Qarār ta'qībī madanī, 'adad 15709, 3.3.1987, našriyyat maḥkamat at-ta'qīb 1987, al-qism al-madanī, ṣ. 227, maǧallat al-qaḍā' wa-t-tašrī', 'adad 7, 1989, ṣ. 62; Qarār ta'qībī madanī, 'adad 25274, 12.2.1991, al-maǧalla al-qānūniyya at-tūnisiyya 1992, S. 55.

[197] In der franz. Fassung desselben Artikels ist von dem Schuldigen (*le coupable*) und dem Opfer (*la victime*) die Rede.

[198] Zu den Möglichkeiten der Ehescheidung nach tunesischem Recht vgl. ausführlich Kap. 2, II., 3.2 der vorliegenden Arbeit.

auch der Vater könne auf diese Weise gezwungen werden, für dessen Unterhalt aufzukommen und bei der Erziehung mitzuwirken.[199] Nach *Aš-Šarīf* soll die Verheiratung mit dem Kindsvater dazu dienen, die sozial-psychische Lage der Frau zu verbessern; aus Sicht des Täters sei die Heirat mit dem Opfer ein Akt der Reue oder Entschuldigung.[200]

2. Die Ehe

Nach islamischem Rechtsverständnis ist die Ehe (*nikāḥ*) ein zivilrechtlicher Vertrag, der durch Angebot (*'īǧāb*) und Annahme (*qabūl*) zustande kommt.[201] Als solcher ist die Ehe vor allem darauf gerichtet, einen gesellschaftlich anerkannten Rahmen für die Befriedigung sexueller Bedürfnisse sowie die Zeugung legitimer Nachkommmen zu schaffen[202] und auf diese Weise sozial regulierend zu wirken. Diese Zielsetzung ist auch im tunesischen Eherecht erhalten geblieben. Durch Forderungen wie das Zusammenleben in guter ehelicher Gemeinschaft oder das Zusammenwirken der Eheleute in Familienangelegenheiten, die insgesamt gesehen auf einen Schutz der Kernfamilie abzielen, hat der tunesische Gesetzgeber aber den originären Zweck der Ehe im Islam um einige wesentliche Komponenten von sozialer, moralischer wie psychologischer Tragweite ergänzt.

---

199 Chérif Chamari, mariage, S. 17.
200 Aš-Šarīf, al-'iḏn al-qaḍā'ī, S. 46 f.
201 Fyzee, Outlines, S. 71, 74.
202 Fyzee, Outlines, S. 73.

2.1 Formale Anforderungen an die Eheschließung

2.1.1 Vertragsschließende Parteien, Registrierung und Zeugenregelung

Während nach islamischen Recht der Bräutigam und der Eheschließungsvormund der Braut (*walī an-nikāḥ*) den Ehevertrag schließen,[203] treten im kodifizierten Eherecht Tunesiens die Braut und der Bräutigam als vertragsschließende Parteien auf. „*Die Ehe (zawāǧ) wird nur mit dem Einverständnis beider Brautleute (bi-riḍā az-zauǧain) geschlossen*", heißt es in Art. 3 Abs. 1 CSP. Mit der Abschaffung der obligatorischen Ehevormundschaft für die Frau vollzog der tunesische Gesetzgeber einen radikalen Bruch mit den Vorschriften des islamischen Rechts. Malikiten, Schafiiten und Hanbaliten schreiben der Frau unabhängig von ihrem Alter einen Ehevormund, in der Regel ihren Vater vor, der stellvertretend für sie die Ehe schließt. Nur nach hanafitischer Auffassung wird der Frau beim Erreichen der Geschlechtsreife (*sinn al-bulūǧ*) die Möglichkeit eingeräumt, die Ehe ohne unmittelbare Mitwirkung des Ehevormundes einzugehen.[204] Die im CSP verankerte grundsätzliche Zustimmungspflicht der Braut zur Eheschließung steht in Einklang mit den Forderungen internationaler Menschenrechtsabkommen.[205]

Die Eheschließung findet nach Art. 31 Abs. 1 LEC vor zwei Notaren (*'adlān*) oder dem Standesbeamten (*ḍābiṭ al-ḥāla al-madaniyya*) statt.[206] Mann und Frau müssen der Ehe zustimmen und dies durch die Unterzeichnung der Heiratsurkunde kenntlich machen (Art. 7 LEC). Mit dieser Regelung wandte sich der Gesetzgeber 1956 gegen einen in Tunesien weit verbreiteten islamischen Brauch: die zwangsweise Verheiratung (*ǧabr*) von Mädchen und Frauen durch ihre Väter. Dem islamischen Recht zufolge gibt es kein Mindestalter für die Eheschließung, doch gilt im allgemeinen die Bedingung, daß die Ehe nicht vor

---

[203] Der *walī an-nikāḥ* ist bei den Schafiiten und Hanbaliten der Vater oder Großvater, bei den Malikiten ausschließlich der Vater und bei den Hanafiten der Vater, gefolgt von Groß- und Vorvätern beliebigen Grades, Vollbrüdern, Halbbrüdern u.s.w.. Vgl. dazu Rauscher, Sharī'a, S. 36; Juynboll, Handbuch, S. 211 ff.; EI², Art. „Nikāḥ" S. 27.

[204] Linant de Bellefonds, Traité de droit II, Nr. 616-620.

[205] U. a. denen der Internationalen Konvention über die Zustimmung zur Eheschließung, das Mindestheiratsalter und die Registrierung der Eheschließung, New York, 10.12.1962.

[206] In diesem Sinne auch Qarār ta'qībī ǧazā'ī, 'adad 8880, 23.5.1973, našriyyat maḥkamat at-ta'qīb 1973, al-qism al-ǧazā'ī, ṣ. 33.

Erreichen der Geschlechtsreife, die wiederum die Volljährigkeit in persönlichen Angelegenheiten (*sinn ar-rušd*) begründet, vollzogen wird.[207] Die Volljährigkeit orientiert sich im islamischen Recht nicht nach Jahren, sondern nach körperlichen Merkmalen. Allgemein gilt aber eine Obergrenze von 15 Jahren.[208] Mädchen und Jungen, die als minderjährig gelten, können nach malikitischer Lehre sogar von ihrem Vater oder Vormund (*walī muǧbir*) verheiratet werden, ohne daß es dazu ihrer Einwilligung bedarf.[209] Dem *walī muǧbir* aber empfiehlt die Tradition, sich des Einverständnisses der Frau zu versichern.[210] Stillschweigen, Lachen und sogar Weinen des jungen Mädchens werden dem *fiqh* zufolge als Einwilligung angesehen.[211] Dem Recht des *ǧabr* unterliegen Jungen mit dem Erreichen der Volljährigkeit nicht mehr. Während in diesen Punkten Einstimmigkeit zwischen den Rechtsschulen herrscht, gehen die Meinungen über die Ausübung des *ǧabr* gegenüber volljährigen Frauen auseinander. Nach Auffassung der Malikiten, Schafiiten und Hanbaliten dürfen nicht nur minderjährige sondern auch jungfräuliche Töchter jedweden Alters unabhängig von deren persönlichen Wünschen verheiratet werden.[212] Zwar wird von der Braut, die nicht mehr Jungfrau ist (in der Regel die Witwe oder Geschiedene), die Zustimmung zur Eheschließung verlangt, beim Vertragsschluß selbst aber wird auch sie durch ihren *walī* vertreten und ist selbst nicht zugegen.[213] Die *Hanafiten* nehmen in dieser Frage eine moderatere Position ein. Sie schreiben dem Vater vor, den Willen der minderjährigen Tochter zu berücksichtigen[214] und gestehen der volljährigen Frau das Recht zu, ohne Eheschließungsvormund eine Ehe einzugehen, wobei es keine Rolle spielt, ob sie noch Jungfrau ist oder nicht.[215] Sie knüpfen die Erlaubnis jedoch an die Bedingung, daß ihr der Auserwählte in familiärer, wirtschaftlicher und religiöser Hinsicht ebenbürtig sein muß.[216] Wurde die Ehe einer/s

---

[207] Linant de Bellefonds, Traité de droit II, Nr. 614.
[208] Schacht, G. Bergsträsser's Grundzüge, S. 35; Bousquet, Droit musulman, S. 105.
[209] Anderson, Islamic law, S. 43.
[210] Linant de Bellefonds, Traité de droit II, Nr. 619; Juynboll, Handbuch, S. 210.
[211] Juynboll, Handbuch, S. 210.
[212] Pearl, Textbook, S. 44; Anderson, Islamic law, S. 43. Nach Linant de Bellefonds (Traité de droit II, Nr. 632, 634) ist bei den Malikiten die Tochter fortgeschrittenen Alters (*la vieille fille*) vom *ǧabr* ausgeschlossen.
[213] Linant de Bellefonds, Traité de droit II, Nr. 616, 620.
[214] As-Snūsī, maǧallat, Fn S. 15 (arab. Teil), Fn S. 13 (franz. Teil).
[215] Bousquet, Droit musulman, S. 106; Jaeger, Ehe- und Scheidungsrecht, S. 34; Rauscher, Sharī'a, S. 34; Linant de Bellefonds, Traité de droit II, Nr. 620, 634.
[216] Anderson, Islamic law, S. 44; Schacht, Introduction, S. 162.

Minderjährigen durch einen anderen Vormund als den Vater oder den Großvater geschlossen, so kann der hanafitischen Lehre zufolge jeder der beiden Ehegatten die Ehe nach Erreichen der Geschlechtsreife zurückweisen (*ḫiyar al-bulūġ*), sofern sie noch nicht vollzogen wurde.[217]

Erwähnenswert in diesem Zusammenhang ist, daß der Vollzug der Ehe (*binā'*) durch die erste Beiwohnung (*duḫūl*) erfolgt. Sie ist eine unabdingbare Voraussetzung für die Gültigkeit der Ehe. Zwischen dem Abschluß des Ehevertrages und dem Ehevollzug können indes Jahre liegen. Nach islamischer Rechtsvorstellung gilt eine Ehe dann als vollzogen, wenn es eine Gelegenheit gab, bei der dies ohne denkbare Hindernisse möglich gewesen wäre.[218] Das islamische Recht spricht in diesem Zusammenhang von einer Situation „*wirksamer Zurückgezogenheit (al-ḫalwa as-ṣaḥīḥa*)."[219] Nach malikitischem Ritus unterscheiden sich der angenommene und der tatsächliche Vollzug der Ehe auch hinsichtlich ihrer Rechtsfolgen nicht voneinander.[220] Diese Sicht spiegelt sich auch in der tunesischen Rechtsprechung wider.[221]

Am hanafitischen Verbot der Zwangsverheiratung der volljährigen Frau hat sich der tunesische Gesetzgeber also offenbar orientiert[222] und diese Vorschrift auf Minderjährige ausgedehnt. Damit wurde ein wesentlicher Schritt zur Eindämmung von Kinderehen getan, in die zuvor vor allem Mädchen gezwungen worden waren.

---

[217] Pearl, Textbook, S. 44; Fyzee, Outlines, S. 77; Schacht, Introduction, S. 161 f.; Linant de Bellefonds, Traité de droit II, Nr. 634.

[218] Pearl, Textbook, S. 52.

[219] Rauscher, Sharī'a, 1987, S. 54.

[220] Linant de Bellefonds, Traité de droit, Nr. 863.

[221] Qarār ta'qībī madanī, Nr. 9294, 20.2.1973, našriyyat maḥkamat at-ta'qīb 1973, al-qism al-madanī, ğuz' 1, ṣ. 12; Qarār ta'qībī madanī, Nr. 21420, 13.12.1988, našriyyat maḥkamat at-ta'qīb 1988, al-qism al-madanī, ṣ. 196.

[222] Art. 3 Abs. 1 CSP gibt en détail nicht die hanafitische Lehrmeinung wieder, wie dies häufig angenommen wird. So etwa von As-Snūsī, mağallat, Fn 1, S. 14 (arab. Teil), Fn 1, S. 11 (franz. Teil); Borrmans, Statut Personnel, S. 295; Bergmann-Ferid, Ehe- und Kindschaftsrecht, Fn 7, S. 14.

Der Beweis der Eheschließung kann nach Art. 4 Abs. 1 CSP nur durch die in Art. 32 LEC präzisierte öffentliche Urkunde (*ḥuǧǧa rasmiyya*) erbracht werden.[223] Die beiden Brautleute sind zudem gesetzlich verpflichtet,[224] vor der Eheschließung ein amtliches Gesundheitszeugnis (*šihāda ṭibbiyya sābiqa li-z-zawāǧ*) beizubringen, das ansteckende und gefährliche Krankheiten, Geisteskrankheiten und Alkoholismus ausschließt.[225] Zuwiderhandlungen werden mit einer Geldstrafe geahndet, haben aber keinen Einfluß auf die Gültigkeit der Ehe.

Es überrascht nicht, daß sich tunesische Gerichte seit Erlaß des CSP im Jahre 1956 in großem Umfang mit der formalen Gültigkeit von Eheschließungen zu beschäftigen hatten.[226] Indem der Gesetzgeber die Eheschließung an strenge formale Voraussetzungen band, gab er der Rechtsprechung in den Jahren nach Erlaß des Personenstandsgesetzes vor allem ein wirksames Mittel im Kampf gegen die traditionell geschlossenen *'urf*-Ehen an die Hand.[227] Da in Tunesien das Zusammenleben unverheirateter Paare trotz seines Ausnahmecharakters eine gesellschaftliche Realität ist, ist in der neueren Rechtsprechung nur noch eine geringe Bereitschaft zur Qualifizierung außerehelicher Beziehungen als *'urf*-Ehen zu erkennen. Entsprechende Klagen werden nur noch vereinzelt eingereicht und

[223] Nach dem Prinzip "*Locus regit actum*" (Krüger, Ehe und Brautgabe, S. 115) ist der Beweis für die außerhalb Tunesiens geschlossene Ehe nach den Bestimmungen des Landes zu führen, in der sie geschlossen wurde (Art. 4 Abs. 2 CSP). In diesem Sinne auch Qarār ta'qībī madanī, 'adad 2668, 20.2.1964, našriyyat maḥkamat at-ta'qīb 1964, al-qism al-madanī, ṣ. 9.

[224] Gesetz Nr. 64-46 vom 3.11.1964 (*Ar-rāʾid ar-rasmī li-l-ǧumhūriyya at-tūnisiyya*, Nr. 53 vom 3.11.1964 und J.O.R.T. Nr. 53 vom 3.11.1964).

[225] Im Rahmen der ärztlichen Untersuchung müssen die zukünftigen Eheleute auch über Methoden der Familienplanung informiert werden. Ein Abdruck des entsprechenden Formulars findet sich in der regierungsamtlichen Veröffentlichung Maǧallat al-aḥwāl aš-šaḫṣiyya, S. 69 (franz. Teil S. 68) sowie bei Chérif Chamari, mariage, S. 87.

[226] Z. B. Ḥukm ibtidā'ī madanī (Mahdia), 'adad 605, 13.3.1961, maǧallat al-qaḍā' wa-t-tašrī', 'adad 8, 1961, ṣ. 80; Qarār ta'qībī madanī, 'adad 3187, 25.6.1964, našriyyat maḥkamat at-ta'qīb 1964, al-qism al-madanī, ṣ. 27; Qarār ta'qībī madanī, 'adad 3538, 23.2.1965, našriyyat maḥkamat at-ta'qīb 1965, al-qism al-madanī, ṣ. 9, maǧallat al-qaḍā' wa-t-tašrī', 'adad 7, 1965, ṣ. 39; Qarār isti'nāfī madanī (Tunis), 'adad 28744, 19.3.1969, maǧallat al-qaḍā' wa-t-tašrī', 'adad 1, 1970, ṣ. 59. Qarār ta'qībī madanī, 'adad 5350, 2.4.1968, maǧallat al-qaḍā' wa-t-tašrī', 'adad 8, 1968, ṣ. 33; Qarār ta'qībī madanī, 'adad 612, 19.4.1977, našriyyat maḥkamat at-ta'qīb 1977, al-qism al-madanī, ǧuz' 1, ṣ. 223.

[227] Da die Vorschriften des CSP laut Dekret vom 13.8.1956 Art. 2 nicht rückwirkend gelten, behalten *'urf*-Ehen, die vor Inkraftsetzung des Gesetzes über das Personenstandswesen vom 1.8.1957 geschlossen wurden, ihre Gültigkeit. In diesem Sinne auch Qarār isti'nāfī madanī (Tunis), 'adad 28744, 19.3.1969, Maǧallat al-qaḍā' wa-t-tašrī', 'adad 1, 1970, ṣ. 59; Qarār ta'qībī ǧazā'ī, 'adad 10360, 31.1.1976, našriyyat maḥkamat at-ta'qīb 1976, al-qism al-ǧazā'ī, ǧuz' 2, ṣ. 115; Qarār ta'qībī madanī, 'adad 9772, 17.1.1975, našriyyat maḥkamat at-ta'qīb 1975, al-qism al-madanī, ǧuz' 2, ṣ. 132; Qarār ta'qībī madanī, 'adad 612, 19.4.1977, našriyyat maḥkamat at-ta'qīb 1977, al-qism al-madanī, ǧuz' 1, ṣ. 223.

sind in der Mehrzahl ein Ausdruck der gesellschaftlichen Mißbilligung außerehelicher Beziehungen. Dennoch haben sich Frauen in der Vergangenheit immer wieder selbst des Schließens von *'urf*-Ehen bezichtigt und damit versucht, ihren unehelich geborenen Kindern über den Umweg des Nachweises einer traditionell geschlossenen Ehe einen legalen Status zu verschaffen.[228]

Als ein Zugeständnis an die Tradition kann die Eheschließung durch Bevollmächtigung betrachtet werden. In Anlehnung an die klassische islamische Lehre[229] darf sich nach Art. 9 CSP jeder der beiden Brautleute prinzipiell auch durch einen Bevollmächtigten (*wakīl*) vertreten lassen und muß nicht persönlich bei der Eheschließung zugegen sein. Darüber, ob beide Eheleute, wie es die Hanafiten gestatten[230], ein und dieselbe Person mit ihrer Vertretung bevollmächtigen können, schweigt der Gesetzgeber. Die einzige Bedingung, die nach Art. 10 CSP für den Bevollmächtigten gilt, ist, daß er ohne die Ermächtigung des Vollmachtgebers oder der Vollmachtgeberin keine Untervollmacht erteilen darf und daß er seine Bevollmächtigung anhand einer notariellen Urkunde, in der die beiden Brautleute ausdrücklich aufgeführt sind, nachweisen muß. Kritisch betrachtet schließt die Eheschließung durch Bevollmächtigten, die einst vermutlich in Vermeidung eines zu scharfen Bruchs mit traditionellen Bräuchen konzipiert wurde, eine mißbräuchliche Anwendung nicht aus:

„... *Es wäre nicht erstaunlich, wenn traditionell gesinnte Väter ... die den 'guten alten Zeiten' nachtrauern, in denen sie die unangefochtenen Meister waren, nun versuchen würden, das Recht zu umgehen und ihre Töchter zur Heirat zu zwingen. Die Beibehaltung der Eheschließung per Vormund könnte ihnen unter diesen Bedingungen eine durchaus gefährliche Manövriermöglichkeit bieten.* “[231]

In der Praxis war die Eheschließung durch Bevollmächtigten jedoch schon von Beginn an eine Randerscheinung.[232] Es bleibt deshalb abzuwarten, ob sich der Gesetzgeber in den nächsten Jahren zur Abschaffung der Eheschließung durch Bevollmächtigten entschließen kann.

---

[228] Kinder, die innerhalb einer ungültigen Ehe gezeugt wurden, gelten nach tunesischem Recht dennoch als „legitim". Vgl. dazu Kap. 2, II., 1.2.2 der vorliegenden Arbeit.

[229] Vgl. dazu Linant de Bellefonds, Traité de droit II, Nr. 628; Jaeger, Ehe- und Scheidungsrecht, S. 35 f.; Bousquet, Droit musulman, S. 104.

[230] Vgl. dazu Linant de Bellefonds, Traité de droit II, Nr. 630.

[231] Charfi, Conditions, S. 22. Hervorhebung im Original.

[232] Ebd.

Neben dem beiderseitigen Einverständnis der Ehegatten schreibt Art. 3 CSP für die Eheschließung das Zeugnis zweier vertrauenswürdiger Zeugen (*'išhād šāhidain min 'ahl aṯ-ṯiqa*) sowie die Benennung einer Morgengabe (*tasmiyat mahr az-zawāǧ*)[233] als Bedingung ihrer Gültigkeit (*ṣiḥḥa*) vor.

Während die Malikiten die Gegenwart von Zeugen nicht als Gültigkeitskriterien der Eheschließung anerkennen,[234] dagegen aber die Hanafiten die Anwesenheit zweier männlicher bzw. eines männlichen und zweier weiblicher Zeugen fordern,[235] verlangt Art. 4 LEC die Anwesenheit zweier mindestens 20jähriger Zeugen jedweden Geschlechts. Nach tunesischem Rechtsverständnis können also die geforderten zwei Zeugen auch weiblichen Geschlechts sein, was im offenen Widerspruch zum islamischen Recht steht. Unter Bezug auf den Koran[236] setzt dieses die Beweiskraft zweier weiblicher Zeugenaussagen dem einer männlichen gleich.[237]
Durch den nach Art. 8 LEC erforderlichen Eintrag der Eheschließung in das Standesregister verlieren die Zeugen aber die Beweisfunktion, die ihnen im klassisch islamischen Recht zukommt. Mit dem Erfordernis zweier Zeugen als Gültigkeitskriterium für die Eheschließung verfolgte der Gesetzgeber neben dem Anknüpfen an die Tradition[238] ein doppeltes Ziel. Zum einen beabsichtigte er, der Eheschließung ein Mindestmaß an Publizität zu gewähren,[239] und zum anderen sollte das Vorliegen von Ehehindernissen so weit als möglich ausgeschlossen werden können.[240]

Daß beide Eheleute frei von „rechtlichen Ehehindernissen (*al-mawāni' aš-šar'iyya*)" sein müssen,[241] gehört nämlich ebenfalls zu den formalen Voraus-

---

233 Zur Morgengabe vgl. ausführlich Kap. 2, II., 2.2.2 der vorliegenden Arbeit.
234 Jaeger, Ehe- und Scheidungsrecht, Fn 3, S. 24.
235 Rauscher, Sharī'a, S. 33.
236 „*Und nehmt zwei Männer von euch als Zeugen! Wenn es nicht zwei Männer sein können, dann sollen es ein Mann und zwei Frauen sein.*" (Koran 2:282)
237 Die islamische Regelung nahm der Vorsitzende der Stadtverwaltung von Bardo im August 1994 zum Anlaß, bei der Eheschließung eines Mitgliedes des Generalkomitees der tunesischen Menschenrechtsliga (LTDH) eine Frau als Zeugin abzulehnen und statt ihrer die Anwesenheit zweier weiblicher Zeugen zu fordern. Vgl. dazu ATFD (Hrsg.), Les violences, S. 37.
238 Colomer, Le code, S. 64.
239 Vgl. Charfi, Conditions, S. 20 f.; Aš-Šarīf, maǧallat, S. 18.
240 Aš-Šarīf, maǧallat, S. 18.
241 Zu den Ehehindernissen im tunesischen Recht vgl. Kap. 2, II., 2.1.3 der vorliegenden Arbeit.

setzungen der Eheschließung nach Art. 5 CSP. Offen bleibt, ob damit Ehehindernisse des CSP oder solche des islamischen Rechts gemeint sind.[242] Auch die französische Fassung hilft bei der Klärung dieser begrifflichen Ungenauigkeit nicht weiter.[243] „*Waren sich die Redakteure der mağalla der Tragweite ihrer Formulierung bewußt, als sie šar'iyya statt qānūniyya (gesetzlich) wählten* " fragt deshalb *Borrmans* und weist darauf hin, daß die getroffene Wortwahl eine Referenz auf das islamische Recht impliziert und den Schluß nahelegt, daß auch andere, im kodifizierten Recht nicht ausdrücklich genannte Ehehindernisse weiterhin Geltung haben sollen.[244] Die Doppeldeutigkeit des Gesetzestextes wird vor allem im Zusammenhang mit der Legitimität religionsverschiedener Ehen diskutiert.[245]

2.1.2 Mindestheiratsalter und Minderjährigenheirat

Das Mindestalter für die Eheschließung ist in Tunesien an das Geschlecht gebunden. Es beträgt nach Art. 5 Abs. 2 CSP 17 Jahre für die Frau 20 Jahre für den Mann. Dies bedeutet, daß in der Regel nur Frauen vor Erreichen der gesetzlichen Volljährigkeit von 20 Jahren[246] befugt sind, eine Ehe einzugehen. Da die Heirat einer/s Minderjährigen diese/n erst dann zur/zum Volljährigen in personenstands-, zivil- und handelsrechtlicher Hinsicht macht, wenn sie/er mindestens 18 Jahre alt ist (Art. 153 Abs. 2 n. F. CSP), bleibt die mit dem gesetzlichen Mindestalter von 17 Jahren heiratende Frau prinzipiell noch ein Jahr

---

242 *Bergmann/Ferid* (Ehe- und Kindschaftsrecht, S. 14) übersetzen hier schlicht mit „*scheriatrechtliche Hindernisse*" und erweitern damit das Spektrum möglicher Eheausschließungsgründe erheblich. So auch *Aš-Šarīf* (Mağallat, S. 18), der unter Bezug auf die Gültigkeitskriterien der Eheschließung nach tunesischem Recht vom Verbot „*rechtlicher und gesetzlicher Ehehindernisse (al-mawāni' aš-šar'iyya wa-l-qānūniyya)*" spricht.

243 „*... ne doivent pas se trouver dans l'un des cas d'empêchements prévus par la loi.*"

244 Borrmans, Statut Personnel, S. 296.

245 Vgl. dazu Kap. 2, II., 2.1.3.3 der vorliegenden Arbeit.

246 Art. 153 Abs. 1 CSP. Der tunesische Gesetzgeber setzt die Volljährigkeit in persönlichen Angelegenheiten mit der Volljährigkeit in Vermögensangelegenheiten gleich und verwischt damit nach *Colomer* (Le code, S. 60) eine Unterscheidung, die im islamische Recht wesentlich ist. Während dort nämlich die Volljährigkeit in persönlichen Angelegenheiten individuell mit dem Erreichen der biologischen Geschlechtsreife zusammenfällt, ist die Volljährigkeit in Vermögensangelegenheiten an die Erreichung des *rušd* gebunden, d. h. der Verstandesreife, die eine Verwaltung des Vermögens ohne Verschwendung und Gefährdung erlaubt. Vgl. dazu Rauscher, Sharī'a, S. 15 f.

unter der Vormundschaft ihres Vaters. Hingegen fällt für Männer die Ehefähigkeit mit der Volljährigkeit zusammen.

Bis das Mindestheiratsalter 1964 erstmals angehoben wurde,[247] galt als ehefähig, wer die biologische Geschlechtsreife (*al-bulūġ aṭ-ṭabī'ī*) erreicht hatte. Diese wurde für die Frau aber erst mit Vollendung des 15., für den Mann mit Vollendung des 18. Lebensjahres angenommen (Art. 5 a. F. CSP). Trotz der Anhebung der Mindestaltersgrenzen, hat sich im tunesischen Gesetz offenbar die Überzeugung halten können, daß die Frau drei Jahre früher als der Mann ein heiratsfähiges Alter erreicht. Dennoch entfernte sich der Gesetzgeber mit der Festlegung eines Mindestheiratsalter deutlich vom islamischen Recht, das wie bereits erwähnt, keine entsprechenden Altersgrenzen kennt. Mit dieser Entscheidung hat der tunesische Gesetzgeber ein unmißverständliches Zeichen für die Eindämmung von Frühehen gesetzt.[248] Die Verheiratung junger Mädchen wurde damit jedoch nicht kategorisch ausgeschlossen. Nach Art. 5 CSP kann mit einer besonderen richterlichen Genehmigung (*'iḏn ḫāṣṣ min al-ḥākim*) eine Ehe auch vor Erreichen des Mindestheiratsalters geschlossen werden. Der Richter tritt dann als Eheschließungsvormund auf.[249] In einem solchen Fall darf der Richter die Erlaubnis zur Eheschließung indes nur aus schwerwiegenden Gründen und im offenkundigen Interesse der beiden Brautleute geben (*li-asbāb ḫaṭīra wa-l-maṣlaḥa al-wāḍiḥa li-z-zauǧain*, Art. 5 CSP). Ausschlaggebend ist in den meisten Fällen eine soziale Notlage der jungen Frau. *Aš-Šarīf* nennt als Beispiele die Defloration, Schwangerschaft, Vergewaltigung oder Verwaisung.[250] Er weist aber auch darauf hin, daß der Richter keiner Eheschließung vor dem vollendeten 13. Lebensjahr, dem Beginn des Unterscheidungsvermögens (*at-tamyīz*) des Minderjährigen zustimmen wird.[251]
Sieht die minderjährige Frau trotz richterlicher Erlaubnis schließlich doch von

---

[247] Per Dekret-Gesetz 1-64 vom 22.4.1964.
[248] In der arabischen wie in der nichtarabischen islamischen Welt macht sich allgemein ein Trend zur Anhebung des gesetzlichen Ehefähigkeitsalters bemerkbar. Vgl. dazu Ebert, Personalstatut, S. 95.
[249] *Aš-Šarīf* (al-'iḏn al-qaḍā'ī, S. 53) stellt hier mit Blick auf die ausschließlich männliche Ehevormundschaft (Art. 6 CSP) mit Recht die Frage in den Raum, ob die Funktion des *walī* ggf. auch eine Richterin wahrnehmen könnte.
[250] Aš-Šarīf, al-'iḏn al-qaḍā'ī, S. 47.
[251] Aš-Šarīf, al-'iḏn al-qaḍā'ī, S. 44.

einer Eheschließung ab, so ist sie dem Gericht gegenüber verpflichtet, diese Entscheidung zu begründen.[252]

Neuerdings ist für die Eheschließung einer/s Minderjährigen (*qāṣir*), d.h. eines Mannes oder einer Frau, der/die das 20. Lebensjahr und damit die Volljährigkeit noch nicht erreicht hat, das Einverständnis des Eheschließungsvormundes und der Mutter (*muwāfaqat al-walī wa l-'umm*, Art. 6 n. F. CSP) erforderlich. Mit dieser Regelung hat der Gesetzgeber einen beachtlichen Schritt in Richtung Besserstellung der Frau getan. Getreu dem Prophetenwort: "*Eine Frau kann eine andere Frau nicht verheiraten*",[253] war die Eheschließung Minderjähriger bis zur Personenstandsreform d. J. 1993 lediglich von der Zustimmung des (männlichen) Eheschließungsvormundes abhängig (Art. 6 Abs. 1 a. F. CSP). Die Mutter als Erziehungsperson blieb ausgeblendet. In feministischen Kreisen war die ausschließlich auf den *walī* bezogene Zustimmungspflicht seit langem als traditionsbedingte Ungleichbehandlung kritisiert worden.[254] Indem der Gesetzgeber nunmehr auch das Einverständnis der Mutter zur Eheschließung des minderjährigen Kindes verlangt, rückt er die gemeinsame elterliche Verantwortung in den Vordergrund und stärkt damit die Position der Frau innerhalb der Familie erheblich. Gleiches gilt für die Verweigerung des Einverständnisses zur Heirat. Dieses kann nach Art. 6 Abs. 1 n. F. CSP nämlich gleichermaßen vom *walī* oder der Mutter ausgehen. Eine Minderjährigenheirat gegen den Willen der Mutter ist damit weitgehend ausgeschlossen, es sei denn, von richterlicher Seite wird anders entschieden: „*Verweigern der walī oder die Mutter dieses Einverständnis, und hält der Minderjährige an seinem Wunsch (die Ehe zu schließen) fest, so ist die Angelegenheit dem Richter vorzutragen. Die Erlaubnis zur Eheschließung kann nicht angefochten werden (lā yaqbalu aṭ-ṭa'n bī 'ay wağh,* Art. 6 Abs. 2 CSP).“[255] Mit der Hinzufügung der letztgenannten Bestimmung im Zuge der Personenstandsreform d. J. 1993 wurde der elterliche Einfluß auf Heirats-

---

[252] Qarār ta'qībī madanī, 'adad 13437, 3.3.1986, našriyyat maḥkamat at-ta'qīb 1986, al-qism al-madanī, ğuz' 1, ṣ. 147.
[253] Linant de Bellefonds, Traité de droit II, Nr. 633.
[254] So etwa von Bouraoui, Inégalité, S. 434; Chérif Chamari, Femme, S. 41.
[255] Qarār ta'qībī madanī, 'adad 13437, 3.3.1986, našriyyat maḥkamat at-ta'qīb 1986, al-qism al-madanī, ğuz' 1, ṣ. 147.

entscheidungen der Kinder deutlich eingeschränkt.[256]

Von einer gesetzlichen Gleichstellung von Vater und Mutter kann auch nach der Personenstandsreform d. J. 1993 nicht die Rede sein. Nach Art. 8 Abs. 1 CSP kommt als Eheschließungsvormund des oder der Minderjährigen nämlich weiterhin nur der nächste männliche Blutsverwandte in aufsteigender Linie (*al-'āsib bī-l nasab*), in der Regel sein Vater oder dessen Bevollmächtigter, in Frage. Mangelt es an einem geeigneten Eheschließungsvormund, so kann ersatzweise auch der Richter seine Zustimmung geben (Art. 8 CSP). Schon nach der Personenstandsreform von 1981[257] hatte *Meziou* die weiterhin auf den Vater beschränkte Zustimmungspflicht zur Eheschließung seines minderjährigen Kindes als *„eine Art Anachronismus"* bezeichnet und darauf hingewiesen, daß diese Regelung *„weder der sozialen Entwicklung noch der (Entwicklung) des tunesischen Rechts"* entspräche.[258]

Wesentlich in diesem Zusammenhang ist, daß der CSP ebenso wie das islamische Recht[259] die Eheschließungsvormundschaft und die allgemeine Vormundschaft als zwei unterschiedliche Rechtsinstitute behandelt. Nach Art. 154 Abs. 1 CSP ist der allgemeine Vormund bzw. gesetzliche Vertreter eines Minderjährigen in der Regel ebenfalls der Vater. Erst seit der Gesetzesmodifikation d. J. 1981 geht die elterliche Gewalt im Falle seines Todes oder seiner Geschäftsunfähigkeit direkt auf die Mutter über (Art. 154, 155 CSP).[260] Nach Art. 154 a. F. CSP war in der Regel zwar ebenfalls der Vater der Vormund des minderjährigen Kindes gewesen, nach seinem Ableben aber war ein von ihm eingesetzter Testamentsvormund zur Wahrnehmung dieser Funktion berufen worden, was der malikitischen

---

[256] Eine Ausnahme davon stellt die Eheschließung eines Entmündigten (*al-maḥǧūr lahu*) dar. Deren Gültigkeit ist nach Art. 7 CSP an das Einverständnis seines Vormundes gebunden. Der Vormund des Entmündigten kann vom Richter die Annullierung der Ehe verlangen, wenn diese noch nicht vollzogen wurde (Art. 7 CSP).

[257] Per Gesetz Nr. 81-7 vom 18.2.1981 (*Ar-rāʾid ar-rasmī li-l-ǧumhūriyya at-tūnisiyya*, Nr. 11 vom 20.2.1981 und J.O.R.T., Nr. 11 vom 20.2.1981) wurden das Scheidungsrecht reformiert und Bestimmungen der Personensorge sowie der Vormundschaft neu geregelt.

[258] Meziou, Féminisme, S. 281.

[259] Vgl. dazu Rauscher, Sharī'a, S. 36.

[260] Auch andere Unzulänglichkeiten des gesetzlichen Vertreters können nach Art. 67 Abs. 5 CSP dazu führen, daß der Mutter gerichtlich die Kompetenzen eines Vormundes übertragen werden.

Rechtstradition entsprach.[261]

Obwohl sich der Gesetzgeber also bereits von der islamischen Vorstellung einer ausschließlich von Männern wahrnehmbaren allgemeinen Vormundschaft getrennt hat, war er bisher nicht bereit, dieses Prinzip auch auf die Eheschließungsvormundschaft anzuwenden. Die obligatorische Wahrnehmung der Eheschließungsvormundschaft durch einen Mann (meist den Vater) führt dazu, daß die alleinige Zustimmung der Mutter zur Eheschließung ihres minderjährigen oder entmündigten Kindes in keinem Fall ausreicht. Sogar als Inhaberin der gesetzlichen Vertretung, z. B. nach dem Tod ihres Mannes, kann sie nie als Eheschließungsvormund auftreten.[262] Im Falle des Todes des Vaters ist neben ihr stets ein männlicher Vertreter berufen, der Ehe des minderjährigen Kindes zuzustimmen. Ihr alleiniges Einverständnis ist nur dann rechtswirksam, wenn sie durch den verstorbenen Kindsvater testamentarisch zur Verheiratung des Minderjährigen ermächtigt wurde.[263] *Bouraoui* weist in diesem Zusammenhang darauf hin, daß der tunesische Gesetzgeber hier offensichtlich die Möglichkeiten des islamischen Rechts nicht voll ausgeschöpft habe, räumten doch die Hanafiten der Mutter unter bestimmten Umständen das Recht des *ǧabr* ein.[264] *Linant de Bellefonds* dagegen findet diese Ausnahme bei den Malikiten, die im Falle des Todes des Vaters und einer entsprechenden Verfügung seinerseits der Mutter ein Mitspracherecht bezüglich der Heirat ihrer jüngfräulichen Töchter oder minderjähriger Söhne geben.[265]

Trotz unverkennbarer Gleichstellungstendenzen bleibt mit der Beschränkung der Eheschließungsvormundschaft auf den Vater ein wesentlicher Diskriminierungsfaktor im kodifizierten Eherecht bestehen.[266] Ursache dafür sind die in Tunesien fortdauernden agnatischen Verwandtschaftsstrukturen. Diese folgen noch immer dem die männliche Linie präferierenden Gesellschaftsideal islamischer Proveni-

---

[261] Vgl. dazu Ben Ḍiyyā, ḫawāṭir, S. 51 f.

[262] Aš-Šarīf, al-'iḏn al-qaḍā'ī, S. 56; Forstner, Änderungen, Fn 17, S. 18; Bouraoui, Droit de la famille, S. 126 f.

[263] Aš-Šarīf, al-'iḏn al-qaḍā'ī, S. 62.

[264] Bouraoui, Droit de la famille, S. 127.

[265] Linant de Bellefonds, Traité de droit II, Nr. 633.

[266] Diese Kritik bezieht sich auch auf die Regeln der allgemeinen Vormundschaft, insofern, als sie trotz der beschriebenen Einschränkungen grundsätzlich den Mann bevorzugen.

enz. Die Dominanz des agnatischen Prinzips ist, wie an anderer Stelle bereits dargestellt, auch im tunesischen Erb- und Abstammungsrecht spürbar. Sie spielt darüber hinaus im Namens- und Nationalitätenrecht eine Rolle. [267]

2.1.3 Dauerhafte und temporäre Ehehindernisse

Getreu dem islamischen Recht unterscheidet der CSP in Art. 14 zwischen Ehehindernissen (*mawāni' az-zawāǧ*), die dauerhaft bzw. definitiv (*mu'abbada*) und solchen, die temporär bzw. heilbar (*muwaqqaṭa*) sind. Während aber in der *šarī'a* eine trotz eines temporären Ehehindernisses geschlossene Ehe bei Wegfall des entscheidenden ehehindernden Aspekts rechtswirksam wird, dürfen nach tunesischem Recht bei Vertragsschluß keinerlei Ehehindernisse vorliegen (Art. 21 Abs. 1 CSP). Der Unterschied zwischen dauerhaften und temporären Eheausschließungsgründen liegt nach tunesischem Rechtsverständnis darin, daß ein dauerhaftes Ehehindernis eine Eheschließung grundsätzlich ausschließt, bei einem temporären aber die Möglichkeit einer späteren Eheschließung besteht, vorausgesetzt der eheverbietende Faktor wird beseitigt.

Den dauerhaften Ehehindernissen sind in Art. 14 Abs. 2 u. 3 CSP Blutsverwandtschaft (*qarāba*), Schwägerschaft (*muṣāhara*), Milchverwandtschaft (*riḍā'*) und dreimalige Ehescheidung (*taṭlīq ṯalāṯan*)[268] zugeordnet; unter die temporären Ehehindernisse fallen die noch bestehende Ehe (*ḥaqq al-ġair bi-z-zawāǧ*)[269] sowie die noch nicht abgelaufene Wartezeit (*'idda*).

---

[267] Vgl. dazu Bouraoui, Droit de la famille, S. 128f.; Chekir, La convention, S. 79.

[268] Der Gesetzgeber wählt nur an dieser Stelle den Begriff *taṭlīq*. Ansonsten legt er sich auf *ṭalāq* als terminus technicus für die gerichtliche Ehescheidung fest.

[269] „*Das Recht eines/einer anderen an der Ehe*" schließt als Ehehindernis sowohl die Polygynie als auch die Polyandrie aus.

2.1.3.1 Blutsverwandtschaft, Schwägerschaft, Milchverwandtschaft und dreimalige Verstoßung

Bezüglich der ehehindernden Verwandtschaftsverhältnisse präzisiert Art. 15 CSP, daß dem Mann die Eheschließung mit seinen Aszendenten und Deszendenten (*'uṣūl ar-rağul wa-fuṣūluhu*) mit den Deszendenten seiner direkten Aszendenten (*fuṣūl 'awwal 'uṣūlihi*) und dem direkten Deszendenten eines jeden Aszendenten ad infinitum (*'awwal faṣl min kull 'aṣl wa 'in 'alā*) verboten ist. In der französischen Übersetzung des Art. 15 CSP sind die verbotenen Verwandtschaftsverhältnisse näher aufgeschlüsselt: "*Die Ehe eines Mannes mit seinen Aszendenten und Deszendenten, mit seinen Schwestern, den Deszendenten jeglichen Grades seiner Brüder und Schwestern sowie mit seinen Tanten, Großtanten und Urgroßtanten ist untersagt.*" Das so beschriebene Ehehindernis der Blutsverwandtschaft entspricht den Vorschriften der *šarīʿa*[270], die sich ihrerseits direkt auf den Koran stützen.[271]

Verboten ist nach islamischem Recht auch die Eheschließung mit Halbschwestern sowie mit Halbschwestern der Eltern und Großeltern.[272] Der CSP schließt sich hierin der klassischen Doktrin nicht (ausdrücklich) an. Anders ist es mit der Heirat zwischen Cousin und Cousine. Die Ehe mit der Tochter des Onkels, die sogenannte *bint al-'amm*-Ehe, ist nach tunesischem Recht ebenso wie in der klassischen islamischen Lehre gestattet.[273]

Bezüglich des Ehehindernisses der Schwägerschaft orientiert sich der tunesische Gesetzgeber strikt am islamischen Recht.[274] Art. 16 CSP untersagt Männern die

---

270 Zum Ehehindernis der Blutsverwandtschaft vgl. Rauscher, Sharīʿa, S. 48; Linant de Bellefonds, Traité de droit II, Nr. 684; Pearl, Textbook, S. 47 f.; Fyzee, Outlines, S. 87 f.

271 „*Verboten (...) sind euch eure Mütter, eure Töchter, eure Schwestern, eure Tanten väterlicherseits oder mütterlicherseits, die Nichten, eure Nährmütter, eure Nährschwestern, die Mütter eurer Frauen , eure Stieftöchter (...) und (...) die Ehefrauen eurer leiblichen Söhne. Auch (...) zwei Schwestern zusammen (...) zu haben (...).*" (Koran 4:23).

272 Pearl, Textbook, S. 47.

273 *Linant de Bellefonds* (Traité de droit II, Nr. 685) weist darauf hin, daß die von der *šarīʿa* erlaubte Heirat zwischen Cousin und Cousine im islamischen Kulturraum weitaus weniger verbreitet ist, als gemeinhin angenommen. Zur Häufigkeit blutsverwandter Ehen in Tunesien vgl. Kap. 3, II., 2.1.2 der vorliegenden Arbeit.

274 Vgl. dazu Linant de Bellefonds, Traité de droit II, Nr. 691; Fyzee, Outlines, S. 88; Pearl, Textbook, S. 48.

Ehe mit den Aszendenten ihrer Frauen ab der Eheschließung (*'uṣūl az-zauǧāt bī muǧarrad al-'aqd*), mit den Deszendenten ihrer Frauen ab dem Vollzug der Ehe mit der Mutter (*fuṣūluhunna bi š-šarṭ ad-duḫūl bī l-'umm*) sowie mit den verwitweten oder geschiedenen Ehefrauen seiner Aszendenten oder Deszendenten ad infinitum ab der Eheschließung (*zauǧāt al-ābā' wa 'in 'alū wa zauǧāt al-'aulād wa 'in safalū bī muǧarrad al-'aqd*). Damit erkennt der tunesische Gesetzgeber nicht nur die von der *šarī'a* im Rahmen der Schwägerschaft verbotenen vier Personengruppen an, er bindet das Verbot der Ehe gemäß der *šarī'a* entweder an die Schließung der Ehe selbst oder erst an deren Vollzug. Nach klassisch islamischem Vorbild ist im tunesischen Recht also die Heirat mit der Tochter der (früheren) Ehefrau nur dann erlaubt, wenn die Ehe mit letzterer zwar geschlossen aber nicht vollzogen wurde. Bezüglich des Verbots der Ehe mit Frauen eigener Deszendenten stellt sich die Frage, ob davon auch die Ehefrauen adoptierter[275] Söhne berührt sind. Da der Koran die Ehelichung der verstoßenen Frau oder Witwe des Adoptivsohns erlaubt,[276] bleibt offen, ob die koranische Regelung zur Füllung der Lücke berufen ist, die der tunesische Gesetzgeber in dieser Frage läßt.

Rechtlich relevant ist das Verbot der Verschwägerung im tunesischen Kontext nur im Falle der Auflösung der Ehe durch Tod des Ehegatten oder Ehescheidung. Aufgrund der gesetzlich vorgeschriebenen Monogamie greifen verbotene Verwandtschaftsverhältnisse nur ab dem Zeitpunkt der Auflösung jener Ehe, die diese Verwandtschaftsverhältnisse herbeigeführt hat. Auch im Islam besteht das Ehehindernis der Schwägerschaft nach Tod, Verstoßung oder Scheidung fort. Seine praktische Relevanz aber bezieht es hauptsächlich aus dem polygynen Eheprinzip,[277] also der Möglichkeit des Mannes, bis zu vier Ehen parallel einzugehen.

Nach Art. 17 CSP hat die Milchverwandtschaft die gleiche ehehindernde Wirkung wie die Blutsverwandtschaft und die Schwägerschaft. Sie stellt im tunesischen Recht wie in der klassisch islamischen Lehre[278] ein dauerhaftes Ehehindernis dar.

---

[275] Obwohl das islamische Recht die Rechtsfigur der Adoption (*tabannin*) nicht kennt und sich dabei auf Koran 33:4-5 stützt, ist Tunesien bisher das einzige arabisch-islamische Land, in dem die Adoption anerkannt ist.

[276] Koran 33:4, 5 und 37.

[277] Rauscher, Shari'a, S. 50.

[278] Vgl. dazu Linant de Bellefonds, Traité de droit II, Nr. 694.

Zugrunde liegt dieser Überzeugung der Glauben, daß Milch wie Blut eine verwandtschaftsähnliche Beziehungen zwischen zwei Personen schafft. Obwohl der Koran Bluts- und Milchverwandtschaft gleichsetzt, bezieht sich das Verbot der Milchverwandtschaft nach Auffassung aller sunnitischen Rechtsschulen lediglich auf die nächsten Stillverwandten, weshalb hauptsächlich die Eheschließung mit der eigenen Still-Mutter und deren weiblichen Abkömmlingen, sowie mit Still-Geschwistern und deren Abkömmlingen untersagt ist.[279] Nicht klar abgegrenzt ist die Reichweite der Milchverwandtschaft nach tunesischem Recht. Explizit regelt das Gesetz lediglich, daß nur das von einer Amme gestillte Kind - anders als seine Brüder und Schwestern – als Kind der Amme und ihres Ehemannes gilt (Art. 17 CSP). Eine dieser Bestimmung inhärente Orientierung an der oben genannten *šarī'a*-rechtlichen Auslegung der Milchverwandtschaft liegt indes nahe, so daß von der Position des gestillten männlichen Säuglings aus in erster Linie die spätere Ehe mit seiner Stillmutter und ihren weiblichen Deszendenten sowie mit seinen Stillschwestern und deren weiblichen Deszendenten verboten ist. Die leiblichen Geschwister werden von der so definierten Milchverwandtschaft nicht berührt.[280] Das Verbot der Eheschließung zwischen nicht miteinander verwandten Stillgeschwistern dehnt sich nach tunesischem Recht also nicht auf deren Brüder und Schwestern aus.[281] Einem richterlichen Urteil d. J. 1961 zufolge hat die Milchverwandtschaft nur dann eine ehehindernde Wirkung, wenn sie noch vor der Eheschließung durch die Aussage weiblicher Zeugen nachgewiesen wurde.[282] In der Diskussion dieses Urteils weist *Lagrange* darauf hin, daß das Verbot der Ehe zwischen Stillbruder und -schwester angesichts deren geschwisterähnlichen Aufwachsens und sozialen Verbundenseins vor allem eine moralische Dimension hat.[283] Obwohl die Milchverwandtschaft im Familienrecht der meisten islamischen Staaten weiterhin eine Rolle spielt, handelt es sich dabei um ein Ehehindernis, das in der Realität mehr und mehr an Bedeutung verliert. Daß aber selbst Tunesien, als ein *„dem klassischen Recht ungezwungen gegenüberstehendes Land"* an diesem Ehehindernis festhält, wertet *Linant de Bellefonds*

[279] Rauscher, Sharī'a, S. 49.
[280] Chérif Chamari, Femme, S. 41.
[281] Chérif Chamari, mariage, S. 22.
[282] Qarār ta'qībī madanī, 'adad 319, 17.1.1961, našriyyat maḥkamat at-ta'qīb 1961, al-qism al-madanī, S. 10.
[283] Lagrange, RTD 1963-65, S. 47.

als Hinweis darauf, daß die Milchverwandtschaft noch tief im islamischen Bewußtsein verankert ist.[284]

Das vierte dauerhafte Ehehindernis ist nach tunesischem Recht die dreimalige Verstoßung. Dazu heißt es in Art. 19 CSP: "*Dem Mann ist es untersagt, seine dreimal von ihm verstoßene Frau (muṭallaqatahū ṯalāṯan) zu ehelichen.*" Augenfällig ist zunächst, daß das tunesische Personenstandsgesetz ein aus der *šarī'a* bekanntes temporäres Ehehindernis zu einem absoluten erklärt. Dies bedeutet insbesondere, daß die von allen vier Rechtsschulen anerkannte Heilungsmöglichkeit des auf dreimaliger Verstoßung der Ehefrau (*ṭalāq bi-ṯ-ṯalāṯa*) basierenden Ehehindernisses entfällt. Zum *ṭalāq*[285] sei vorab nur folgendes bemerkt: Nach islamischem Recht ist erst die dreimalige Verstoßung der Frau durch ihren Ehemann endgültig. Eine Wiederheirat mit derselben Frau ist dem Mann in diesem Fall verboten, es sei denn, sie hat zwischenzeitlich einen anderen Mann geheiratet, mit ihm die Ehe vollzogen und wurde wieder verstoßen. Als probates Mittel, das Ehehindernis der dreimaligen Verstoßung zu umgehen, hatte sich im Laufe der Zeit deshalb die Scheinehe herausgebildet, die nur vorübergehend eingegangen wurde, um alsbald wieder geschieden zu werden. Angesichts dieser Erfahrungen liegt die Vermutung nahe, daß die Umwandlung eines im Islam als heilbar geltenden Ehehindernisses in ein de lege nichtheilbares vor allem in der Absicht erfolgte, die Aushöhlung der islamischen Rechtsnorm von vornherein auszuschließen. *Anderson* bezeichnet diese Reform als „*clear-cut departure from orthodox teaching*", weist aber gleichzeitig darauf hin, daß sich trotz anfänglicher Willkür in der Auslegung des Gesetzestextes nie eine ernsthafte Opposition gegen Art. 19 CSP gebildet habe; u. a. deshalb nicht, weil an die Stelle des *ṭalāq* die gerichtliche Ehescheidung als einzig legitime Form der Eheauflösung getreten sei.[286] Aufgrund der Nichtexistenz des *ṭalāq* im modernen Personenstandsrecht stellt sich aber die Frage, warum der Gesetzgeber dennoch die dreimalige Verstoßung in den Katalog der Ehehindernisse aufgenommen hat. Nach *Chérif Chamari* hat das im islamischen Recht wurzelnde Ehehindernis der dreimaligen

---

[284] Linant de Bellefonds, Traité de droit II, Nr. 694.

[285] Mit der Ehescheidung im islamischen Recht beschäftigt sich Kap. 2, II., 3.1 der vorliegenden Arbeit.

[286] Anderson, Law reform, S. 74.

Verstoßung im System des tunesischen Familienrechts schlicht *„keinen Sinn mehr“*.[287] Unverständlich ist deshalb auch, warum sich die offizielle Kommentierung des CSP mit der Frage danach auseinandersetzt, ob unter *taṭlīq ṯalāṯan* die Verstoßung durch sofortiges, dreimaliges Aussprechen der Scheidungsformel zu verstehen ist, oder ob damit die sukzessive, unter Einhaltung gewisser Zeitabstände ausgesprochene dreimalige Verstoßung gemeint ist.[288] Derartige Überlegungen sind vor allem deshalb erstaunlich, weil sich das Verbot der Wiederheirat nach dreimaliger Verstoßung nach der Einführung der gerichtlichen Ehescheidung nur auf solche Ehen beziehen kann, die vor 1956 geschlossen und durch dreimalige Verstoßung aufgelöst wurden. Wenig Sinn macht es auch, *„taṭlīq“* im Sinne der gerichtlichen Ehescheidung zu verstehen. So übersetzt beinhaltet Art. 14 CSP das Verbot der Wiederverheiratung zwischen Eheleuten, die bereits dreimal miteinander verheiratet waren und genauso oft gerichtlich voneinander geschieden wurden. Wenn sich solche Fälle in der Praxis auch vereinzelt ereignen, so ist die Relevanz einer derartigen Vorschrift dennoch außerhalb der tatsächlichen gesellschaftlichen Realitäten zu suchen. Insgesamt scheint es sich hier um den wenig geglückten Versuch eines Brückenschlages zwischen moderner Familiengesetzgebung und islamischer Rechtstradition zu handeln.

2.1.3.2 Polygynie und nicht abgelaufene Wartezeit

Als vorübergehendes Ehehindernis qualifiziert Art. 14 Abs. 3 CSP die noch bestehende, nicht aufgelöste Ehe. "*Die Polygynie (ta'addud az-zauǧāt) ist verboten.*" heißt es in Art. 18 Abs. 1 CSP. Damit ist Tunesien das einzige arabische Land, in dem die Mehrehe expressis verbis verboten ist.[289] Mit der Abschaffung der Polygynie vollzog Tunesien seinerzeit einen radikalen Bruch mit den Vorgaben des religiösen Rechts. Dieses gestattet dem Mann unter Bezug auf Koran 4:3

---

[287] Chérif Chamari, Femme, S. 42.

[288] As-Snūsī, maǧallat, Fn 2, S. 24 (arab. Teil), Fn 2, S. 17 (franz. Teil).

[289] Andere moderne Familienrechtsgesetze schränken die Ehe eines muslimischen Mannes mit einer weiteren Frau lediglich ein, verbieten sie aber nicht grundsätzlich. Vgl. dazu Ebert, Personalstatut, S. 99 ff.; Pearl, Textbook, S. 70; Kotzur, Kollisionsrechtliche Probleme, S. 97 f.; Anderson, Law reform, S. 110 ff.

die Ehe mit bis zu vier Frauen. Allerdings scheint die Legitimierung der Polygynie durch *Mohammed* ursprünglich in Zusammenhang mit der hohen Anzahl von Witwen und weiblichen Waisen nach den Schlachten von Badr und am Uhud gestanden zu haben.[290] Fest steht auch, daß einige der insgesamt 13 Ehen *Mohammeds* in der Absicht geschlossen wurden, Witwen von Kriegsgefallenen vor sozialer Unsicherheit zu schützen.[291] Neben der karitativen Funktion der Mehrehe ist dem koranischen Schlüsselvers zur Polygynie auch die Verpflichtung zur Gleichbehandlung aller Ehefrauen zu entnehmen:

"Und wenn ihr fürchtet, in Sachen der (eurer Obhut anvertrauten weiblichen) Waisen nicht recht zu tun, dann heiratet, was euch an Frauen gut ansteht (?) (oder: beliebt?), (ein jeder) zwei, drei oder vier.. „Wenn ihr aber fürchtet, (so viele) nicht gerecht zu (be)handeln, dann (nur) eine (...).“[292]

Empfiehlt der Koran also die Polygynie im Zusammenhang mit der Versorgung mittelloser, alleinstehender Frauen und fordert deren gerechte Behandlung, so erlauben alle Rechtsschulen ohne Berücksichtigung des sozial-historischen Hintergrundes der koranischen Regelung grundsätzlich die Mehrehe.[293] *Bliss* sieht in der islamischen Mehrehe deshalb *„ein gutes Beispiel dafür, wie aus einem zunächst ambivalenten Hinweis des Korans repressives šarī'a -Recht entstand“.*[294]

Kritiker der Polygynie verweisen vor allem darauf, daß der Koran dem Menschen die Fähigkeit zur Gleichbehandlung aller Ehefrauen abspricht.[295] Gerade in Fragen der Liebe und Zuneigung sei es dem Menschen nicht möglich, Gerechtigkeit walten zu lassen. Dem gegenüber steht die Lesart der Polygynie-Befürworter, die dem Schlüsselvers zur Mehrehe eine Verpflichtung zur Gleichbehandlung entnehmen, die nicht auf der Gefühlsebene, sondern im Bereich des Kontrollierbaren liegt.[296] Nach islamischem Recht ist die Verpflichtung zur gerechten Behandlung der Ehefrauen eine überwiegend materielle. Da

---

290 Paret, Mohammed, S. 143.

291 Ebd.

292 Koran 4:3.

293 Vgl. dazu Rauscher, Sharī'a, S. 44 f.

294 Bliss, Frau und Gesellschaft, S. 35.

295 *„Und ihr werdet die Frauen (die ihr zu gleicher Zeit als Ehefrauen habt) nicht (wirklich) gerecht behandeln können, ihr mögt noch so sehr darauf aus sein (...)."* (Koran 4:129).

296 Zu den unterschiedlichen Positionen vgl. etwa D'souza, Polygamie, S. 72 ff.; Anderson, Islamic law, S. 49; El-Saadawi, The hidden face, S. 140; Jaeger, Probleme, S. 187 f.

die Mehrehe im Islam in der Regel also mit enormen finanziellen Belastungen des Ehemannes verbunden ist, kann davon ausgegangen werden, daß sie stets ein Privileg Wohlhabender war. Verbreitet war aber die sogenannte „sukzessive Polygynie", also der häufige Wechsel von Frauen durch Verstoßung und Neuheirat.
Die gesetzlich geforderte Monogamie wurde der Öffentlichkeit sodann auch als das Ergebnis einer Neu-Interpretation (*iğtihād*) der islamischen Quellen präsentiert. Erfahrungsgemäß, so hieß es in der offiziellen Kommentierung des Verbots, sei der Mann zur Gleichbehandlung mehrerer Frauen nicht imstande.[297] *Bourguiba* selbst hatte die Polygynie einst als schockierende und für das 20. Jahrhundert unannehmbare Einrichtung bezeichnet.[298]

Bemerkenswert ist die Strafandrohung, mit der der tunesische Gesetzgeber die Monogamie abzusichern sucht. So wird mit einem Jahr Gefängnis und/oder mit einer Geldbuße in Höhe von 240.000 Francs bestraft, wer verheiratet ist und vor der Auflösung dieser Ehe eine neue eingeht, *„auch wenn die neue Ehe nicht entsprechend den Bestimmungen des Gesetzes geschlossen wurde (lam yubram ṭabaq aḥkām al-qānūn*, Art. 18 Abs. 2 CSP*)*." Eine zweite, der Form nach legal eingegangene Ehe stellt nach Art. 18 Abs. 3-4 CSP selbst dann eine Straftat dar, wenn die zuvor geschlossene Ehe dem Gesetz nach nichtig ist.[299] Selbst eine vor 1956 geschlossene *'urf*-Ehe muß gerichtlich geschieden werden, bevor eine neue, gesetzliche Ehe eingegangen werden darf.[300] Verstöße gegen die rechtlich verordnete Einehe werden mit der ganzen Härte des Gesetzes geahndet. Strafaussetzungen und Strafmilderungen, wie sie Art. 53 Code Pénal vorsehen, finden lt. Art. 18 Abs. 5 CSP auf die genannten Strafen keine Anwendung.[301]

Rückblickend wird deutlich, daß die rechtliche Absicherung der Monogamie in

---

[297] As-Snūsī, mağallat, Fn 2, S. 26 (arab. Teil), Fn 1, S. 18 (franz. Teil).
[298] Ben Hammed, Laïcité, Fn 20, S. 114.
[299] Qarār ta'qībī ğazā'ī, 'adad 9616, 18.1.1973, našriyyat maḥkamat at-ta'qīb 1973, al-qism al-ğazā'ī, ṣ. 45; Qarār ta'qībī ğazā'ī, 'adad 15899, 27.1.1988, našriyyat maḥkamat at-ta'qīb 1988, al-qism al-ğazā'ī, ṣ. 122, mağallat al-qaḍā' wa-t-tašrī', 'adad 7, 1990, ṣ. 78. Zu den Voraussetzungen der Nichtigkeit der Ehe vgl. Kap. 2, II., 2.1.4 der vorliegenden Arbeit.
[300] Qarār ta'qībī ğazā'ī, 'adad 2464, 14.10.1978, našriyyat maḥkamat at-ta'qīb 1978, al-qism al-ğazā'ī, ğuz' 2, ṣ. 67, mağallat al-qaḍā' wa-t-tašrī', 'adad 6, 1979, ṣ. 89.
[301] Qarār ta'qībī ğazā'ī, 'adad 3875, 7.4.1965, našriyyat maḥkamat at-ta'qīb 1965, al-qism al-ğazā'ī, ṣ. 96.

Tunesien sukzessive erfolgte. Anfänglich war die Eheschließung mit einer zweiten Frau trotz Polygynieverbots noch vollgültig.[302] Für den in in Bigamie lebenden Ehemann war lediglich eine Strafsanktion vorgesehen. Nachdem schon 1958 die Strafandrohung auf traditionell geschlossene Zweitehen erweitert worden war, wurde 1964 die Fortsetzung der ehelichen Gemeinschaft mit einer nicht rechtsgültig geheirateten Frau nach einer zweiten Eheschließung unter Strafe gestellt und per Gesetz vom 20.2.1964 schließlich die Nichtigkeit der verbotswidrig geschlossenen Zweitehe als zivilrechtliche Folge eingeführt.[303]

Der Gesetzgeber bezieht das Gebot der Monogamie sowohl auf den Mann als auch auf die Frau. Er verbietet nicht nur die Polygynie sondern auch die Polyandrie (Vielmännerei). Diese Feststellung ergibt sich u. a. aus Art. 20 CSP wonach dem Mann *„die Eheschließung mit der Frau eines anderen sowie seine sich in der Wartezeit befindende Frau"* verboten sind *(yuḥaǧǧar at-tazawwuǧ bi-zauǧat al-ġair 'au mu'taddatihi).*"[304] Der Praxisbezug einer solchen Vorschrift aber ist zweifelhaft in einer Gesellschaft, in der die Polyandrie, solange man nicht in den Vorislam zurückgeht, nie eine Rolle spielte und schon von rechtswegen ausgeschlossen war. Fraglich ist auch, warum das Verbot der Polyandrie indirekt ausgesprochen wird, ohne die Frau explizit zu adressieren. Hier könnten ethisch-religiöse Gründe eine Rolle spielen. Abgesehen davon bildet der Großteil der eherechtlichen (weniger der scheidungsrechtlichen) Vorschriften des CSP die Perspektive des Mannes ab. Betrachtet man aber die Wortwahl in Art. 20 CSP genauer, so drängt sich die Frage auf, ob der Gesetzgeber, indem er die Heirat mit der *„Frau eines anderen"* untersagte, nicht eher darauf zielte, das Einbrechen in fremde Ehen zu unterbinden und die Einhaltung des neuen Familienrechts durchzusetzen.

Als zweites der beiden vorübergehenden Ehehindernisse nennen Art. 14 Abs. 3

---

[302] Pritsch, Personenstandsgesetz, S. 189, 194; Borrmans, Statut Personnel, S. 302; Colomer, Le code, S. 166; Lagrange, Législateur, S. 19.

[303] Kotzur, Kollisionsrechtliche Probleme, S. 128. Vgl. dazu auch Charfi, Conditions, S. 24 f.; Borrmans, Statut Personnel, S. 340; Lagrange, Législateur; S. 19.

[304] Ein indirektes Verbot der Polyandrie findet sich darüber hinaus auch in Art. 14 und 18 CSP. Vgl. dazu Aš-Šar if, Maǧallat, S. 33; Colomer, Le code, S. 56; Borrmans, Statut Personnel, S. 300.

und Art. 20 CSP die noch nicht abgelaufene Wartezeit (*'idda).*[305] Dabei handelt es sich um eine Einrichtung, die von allen großen Rechtsschulen ebenfalls in die Gruppe der temporären Ehehindernisse eingeordnet wird.[306] Die wesentlichen Bestimmungen zur *'idda* enthält das die Art. 34-36 CSP umfassende Dritte Buch mit dem Titel "Die Wartezeit der Frau". Vorausgeschickt sei, daß das islamische Recht unter *'idda* eine Zeitspanne versteht, innerhalb derer eine geschiedene oder verwitwete Frau keine neue Ehe schließen darf.[307] In diesem Sinne bestimmt auch Art. 34 CSP: „*Die Frau, die nach dem Vollzug der Ehe geschieden wurde, oder deren Mann vor oder nach dem Vollzug der Ehe gestorben ist, muß die 'idda abwarten...* ."[308] Hinsichtlich der jeweils geltenden Fristen hält sich der Gesetzgeber im großen und ganzen an die Vorschriften des islamischen Rechts, die ihrerseits im Koran[309] wurzeln. In Art. 35 CSP heißt es: "*Die nicht schwangere Geschiedene hält eine 'idda von drei vollen Monaten ein, die Witwe eine 'idda von insgesamt vier Monaten und 10 Tagen. Die 'idda einer schwangeren Frau dauert so lange wie die Schwangerschaft selbst, wobei als Dauer der Schwangerschaft maximal ein Jahr ab dem Zeitpunkt der Scheidung oder dem Tod des Ehemannes gilt.*"[310] Stirbt der Mann während des Scheidungsverfahrens, so hat seine Ehefrau die für Witwen geltende Wartezeit einzuhalten.[311]

Während also die Witwe, unabhängig davon, ob ihre Ehe vollzogen wurde oder nicht, zur Einhaltung der für sie geltenden Wartezeit verpflichtet ist, ist die Geschiedene nur im Falle des Vollzuges ihrer Ehe an die *'idda* gebunden. Dies macht zweierlei deutlich: Die *'idda* fungiert bei der Witwe vornehmlich als Trauerzeit, dient ansonsten aber vor allem der Feststellung von Abstammungsver-

---

[305] Borrmans (Statut Personnel, Fn 34, S. 300) stellt mit Recht die Frage nach dem Sinn des sich in der französischen Fassung zu Art. 20 CSP zu findenden Zusatzes: „*Vor Ablauf der 'idda kann die Frau nur ihren früheren Mann heiraten.*" Dieser entspräche weder dem islamischen Recht noch der Originalfassung der *mağalla.*

[306] Vgl. dazu Linant de Bellefonds, Traité de droit II, Nr. 712 ff.

[307] Vgl. dazu Linant de Bellefonds, Traité de droit II, Nr. 712; Pearl, Textbook, S. 52; Fyzee, Outlines, S.89; Jaeger, Ehe- und Scheidungsrecht, S. 92; Rauscher, Sharī'a, S. 54.

[308] Die Frau eines Verschollenen muß nach Art. 36 CSP die gleiche Wartezeit wie die Witwe einhalten, wobei das Datum der rechtskräftigen Feststellung der Verschollenheit den Beginn der Wartezeit markiert.

[309] Koran 2:228, 234; 65:1, 4.

[310] Die gesetzliche (nicht die natürlich mögliche) Dauer einer Schwangerschaft schwankt je nach islamischer Rechtsschule zwischen mindestens sechs Monaten und höchstens zwei Jahren (Hanafiten) und vier Jahren (alle übrigen). Ebert, Pesonalstatut, S. 118.

[311] Qarār isti'nāfī madanī (Sousse), 'adad 10197, 19.4.1983, mağallat al-qaḍā' wa-t-tašrī', 'adad 9, 1984, ṣ. 97.

hältnissen.[312] In dieser Funktion und auch als Rechtsinstitut, das ausschließlich Frauen in die Pflicht nimmt, paßt sie sich mühelos in das patrilineare und patriarchalische Gesellschaftsbild Tunesiens ein.
Diskussionswürdig ist auch ein anderer Aspekt: Art. 35 CSP impliziert, daß die Ausdehnung der *'idda* im Falle einer Schwangerschaft auf maximal ein Jahr für die Witwe analog gilt. Da aber grundsätzlich in jedem Falle die Geburt den Ablauf der *'idda* markiert, kann hiervon auch der Umfang der gesetzlichen Trauerzeit berührt werden, die sich ggf. um die Spanne zwischen dem Zeitpunkt der Niederkunft und dem ohne Schwangerschaft gesetzten Endpunkt der Warte- bzw. Trauerzeit verkürzt. Hier hätte der Gesetzgeber aus Gründen der Logik eine Regelung treffen müssen, die die Trauerzeit der Witwe unabhängig vom Zeitpunkt einer möglichen Niederkunft sichert.[313]

Wie deutlich wurde, überrascht der CSP im Bereich der Ehehindernisse mit einigen, zum Teil bahnbrechenden Neuerungen. Diese betreffen aber nicht nur Verschiebungen innerhalb der Kategorien definitiv und zeitweilig (dreimalige Verstoßung, noch bestehende Ehe) sondern auch den Verzicht auf die Nennung von Ehehindernissen, die aus dem islamischen Recht bekannt sind. Zentral ist in diesem Zusammenhang die Frage, ob die Aufzählung der Ehehindernisse in Art. 14-20 CSP limitativ ist oder ob das Schweigen des Gesetzgebers in Bezug auf andere, aus der *šarī'a* bekannte Ehehindernisse, auf deren Gültigkeit im kodifizierten Recht deutet. Das Verschwinden einiger Verbote, wie z. B. die Ehe mit zwei Schwestern oder die zwischen Herrn und Sklavin, so bemerkt *Colomer*, erklärt sich aus Reformen in anderen Bereichen.[314] Auch andere *šarī'a*-rechtliche Ehehindernisse wie den Weihezustand während der Pilgerfahrt (*'iḥrām*) und die soziale Ungleichheit der Ehegatten (*'adam al-kafā'a*) sucht man im CSP vergeblich, ebenso den fünffachen Schwur des Mannes über den Ehebruch seiner Frau (*li'ān*), der zur Auflösung der Ehe führt und eine erneute Eheschließung zwischen denselben Personen ausschließt.[315]

---

[312] Juynboll, Handbuch, S. 222; Pearl, Textbook, S. 52; Colomer, Le code, S. 57.
[313] Colomer, Le code, S. 57.
[314] Colomer, Le code, S. 55.
[315] Zu diesen und anderen, seltener genannten Ehehindernissen vgl. Linant de Bellefonds, Traité de droit II, Nr. 683, 736-741, 756; Pearl, Textbook, S. 48 ff.; Bousquet, Droit musulman, S. 103 f.; EI^2, Art. „Nikāḥ", S. 28; Rauscher, Sharī'a, S. 56 ff.

2.1.3.3 Religionsverschiedene Ehen

Beachtlich ist vor allem, daß der CSP das islamische Verbot der Religionsverschiedenheit nicht (ausdrücklich) aufgreift. Er unterscheidet sich darin von den Personenstandsgesetzen aller anderen arabischen Staaten, die ihrerseits eindeutige Regelungen zur gemischtreligiösen Eheschließung beinhalten.[316] Die klassisch islamische Lehre schränkt Mischbeziehungen nicht generell sondern nur insoweit ein, als dies der Schutz islamischer Interessen erfordert. Unter Bezug auf den Koran[317] ist dem Muslim die Ehe mit der Anhängerin einer anderen Buchreligion erlaubt, während die Muslimin nur einen Muslim zum Mann nehmen darf.[318] Als Hauptargumente für diese uneinheitliche Regelung dienen die mögliche Entfremdung der unter nichtislamischem Einfluß stehenden Frau von ihrer eigenen Religion sowie die Übertragung der Religion des nichtmuslimischen Vaters auf deren Kinder. Beides würde einem Verlust für die muslimische Gemeinde (*'umma*) gleichkommen. Die Ehe einer Muslimin mit einem andersgläubigen Mann erlaubt das islamische Recht nur unter der Voraussetzung, daß dieser vorher wirksam zum Islam konvertiert.[319]

Das Schweigen des tunesischen Gesetzgebers zur Frage der Religionsverschiedenheit sowie die allgemeine Tendenz des CSP zur Gleichstellung der Ehegatten wurde von Befürwortern eines modernen Kollisionsrechts bisher als Hinweis auf die uneingeschränkte Legitimierung religionsverschiedener Ehen im tunesischen Recht gewertet.[320] Andere erkannten im Fehlen einer expliziten Regelung eine Gesetzeslücke, die es durch Rückgriffe auf die islamische Rechtstradition auszufüllen gelte. Vertreter dieser Position berufen sich im allgemeinen auf die verfassungsrechtliche Verankerung des Islams als Staatsreligion sowie auf die Tatsache, daß es keinen Gesetzestext gibt, der in Zweifelsfällen einen Rückgriff auf den

---

316 Aš-Šarīf, az-zawāğ, S. 29

317 Koran 2:221.

318 Zur Bewertung gemischtreligiöser Verbindungen in den sunnitischen Rechtsschulen vgl. Linant de Bellefonds, Traité de droit II, Nr. 705-710; Rauscher, Sharī'a, S. 46 f.; Fyzee, Outlines, S. 79-81.

319 Zur Konversion zum Islam und ihren Rechtswirkungen vgl. ausführlich Kotzur, Kollisionsrechtliche Probleme, S. 25 ff.

320 Vgl. dazu etwa Colomer, Le code, S. 55; Mezghani, Réflexions, S. 64 f.; Chérif Chamari, Femme, S. 42 f.

Islam verbietet.[321] Auch Art. 5 Abs. 1 CSP, wonach die Brautleute frei von rechtlichen Hindernissen (*al-mawāni' aš-šar'iyya*) sein müssen, wird vielfach als Argument für die ehehindernde Wirkung der Religionsverschiedenheit im tunesischen Recht herangezogen.[322] Zentral ist in diesem Zusammenhang die Frage, ob der Terminus *šar'ī* rechtlich im Sinne von personenstandsrechtlich oder *šar'ia*-rechtlich bedeutet. Daß in Art. 5 CSP konkret *šar'ia*-rechtliche Ehehindernisse gemeint sind, sieht *Karrū* dadurch bestätigt, daß der Gesetzgeber, wenn auch in anderem Zusammenhang, in (der alten Fassung des) Art. 6 CSP den Begriff gesetzlich (*qānūnī*) verwendet.[323] Bereits 1966 wurde deutlich, daß es sich dabei auch um die offizielle Sichtweise handelt. Damals erklärte der Kassationsgerichtshof die Ehe einer muslimischen Tunesierin mit einem Nichtmuslim als nichtig (*bāṭil*).[324] Obwohl diese Entscheidung von rechtskundiger Seite offen kritisiert wurde,[325] blieb die Einschränkung gemischtreligiöser Verbindungen faktisch bestehen.

In einem am 5.11.1973 vom Justizministerium verfaßten Zirkular[326] wurde Standesbeamten die Schließung von Ehen zwischen tunesischen Musliminnen und Nichtmuslimen strikt untersagt und auf die Nichtigkeit derart verbotswidriger Ehen hingewiesen. Nur durch die strikte Anwendung des Rechts, so begründete der Justizminister einst seine Anordnung, könne die Eigentümlichkeit der tunesischen Familie vor den negativen Einflüssen des Westens geschützt werden.[327] Das Verbot der Religionsverschiedenheit wird in dem Dokument aus Art. 5 Abs. 1 CSP abgeleitet, wobei ausdrücklich ein islamrechtliches Verständnis dieser Rechtsnorm zugrundegelegt wird. So schloß *Kotzur* 1988, daß das aus der *šarī'a* bekannte Verbot der Religionsverschiedenheit als Ausdruck des

---

[321] Aš-Šarīf, az-zawāǧ, S. 32.

[322] Vgl. dazu etwa As-Snūsī, maǧallat, Fn 3, S. 16 (arab. Teil), Fn 2, S. 13 f (franz. Teil); Linant de Bellefonds, Traité de droit II, Nr. 710; Lagrange, Législateur, S. 22.

[323] Karrū, zawāǧ al-muslima, S. 13. Ebenso Aš-Šarīf, az-zawāǧ, S. 32. Art. 6 a. F. CSP („*Die Heirat des Mannes oder der Frau, die noch nicht die gesetzliche Volljährigkeit [sinn ar-rušd al-qānūnī] erreicht haben ...* .“; Hervorhebungen durch die Autorin) wurde im Zuge des Personenstandsreform d. J. 1993 umformuliert, so daß nunmehr nur noch vom Minderjährigen die Rede ist, die Formullerung „*gesetzliche Volljährigkeit*“ aber entfällt.

[324] Qarār ta'qībī madanī, 'adad 3384, 31.1.1966, maǧallat al-qaḍā' wa-t-tašrī', 'adad 6, 1967, ş. 389.

[325] Lagrange, RTD 1968, S. 120; Pruvost, Promotion, S. 352.

[326] Die französische Übersetzung des Zirkulars ist abgedruckt bei Chérif Chamari, Femme, S. 171 f.

[327] Vgl. dazu Chérif Chamari, Femme, S. 172.

tunesischen ordre public fortbestehe und damit jede verbotswidrig geschlossene Ehe nach tunesischem Rechtsverständnis als nichtig anzusehen sei.[328] Diese Sichtweise hat sich nun als realistisch erwiesen. Das 1973 per Zirkular revitalisierte islamrechtliche Verbot der Religionsverschiedenheit ist durch eine Verwaltungsverordnung des Außenministers vom 24.2.1998[329] bekräftigt worden. Ihrzufolge dürfen im Ausland erfolgte Eheschließungen zwischen Tunesierinnen und Nichtmuslimen fortan nur noch dann in Tunesien registriert werden, wenn u. a. eine Bescheinigung über die Konversion des Ehemannes zum Islam vorgelegt wird.[330] *Krüger* weist in diesem Zusammenhang auf Fälle der jüngsten Zeit hin, in denen tunesische Konsulate ohne Angabe von Gründen die Registrierung von Ehen verweigerten, die in Deutschland zwischen Tunesierinnen und Nichtmuslimen geschlossen worden waren.[331] Die mangelnde Bereitschaft tunesischer Behörden, das faktisch bestehende Verbot der Religionsverschiedenheit offenzulegen, läßt nach einer kritischen Meinung die Vermutung zu, daß *„dieser eindeutige Bruch mit den Vorschriften des CSP bewußt der öffentlichen Kritik entzogen werden soll.“*[332] Für eine ablehnende Haltung gegenüber Eheschließungen von Tunesierinnen mit Männern nichtmuslimischer Herkunft spricht auch, daß die Konversion des nichtmuslimischen Ehemannes zum Islam, die für die Frau nach wie vor die günstigste Möglichkeit der Umgehung des Ehehindernisses darstellt,[333] in den vergangenen Jahren deutlich erschwert wurde.[334]

Mit dem Verbot der Eheschließung zwischen tunesischen Musliminnen und Nichtmuslimen hat Tunesien einen offenen Verstoß gegen die in Art. 5 der Tunesischen Verfassung garantierte Glaubens- und Meinungsfreiheit in Kauf genommen, ebenso gegen die 1967 ratifizierte New Yorker Konvention über die

---

328 Kotzur, Kollisionsrechtliche Probleme, S. 127.

329 Veröffentlicht in *Ar-rā'id ar-rasmī li-l-ğumhūriyya at-tūnisiyya*, Nr. 11 vom 20.2.1981 und J.O.R.T., Nr. 11 vom 20.2.1981.

330 Anhang 13 zur Verwaltungsverordnung des Außenministers vom 24.2.1998.

331 Krüger, Eheschließung, S. 251.

332 Tunesische Frauenrechtlerin im Gespräch mit der Autorin im September 1999 in Tunis.

333 Alternativen sind lt. *Ebert* (Personalstatut, S. 103 f.) die Konversion der Frau zur Religion ihres Mannes, wobei sie als sogenannte Apostatin die Rechtsfolgen zu tragen hätte, oder aber die Eheschließung im Ausland, die jedoch zu Schwierigkeiten bei der Anerkennung in Tunesien führen könnte.

334 Chérif Chamari, Femme, S. 43.

Zustimmung zur Eheschließung, das Mindestheiratsalter und die Registrierung der Eheschließung. Die Konvention bezieht sich in ihrer Präambel auf Art. 16 der ebenfalls von Tunesien ratifizierten Allgemeinen Menschenrechtsdeklaration und fordert darin das Recht auf Eheschließung ohne Rücksicht auf die Religionszugehörigkeit.[335] Das Verbot der Eheschließung zwischen Tunesierinnen muslimischen Glaubens und Nichtmuslimen bricht aber nicht nur internationales sondern auch nationales Recht, denn Art. 32 der Tunesischen Verfassung erkennt die Überordnung internationaler Verträge über das nationale Recht an.

2.1.4 Die fehlerhafte Ehe und deren Folgen

Verstöße gegen die Vorschriften der Eheschließung führen nach tunesischem Recht zur Unwirksamkeit der Ehe. Mögliche Mängel sind in Art. 21 CSP und Art. 36 LEC zusammengefaßt: Nach Art. 21 Abs. 1 CSP ist die Ehe fehlerhaft (*fāsid*), wenn sie unter einer dem Wesen der Eheschließung widersprechenden Bedingung eingegangen wurde. Als fehlerhaft gilt die Ehe nach Art. 21 Abs. 1 CSP auch dann, wenn sie unter Mißachtung der Bestimmungen des Art. 3 Abs. 1 CSP (beiderseitiges Einverständnis zur Eheschließung), Art. 5 Abs. 1 CSP (Verbot rechtlicher Ehehindernisse) und Art. 15-20 CSP (dauernde und vorübergehende Ehehindernisse)[336] geschlossen wurde. Die fehlerhafte Ehe ist nichtig (*yabṭulu az-zawāğ al-fāsid*), ohne daß es einer Scheidung bedarf (Art. 22 Abs. 1).[337] Da die Vorschriften des CSP nicht rückwirkend

[335] *„Männer und Frauen im heiratsfähigen Alter haben ohne Beschränkung auf Grund der Rasse, der Staatsangehörigkeit oder der Religion das Recht, eine Ehe einzugehen und eine Familie zu gründen (...) Frauen haben die gleichen Rechte bezüglich der Eheschließung, während der Ehe und bei Auflösung der Ehe.“* (Präambel der Internationalen Konvention über die Zustimmung zur Eheschließung, das Mindestheiratsalter und die Registrierung der Eheschließung, New York, 10.12.1962) Vgl. dazu auch Durupty, Convention, S. 46 und passim.

[336] Der Verstoß gegen die ehehindernden Verwandtschaftsverhältnisse (Art. 15 CSP) wurde wie der Verstoß gegen das Polygynie-Verbot (Art. 18 CSP) erst per Gesetz vom 20.02. 1964 in den Katalog der Ehenichtigkeitsgründe aufgenommen.

[337] Nach *Bergmann-Ferid* (Ehe- und Kindschaftsrecht, Fn 24, S. 16) bleibt das Schicksal der Ehe, die ein Minderjähriger ohne die nach Art. 6 CSP erforderliche Zustimmung seines gesetzlichen Vertreters schließt, offen. Dies gilt auch für die nach Art. 5 Abs. 2 CSP erforderliche richterliche Genehmigung im Falle einer Minderjährigenheirat. Der Verstoß gegen diese Regelung ist entgegen der Auffassung von *Kotzur* (Kollisionsrechtliche Probleme, Fn 13, S. 96) nicht in Art. 21 Abs. 1 CSP berücksichtigt, wird also explizit nicht als Ehenichtigkeitsgrund geführt. Auch die Rechtsfolgen von Verstößen gegen Art. 7-10 CSP (Eheschließung Minderjähriger und Entmündigter sowie durch Bevollmächtigten) bleiben, wie *Borrmans* (Statut Personnel, Fn 41, S. 301) richtig feststellt, unerwähnt.

gelten,[338] bleiben Ehen, die vor Inkraftsetzung des CSP am 1.1.1957 geschlossen wurden, weiterhin gültig.[339] In Ergänzung dazu erklärt Art. 36 LEC solche Ehen für nichtig, die gegen die in Art. 31 LEC genannten formalen Voraussetzungen der Eheschließung verstoßen. Demzufolge ist in Ergänzung zu den Vorschriften aus Art. 21 CSP sowohl die Eheschließung, die nicht vor den gesetzlich geforderten zwei Notaren bzw. dem Standesbeamten erfolgt ist, als auch die Eheschließung ohne zwei vertrauenswürdige Zeugen unwirksam.[340] Die Verurteilung aufgrund einer rechtswidrigen Eheschließung und die Nichtigkeitserklärung einer solchen Ehe erfolgen im Rahmen desselben richterlichen Urteils (Art. 21 Abs 2 CSP).[341] Da die Nichtigkeit der Ehe eine zwangsläufige Konsequenz ihrer rechtswidrigen Schließung ist, muß sie im Rahmen des Gerichtsbeschlusses nicht ausdrücklich festgestellt werden.[342]

Im Vergleich zum CSP, der eine nach Art. 21 Abs. 1 CSP als fehlerhaft (*fāsid*) eingestufte Ehe grundsätzlich als null und nichtig (*bāṭil*) qualifiziert (Art. 22 Abs. 1 CSP), differenziert die *šarīʿa* bei den Rechtsfolgen nach der jeweiligen Art des Verstoßes. Die Wirkungen einer rechtswidrig geschlossenen Ehe sind dort einer nicht unumstrittenen Abgrenzung zufolge an die Art des jeweiligen Ehehindernisses gekoppelt: In der Regel wird eine trotz dauerhafter oder nicht heilbarer Hindernisse geschlossene Ehe als *bāṭil* betrachtet, während als *fāsid* die Ehe gilt, die unter Inkaufnahme vorübergehender oder heilbarer Ehehindernisse

---

338 Art. 2 des Dekrets zur Einführung des Gesetzbuches über das Personalstatut vom 13.8.1956.

339 Qarār ta'qībī ǧazā'ī, 'adad 5920, 29.1.1968, našriyyat maḥkamat at-ta'qīb 1968, al-qism al-ǧazā'ī, ṣ. 129; Qarār ta'qībī ǧazā'ī, 'adad 10360, 31.1.1976, našriyyat maḥkamat at-ta'qīb 1976, al-qism al-ǧazā'ī, ǧuz' 2, ṣ. 115.

340 Eine nach Art. 36 LEC nichtige Ehe hat folgende Rechtswirkungen:

-Für die aus der Ehe hervorgegangenen Kinder ergibt sich ein legitimes Vaterschaftsverhältnis (Qarār ta'qībī madanī, 'adad 11609, 15.7.1975, našriyyat maḥkamat at-ta'qīb 1975, al-qism al-madanī, ǧuz' 2, ṣ. 182; Qarār ta'qībī madanī, 'adad 6030, 25.3.1968, našriyyat maḥkamat at-ta'qīb 1968, al-qism al-madanī, ṣ. 24; 45; Qarār ta'qībī madanī, 'adad 21419, 13.6.1989, Našriyyat maḥkamat at-ta'qīb 1989, al-qism al-madanī, ṣ. 292),

-die Frau muß die gesetzliche Wartezeit einhalten und

-es entsteht das Ehehindernis der Schwägerschaft.

341 Qarār ta'qībī ǧazā'ī, 'adad 3619, 28.4.1965, našriyyat maḥkamat at-ta'qīb 1965, al-qism al-ǧazā'ī, ṣ. 108; Qarār ta'qībī ǧazā'ī, 'adad 3648, 28.12.1968, našriyyat maḥkamat at-ta'qīb 1964, al-qism al-ǧazā'ī, ṣ. 143; Qarār ta'qībī ǧazā'ī, 'adad 6762, 7.7.1969, našriyyat maḥkamat at-ta'qīb 1969, al-qism al-ǧazā'ī, ṣ. 185.

342 Qarār ta'qībī ǧazā'ī, 'adad 1127, 23.4.1977, našriyyat maḥkamat at-ta'qīb 1977, al-qism al-ǧazā'ī, ǧuz' 2, ṣ. 210.

eingegangen wurde.[343] Vor allem die Malikiten, aber auch die Hanafiten machen die Qualifizierung nach *fāsid* und *bāṭil* von der Schwere des Verstoßes abhängig. So gilt eine Ehe, die gegen die Vorschriften der Blutsverwandtschaft, der Schwägerschaft oder der Milchverwandtschaft verstößt, nach Auffassung beider Rechtsschulen als *bāṭil*; eine Ehe, die beispielsweise die Zeugenregelung, die Vorschriften der *'idda* oder der Polygynie verletzt, wird dagegen nur als *fāsid* eingestuft.[344] Der Unterschied zwischen beiden Kategorien liegt vornehmlich in der Rechtsfolge. Während nach islamischem Recht die *bāṭil*-Ehe unter keinen Umständen legitimiert bzw. geheilt werden kann und als Quasi-Nullum keinerlei Rechtsfolgen hat,[345] ist die *fāsid*-Ehe, auch wenn der ihr zugrunde liegende Fehler nicht beseitigt wurde, im Falle ihres Vollzuges rechtswirksam.[346]

Im Vergleich dazu wird im tunesischen Recht hinsichtlich der Rechtsfolgen nicht danach unterschieden, ob die Ehe trotz eines vorübergehenden oder dauerhaften Ehehindernisses geschlossen wurde. Eine nach den Bestimmungen von Art. 21 Abs. 1 CSP regelwidrig geschlossene Ehe hat nach Art. 22 Abs. 3 CSP grundsätzlich die folgenden Rechtswirkungen:

a) Die Frau hat ein Recht auf den vereinbarten oder durch den Richter festgesetzten *mahr*;

b) es entsteht ein legales Abstammungsverhältnis;

c) die Frau ist zur Einhaltung der *'idda* verpflichtet, die mit dem Tag der Trennung beginnt;

d) es entsteht das Ehehindernis der Schwägerschaft.[347]

---

343 Die Autorin begnügt sich hier mit der sehr verkürzten Darstellung *Rauschers* (Sharī'a, S. 40). Nach einer Einschätzung *Linant de Bellefonds* (Traité de droit II, Nr. 742) handelt es sich bei der fehlerhaften Eheschließung nämlich um "*eine der komplexesten Fragestellungen des islamischen Rechts, wenn nicht sogar (um) die schwierigste überhaupt...* . " Vgl. dazu auch EI², Art. „Nikāḥ", S. 28.

344 Zur Klassifizierung ungültiger Rechtsakte bei den sunnitischen Rechtsschulen vgl. ausführlich EI², Art. „Fāsid wa Bāṭil ", *S.* 829 ff.; Fyzee, Outlines, S. 94 ff.; Pearl, Textbook, S. 47 ff.

345 EI², Art. „Fāsid wa Bāṭil ", S. 834; Rauscher, Sharī'a, S. 40. Umstritten ist vor allem die Frage, ob die *bāṭil* -Ehe bei Vollzug den Anspruch der Frau auf den *mahr* begründet. Vgl. dazu Linant de Bellefonds, Traité de droit II, Nr. 748; Pearl, Textbook, S. 46.

346 Vgl. dazu EI², Art. „Fāsid wa Bāṭil ", S. 834; Rauscher, Sharī'a, S. 40 f.; Fyzee, Outlines, S. 94 f.; Schacht, Introduction, S. 163; Pearl, Textbook, S. 46.

347 Dies sind die Rechtswirkungen der nichtigen Ehe, die auch 36 a LEC nennt. Der Anspruch der Frau auf die Morgengabe wird dort jedoch nicht erwähnt.

Während das tunesische Gesetz das Inkrafttreten der genannten Ehewirkungen allein an den Vollzug der (nichtigen) Ehe bindet, setzen die Hanafiten für die *fāsid*-Ehe voraus, daß sie nicht wider besseres Wissen und in schlechter Absicht erfolgte. Nur unter dieser Voraussetzung sprechen sie die Eheleute vom Vorwurf des *zinā'* frei und erkennen die genannten Rechtsfolgen an.[348]

Welche Bedeutung der tunesische Gesetzgeber den eherechtlichen Bestimmungen beimißt, macht das Strafmaß deutlich, mit dem er Verstöße gegen die bestehende Ordnung belegt. Nach Art. 36 Abs. 1 LEC werden die Verlobten mit je drei Monaten Gefängnis bestraft, wenn sie gegen die in Art. 31 LEC geforderten formalen Voraussetzungen der Eheschließung verstoßen. Bei Versuchen, richterliche Entscheidungen zu umgehen, droht nach Art. 21 Abs. 3 CSP ein noch höheres Strafmaß: "*Mit sechs Monaten Gefängnis werden der Mann und die Frau bestraft, die ihr gemeinsames Leben wieder aufnehmen oder weiterführen, obgleich ihre Ehe für fehlerhaft erklärt worden ist.*"[349] Daß der tunesische Gesetzgeber hierbei die Verteidigung der gesetzlich vorgeschriebenen Monogamie im Auge hatte, liegt nahe. Das Monogamie-Gebot war aus den bereits dargelegten Gründen ein Politikum und mußte vor allem in den ersten Jahren nach Erlaß des modernen Personenstandsgesetzes gegen Widerstände innerhalb der Bevölkerung verteidigt werden.[350] Versuche, das gesetzte Recht zu umgehen, waren anfangs gehäuft aufgetreten und hatten zu einer sukzessiv strengeren Absicherung rechtlicher Vorschriften geführt.[351] Erstaunlicherweise aber reichen Urteile über widerrechtlich geschlossene Zweitehen bis in die neunziger Jahre hinein. Dies wirft die Frage auf, welche Anhaltspunkte der Rechtsprechung zur Qualifizierung einer Beziehung als illegitime Zweitehe ausreichen. Zunächst ist festzustellen, daß eine geschlechtliche Beziehung allein nicht zum Nachweis einer ehelichen Verbindung genügt.[352] Als Indiz für eine Ehe gilt dagegen der Wunsch eines Paares sich zu

---

348 EI², Art. „Fāsid wa Bāṭil ", S. 832.

349 "*Art. 53 Code Pénal (Strafmilderung und Strafaussetzung, d. Autorin) findet auf die in Art. 21 CSP genannten Verstöße keine Anwendung*". (Art. 21 Abs. 4 CSP) Dies kann ebenfalls als Zeichen dafür gewertet werden, daß der Gesetzgeber die modernen zivilrechtlichen Errungenschaften des CSP mit der ganzen Härte des Gesetzes zu verteidigen sucht. *Aš-Šarīf* (Mağalla, S. 39) spricht in diesem Zusammenhang von einer „*Politik der Abschreckung*".

350 Vgl. dazu Charfi, Conditions, S. 24 ff.

351 Vgl. dazu Kap. 2, II., 2.1.3.2 der vorliegenden Arbeit.

352 Qarār ta'qībī ğazā'ī, 'adad 6757, 26.10.1970, našriyyat maḥkamat at-ta'qīb 1970, al-qism al-ğazā'ī, ṣ. 217.

binden und dessen Sichtbarmachung durch faktisches Zusammenwohnen oder auch nur häufiges Verkehren des Mannes im Hause der Frau.[353] Noch 1988 wurde eine Frau, die in ihrer Ehewohnung eine geschlechtliche Beziehung zu einem weiteren anderen Mann unterhielt, wegen Polyandrie verurteilt.[354] Als Anzeichen für eine Ehe werden auch die finanzielle Unterhaltung der Frau durch den Mann oder die Zahlung ihres Mietzinses angesehen.[355] *Aš-Ṣarīf* nennt neben dem Zusammenleben der Beschuldigten und regelmäßigen Unterhaltsleistungen des Mannes auch den Abschluß eines Vertrages als Bedingung für die Existenz einer *'urf*-Ehe.[356]

2.2 Vermögensrechtliche Aspekte der Eheschließung

2.2.1 Finanzielle Eigenständigkeit der Frau

Der von den Malikiten befürworteten Kontrolle des Mannes über den Besitz seiner Frau[357] erteilt der CSP eine deutliche Absage. In Artikel 24 heißt es: "*Der Mann hat kein Verwaltungsrecht über die privaten Vermögenswerte seiner Frau (lā wilāya li-z-zauǧ 'ala amwāl zauǧatihi al-ḫāssa bihā).*“ Die Frau ist demnach vermögensrechtlich eigenständig und verfügt eigenverantwortlich über ihren Besitz. Während die Malikiten dem Ehemann ein Nutzungsrecht am Vermögen seiner Frau zugestehen,[358] räumen die Hanafiten und die Schafiiten der Frau die

---

353 Qarār ta'qībī ǧazā'ī, 'adad 6757, 26.10.1970, našriyyat maḥkamat at-ta'qīb 1970, al-qism al-ǧazā'ī, ṣ. 217; Qarār ta'qībī ǧazā'ī, 'adad 9616, 18.1.1973, našriyyat maḥkamat at-ta'qīb 1973, al-qism al-ǧazā'ī, ṣ. 45.

354 Qarār ta'qībī ǧazā'ī, 'adad 15899, 27.1.1988, našriyyat maḥkamat at-ta'qīb 1988, al-qism al-ǧazā'ī, ṣ. 122, maǧallat al-qaḍā' wa-t-tašrī', 'adad 7, 1990, ṣ. 78.

355 Qarār ta'qībī ǧazā'ī, 'adad 9616, 18.1.1973, našriyyat maḥkamat at-ta'qīb 1973, al-qism al-ǧazā'ī, ṣ. 45.

356 *Muḥammad al-Ḥabīb Aš-Šarīf*, Richter am Kassationsgerichtshof Tunis, im Gespräch mit der Autorin im März 1995 in Tunis.

357 Nach malikitischem Ritus ist die Frau ohne Autorisierung ihres Ehemannes nicht berechtigt, Schenkungen zu machen oder Bürgschaften für Personen außerhalb des Familienkreises zu übernehmen. Vgl. dazu Linant de Bellefonds, Traité de droit II, Nr. 791; Bousquet, Droit musulman, S. 114. Die Einschränkung ihrer vermögensrechtlichen Autonomie kann nach *Colomer* (Le code, S. 69) vor allem aufgrund des Dekrets vom 8.8.1956, das die „*incapacité spécial*“ der Frau abschaffte, als aufgehoben gelten.

358 Rauscher, Sharī'a, S. 91.

volle Verfügungsgewalt über ihren Besitz ein.[359] Die vermögensrechtliche Eigenständigkeit der Frau im Islam wird auch als Argument für die Gütertrennung während der Ehe bemüht.[360] Dabei gilt der Grundsatz, daß beide Eigentümer dessen bleiben, was sie in die Ehe eingebracht oder während ihrer Ehe durch Arbeit, Schenkung, Erbschaft oder auf andere Weise erworben haben.[361] Obwohl konservative Kreise dieses System mit Blick auf seine *šarī'a*–Gemäßheit unterstützen,[362] kennt das islamische Recht ein eheliches Güterrecht im Grunde nicht.[363] Die vermögensrechtliche Eigenständigkeit beider Ehegatten ließe sich durchaus in Richtung der in westlichen Rechtssystemen bekannten Zugewinngemeinschaft umdeuten. Dies hat die Frauenbewegung in den vergangenen Jahren wiederholt gefordert. *Chamari* etwa kritisiert die gesetzliche Gütertrennung als ein veraltetes Prinzip, das der tribalen, patriarchalischen und polygamen Gesellschaft gerecht wurde, der modernen Familie aber widerspricht.[364] Dort steuert die Frau mit ihrem Einkommen in der Regel nämlich zum Haushalt bei, während der Mann auf seinen Namen Eigentum, z. B. Immobilien erwirbt, über die er im Scheidungsfall alleine verfügen kann.[365] Die Beseitigung dieses Mißstandes versuchte man in Tunesien offenbar über Umwege zu erreichen. So entschied man sich im Zuge der Personenstandsreform d. J. 1981 zunächst dafür, die Entschädigung für den durch die Ehescheidung erlittenen materiellen oder immateriellen Schaden zu regeln.[366] Damit sollten finanzielle Nachteile, die der Frau durch die Ehescheidung entstehen können, im nachhinein

---

359 *As-Snūsī* (maǧallat, Fn 2, S. 30) bemerkt, daß der Islam als erste Religion der Frau das volle Verfügungsrecht über ihren Besitz gewährte.

360 Linant de Bellefonds, Traité de droit II, Nr. 790; Bousquet, Droit musulman, S. 113.

361 Juynboll, Handbuch, S. 223. Das Festhalten am Prinzip der Gütertrennung schlug sich auch 1985 in der Vorbehaltserklärung Tunesiens zur Internationalen Konvention über die Beseitigung jeder Form von Diskriminierung der Frau, Kopenhagen, 18.12.1979, nieder. Als nicht verbindlich wurde dort u. a. Art. 16 h bezeichnet. Dieser geht von den gleichen Rechten beider Ehegatten *„hinsichtlich des Eigentums an Vermögen und dessen Erwerb, Bewirtschaftung, Verwaltung und Nutzung sowie der Verfügung darüber, gleichviel ob unentgeltlich oder gegen Entgelt"* aus.

362 Vgl. dazu etwa Šimām, al-fiqh, S. 26 f.

363 Rauscher, Sharī'a, S. 90.

364 Chérif Chamari, Femme, S. 50 f.; ähnlich auch Meziou, Féminisme, S. 259.

365 Bouraoui, Droit de la famille, S. 130; Chérif Chamari, Femme, S. 49, 51. Vgl. dazu auch die Erfahrungsberichte geschiedener Frauen bei Rejeb, Divorce, S. 321.

366 Bis dahin hatte der Gesetzgeber lediglich eine nicht näher spezifizierte Entschädigung in Form einer Einmalzahlung vorgesehen. Vgl. dazu Forstner, Änderungen, S. 17 f.; Meziou, Féminisme, S. 263.

ausgeglichen werden.[367] Im übrigen begnügte man sich damit, Kritiker der Gütertrennung auf die Möglichkeiten des Ehevertrages hinzuweisen. In diesen konnten bisher u. a. auch die Zugewinngemeinschaft betreffende sowie andere güterrechtliche Regelungen aufgenommen werden. Dennoch sind die Möglichkeiten des Ehevertrages den meisten Tunesiern bis heute unbekannt.[368] Hinzu kommt, daß es für die tunesische Frau noch immer schwierig ist, Vereinbarungen durchzusetzen, die auf ihre finanzielle oder soziale Absicherung im Falle der Ehescheidung zielen.

Diese Rahmenbedingungen dürften dem Gesetzgeber stets bekannt gewesen sein. Dennoch mußten nach der Personenstandsreform d. J. 1981 weitere 17 Jahre vergehen, bevor das Güterrecht geändert wurde. Erst 1998 konnte sich der tunesische Gesetzgeber zur Verabschiedung des „*Gesetzes über die eheliche Gütergemeinschaft (loi relative au régime de la comunauté des biens entre époux)*" entscheiden.[369] Es handelt sich dabei um ein fakultatives System, für das sich die Eheleute bei Abschluß des Ehevertrages oder zu einem späteren Zeitpunkt entscheiden können (Art. 1). Sofern ausdrücklich keine gegenteiligen Vereinbarungen getroffen werden, umfaßt die Gütergemeinschaft alle Immobilien mit Ausnahme von Erbschaften, Schenkungen und Vermächtnissen, die nach der Eheschließung bzw. nach Abschluß des Güterrechtsvertrages erworben wurden und zur familiären Nutzung bestimmt sind (Art. 10). Häuser oder Grundstücke, die in der Regel auf den Namen des Mannes erworben wurden und im Scheidungsfall an ihn gingen, werden, sofern die Eheleute für das neue System optieren, ihr gemeinsamer Besitz. Mit dieser Teilreform des Güterrechts hat der Gesetzgeber einen weiteren Schritt zur vermögensrechtlichen Besserstellung der Frau während und nach der Ehe getan. Tunesien ist nunmehr der einzige arabische Staat, in dem der Güterstand der Gütertrennung nach traditionellem islamischem Recht nicht mehr uneingeschränkt gilt. Von einem wirklichen Durchbruch im Güterrecht kann jedoch keine Rede sein, denn die eheliche Gütergemeinschaft hat fakultativen Charakter. Ihre Verbreitung wird damit auch in Zukunft von ihrem

---

[367] Zur Entschädigungsregelung im Scheidungsfall vgl. ausführlich Kap. 2, II., 3.5.2 der vorliegenden Arbeit.

[368] Chérif Chamari, Femme, S. 51.

[369] Per Gesetz Nr. 98-91 vom 9.11.1998 (*Ar-rā'id ar-rasmī li-l-ǧumhūriyya at-tūnisiyya*, Nr. 91 vom 13.11.1998 und J.O.R.T., Nr. 91 vom 13.11.1998).

Bekanntheitsgrad und ihrer Durchsetzbarkeit gegenüber Ehemännern abhängen, die in der Regel vom Prinzip der Gütertrennung erheblich mehr profitieren.

2.2.2 Morgengabe

Neben der Anwesenheit zweier Zeugen ist als zweites Gültigkeitskriterium für die Eheschließung die Bestimmung einer Morgengabe (*mahr*)[370] zugunsten der Frau vorgeschrieben (Art. 3 Abs. 2 CSP). Der *mahr* muß in die Heiratsurkunde aufgenommen werden (Art. 32 Abs. 6 LEC). Damit schließt sich der tunesische Gesetzgeber der malikitischen Lehrmeinung an, die als einzige der vier sunnitischen Riten den *mahr* als sachliche Voraussetzung bzw. Grundlage (*rukn*) der Eheschließung versteht und dessen Benennung im Ehevertrag fordert. Hanafiten, Hanbaliten und Schafiiten betrachten den *mahr* hingegen als Folge bzw. Wirkung der Eheschließung, ohne ihn zur Bedingung des Ehevertrages zu machen. Auch ein ohne Bestimmung über den *mahr* geschlossener Ehevertrag ist nach Auffassung der drei Schulen gültig.[371] Auch von dieser Sicht scheint das tunesische Recht erstaunlicherweise nicht wesentlich abzuweichen. Der Gesetzgeber schreibt den *mahr* zwar als Gültigkeitskriterium für die Eheschließung vor, da aber das Fehlen einer Vereinbarung über den *mahr* nicht zu den unter Art. 21 CSP genannten Ehenichtigkeitsgründen zählt, schließt *Krüger,*[372] daß die Bestimmung einer Morgengabe lediglich eine "Sollvorschrift" ist und ihr Fehlen nicht zwangsläufig die Nichtigkeit der Ehe nach sich zieht. Als Ehenichtigkeitsgrund vermutet er indes den von den Malikiten untersagten, expliziten Ausschluß einer Morgengabe im Ehevertrag.[373] In diesem Sinne könnte, analog dem islamischen Recht,[374] auch ein vor dem Abschluß des Ehevertrags erklärter Verzicht der Frau auf den *mahr* nichtig sein.

---

[370] Ein geläufiges Synonym für *mahr* ist in der islamischen Welt der Terminus *ṣadāq*.
[371] Linant de Bellefonds, Traité de droit II, Nr. 797-799.
[372] Krüger, Ehe und Brautgabe, S. 116; ebenso Chérif Chamari, mariage, S. 40.
[373] Krüger, Ehe und Brautgabe, S. 116.
[374] Vgl. dazu Jaeger, Ehe- und Scheidungsrecht, S. 42.

Die Entrichtung des *mahr* an die Frau ist koranisch fundiert.[375] Seine Wurzeln liegen jedoch in der Kaufehe vorislamischen Datums, als dem Vater ein sogenanntes Brautgeld für die Inanspruchnahme der Arbeits- und Reproduktivkraft seiner Tochter gezahlt wurde.[376] Erst mit der Institutionalisierung des *mahr* im islamischen Recht erwarb die Frau das Eigentums- und Nutzungsrecht an ihm.[377] Die Kompensationsfunktion der Morgengabe blieb jedoch bestehen, wenn auch in abgewandelter Form. Grundsätzlich ist der Mann der Schuldner des *mahr*.[378] Dieser soll nach islamischer Vorstellung in erster Linie dazu dienen, die Frau im Falle der Ehescheidung finanziell abzusichern.[379] Der *mahr* ist entweder direkt nach dem Vollzug der Ehe zu zahlen (*mahr mu'ağğal*), er kann aber auch gestundet werden (*mahr mu'ağğal*). Da der *mahr* jedoch spätestens zum Zeitpunkt der Ehescheidung fällig wird, impliziert er auch einen gewissen Schutz der Frau vor der Scheidungswillkür des Mannes.[380] Er gewinnt damit die Bedeutung eines Korrektivs für die Möglichkeit des Mannes, über die Beendigung der Ehe zu entscheiden.[381] Andererseits soll der *mahr* der Frau auch während der Ehe ein gewisses Maß an finanzieller Unabhängigkeit ermöglichen. So können mit dem *mahr* z. B. Ausgaben getätigt werden, die durch den gesetzlich geforderten Unterhalt (*nafaqa*)[382] des Mannes nicht gedeckt sind.[383]

Kritiker des *mahr* sehen in ihm trotz vermögensrechtlicher Unterschiede zum vorislamischen Brautgeld eine Art Kaufpreis.[384] Nach Auffassung eines tunesischen Juristen wird die Unterwerfung der Frau unter die männliche Autorität durch den *mahr* lediglich entgolten.[385] Fortgedacht gewinnt der *mahr* damit die Bedeutung einer Gegenleistung für Rechte, die der Mann gegenüber seiner Frau

---

375 Koran 4:4.
376 Spies/Pritsch, Recht, S. 226.
377 Linant de Bellefonds, Traité de droit II, Nr. 835; Bousquet, Droit musulman, S. 7 f.; Jaeger, Ehe- und Scheidungsrecht, S. 45.
378 Bousquet, Droit musulman, S. 108; Pearl, Textbook, S. 62; Jaeger, Ehe- und Scheidungsrecht, S. 42.
379 Charfi, Droit tunisien, S. 19; Pearl, Textbook, S. 60; Rauscher, Sharī'a, S. 81; Jaeger, Ehe- und Scheidungsrecht, S. 41.
380 Jaeger, Ehe- und Scheidungsrecht, S. 41; Schacht, Introduction, S. 167; Pearl, Textbook, S. 59; Charfi, Droit tunisien, S. 19; Rauscher, Sharī'a, S. 82.
381 Rauscher, Sharī'a, S. 85.
382 Zur Unterhaltspflicht des Ehemannes vgl. Kap. 2, II., 2.3.2.1 und 3.5.3 der vorliegenden Arbeit.
383 Jaeger, Ehe- und Scheidungsrecht, S. 41.
384 So z. B. Chérif Chamari, Femme, S. 44; Chekir, Egalité, S. 83.
385 Charfi, Droit tunisien, S. 19.

gewinnt.[386] Eine Einschätzung, die in der Behauptung gipfelt, er sei das Entgeld für das Nutzungsrecht des Mannes am Körper der Frau.[387]

Was das materielle tunesische Recht betrifft, so stellt sich die Frage, ob, und wenn ja, wo der *mahr* zwischen finanzieller Absicherung und sexuellem Nutzungsentgeld anzusiedeln ist. Die sich in Kapitel 2, II., 3.5 anschließenden Ausführungen über die vermögensrechtlichen Wirkungen der Ehescheidung werden zeigen, daß sich das System der finanziellen Versorgung der geschiedenen Frau von Gesetzes wegen nicht auf den *mahr* als solchen stützt. Auch die Relevanz des *mahr* für die Absicherung der Frau während der Ehe ist vom juristischen Standpunkt als eher gering einzustufen. Während sich der *mahr* in der *šarī'a* in ein kohärentes Systems von gegenseitigen Rechten und Pflichten der Ehegatten einpaßt, mutet er vom juristischen Standpunkt aus eher als Anachronismus denn als notwendiges Rechtsinstitut an. Vertreterinnen des feministischen Lagers ist der gesetzlich vorgeschriebene *mahr* seit jeher ein Dorn im Auge. Sie sehen in der Morgengabe einen Verstoß gegen die Gleichberechtigung der Geschlechter und die Menschenwürde, insofern als sie die Unterwerfung der Frau fortschreibe.[388] Daß in der Tat eine Verknüpfung von Morgengabe und sexueller Verfügbarkeit der Frau besteht, offenbart Art. 13 CSP. Dieser räumt der Frau das Recht ein, sich ihrem Mann bei Nichtzahlung des *mahr* zu verweigern. "*Der Mann darf die Frau nicht zum Vollzug der Ehe zwingen, wenn er den mahr nicht entrichtet hat*", heißt es dort.[389] Darüber, ob der Ehemann im Falle der Nichtzahlung des *mahr* wie im islamischen Recht auch andere eheliche Prärogativen verliert,[390] schweigt der Gesetzgeber.

Von der rechtlichen Bedeutung des *mahr* zu trennen ist aber seine praktische bzw. gesellschaftliche Dimension. Vor allem auf dem Land, wo traditionelle Werte tief verwurzelt sind, wird dem *mahr* noch immer ein besonderer Stellenwert beige-

---

[386] EI^2, Art. „Nikāḥ", S. 27; Linant de Bellefonds, Traité de droit II, Nr. 836.

[387] Vgl. dazu Bousquet, Droit musulman, S. 107; Feder, Scheidungsrecht, S. 15; Borrmans, Statut Personnel, S. 298.

[388] So z. B. Chérif Chamari, Femme, S. 44.

[389] In diesem Sinne auch Qarār ta'qībī madanī, 'adad 6246, 22.10.1968, našriyyat maḥkamat at-ta'qīb 1968, al-qism al-madanī, ṣ. 89, mağallat al-qaḍā' wa-t-tašrī', 'adad 8, 1969, ṣ. 48.

[390] *Linant de Bellefonds* (Traité de droit II, Nr. 842) nennt in diesem Zusammenhang u. a. das Vorrecht des Mannes, seiner Frau das Verlassen des Hauses oder den Empfang von Gästen zu verbieten.

messen[391], und entsprechend hoch sind die als *mahr* ausgehandelten Vermögenswerte. Als Ursachen für die Entrichtung hoher Morgengaben im islamischen Raum nennt *Pearl* neben der bereits erwähnten Absicherung gegen die Scheidungsfreiheit des Mannes, den Schutz der Frau vor seinem möglicherweise frühen Ableben, desweiteren Bereicherungsabsichten der Bräute und als naheliegendstes Motiv den Versuch der Brautväter, durch Vereinbarung hoher Brautgelder in den Genuß sozialen Ansehens zu gelangen.[392] Hinzu kommt, daß der von der malikitischen Schule getragene, Jahrhunderte alte Brauch, den halben und u. U. sogar den gesamten *mahr* an den Brautvater zu entrichten,[393] in den ländlichen Regionen Tunesiens bis heute fortbesteht. Aber auch bei der Stadtbevölkerung wurde das Eigentumsrecht der Frau am *mahr* lange Zeit ignoriert. Die mißbräuchliche Aneignung des *mahr* durch die Brautfamilie hatte den Gesetzgeber seinerzeit zu einer unmißverständlichen Regelung des Eigentums- und Verfügungsrechtes der Frau über den *mahr* gezwungen: "*Der mahr ist Eigentum der Frau*" heißt es deshalb in Art. 12 n. F. CSP. Warum der Gesetzgeber im Rahmen der Personenstandsreform von 1993 auf den vorherigen Zusatz "*über das sie nach Belieben verfügt*" (Art. 12 a. F. CSP) verzichtet hat, ist fraglich. Die in der Bevölkerung vorherrschende Meinung, der *mahr* sei Eigentum der Brautfamilie, hatte diesen Zusatz einst notwendig gemacht. Möglicherweise ist der Gesetzgeber mittlerweile zu der Überzeugung gelangt, diese Auffassung habe sich geändert.[394]

Auch Ausführungen über die Natur des *mahr* wurden im Zuge der jüngsten Reform gekürzt. "*Alles, was erlaubt ist und dessen Wert angegeben werden kann, ist geeignet, als mahr benannt zu werden*", bestimmt Art. 12 n. F. CSP Die zusätzliche Bedingung: "*Er darf nicht unbedeutend sein, auch gibt es keine Höchstgrenze*" (Art. 12 a. F. CSP) hat der Gesetzgeber im Zuge der Personenstandsreform d. J. 1993 gestrichen. Er hat damit auf einen Zusatz verzichtet, der trotz seiner inhaltlichen Ungenauigkeit den finanziellen Charakter des *mahr* betonte und nach Auffassung *Aš-Šarīfs* dazu geeignet war, die Minderwertigkeit

---

391 Chérif Chamari, Femme, S. 44.
392 Pearl, Textbook, S. 59.
393 Vgl. dazu Linant de Bellefonds, Traité de droit II, Nr. 864.
394 Forstner, Ehe- und Kindschaftsrecht, S. 2.

der Frau zu suggerieren.[395] Dennoch ist es Pflicht, den Wert des *mahr* im Ehevertrag konkret zu benennen (Art. 32 LEC); anderenfalls setzt der Richter dessen Höhe fest. Als *mahr* erlaubt (*mubāḥ*) sind nach islamischem Recht nur die einem Muslim gestatteten Vermögenswerte, weshalb etwa Schweinefleisch und Alkohol nicht in Frage kommen.[396] Es darf angenommen werden, daß sich der tunesische Gesetzgeber hierin stillschweigend auf das islamische Recht referiert. Über die Höhe der Morgengabe finden sich in der *šarī'a* keine verbindlichen Angaben. Während sich die Untergrenze zwischen 3 Dirham bei den Malikiten und 10 Dirham bei den Hanafiten bewegt, ist die Obergrenze des *mahr* nicht festgelegt.[397] Ein Übermaß gilt nach islamischem Recht jedoch als unerwünscht.[398] Allgemeine Praxis in den islamischen Ländern ist, den Betrag des *mahr* beim Abschluß des Ehevertrages festzulegen. Wird keine entsprechende Vereinbarung getroffen, so sieht das islamische Recht den angemessenen *mahr (mahr al-mi̱ṯl)* vor, der u. a. vom sozialen Status der Braut und den finanziellen Mitteln des Bräutigams abhängt.[399] Es ist ferner möglich, sich während der Ehe auf einen höheren oder geringeren Vermögenswert zu einigen[400] oder die Entscheidung über den Wert der Morgengabe ganz dem Bräutigam zu überlassen *(tafwīḍ)*.[401]

Hatte die alte Fassung des Art. 12 CSP durch ihre wenig präzisierenden Angaben zur Höhe des *mahr* bereits einigen Spielraum für Interpretationen gelassen, so dürfte das Fehlen entsprechender Wertangaben in der aktuellen Ausgestaltung des Art. 12 CSP einen Verstärkungseffekt haben. Ob die Entwicklung nicht nur in Richtung einer materiellen sondern auch ideellen Entwertung des *mahr* geht und dies möglicherweise auch beabsichtigt ist, kann nicht abschließend beurteilt werden.

---

[395] Aš-Šarīf, maǧallat, S. 29.
[396] Rauscher, Sharī'a, S. 82.
[397] Linant de Bellefonds, Traité de droit II, Nr. 804, 806; Rauscher, Sharī'a, S. 82
[398] Linant de Bellefonds, Traité de droit II, Nr. 806.
[399] Vgl. dazu Linant de Bellefonds, Traité de droit II, Nr. 612; Juynboll, Handbuch, S. 215; Bousquet, Droit musulman, S. 107; EI², Art. „Nikāḥ", S. 27; Schacht, Introduction, S. 167; Pearl, Textbook, S. 57.
[400] Colomer, Le code, S. 62.
[401] Linant de Bellefonds, Traité de droit II, Nr. 810; Juynboll, Handbuch, S. 216 f.

Vereinbarungen über die Fälligkeit des *mahr* überläßt der Gesetzgeber nach klassisch islamischem Vorbild[402] den vertragsschließenden Parteien. Selbst wenn in der islamischen Praxis der *mahr* häufig erst im Falle der Ehescheidung oder des Todes des Ehemannes ausgezahlt wird,[403] ist er als Eigentum der Frau genau genommen bereits zum Zeitpunkt der Eheschließung fällig - ein Prinzip von dem die einzelnen Rechtsschulen jedoch mit unterschiedlichen Fristsetzungen abweichen.[404] Spätestens nach dem Vollzug der Ehe kann der *mahr* in voller Höhe beansprucht werden.[405] Der Mann ist dann Schuldner des *mahr*. In diesem Sinne bestimmt auch der tunesische Gesetzgeber: "*Nach dem Vollzug der Ehe wird der mahr als Schuld betrachtet, die die Frau lediglich einfordern kann, sie kann bei dessen Nichtleistung aber nicht die Ehescheidung verlangen*"(Art. 13 CSP).[406] Nach dem Ehevollzug kann die Frau bei Nichtleisten des *mahr* demnach keine erlittene Schädigung mehr geltend machen. Damit orientiert sich der Gesetzgeber strikt an der von allen vier Rechtsschulen vertretenen Lehrmeinung.[407] Mit Ausnahme der Hanafiten aber sehen die sunnitischen Riten ein Scheidungsrecht der Frau bei Nichtzahlung des *mahr* vor, wenn die Ehe noch nicht vollzogen wurde.[408] Vom tunesischem Gesetz wird dieser Fall aber nicht explizit abgedeckt. Daß der *mahr* einerseits ein Gültigkeitskriterium der Eheschließung ist, seine Nichtleistung neben dem Verweigerungsrecht der Frau aber keine anderen Rechtsfolgen hat, ist ein Paradoxon des tunesischen Eherechts.

Der islamischen Rechtstradition bleibt der CSP ebenfalls treu, wenn er der Frau im Falle der Ehescheidung vor Vollzug die Hälfte der Morgengabe zusichert (Art. 33 CSP); eine Regelung, die von allen vier Rechtsschulen gleichermaßen anerkannt wird[409] und dem *mahr* eine Art Schadensersatzcharakter verleiht. Nach

---

402 Vgl. dazu Jaeger, Ehe- und Scheidungsrecht, S. 43.

403 EI², Art. „Nikāḥ", S. 27; Spies/Pritsch, Recht, S. 226.

404 Vgl. dazu Linant de Bellefonds, Traité de droit II, Nr. 817.

405 Linant de Bellefonds, Traité de droit, Nr. 823 ff ; EI², Art. „Nikāḥ", S. 27; Schacht, Introduc tion, S. 167; Pearl, Textbook, S. 61; Bousquet, Droit musulman, S. 108; Jaeger, Ehe- und Scheidungsrecht, S. 44; Rauscher, Sharī'a , S. 86.

406 In diesem Sinne auch Qarār ta'qībī madanī, 'adad 6246, 22.10.1968, našriyyat maḥkamat at-ta'qīb 1968, al-qism al-madanī, ṣ 89, maǧallat al-qaḍā' wa-t-tašrī', 'adad 8, 1969, ṣ. 48.

407 Vgl. dazu Linant de Bellefonds, Traité de droit II, Nr. 843.

408 Linant de Bellefonds, Traité de droit II, Nr. 843, 865.

409 Vgl. dazu Linant de Bellefonds, Traité de droit II, Nr. 832 f.; Bousquet, Droit musulman, S. 108; Juynboll, Handbuch, S. 216; Spies/Pritsch, Recht, S. 226; Fyzee, Outlines, S. 101; Rauscher, Sharī'a, S. 86.

islamischem Recht verliert aber die Frau ihr Anrecht auf die Hälfte des *mahr* sofern sie, noch bevor die Ehe vollzogen wurde, selbst die Scheidung erwirkt[410] oder die Trennung verschuldet.[411] Der tunesische Gesetzgeber knüpft den Anspruch auf einen Teil des *mahr* bei Ehescheidung vor Vollzug nicht explizit an die Scheidungsinitiative. Es ist aber unwahrscheinlich, daß die Frau, die die Scheidung der Ehe noch vor deren Vollzug erwirkt, einen Anspruch auf die Hälfte der vereinbarten Morgengabe geltend machen kann. Gegen diese Möglichkeit spricht jedenfalls die Art. 28 n. F. CSP zugrunde liegende Logik.[412]
Dagegen hat die Frau im Falle der Nichtigkeit der Ehe ein Anrecht auf den gesamten bzw. vom Richter festgesetzten *mahr*, sofern der Vollzug stattgefunden hat (Art. 22 CSP). Hat dagegen kein Vollzug stattgefunden, so führt nach Art. 22 CSP die Nichtigkeit der Ehe dazu, daß diese als solche keine Wirkung hat. In einem solchen Fall entfällt offenbar der Anspruch der Frau auf den *mahr*.

Da in Tunesien die Versorgungsfunktion des *mahr* weit in den Hintergrund gerückt ist,[413] stellt sich die Frage nach der Ursache für die Beibehaltung des Rechtsinstituts. Eine Erklärung könnte sein, daß die Morgengabe im tunesischen Recht vor allem als werte- und traditionserhaltender Faktor eine Rolle spielt. Jedenfalls ist der praktische Nutzen des *mahr*, zumindest in den städtischen Gegenden Tunesiens, weitgehend verloren gegangen. Dort ist es mittlerweile üblich, sich auf einen symbolischen *mahr* von einem TD zu einigen.[414] In einem Ratgeber zur Ehe- und Ehescheidung werden Frauen sogar ermutigt, diese Praxis fortzusetzen. Dies sei, so die darin vertretene Meinung, eine Möglichkeit, dem diskriminierenden Charakter des *mahr* die Schärfe zu nehmen und eine Reflexion über die Stellung der Frau in Ehe und Familie zu bewirken.[415]

---

410 Pearl, Textbook, S. 61; Rauscher, Sharī'a, S. 86.

411 Ggf. muß sie sogar den *mahr* in voller Höhe zurückerstatten. Vgl. dazu Linant de Bellefonds, Traité de droit II, Nr. 834, 838; Jaeger, Ehe- und Scheidungsrecht, S. 44.

412 Nach Art. 28 n. F. CSP müssen Geschenke im Falle der Ehescheidung vor Vollzug von dem die Scheidung verursachenden Ehegatten ohne Ausnahme und in der Form zurückgegeben werden, in der sie sich zu diesem Zeitpunkt befinden.

413 *Darghouth Medimegh* (Droits et vécu, S. 76) weist darauf hin, daß in Tunesien Schmuckgeschenke an die Braut, die vor der Eheschließung von beiden Familien ausgehandelt werden, die Funktion des *mahr* übernommen haben.

414 Gegenüber der Autorin berichtete eine Tunesierin amüsiert, sie habe ihrem Mann beim Abschluß des Ehevertrages sogar mit einem Dinar aushelfen müssen, den er ihr daraufhin als *mahr* überreichte.

415 Chérif Chamari, mariage, S. 41.

2.2.3 Möglichkeiten des Ehevertrags

Nach Art. 11 CSP können in den Ehevertrag Zusatzklauseln (*šurūṭ*) aufgenommen werden, bei deren Nichterfüllung die Ehescheidung zugunsten des durch die Klausel oder Bedingung begünstigten Ehegattens verlangt werden kann. Solche zusätzlichen Vereinbarungen können die Person oder das Vermögen betreffen (Art. 11 CSP). Sie dürfen den gültigen Rechtsnormen jedoch nicht widersprechen.[416] Bekannt ist diese Möglichkeit aus dem islamischen Recht. Dort werden im allgemeinen drei Arten von Bedingungen unterschieden, die (meist auf Initiative der Frau) in den Ehevertrag aufgenommen werden: solche, die auf eine zusätzliche Absicherung bestimmter Ehewirkungen zielen (z. B. Zahlung des *mahr*), solche, die auf eine Modifizierung der üblichen Ehewirkungen gerichtet sind (z. B. Ausschluß einer zweiten Eheschließung des Mannes) und solche, die die Eheschließung per se ungültig machen (z. B. Vereinbarung über eine zeitliche Begrenzung der Ehe).[417] In Tunesien spielte die Möglichkeit der Aufnahme bestimmter Bedingungen in den Ehevertrag bisher vor allem im Zusammenhang mit vermögensrechtlichen Vereinbarungen eine Rolle. Vor der jüngsten Änderung des Güterrechts bot der Ehevertrag vor allem Frauen die Möglichkeit, sich durch die explizite Festlegung auf eine Güter- oder Zugewinngemeinschaft gegen finanzielle Nachteile im Falle der Ehescheidung abzusichern. Diese Ausgleichsfunktion hat nun das 1998 eingeführte System der ehelichen Gütergemeinschaft übernommen, das sich auf Immobilien bezieht, aber auch auf Mobilien wie Möbel, Autos oder andere Wertgegenstände ausgedehnt werden kann.[418]

Der Ehevertrag bietet der Frau jedoch in anderen Bereichen weiterhin die Möglichkeit, den Mann auf eine von dieser Praxis abweichende Handhabung zu verpflichten. So kann sie sich etwa bestimmte Persönlichkeitsrechte zusichern lassen, wie z. B. das Recht, eine Ausbildung oder ein Studium zu absolvieren oder einen Beruf auszuüben.[419] Auch Vereinbarungen über eine von den Schwiegereltern getrennte Ehewohnung werden von tunesischen Frauen immer häufiger ver-

---

[416] Ebert, Personalstatut, S. 90.
[417] Anderson, Islamic law, S. 50 f.
[418] Vgl. dazu Kap. 2, II., 2.2.1 der vorliegenden Arbeit.
[419] Anderenfalls, so bemerkt *Aš-Šarīf* (ḫaula šuġl, S. 10), kann der Mann seine Frau sogar noch vor dem Vollzug der Ehe zur Aufgabe ihres Berufes zwingen.

langt.[420] Umgekehrt hat auch der Mann die Möglichkeit, sich vertraglich bestimmte eheliche Prärogativen, etwa den Gehorsam der Frau auszubedingen. Er kann sich vertraglich sogar die Jungfräulichkeit der Braut zusichern lassen,[421] auch wenn von dieser Möglichkeit in der Praxis nur noch selten Gebrauch gemacht wird.

Daß die Möglichkeit ehevertraglicher Vereinbarungen nur von wenigen Brautpaaren genutzt wird, ist im wesentlichen auf zwei Faktoren zurückzuführen: zum einen auf einen geringen Kenntnisstand und zum anderen auf die traditionell engen Handlungsspielräume, die insbesondere Frauen an der Wahrnehmung ihrer Rechte hindern. Offen und ohne Umschweife empfiehlt deshalb ein Ratgeber zum Ehe- und Scheidungsrecht:

„Die Ehe ist eine Lotterie, an der zwei Personen beteiligt sind. Dabei gilt es, sich selbst die größten Gewinnchancen zu sichern, indem man von Anfang an bestimmte Einzelheiten ... des täglichen Lebens (Wohnung, Arbeit, Geld etc.) sowie Fragen, die sich zu Reibungspunkten in der Ehe entwickeln könnten, regelt. Es kann doch nur gut sein, wenn jeder weiß, woran er ist, bevor er sich in das Abenteuer (Ehe; die Verf.) stürzt.[422]

2.3 Eheliche Rechte und Pflichten

Die Ehe ist für beide Ehegatten mit Pflichten verbunden, die ihnen ab dem Zeitpunkt der Eheschließung obliegen.[423] Diese Pflichten sind, wie sich zeigen wird, nicht gleich, sondern haben trotz einiger Neuerungen weitgehend komplementären Charakter. Als solche unterscheiden sie sich nur in einzelnen Aspekten von den Vorlagen des islamischen Rechts. Das Gesamtgefüge der Ehewirkungen entspricht trotz stellenweiser Betonung von Gleichheit und Gegenseitigkeit dem traditionellen, islamischen Rollenverständnis. Einen Hinweis darauf, daß die vom

---

[420] Chérif Chamari, mariage, S. 43.

[421] Ḥukm ibtidā'ī madanī (Tunis), 'adad 8487, 30.12.1968, maǧallat al-qaḍā' wa-t-tašrī', 'adad 6-7, 1969, ṣ. 164.

[422] Chérif Chamari, mariage, S. 80 f.

[423] Qarār ta'qībī madanī, 'adad 2155, 10.10.1978, našriyyat maḥkamat at-ta'qīb 1978, maǧallat al-qaḍā' wa-t-tašrī', ǧuz' 2, ṣ. 86. Eine Ausnahme ist die Unterhaltspflicht des Mannes, die Gesetz und Rechtsprechung von der Vollziehung der Ehe abhängig machen. Vgl. dazu auch Kap. 2, II., 2.3.2.1 der vorliegenden Arbeit.

Gesetzgeber befürwortete Gleichberechtigung der Geschlechter ihre Grenzen dort findet, wo sie auf zentrale islamische Ordnungsprinzipien trifft, gibt Paragraph III der tunesischen Vorbehaltserklärung zur Kopenhagener Konvention über die Beseitigung jeder Form von Diskriminierung der Frau. Darin entfernt sich Tunesien u.a. von der Forderung nach gleichen Rechten und Verantwortlichkeiten von Mann und Frau während der Ehe und in ihrer Funktion als Eltern.[424]

2.3.1 Betonung von Gleichheit und Wechselseitigkeit

2.3.1.1 Gegenseitige Wohlbehandlung

Nach Art. 23 CSP bilden die gegenseitige Achtung und der wohlwollende Umgang der Eheleute miteinander die Grundlage eines harmonischen Ehe- und Familienlebens. War bis zur jüngsten Reform dieses Artikels nur der Ehemann zur guten Behandlung seiner Frau aufgerufen, so nimmt das Gesetz fortan auch die Ehefrau in die Pflicht: „*Jedem der beiden Eheleute obliegt es, den anderen nach Billigkeit (bi-l-maʿrūf) zu behandeln, mit ihm in guter ehelicher Gemeinschaft (ʿišra) zu leben und zu vermeiden, ihm Schaden (ḍarar) zuzufügen.*" (Art. 23 Abs. 1 n. F. CSP). Durch die Nennung beider Eheleute wird die Gleichstellung von Mann und Frau zum Ausdruck gebracht.[425] Der Gesetzgeber bleibt auf diese Weise dem islamischen Recht treu, das die gute Behandlung als ein Pflicht aber auch als ein Recht beider Ehegatten betrachtet[426] und sich hierbei auf zahlreiche Koranverse stützt.[427] Die Vernachlässigung der Ehefrau wird von den Malikiten sogar als Scheidungsgrund anerkannt.[428] In diese Richtung zielt auch ein Berufungsurteil von 1966, welches das häufige Fernbleiben des Mannes von der Familie und seinen regelmäßiger Besuch in Freizeiteinrichtungen in Begleitung Fremder als Verletzung seiner ehelichen Pflichten und Scheidungsgrund

---

[424] Formuliert in Art. 16 Abs. 1 c und d der Konvention.
[425] Forstner, Ehe- und Kindschaftsrecht, S. 2.
[426] Jaeger, Ehe- und Scheidungsrecht, S. 39.
[427] Koran 30:21; 2:228; 4:3; 4:4; 4:19; 16:90; 4:129.
[428] Bousquet, Droit musulman, S. 115.

wertete.[429] *Lagrange* kommentiert dieses Urteil mit dem Hinweis darauf, daß der Gesetzgeber die Pflicht zur gegenseitigen Wohlbehandlung in der Ehe durchaus weitgefaßt interpretiere.[430]

Daß die Rechtsprechung bereits vor der Personenstandsreform d. J. 1993 aus dem Gebot der Wohlbehandlung der Ehefrau und dem Verbot ihrer Schadenszufügung (Art. 23 Abs. 1 a. F. CSP) eine gegenseitige Pflicht ableitete, zeigen Urteile, die in den vergangenen Jahrzehnten gegen Frauen wegen verbaler oder körperlichen Angriffen auf ihre Männer ausgesprochen wurden.[431]

Fraglich ist, in welchem Maße das in Art. 23 Abs. 1 CSP verankerte Verbot der gegenseitigen Schadenszufügung die Ächtung körperlicher Gewalt impliziert. Diese Frage ist insbesondere im Hinblick auf das koranisch legitimierte Züchtigungsrecht des Ehemannes[432] von Interesse. Der Mann darf seine Frau nach islamischer Rechtsvorstellung korrigieren bzw. disziplinieren, notfalls auch durch Schläge. Von diesem Recht kann er nach gängiger Auffassung vor allem dann Gebrauch machen,

- wenn sich die Frau weigert, sich für ihn schön zu machen,
- wenn sie sich ihm sexuell verweigert,
- wenn sie ohne seine Erlaubnis oder ohne einen rechtlich anerkannten Grund (z. B. Verwandtenbesuch; d. Verf.) das Haus verläßt,
- wenn sie ihren religiösen Pflichten, wie der rituellen Waschung und dem Gebet, nicht nachkommt.[433]

Nach islamischer Rechtsauffassung dürfen die Disziplinierungsmaßnahmen nicht

---

[429] Qarār isti'nāfī madanī (Tunis), 'adad 59009, 14.7.1966, mağallat al-qaḍā' wa-t-tašrī', 'adad 9, 1966, ṣ. 79. Ebenso Qarār isti'nāfī madanī (Tunis), 'adad 30676, 22.7.1971, mağallat al-qaḍā' wa-t-tašrī', 'adad 4, 1972, ṣ. 54.

[430] Lagrange, RTD 1968, S. 100.

[431] Qarār isti'nāfī madanī (Tunis), 'adad 30478, 29.7.1971, mağallat al-qaḍā' wa-t-tašrī', 'adad 4-5, 1972, ṣ. 61.Qarār ta'qībī madanī, 'adad 20476, 20.9.1988, našriyyat maḥkamat at-ta'qīb 1988, al-qism al-madanī, ṣ. 192, mağallat al-qaḍā' wa-t-tašrī', 'adad 5, 1990, ṣ 104.

[432] Koran 4:34.

[433] Ascha, Statut inférieur, S. 108.

maßlos sein. Wenn nötig, sollte der Mann lediglich „leichte" Gewalt anwenden.[434] Im allgemeinen aber gilt eheliche Gewalt im Islam als eine Privatangelegenheit, die keiner Einmischung bedarf.[435] Gegen die Akzeptanz öffentlicher Gewalt spricht auch ein Urteil des Berufungsgerichts in Tunis d. J. 1971, wonach tätliche Angriffe des Ehemannes gegenüber seiner Frau auf offener Straße diese berechtigen, die Ehescheidung zu verlangen.[436] Obwohl der Ehemann nach Art. 23 Abs. 1 CSP zur guten Behandlung seiner Frau aufgerufen ist, läßt der CSP weitgehend offen, ob das Gewaltmonopol des Mannes in der Ehe weiterhin Geltung haben soll. Weiter hilft in dieser Frage aber das Strafrecht. Durch die Strafrechtsreform von 1993[437] wird das Züchtigungsrecht des Mannes in der Ehe weitgehend in Frage gestellt. Indem der Gesetzgeber die Körperverletzung an der Ehefrau als besonderen Straftatsbestand einführte und dafür ein gesondertes Strafmaß festlegte[438] setzte er ein unverkennbares Zeichen für die Ächtung ehelicher Gewalt. Offen bleibt dennoch, ob das Züchtigungsrecht des Mannes nach tunesischem Recht als abgeschafft gelten kann. Vergewaltigung in der Ehe, so bemängelt die tunesische Frauenbewegung, wird vom Gesetz jedenfalls nicht als Straftatbestand anerkannt.[439] Nach Auffassung eines renommierten tunesischen Juristen kann sexuelle Gewalt in der Ehe vor allem deshalb nicht als Vergewaltigung im üblichen Sinne gelten,

„weil der Genuß des Körpers des Ehegatten ein durch den Ehevertrag garantiertes Recht ist und sich eine solche Beziehung innerhalb eines rechtlichen Rahmens abspielt, über den hinaus Recht und Gesetz die intimen Beziehungen des Ehelebens nicht regeln können."[440]

In diesem Zusammenhang muß vor allem kritisch bemerkt werden, daß Art. 23 CSP genügend Spielräume für eine Interpretation bietet, die der

---

434 Bousquet, Droit musulman, S. 116; Jaeger, Ehe- und Scheidungsrecht, S. 52.
435 Ebert, Personalstatut, S. 108.
436 Qarār isti'nāfī madanī (Tunis), 'adad 62506, 4.2.1971, maǧallat al-qaḍā' wa-t-tašrī', 'adad 6, 1971, § 94.
437 Per Gesetz Nr. 93-72 vom 12.7.1993.
438 Verletzungen, Schläge oder andere Formen der Gewaltanwendung gegenüber der Ehefrau werden nach Art. 218 Abs. 2 n. F. Code Pénal mit zwei Jahren Gefängnis und 2000 TD Geldbuße (bei Vorsatz 3 Jahre und 3000 TD) bestraft, während Übergriffe dieser Art üblicherweise mit nur einem Jahr Gefängnis und 1000 TD geahndet werden (Art. 218 Abs. 1 Code Penal).
439 ATFD (Hrsg.), Les violences, S. 5.
440 Dargouth Medimegh/Marzouk, Violence conjugale, S. 56 f.

traditionellen Konzeption ehelicher Beziehungen entspricht. Selbst wenn von einer echten Gesetzeslücke nicht die Rede sein kann, hat es der Gesetzgeber bisher versäumt, die bestehende Unklarheit im Gesetz zu beseitigen. So muß beobachtet werden, welchen Weg die Rechtsprechung in Zukunft beschreitet.[441]

2.3.1.2 Geschlechtsleben und Treueanspruch

Obwohl im Gesetz nicht explizit genannt, wird dem Geschlechtsleben nach tunesischem Rechtsverständnis eine zentrale Rolle beigemessen. Dazu finden sich eindeutige Hinweise in der Rechtsprechung. Die *„Herstellung des Kontakts zwischen ihnen (d. h. den Eheleuten, d. Verf.)“* (*taḥqīq al-ittiṣāl bainahumā*) gilt gemeinhin als ein Grundpfeiler der Ehe.[442] Der Geschlechtsverkehr ist andererseits aber auch eine Pflicht, die Frau und Mann in der Ehe obliegt und deren Mißachtung den anderen zur Ehescheidung wegen erlittener Schädigung berechtigt.[443] Die Pflicht zum regelmäßigen Geschlechtsverkehr in der Ehe besteht vor allem nach Auffassung der Malikiten und Hanbaliten; Hanafiten und Schafiiten erachten dagegen den einmaligen Vollzug der Ehe als hinreichendes Minimum.[444]

Dagegen hindert die Impotenz des Mannes nach tunesischem Rechtsverständnis zwar die Fortsetzung der ehelichen Beziehung und wird als Scheidungsgrund anerkannt, sie begründet aber keinen Anspruch auf Schadensersatz.[445] Der Mann kann seinerseits die Scheidung wegen erlittener Schädigung verlangen, wenn seine Frau sich ihm körperlich verweigert.[446] In diesem Zusammenhang sei darauf

---

[441] Zur Beurteilung ehelicher Gewalt in der Rechtspraxis vgl. auch Kap. 2, II., 3.3.1.2 der vorliegenden Arbeit.

[442] Qarār ta'qībī madanī, 'adad 24219, 23.1.1990, našriyyat maḥkamat at-ta'qīb 1990, maǧallat al-qaḍā' wa-t-tašrī', ṣ. 149. In diesem Sinne auch Qarār ta'qībī madanī, 'adad 16285, 18.1.1986, našriyyat maḥkamat at-ta'qīb 1986, al-qism al-madanī, ǧuz' 2, ṣ. 199, maǧallat al-qaḍā' wa-t-tašrī', 'adad 5, 1988, ṣ. 107, maǧallat al-qaḍā' wa-t-tašrī', 'adad 6, 1988, ṣ. 37.

[443] Vgl. dazu die Gerichtsurteile in Kap. 2, II., 3.3.3 der vorliegenden Arbeit.

[444] Ebert, Personalstatut, S. 105; Linant de Bellefonds, Traité de droit II, Nr. 914.

[445] Qarār ta'qībī madanī, 'adad 16285, 18.1.1986, našriyyat maḥkamat at-ta'qīb 1986, al-qism al-madanī, ǧuz' 2, ṣ. 199, maǧallat al-qaḍā' wa-t-tašrī', 'adad 5, 1988, ṣ. 107, maǧallat al-qaḍā' wa-t-tašrī', 'adad 6, 1988, ṣ. 37.

[446] Qarār ta'qībī madanī, 'adad 24219, 23.1.1990, našriyyat maḥkamat at-ta'qīb 1990, maǧallat al-qaḍā' wa-t-tašrī', ṣ. 149.

hingewiesen, daß die Frau nach islamischem Recht nur im Falle körperlicher Unpäßlichkeit oder aus religiösen Gründen (z.B. während der Menstruation oder Fastenzeit) dazu berechtigt ist.[447]

Art. 23 Abs. 1 n. F. CSP impliziert darüber hinaus auch die gegenseitige Treuepflicht[448] und trägt damit einer gesellschaftlichen Entwicklung Rechnung, die sich zuvor schon in der Reformierung des Strafrechts niedergeschlagen hat. Dieses stellt seit 1968 nicht mehr nur den Ehebruch der Frau sondern auch den des Mannes unter Strafe. Nach Art. 236 Code Pénal wird der Ehebruch des Mannes oder der Frau mit fünf Jahren Freiheitsentzug und einer Geldstrafe von 500 TD geahndet, wobei den „Komplizen" die gleiche Strafe erwartet.[449] Obwohl nach islamischer Sicht Ehebruch wie Unzucht allgemein als schwere Vergehen gelten,[450] richtet sich das Gebot der ehelichen Treue in erster Linie an die Frau.[451] Bis in die jüngste Zeit stellte die Tötung der ehebrechenden Frau oder ihres Liebhabers seitens des Ehemannes selbst im tunesischen Strafrecht einen besonderen Tatbestand dar, dem abgetrennt von sonstigen Tötungsdelikten ein eigener Paragraph gewidmet war. Die Abschaffung dieses Paragraphen im Zuge der Strafrechtsreform von 1993 zielt auf eine Entbagatellisierung ehelicher Gewalt und wirkt der Überbetonung weiblicher Treuepflicht entgegen. So wurde ein Konflikt beseitigt, der sich seit langem zwischen Gesetzgebung und Rechtsprechung bemerkbar gemacht hatte. Letztere hatte in den Jahren vor der Reform des Strafrechts bereits eine Gleichbehandlung von Mann und Frau bezüglich ihres gegenseitigen Anspruchs auf eheliche Treue erkennen lassen.[452]

---

447 Linant de Bellefonds, Traité de droit II, Nr. 905.

448 Bergmann-Ferid, Ehe- und Kindschaftsrecht, Fn 26; S. 16; Chérif Chamari, Femme, S. 47.

449 Die Kriminalisierung des Ehebruchs geht nach Auffassung von *Chérif Chamari* (Femme, S. 121) mit einer inakzeptablen Einmischung in die Privatsphäre der Betroffenen einher und trifft in der Regel Frauen härter als Männer.

450 Koran 24:2 ff.; 17:32; 25:68; 60:12.

451 Vgl. dazu Bousquet, Droit musulman, S.115; Linant de Bellefonds, Traité de droit II, Nr. 916.

452 Qarār ta'qībī madanī, 'adad 7664, 10.3.1983, maǧallat al-qaḍā' wa-t-tašrī', 1985, ṣ. 64; Qarār ta'qībī madanī, 'adad 6365, 20.04.1982, našriyyat maḥkamat at-ta'qīb 1983, ǧuz' 2, ṣ. 219.

2.3.1.3 Wahrnehmung elterlicher Verantwortung

Auf gleicher Ebene stehen die Eheleute bei der Vertretung familiärer Interessen: "*Sie arbeiten zusammen bei der Führung der Familienangelegenheiten (tasyīr šu'ūn al-'usra), der guten Erziehung (ḥusn at-tarbiya) der Kinder und bei der Erledigung ihrer Angelegenheiten, wie Ausbildung (ta'līm), Reisen (safar) und Vermögenstransaktionen (al-mu'āmalāt al-māliyya)*" (Art. 23 Abs. 3 n. F. CSP). Ebenso wie das in Art. 23 Abs. 1 CSP zum Ausdruck gebrachte Gegenseitigkeitsprinzip im Eheleben ist die Stärkung der Zusammenarbeit der Eheleute in Familienbelangen eine Innovation des Gesetzgebers, die in Richtung Gleichstellung und Partnerschaft zielt. Durch die Aufteilung familiärer Pflichten wird auch das Prinzip der Kernfamilie gestärkt. Seit langem war von feministischer Seite gefordert worden, einen gesetzlichen Rahmen zu schaffen, der die gleichberechtigte Wahrnehmung elterlicher Verantwortung zuläßt.[453] Daß sich der Gesetzgeber nun in diese Richtung bewegte, deutet auf einen beträchtlichen Sinneswandel hin.[454] Ein Blick auf die *šarī'a* macht deutlich, inwieweit die Gesetzesreform in die klassische islamische Familienstruktur eingreift. Das islamische Recht kennt zwar gemeinsame Rechte der Ehegatten, wie etwa die gegenseitige gute Behandlung und das Recht auf die gemeinsamen Kinder. Pflichten innerhalb der Ehe aber sind fast immer für beide Ehegatten unterschiedlich und komplementär. Während der Ehemann zur Entrichtung des *mahr*, zum Unterhalt seiner Kinder und seiner Frau sowie zu deren gerechter Behandlung verpflichtet ist, muß diese ihrem Mann vor allem Gehorsam zollen. Die Zusammenarbeit der Eltern in Familien- und Erziehungsangelegenheiten, wie sie sich im tunesischen Personenstandsgesetz findet, schreibt die *šarī'a* nicht vor. Ebenso wenig spiegelt sich in den islamischen Ehewirkungen die Idee einer tiefergreifenden und dauerhaften Verbundenheit zwischen den Eheleuten.[455]

Mit der Betonung von Gegenseitigkeit und Kooperation in der Ehe hat der tunesische Gesetzgeber ein Ideal postuliert, das dem gesellschaftlichen Wandel Rechnung tragen soll, einer konkreten *šarī'a*-rechtlichen Grundlage aber entbehrt.

---

453 Vgl. dazu Bouraoui, Inégalité, S. 433; dies., Droit de la famille, S. 129; Chékir, Egalité, S. 85.
454 Forstner, Ehe- und Kindschaftsrecht, S. 2.
455 Bousquet, Droit musulman, S. 113.

Dennoch kann von gegenseitig einklagbaren Ehepflichten nicht die Rede sein.

2.3.2 Festhalten an Traditionalismen

2.3.2.1 Der Mann als Ernährer und Familienoberhaupt

Die Bereitschaft des Gesetzgebers, egalitäre Momente ins Eherecht aufzunehmen, kontrastiert an anderer Stelle mit dem Festhalten an klassisch islamischen Rollenzuweisungen. Ein geeignetes Beispiel hierfür ist die Frage nach der männlichen Autorität in der Ehe, zu welcher der CSP widersprüchliche Angaben macht. 1993 entschloß sich der Gesetzgeber im Zuge der großen Personenstandsreform, die aus dem Koran hergeleitete[456] und in Art. 23 Abs. 3 a. F. CSP verankerte Gehorsamspflicht der Ehefrau gegenüber ihrem Mann abzuschaffen. *Ebert* irrt also, wenn er das heutige Tunesien denjenigen Staaten zuordnet, die die Gehorsamspflicht der Frau in der Ehe per Gesetz einfordern.[457] Mit dem Verzicht auf den ehelichen Gehorsam als konstitutives Element des islamischen Familienrechts hat der tunesische Gesetzgeber einer weiteren Forderung der Frauenbewegung entsprochen. Diese hatte seit langem kritisiert, daß die Gehorsamspflicht der Frau dem Gleichheitsgedanken widerspräche, der in der Verfassung, in tunesischen Gesetzen und in internationalen Abkommen zum Ausdruck gebracht werde.[458]

Doch obwohl der Gesetzgeber durch den Verzicht auf die Gehorsamspflicht der Frau ein zentrales weibliches Inferioritätskriterium beseitigt und einen wichtigen Schritt in Richtung Gleichberechtigung getan hat, sichert das Personenstandsrecht dem Mann auch heute noch eine privilegierte Position innerhalb der Familie zu. Nach koranischem Muster[459] wird diese Vorrangstellung mit seinen finanziellen Verpflichtungen gegenüber Frau und Kindern in Zusammenhang gebracht: *„Dem Ehemann in seiner Eigenschaft als Familienoberhaupt (ra'īs al- 'ā'ila) obliegt es,*

---

[456] Koran 2:228 und 4:34.
[457] Personalstatut, S. 107.
[458] Vgl. dazu Bouraoui, Inégalité, S. 433; Chérif Chamari, Femme, S. 46.
[459] Koran 4:34.

für seine Frau und seine Kinder entsprechend seiner und deren Lage im Rahmen der Inhalte des Unterhalts (nafaqa) aufzukommen", bestimmt Art. 23 Abs. 4 CSP. Indem der Gesetzgeber die soziale Lage sowohl des Ehemannes als auch der Ehefrau als Maßstab des Unterhaltsumfangs bestimmt, richtet er sich nach den Vorgaben der malikitischen und hanafitischen Rechtstradition.[460]

Der Mann ist also Oberhaupt der Familie, weil er für deren Unterhalt sorgt. In Anlehnung an die islamische Rechtstradition[461] umfaßt der gesetzliche Unterhalt Nahrung, Kleidung, Unterkunft, Ausbildung und alles, was im Rahmen des Üblichen lebensnotwendig ist (Art. 50 CSP). Die Unterhaltspflicht gegenüber der Frau besteht nach Art. 38 CSP sofort nach Vollzug der Ehe,[462] und falls die Ehe geschieden wurde, während der gesetzlichen Wartezeit *'idda*. Der Unterhaltsanspruch der Frau ist unverjährbar (Art. 42 CSP).[463] Er hat den Charakter einer Nachlaßschuld.[464] Vor dem Vollzug der Ehe und nach dem Ablauf der *'idda* hat die Frau keinen generellen Anspruch auf eine finanzielle Versorgung durch ihren Ehemann. Als Voraussetzung für den Unterhaltsanspruch der Frau betrachten nur die Malikiten den Vollzug der Ehe, während nach Auffassung aller anderen sunnitischen Rechtsschulen die Unterhaltspflicht des Mannes mit dem Tag der Eheschließung beginnt.[465] Eine Ausnahme sieht die Rechtspraxis jedoch für den Fall vor, daß der Ehemann seiner Pflicht zum Vollzug der Ehe trotz der Aufforderung seiner Frau nicht nachkommt. In diesem Fall kann sie ihren Unterhaltsanspruch ihm gegenüber trotzdem geltend machen.[466]

---

[460] Vgl. dazu Linant de Bellefonds, Traité de droit II, Nr. 873.

[461] Nach *Linant de Bellefonds* (Traité de droit II, Nr. 871) umfaßt die *nafaqa* im islamischen Recht großzügig ausgelegt Nahrung, Kleidung, Unterkunft, Hilfe im Haushalt und medizinische Versorgung.

[462] Davor hat die Frau kein Recht auf eine finanzielle Versorgung durch ihren Ehemann. Qarār ta'qībī madanī, 'adad 7664, 10.5.1983, maǧallat al-qaḍā' wa-t-tašrī', 'adad 1, 1985, ṣ. 64.

[463] Qarār ta'qībī madanī, 'adad 3927, 19.5.1981, našriyyat maḥkamat at-ta'qīb 1981, al-qism al-madanī, ǧuz' 2, ṣ. 50; Qarār isti'nāfī ǧazā'ī, 'adad 30410, 23.6.1992, maǧallat al-qaḍā' wa-t-tašrī', 'adad 5, 1993, ṣ. 59.

[464] Ḥukm ibtidā'ī madanī (Tunis), 'adad 17227, 1.4.1974, maǧallat al-qaḍā' wa-t-tašrī', 'adad 7, 1974, ṣ. 67.

[465] Bousquet, Droit musulman, S. 116

[466] Qarār ta'qībī madanī, 'adad 1229, 15.7.1977, našriyyat maḥkamat at-ta'qīb 1977, al-qism al-madanī, ǧuz' 2, ṣ. 81; Ḥukm ibtidā'ī madanī (Sabiha), 'adad 863, 11.10.1996; Qarār ta'qībī madanī, 'adad 1229, 15.7.1977, našriyyat maḥkamat at-ta'qīb 1977, al-qism al-madanī, ǧuz' 2, ṣ. 81.

Dagegen ist der Anspruch der Frau auf Unterhalt an die Erfüllung ihrer ehelichen Pflichten gebunden, weshalb der Mann im Falle ihres Fehlverhaltens von seiner Unterhaltspflicht befreit ist.[467] Hierin orientiert sich die Rechtsprechung an den Vorgaben des islamischen Rechts, das ohne größere doktrinäre Unterschiede ebenfalls den Verlust der Unterhaltsberechtigung als Folge weiblichen Ungehorsams kennt.[468] Voraussetzung für die Verweigerung des Unterhalts ist aber in jedem Falle eine Scheidungsklage und ein entsprechendes richterliches Urteil. Der Mann ist in keinem Fall berechtigt, seiner Frau den Unterhalt nach persönlichem Gutdünken zu verweigern.[469] Ist der Ungehorsam (*nušūz*) der Frau die direkte Folge eines Fehlverhaltens ihres Ehemannes, so besteht ihr Recht auf Unterhalt fort.[470] Von seiner Unterhaltspflicht befreit ist der Ehemann, wenn er selbst bedürftig ist (Art. 39 CSP).[471] Wie im islamischen Recht[472] geht die Unterhaltspflicht gegenüber den Kindern in einem solchen Fall auf die Mutter über (Art. 47 CSP). Kann der Mann auch nach einer richterlich festgesetzten Frist von zwei Monaten keinen Unterhalt leisten, so darf die Frau nach Art. 39 CSP die Ehescheidung wegen erlittener Schädigung verlangen, vorausgesetzt, ihr war die finanzielle Lage des Mannes vor der Eheschließung nicht bekannt.

Zwar wird die übergeordnete Position des Mannes in der Ehe gerne mit seiner Unterhaltspflicht begründet und an diese gebunden interpretiert, doch sehen Kritiker(innen) in der entsprechende Vorschrift eine Argumentationshilfe für die Suprematie des Mannes in anderen Fragen des Ehe- und Familienlebens. Daß sich der Gesetzgeber bisher nicht zur Abschaffung des männlichen Familienoberhauptes entschlossen hat, könnte nach Meinung eines tunesischen Rechtsanwalts

---

[467] Ḥukm ibtidā'ī madanī (Tunis), ʻadad 179, 17.3.1958, maǧallat al-qaḍā' wa-t-tašrīʻ, ʻadad 7, 1959, ṣ. 64. Qarār taʻqībī madanī, ʻadad 1229, 15.7.1977, našriyyat maḥkamat at-taʻqīb 1977, al-qism al-madanī, ǧuz' 2, ṣ. 81; Ḥukm ibtidā'ī madanī (Marith), ʻadad 301, 3.2.1982, maǧallat al-qaḍā' wa-t-tašrīʻ, ʻadad 7, 1982, ṣ. 132; Qarār taʻqībī madanī, ʻadad 7416, 1.3.1983, našriyyat maḥkamat at-taʻqīb 1983, al-qism al-madanī, ǧuz' 1, ṣ. 176; Qarār taʻqībī madanī, ʻadad 9294, 20.2.1973, našriyyat maḥkamat at-taʻqīb 1973, al-qism al-madanī, ǧuz' 1, ṣ. 12. Vgl. dazu auch Kap. 2, II., 2.3.2.2 der vorliegenden Arbeit.

[468] Vgl. dazu Faṭnāsī, nušuz, S. 8.

[469] Qarār taʻqībī madanī, ʻadad 49225, 30.4.1996, našriyyat maḥkamat at-taʻqīb , al-qism al-madanī, 1996, ṣ. 297-298; Qarār taʻqībī ǧazā'ī, ʻadad 45202, 3.12.1996, našriyyat maḥkamat at-taʻqīb, al-qism al-madanī, 1996, ṣ. 299-301.

[470] Qarār taʻqībī madanī, ʻadad 14268, 25.2.1986, našriyyat maḥkamat at-taʻqīb 1986, al-qism al-madanī, ǧuz' 1, ṣ. 155.

[471] Qarār taʻqībī madanī, ʻadad 22695, 23.5.1989, maǧallat al-qaḍā' wa-t-tašrīʻ, ʻadad 6, 1993, ṣ. 69.

[472] Vgl. dazu Rauscher, Sharīʻa, S. 140.

vor allem darin gründen, daß die mit der Vormachtstellung zusammenhängende Unterhaltspflicht des Mannes gegenüber der Familie den gesellschaftlichen Realitäten entspricht und „*80% der Frauen letztlich auf die Versorgung durch ihren Ehemann angewiesen sind.*“[473]

Innovativ zeigte sich der Gesetzgeber dagegen, als er in Art. 23 Abs. 5 CSP den Beitrag der vermögenden Ehefrau zu den Haushaltskosten einführte. In einem Kommuniqué des Justizministerium vom 3.8.1956 hieß es dazu, daß Gesetzesneuerungen zugunsten der Frau Hand in Hand mit neuen Verpflichtungen ihrerseits gehen müßten.[474] Nach islamischer Lehre hat in erster Linie der Ehemann für den Familienunterhalt zu sorgen, während die Frau prinzipiell nicht verpflichtet ist, zu den Kosten des Haushalts beizutragen.[475] Während das hanafitische Recht der Frau die finanzielle Unterstützung naher Verwandter empfiehlt[476] und ihr im Falle der Armut oder Arbeitsunfähigkeit ihres Mannes sogar die Unterhaltspflicht auferlegt,[477] sehen die Malikiten eine entsprechende Verpflichtung der Frau unter keinen Umständen gegeben.[478] Der in Art. 23 Abs. 5 CSP erwähnte Unterhaltsbeitrag der vermögenden Frau muß nach Auffassung eines Rechtskommentatoren[479] aber weniger als eine Anlehnung an das hanafitische Recht verstanden werden, denn als Versuch, eine rechtliche Angleichung zwischen den Eheleuten zu erreichen. Diese Idee wurde im Zuge der Personenstandsreform d. J. 1993 fortgeführt. So ist aus dem fakultativen Unterhaltsbeitrag der vermögenden Ehefrau ein obligatorischer geworden: „*Die Ehefrau ist verpflichtet, zum Unterhalt der Familie*[480] *beizutragen, sofern sie Vermögen (māl) hat.*“ (Art. 23 Abs. 5 n. F. CSP). Damit hat der Gesetzgeber „*einer Entwicklung den Weg geebnet, die den aktuellen Sitten entspricht.*“[481]

---

473 Zit nach ATFD (Hrsg.), Les violences, S. 24.
474 Anderson, The tunisian law, S. 270.
475 Linant de Bellefonds, Traité de droit II, Nr. 844 ff.; 1182 ff.; Juynboll, Handbuch, S. 223; Colomer, Le code, S. 69; Bousquet, Droit musulman, S. 114, 116.
476 As-Snūsī, maǧallat, S. 22 (franz. Teil); Anderson, The tunisian law, Fn 24, S. 270.
477 Al-ʻAnābī, ḫawāṭir, S. 13.
478 Ebd.
479 Colomer, Le code, S. 70.
480 In der Neufassung des Art. 23 CSP wurde in Abs. 5 *ʻā'ila* bzw. *ménage* (arab./franz. für Haushalt) durch *'usra* bzw. *famille* (arab./franz. für Familie) ersetzt.
481 Bouraoui, Droit de la famille, S. 130.

Trotz deutlichem Bekenntnis zu mehr Partizipation zwischen den Ehegatten läßt das Gesetz wesentliche Fragen offen, die einmal mehr die Rechtsprechung zu beantworten hat. So ist zum Beispiel unklar, worin im einzelnen der Unterhaltsbeitrag der Frau bestehen soll. Daneben stellt die Nachweisbarkeit einer entsprechenden Pflichtverletzung durch die Frau ein Problem dar. Nicht eindeutig geregelt ist auch, ob die Möglichkeit der vollständigen Sicherung des Familienunterhalts durch die Frau den Ehemann von seiner Unterhaltspflicht entbindet. Diese Frage wurde jedoch in Gerichtsurteilen unter Hinweis auf die primäre Unterhaltspflicht des Mannes stets negativ entschieden.[482] Nach tunesischer Rechtsauffassung schuldet der Mann seiner Frau Unterhalt unabhängig von deren finanzieller Situation.[483] Der Unterhalt der Frau hat dagegen den Charakter eines finanziellen Beitrages, einer Hilfe, die gefordert ist, wenn sich Bedarf bemerkbar macht. Er dient in keinem Fall dazu, ihren eigenen Unterhalt zu begleichen oder den Mann von seiner Unterhaltspflicht zu entbinden.[484] Die Versorgung der Familie ist Aufgabe des Mannes, auch wenn die Frau durch ihre Erwerbstätigkeit über ein eigenes Einkommen verfügt.[485]

Angesichts des relativ großen Anteils berufstätiger und den Haushalt mitfinanzierender Frauen sind Zweifel darüber angebracht, ob ein Gesetz, das den Mann in seiner Rolle als Hauptverdiener und Ernäherer der Familie stärkt, geeignet ist, die gesellschaftliche Realität Tunesiens adäquat abzubilden.[486] Die Schlußfolgerung, die ein tunesischer Jurist im Jahre 1968 aus der prioritären Unterhaltspflicht des Mannes zog, trifft im Kern auch heute noch zu:

---

[482] Qarār ta'qībī madanī, 'adad 6254, 16.7.1968, maǧallat al-qaḍā' wa-t-tašrī', 'adad 6-7, 1969, ṣ. 21; al-maǧalla al-qānūniyya at-tūnisiyya 1969-1970, ṣ. 188; Qarār ta'qībī madanī, 'adad 5116, 9.6.1981, našriyyat maḥkamat at-ta'qīb 1981, al-qism al-madanī, ǧuz' 2, ṣ. 141; Qarār ta'qībī madanī, 'adad 4701, 14.4.1981, našriyyat maḥkamat at-ta'qīb 1981, al-qism al-madanī, ǧuz' 1, ṣ. 195.

[483] Lagrange, RTD 1969-70, ṣ. 188.

[484] Qarār ta'qībī madanī, 'adad 5116, 9.6.1981, našriyyat maḥkamat at-ta'qīb 1981, al-qism al-madanī, ǧuz' 2, ṣ. 141.

[485] Ḥukm ibtidā'ī madanī (Tunis), 'adad 17227, 1.4.1974, maǧallat al-qaḍā' wa-t-tašrī', 'adad 7, 1974, S 67; Qarār ta'qībī madanī, 'adad 4701, 14.4.1981, našriyyat maḥkamat at-ta'qīb 1981, al-qism al-madanī, ǧuz' 1, ṣ. 195; Qarār ta'qībī madanī, 'adad 5912, 21.7.1981, našriyyat maḥkamat at-ta'qīb 1981, al-qism al-madanī, ǧuz' 3, ṣ. 60.

[486] Zur Berufstätigkeit der Frau vgl. auch Kap. 3, I., 2.2 und Kap. 3, II., 1.2.2 der vorliegenden Arbeit.

„Wir schließen daraus, daß der tunesische Gesetzgeber davon ausgeht, daß die Frau, der alle Tore zur Bildung und Berufstätigkeit geöffnet sind, nicht in der Lage ist, innerhalb der Familie die finanzielle Verantwortung zu übernehmen. Sie genießt zwar beim Abschluß des Ehevertrages die gleichen Rechte wie der Mann, kann ihm aber zum gegenwärtigen Zeitpunkt nicht in allen Bereichen gleichgestellt werden, vor allem nicht hinsichtlich solcher Rechte und Pflichten, die sich aus der Eheschließung ergeben."[487]

2.3.2.2 Einschränkung weiblicher Handlungsspielräume

Darüber hinaus drängt sich die Frage auf, ob das islamische System von männlicher Unterhaltspflicht und Vorrangstellung einerseits und damit zusammenhängender Gehorsamspflicht der Frau andererseits im Zuge der Personenstandsreform d. J. 1993 wirksam aufgebrochen wurde. Der Gesetzgeber schreibt die Gehorsamspflicht der Frau zwar nicht mehr explizit vor, hat aber im Bereich der ehelichen Pflichterfüllung Gesetzeslücken, die einen Rückgriff auf überbrachte Rollenbilder ermöglichen, nicht geschlossen. Grundsätzlich sind die in Art. 23 CSP getroffenen Aussagen zu den Aufgaben der Frau in Ehe und Familie wenig präzise. Auf ein Anknüpfen an traditionelle Rollenzuweisungen läßt konkret jedoch Art. 23 Abs. 2 CSP schließen, der bisher unverändert geblieben ist: „*Die beiden Eheleute erfüllen ihre ehelichen Pflichten gemäß Gewohnheit und Brauch (al-'urf wa-l'āda)*". Offenbar hat der Gesetzgeber hier bewußt auf eine nähere Spezifizierung männlicher und weiblicher Ehepflichten verzichtet, um einer traditionellen Interpretation Raum zu bieten.

Dies betrifft zum Beispiel die Frage nach der Ehewohnung. Nach islamischem Recht liegt die Wahl des gemeinsamen Wohnsitzes allein beim Mann. Die Frau, die sich den Wünschen des Mannes bezüglich der Ehewohnung widersetzt, gilt dem hanafitischen Gesetz nach als ungehorsam (*nāšiza*) und verwirkt ihr Recht auf Unterhalt.[488] Dies gilt auch nach tunesischer Rechtsauffassung. Voraussetzung für die Einstellung des Unterhalts durch den Mann ist jedoch, daß er seine Frau

[487] Al-'Anābī, Aṭ-Ṭayyib, aṭ-ṭalāq, S. 94.
[488] Linant de Bellefonds, Traité de droit II, Nr. 878; 904; Bousquet, Droit musulman, S. 117; Juynboll, Handbuch, S. 224.

bereits vergeblich zur Rückkehr in die Ehewohnung aufgefordert hat.[489]

Die tunesische Rechtsprechung verfährt in dieser Frage nach dem Grundsatz, daß derjenige nicht die Pflichterfüllung von jemand anderem erwarten kann, der sie selbst vermissen läßt.[490]

Richtungsweisend ist auch die Vorbehaltserklärung Tunesiens zur Kopenhagener Konvention über die Beseitigung jeder Form von Diskriminierung der Frau von 1979, die auf die Forderung nach freier Wohnortwahl der Ehegatten Bezug nimmt.[491] Die darin enthaltenen Vorschriften, so Paragraph IV der Vorbehaltserklärung Tunesiens *„dürfen nicht konträr zu den Bestimmungen des CSP, speziell den Artikeln 23 und 61[492] interpretiert werden."* Das Zusammenleben, das ein Urteil des Kassationsgerichtshofes 1989 als *„grundlegende und wesentliche Pflicht der Ehe"*[493] bezeichnete, ist also offenbar eine Forderung, die einseitig auf der Frau lastet.[494] Rechtsprechung und Gesetzgebung legen hingegen offen, daß der Mann seinerseits nicht zwingend an den gleichen Wohnort wie seine Frau gebunden ist. So macht sich der Ehemann nach einem Urteil des Kassationsgerichtshofes von 1976 nicht strafbar, wenn er die Ehewohnung auf Dauer verläßt, dies aber in der Absicht tut, seinen gesetzlichen Pflichten auch weiterhin nachzukommen.[495] Von der Pflicht des Zusammenlebens ist der Ehemann insbesondere dann entbunden, wenn er sich für die Beschaffung des Familienunterhalts an einem anderen Ort aufhalten muß. Wohnt und arbeitet der Ehemann beispielsweise im Ausland, so kann dies der Frau nicht als Rechtfertigung für das Verlassen der Ehewohnung dienen, solange er für den

[489] Qarār ta'qībī madanī, 'adad 794, 22.3.1961, našriyyat maḥkamat at-ta'qīb 1961, al-qism al-madanī, ṣ. 40, al-maǧalla al-qānūniyya at-tūnisiyya 1963-1965, ṣ. 47 ff.

[490] Qarār ta'qībī madanī, 'adad 1210, 13.2.1962, našriyyat maḥkamat at-ta'qīb 1962, al-qism al-madanī, ṣ. 15; Qarār ta'qībī madanī, 'adad 7416, 1.3.1983, našriyyat maḥkamat at-ta'qīb 1983; al-qism al-madanī, ǧuz' 1, ṣ. 176.

[491] Art. 15 Abs. 4.

[492] Betrifft die Verpflichtung der sorgeberechtigten Frau, ihren Wohnsitz so zu wählen, daß der Vormund des Kindes seinen Pflichten ihm gegenüber nachkommen kann.

[493] Qarār ta'qībī madanī, 'adad 22664, 23.5.1989, našriyyat maḥkamat at-ta'qīb 1989, al-qism al-madanī, ṣ. 185, maǧallat al-qaḍā' wa-t-tašrī', 'adad 4, 1991, ṣ. 97.

[494] Zur Pflicht des Zusammenlebens mit dem Ehemann vgl. auch Kap. 2, II., 3.3.4 der vorliegenden Arbeit.

[495] Qarār ta'qībī ǧazā'ī, 'adad 11830, 23.2.1976, našriyyat maḥkamat at-ta'qīb 1976, al-qism al-ǧazā'ī, ǧuz' 1, ṣ. 174.

Familienunterhalt sorgt.[496] Auch in Art. 40 CSP über die Fristsetzung für den von der Familie getrennt lebenden und unterhaltspflichtigen Mann wird von dem (legitimen) Fall eines von seiner Ehefrau getrennt lebenden Mannes ausgegangen.

Die Frau ihrerseits ist nur in Ausnahmefällen von der Pflicht zum Zusammenleben entbunden. So etwa, wenn sie ihrem Mann eine schlechte Behandlung nachweisen kann. Ist die Frau in der Ehewohnung z. B. regelmäßig gewaltsamen Übergriffen ihres Ehemannes oder seiner Familie ausgesetzt, so entbindet sie diese Behandlung von der Pflicht des Zusammenlebens mit ihrem Mann.[497] Gleiches gilt, wenn der Ehemann dauerhaft und willentlich seinen Unterhaltsverpflichtungen nicht nachkommt. In einem solchen Fall muß die geschädigte Ehefrau nachweisen, daß er sich der *„böswilligen Vernachlässigung der Familie* (*'ihmāl 'iyāl*)" schuldig gemacht hat.[498]

Unklar bleibt auch, ob die traditionelle eheliche Pflichterfüllung die Entscheidungsfähigkeit der Frau im Hinblick auf ihre Berufstätigkeit einschränkt. Die Frage danach, ob die Frau auf die Zustimmung ihres Mannes angewiesen ist, um sich vertraglich an einen Arbeitgeber binden zu können, wird im allgemeinen positiv beantwortet.[499] Der Ehemann seinerseits kann auch ohne die Zustimmung der Frau jederzeit deren Arbeitsvertrag kündigen. *Aš-Šarīf* weist darauf hin, daß die Erwerbstätigkeit der Frau ohne das Einverständnis ihres Mannes diesen sogar zur Ehescheidung wegen eines erlittenen Nachteils berechtigt.[500] Fraglich ist, ob dieses Vorrecht des Mannes noch immer besteht. *Chamari* weist darauf hin, daß sowohl der erwähnte als auch ein anderer, die Geschäftsfähigkeit der Frau beschneidender Artikel des COC[501] durch das Arbeitsgesetzbuch von 1966, insbesondere Art. 7 und 11,[502] als abgeschafft gelten können.[503] Solange aber eine

---

[496] Chérif Chamari, mariage, S. 51.

[497] Qarār isti'nāfī madanī (Tunis), 'adad 62506, 4.2.1971, maǧallat al-qaḍā' wa-t-tašrī', 'adad 6, 1971, ṣ. 94; Qarār ta'qībī madanī, 'adad 14268, 25.2.1986, našriyyat maḥkamat at-ta'qīb 1986; al-qism al-madanī, ǧuz' 1, ṣ. 155.

[498] Chérif Chamari, mariage, S. 50 f.

[499] Insbesondere mit Blick auf Art. 831 COC: *„Die Frau kann eine Stelle als Ziehmutter oder eine sonstige Tätigkeit nur mit Erlaubnis ihres Mannes annehmen."*

[500] Aš-Šarīf, ḥaula šuġl, S. 8.

[501] Nach Art. 1481 COC dürfen Frauen und Geisteskranke nur für ein Drittel ihres Vermögens bürgen.

[502] Art. 11 Arbeitsgesetzbuch garantiert den gleichberechtigten Zugang von Frauen zur Arbeit ohne Unterschiede bezüglich Einstufung und Lohn. Vgl. dazu Chérif Chamari, Femme, S. 89.

[503] Chérif Chamari, Femme, S. 53, 89.

Streichung bzw. Änderung der kritisierten Artikel nicht vorgenommen wird, bleibt die zweideutige Rechtslage weiterhin bestehen. Daran ändert auch die Unterzeichnung zahlreicher internationaler Abkommen nichts, die in Richtung Gleichberechtigung der Frau im sozialen, Arbeits- und Wirtschaftsleben zielen.[504] Außerdem hat die Rechtspraxis gezeigt, daß die Erwerbstätigkeit der Frau stets als sekundär betrachtet wird. Sie ist an das Einverständnis des Ehemannes gebunden und rechtfertigt keinen Wohnortwechsel.[505] Nach einem Urteil des Kassationsgerichtshofs d. J. 1987 ist die Frau grundsätzlich verpflichtet, mit ihrem Mann an dem Ort zu wohnen, *„den er auswählt und den seine Arbeit als Familienoberhaupt notwendig macht.“*[506]

Vor diesem Hintergrund stellt sich die Frage, welche Durchschlagkraft die Abschaffung der weiblichen Gehorsamspflicht hat, wenn der Begriff der ehelichen Pflichterfüllung de lege lata ungenau ist und in Anlehnung an „Gewohnheit und Brauch“ eine restriktive, zuungunsten der Frau ausfallende Interpretation nahelegt. Nach Abschaffung der Gehorsamspflicht scheinen sich die Chancen auf eine Entkoppelung von traditioneller Entscheidungsgewalt des Mannes und gesetzlich garantierten Rechten der Frau jedenfalls nicht wesentlich verbessert zu haben.

3. Die Ehescheidung

Die Vorschriften der Ehescheidung (*ṭalāq*) sind in Tunesien für Männer und Frauen gleich. Während der Begriff *ṭalāq* in anderen islamischen Rechtskontexten gemeinhin die „Verstoßung“ meint, bezeichnet er im tunesischen Personenstandsrecht die gerichtliche, von beiden Ehepartnern gleichberechtigt erwirkbare Ehescheidung. Das tunesische Scheidungsrecht steht im offenen Widerspruch zur *šarī'a*. Das islamische Recht betrachtet die Beendigung der Ehe

---

[504] Vgl. dazu Kap. 2, I., 2.3 der vorliegenden Arbeit.

[505] Qarār ta'qībī madanī, 'adad 5753, 8.1.1980, našriyyat maḥkamat at-ta'qīb 1980, al-qism al-madanī, ǧuz' 1, ṣ. 16, maǧallat al-qaḍā' wa-t-tašrī', 'adad 3, 1981, ṣ. 106.

[506] Qarār ta'qībī madanī, 'adad 17711, 6.10.1987, našriyyat maḥkamat at-ta'qīb 1987, al-qism al-madanī, ṣ. 231.

als Privileg des Mannes. Während die trennungswillige Frau nur einen sehr engen Handlungsspielraum hat, kann der Mann jederzeit und willkürlich die Verstoßung aussprechen. Verglichen damit mutet das tunesische Scheidungsrecht geradezu revolutionär an. Es behandelt die Trennung der Eheleute als einen rein richterlichen Akt, gibt ihr einen egalitären Charakter und simplifiziert zu diesem Zweck die *šarīʿa*-rechtlichen Vorschriften erheblich.

3.1 Exkurs: Die Scheidung der Ehe im islamischen Recht

Das islamische Recht kennt eine Reihe von Gründen für die Beendigung der Ehe.[507] Neben dem Tod eines der beiden Ehegatten ist die Verstoßung der Frau durch den Mann (*ṭalāq)* die dominierende Form der Eheauflösung. Die Rechtsfigur des *ṭalāq* stützt sich auf Koran[508] und *sunna.* Auch wenn der *ṭalāq* an bestimmte Formvorschriften gebunden ist, ist der Mann weder gehalten, einen Grund für seinen Entschluß anzuführen, noch ist das Einverständnis der Frau erforderlich. Die ungerechtfertigte Verstoßung gilt allerdings als *makrūh* (mißbilligt). „*Was Gott unter den erlaubten Dingen am meisten haßt, ist die Entlassung der Frau*", sagt ein *ḥadīṯ*..[509]

Grundsätzlich wird zwischen der Verstoßung, die widerrufbar (*raǧʿī*) und der, die unwiderruflich (*bāʾin*) ist, unterschieden. Beim *ṭalāq raǧʿī*, der auch als rechtlich einwandfrei (*aḥsan*) bezeichnet wird, spricht der Mann die Verstoßungsformel einmal aus. Damit leitet er die Wartezeit der Frau (*ʿidda*) ein, innerhalb derer die Ehe formell fortbesteht. Gibt der Mann seiner Frau durch Worte oder Taten (insbesondere den Geschlechtsverkehr) zu verstehen, daß er die Ehe fortführen will, so gilt die Verstoßung als widerrufen. Läßt er indes die Wartezeit verstreichen, so ist die Ehe endgültig aufgelöst.

Vom islamischen Recht anerkannt ist auch die dreimalige Verstoßung (*ṭalāq ḥasan*), bei der die Scheidungsformeln in bestimmten Abständen, nämlich in

[507] Zu den verschiedenen Möglichkeiten der Eheauflösung, die im folgenden skizziert werden, vgl. statt aller ausführlich Linant de Bellefonds, Traité de droit II, Nr. 918-1118.

[508] Koran 2:228-238; 65:1-6.

[509] Abū Dāwūd, zit. nach Khoury, Prophet, S. 270.

jeweils drei aufeinanderfolgenden Reinheitsperioden der Frau ausgesprochen werden. Bei dieser Form der Verstoßung hat der Mann vor Ablauf der *ʿidda* ein Widerspruchsrecht, durch das die volle Wirksamkeit der Ehe wiederhergestellt wird. Erst nach dem dritten *ṭalāq* gilt die Ehe als beendet. Die dreimalige Verstoßung hat sich in der islamischen Welt daher nicht nur zur eigentlichen Scheidungsform entwickelt, es ist auch üblich geworden, die dreifache Verstoßung auf einmal auszusprechen, was zwar als mißbräuchlich, aber dennoch rechtsgültig anerkannt wird.[510] Dem Mann bleibt in einem solchen Fall nur noch eine einzige Möglichkeit, seine Frau erneut zu heiraten, nämlich wenn sie nach der rechtskräftig erfolgten Verstoßung vorübergehend die Ehe mit einem anderen Mann (*muḥallil*) eingeht und diese durch Scheidung oder Tod aufgelöst wurde.[511] Diese Regelung, mit der ursprünglich die Wiederheirat mit der durch dreimalige Verstoßung geschiedenen Frau erschwert und leichtfertigen Verstoßungen entgegengewirkt werden sollte, entpuppte sich in der islamischen Praxis als Möglichkeit vielfältigen Rechtsmißbrauchs. Ehen, die zumeist gegen Geld nur vorübergehend und zum Schein eingegangen werden, um alsbald wieder geschieden zu werden, galten und gelten in islamischen Gesellschaft zum Teil noch heute als probates Mittel, das Ehehindernis der dreimaligen Verstoßung zu umgehen. Als Komödie (*mahzala*) bezeichnet *as-Snūsī* einen Brauch, der sich zu diesem Zweck in Tunesien herausgebildet hatte. So habe man in der Regel nicht nur den Vollzug dieser (Übergangs)ehe simuliert, sondern sich überdies häufig der Hilfe eines Kindes bedient, das nicht einmal die Pubertät erreicht habe.[512] Eine weitere Möglichkeit, das Verbot der Wiederheirat nach dreimaliger Verstoßung zu umgehen, bestand darin, daß der Ehemann glaubhaft versicherte, sich zum Zeitpunkt der Verstoßung in einem Zustand geistiger Verwirrung befunden zu haben. In einem solchen Fall galt der zum Ausdruck gebrachte *ṭalāq* als nichtig und ohne Wirkung.[513] Daß dieser Usus vornehmlich zu Lasten der Frauen ging, versteht sich von selbst. Sie waren die Opfer im Kreislauf von Verstoßung, Scheinehe und Wiederheirat.

Daneben existiert die dreifache Verstoßung der Frau ohne Beachtung von

---

[510] Schacht, G. Bergsträsser's Grundzüge, S. 84.
[511] Koran 2:230 ff.
[512] As-Snūsī, maǧallat, Fn 2, S. 27 f (arab. Teil).
[513] As-Snūsī, maǧallat, Fn 2, S. 28 (arab. Teil), Fn 2, S. 20 (franz. Teil).

Zwischenfristen als eine von allen Rechtsschulen anerkannte Art der Eheauflösung.

Die Möglichkeiten der Frau, sich aus einer Ehe zu lösen, sind nach islamischem Recht weitaus begrenzter als die des Mannes. In Anlehnung an den Koran[514] und eine Überlieferung[515] erlauben alle Rechtschulen den Selbstloskauf der Frau aus der Ehe (*ḫul'*). Bei dieser Art der Eheauflösung erkauft sich die Frau mittels eines zu diesem Zweck vereinbarten Geldbetrages oder durch den Verzicht auf einen Teil oder den gesamten *mahr* die unwiderrufliche Verstoßung von ihrem Ehemann. Der *ḫul'* stellte für die Frau, die ihrem Mann keine als Scheidungsgründe anerkannten Mängel oder Versäumnisse nachweisen konnte, die einzige Möglichkeit dar, eine Auflösung der Ehe zu bewirken. Für *Jaeger* geht aber auch bei dieser Art der Eheauflösung die Scheidungsinitiative letztlich vom Mann aus, da er *„die Scheidungsformel als Angebot zur Trennung gegen einen bestimmten Betrag ausspricht."*[516]

Desweiteren besteht die Möglichkeit, dem Mann beim Abschluß des Heiratskontraktes bestimmte Bedingungen aufzuerlegen, deren Nichterfüllung ihn zur Verstoßung zwingt. Auf diese Weise kann die Frau, wenn ihr Mann sie z. B. vernachlässigt, die Auflösung der Ehe bewirken und damit das Recht erlangen, eine neue Ehe einzugehen.[517] Das islamische Recht kennt auch die Annulierung der Ehe (*fasḫ*) infolge von Formfehlern oder aufgrund der Nichtbeachtung eheausschließender Bedingungen.

Daneben besteht die Möglichkeit der Trennung durch den Richter, die grundsätzlich beiden Eheleuten offen steht, aber für Männer aufgrund ihres Verstoßungsrechts eine eher untergeordnete Rolle spielt. Dazu zählt z. B. die richterliche Auflösung der Ehe aufgrund der bereits erwähnten Ehebruchsbehauptung des Mannes (*li'ān*) oder seines Schwurs, für mindestens vier Monate auf eine geschlechtliche Beziehung zu seiner Frau zu verzichten (*īlā'*). Als ungültig und

---

514 Koran 2:183, 229.
515 Vgl. dazu Khoury, Prophet, S. 272.
516 Jaeger, Ehe- und Scheidungsrecht, S. 65.
517 Juynboll, Handbuch, S. 227.

aufgelöst gilt die Ehe schließlich auch im Falle der Apostasie eines der beiden Ehegatten. Die Gründe, die Anlaß zu einer richterlichen Scheidung der Frau von ihrem Mann geben können, sind je nach Rechtsschule unterschiedlich. Nach Auffassung der Malikiten kann die Frau vom Richter die Auflösung ihrer Ehe verlangen, wenn sie ihm eine der folgenden Schädigungen nachweisen kann; hierzu zählen: Mißachtung einer ehevertraglichen Vereinbarung, Nichtleistung von Unterhalt, absichtliche Vernachlässigung der ehelichen Pflichten, Abwesenheit, Mißhandlungen, Exzesse und schwere Körperverletzungen.[518]

3.2 Die drei Arten der Ehescheidung im CSP

Die Ehescheidung (*ṭalāq*), die in Art. 29 CSP als *„Auflösung des Ehebundes (ḥall ʻaqd az-zawāǧ)*" bezeichnet wird, steht beiden Ehegatten gleichermaßen offen. Sie kann nur vor Gericht erfolgen (Art. 30 CSP). Neben der gesetzlichen Ehescheidung und der Beendigung der Ehe durch den Tod eines Ehegatten kennt das tunesische Personenstandsgesetz keine weiteren Formen der Auflösung der Ehe.

Der tunesische Gesetzgeber unterscheidet drei mögliche Formen der Ehescheidung. Nach Art. 31 Abs. 1 CSP spricht der Richter die Scheidung aus

1. bei beiderseitigem Einverständnis der Ehegatten (*bi ṭ- ṭarāḍī*),
2. auf Verlangen eines Ehegatten (*ʻala ṭalab aḥad az-zauǧain*) aufgrund einer erlittenen Schädigung (*bi sabab mā ḥaṣala lahu min ḍarar*) oder
3. auf Wunsch des Ehemannes (*ʻala raġbat az-zauǧ*) oder auf Verlangen der Ehefrau (*muṭālabat az-zauǧa*),[519] die Scheidung zu bewirken (*ʼinšāʼ aṭ-ṭalāq*).

---

[518] Bousquet, Droit musulman, S. 124.

[519] Daß der Gesetzgeber im Zusammenhang mit dem Scheidungsbegehren beim Mann von Wunsch (*raġba*), bei der Frau aber von Verlangen (*muṭālaba*) spricht, wurde in Rechtskommentaren zunächst als Anknüpfung an die traditionelle Scheidungswillkür des Mannes im Gegensatz zum begründeten Scheidungswillen der Frau gewertet. Die Rechtsprechung, so *Lakhoua* (Divorce „caprice", S. 62), hat aber bewiesen, daß es sich auch bei dieser Scheidungsart um ein vollkommen egalitäres Recht beider Ehepartner handelt.

Jedes Scheidungsurteil, das sich nicht ausdrücklich auf eine der drei vorgeschriebenen Arten der Eheauflösung referiert, ist rechtswidrig.[520]
Die Ehescheidung kann unter Geltendmachung eines erlittenen Nachteils (Ziff. 2) oder ohne Angabe von Gründen (Ziff. 1 u. 3) erwirkt werden. Sie erfolgt entweder im gegenseitigen Einvernehmen (Ziff. 1) oder auf Initiative eines einzelnen (Ziff. 2 u. 3). Letztgenannte Unterscheidung ist vor allem für die sich aus der Ehescheidung ergebenden Schadensersatzansprüche von Interesse. Der nach Ziff. 2 oder Ziff. 3 geschädigte Ehegatte hat nämlich grundsätzlich Anspruch auf Begleichung des ihm durch die Scheidung zugefügten materiellen und ideellen Schadens (Art. 31 Abs. 2 CSP).[521]

3.2.1 Die einvernehmliche Ehescheidung

Soll die Ehescheidung in beiderseitigem Einverständnis erfolgen, so müssen beide Ehegatten ihre Zustimmung vor Gericht zum Ausdruck bringen. Dies gilt sowohl für die obligatorisch vorgeschriebene Versöhnungssitzung[522] als auch für die mündliche Gerichtsverhandlung. Die einvernehmliche Ehescheidung erfolgt ohne Angabe der Scheidungsgründe. Sie ermöglicht beiden Ehegatten, Diskretion über die Beweggründe ihrer Trennung zu wahren. Häufig gehen einer einvernehmlichen Ehescheidung aber auch gegenseitige Schuldzuweisungen voraus.[523] In einem solchen Fall stellt die Ehescheidung im beiderseitigen Einverständnis eine sinnvolle Alternative zu einem Scheidungsverfahren dar, in dem unter Offenlegung intimer Details des Ehelebens die Schuldfrage geklärt werden muß.

Haben die Ehegatten dem Versöhnungsrichter gegenüber ihren Willen zur Ehe-

---

[520] Denn es widerspricht Art. 31 CSP und Art. 123 CPCC. Qarār ta'qībī madanī, 'adad 16285, 18.1.1986, našriyyat maḥkamat at-ta'qīb 1986, al-qism al-madanī, ǧuz' 2, ṣ. 199.
[521] Vgl. dazu Kap. 2, II., 3.5.2 der vorliegenden Arbeit.
[522] Entscheiden sich beide Parteien in der Versöhnungssitzung für eine Ehescheidung im gegenseitigen Einvernehmen, so ist die darüber erzielte Einigung verbindlich und das entsprechende Scheidungsurteil kann nicht angefochten werden. Qarār isti'nāfī madanī (Tunis), 'adad 30572, 8.7.1971, maǧallat al-qaḍā' wa-t-tašrī', 'adad 4-5, 1972, ṣ. 51; Qarār ta'qībī madanī, 'adad 6299, 9.2.1982, našriyyat maḥkamat at-ta'qīb 1982, al-qism al-madanī, ǧuz' 1, ṣ. 327. Zur Versöhnungssitzung vgl. Kap. 2, II., 3.4 und Kap. 3, II., 3.2 der vorliegenden Arbeit.
[523] Borrmans, Divorce et abus, S. 238.

scheidung bekundet, so kann keine der beiden Seiten diesen Entschluß ohne die Zustimmung des anderen revidieren.[524]

Bei der Ehescheidung im gegenseitigen Einverständnis handelt es sich um die einzige Scheidungsform, bei der prinzipiell keine Schadensersatzansprüche geltend gemacht werden können. Aus diesem Grund haben nach Beobachtungen tunesischer Frauenrechtlerinnen häufig vor allem scheidungswillige Männer ein Interesse daran, ihre Frauen zu einer einverständlichen Trennung zu bewegen. *„Nicht selten kommt es vor, daß die Frau unter massivem Druck einer einvernehmlichen Trennung zustimmt.“*[525] Dies ist häufig vor allem dann der Fall, wenn der Mann eine Ehescheidung wünscht, seiner Frau aber kein schuldhaftes Verhalten nachweisen kann, oder wenn die Möglichkeit besteht, daß sie selbst die Ehescheidung wegen nachweisbarer Fehler des Ehegatten beantragt. Im letzteren Fall bietet die einvernehmliche Ehescheidung dem Mann die Möglichkeit, eigenes Fehlverhalten zu kaschieren und sich von vornherein gegen Schadensersatzforderungen abzusichern.

Ist die Ehe erst im beiderseitigen Einverständnis geschieden worden, so können dagegen einseitig keine Rechtsmittel eingelegt werden. Selbst dann nicht, wenn die Frau später per Zeugenaussage zu beweisen versucht, daß ihre Zustimmung zur Ehescheidung erzwungen wurde.[526] Geht ein Ehegatte gegen die in beiderseitigem Einverständnis erwirkte Ehescheidung in Berufung, indem er ohne Zustimmung des anderen auf Ehescheidung wegen erlittener Schädigung klagt, so handelt es sich dabei nach einem Urteil des Berufungsgerichts in Tunis um eine unerlaubte Modifikation des Scheidungsantrages.[527] Eine Änderung der Scheidungsart ist grundsätzlich nur mit der Zustimmung beider Ehegatten möglich.

---

[524] Qarār isti'nāfī madanī (Tunis), 'adad 30572, 8.7.1971, maǧallat al-qaḍā' wa-t-tašrī', 'adad 4-5, 1972, ṣ. 51.

[525] *Bušra Balḥāǧǧ Ḥamīda*, Rechtsanwältin und derzeitige Vorsitzende der ATFD, im Gespräch mit der Autorin im März 1995 in Tunis.

[526] Qarār ta'qībī madanī, 'adad 6190, 12.1.1982, našriyyat maḥkamat at-ta'qīb 1982, al-qism al-madanī, ǧuz' 1, ṣ. 106, maǧallat al-qaḍā' wa-t-tašrī', 'adad 5, 1983, ṣ. 78.

[527] Qarār isti'nāfī madanī (Tunis), 'adad 30572, 8.7.1971, maǧallat al-qaḍā' wa-t-tašrī', 'adad 4-5, 1972, ṣ. 51.

Die einvernehmliche Ehescheidung wurde in der Rechtsliteratur auch in Zusammenhang mit dem aus der *šarī'a* bekannten Selbstloskauf (*ḫul'*) der Frau gebracht,[528] der, auch wenn er die Verstoßung der Frau durch den Mann zum Zweck hatte, letztlich eine Ehesscheidung im beiderseitigen Einvernehmen war. Mit Recht weist *Forstner* darauf hin, daß ein Anknüpfen an die Tradition gerade nicht die Intention des tunesischen Gesetzgebers war.[529] Die vom Gesetz vorgesehene Möglichkeit der einverständlichen Ehescheidung grenzt sich von der islamischen Praxis vor allem durch ihren egalitären Charakter und ihre Bindung an einen richterlichen Urteilsspruch ab.

3.2.2 Die Ehescheidung aufgrund einer erlittenen Schädigung

Voraussetzung für eine Scheidungsklage nach Art. 31 Ziff. 2 CSP ist ein Fehler oder Versagen des Ehegatten, der zweifelsfrei nachgewiesen werden kann. Desweiteren gilt, daß ein schädigendes Verhalten, das die direkte Folge einer zuvor erlittenen Schädigung ist, nicht als Rechtfertigung für eine Scheidungsklage nach Art. 31 Ziff. 2 herangezogen werden darf.[530] In der Geltendmachung einer Schädigung zum Zwecke der richterlichen Ehescheidung sieht *Al-'Anābī* eine Parallele zur Scheidungsmöglichkeit der Frau im islamischen Recht; der Gesetzgeber habe Mann und Frau hinsichtlich dieser Art der Ehescheidung nunmehr lediglich gleichgestellt.[531]

In der Regel sind zum Nachweis einer Schädigung die Zeugenaussagen zweier vertrauenswürdiger Personen erforderlich, wobei es entgegen dem islamischen Recht keine Vorschriften bezüglich deren Geschlecht gibt. Gerade in Scheidungsprozessen wird der Zeugenaussage eines Familienmitgliedes Vorrang vor der

---

528 So etwa von Borrmans, Statut Personnel, S. 304 und indirekt von Al-'Anābī, aṭ-ṭalāq, s. 14.

529 Forstner, Änderungen, Fn 7, S. 17.

530 So kann z. B. der Auszug der Ehefrau aus der Ehewohnung wegen gewaltsamer Angriffe von Seiten ihres Mannes von diesem nicht als schädigendes und die Ehescheidung rechtfertigendes Verhalten angeführt werden. Ḥukm ibtidā'ī madanī (Tunis), 'adad 8305, 7.4.1969, maǧallat al-qaḍā' wa-t-tašrī', 'adad 6-7, 1969, ṣ. 167. Vgl. dazu auch Kap. 2, II., 3.2.3 der vorliegenden Arbeit.

531 Al-'Anābī, aṭ-ṭalāq, S. 14.

einer neutralen Person gegeben, da man bei Angehörigen von einer direkteren Involvierung in Ehekonflikte ausgeht.[532] Als Beweismittel in Scheidungsprozessen dienen ferner ärztliche Atteste und Polizeiberichte, insbesondere dann, wenn körperliche Schädigungen nachgewiesen werden sollen. Eine strafrechtliche Verfolgung, die noch nicht abgeschlossen ist, kann dagegen nicht zum Nachweis einer Schädigung im Scheidungsprozeß herangezogen werden.[533]

Die Gründe, die zu einer Ehescheidung wegen erlittener Schädigung Anlaß geben, können in zwei Gruppen zusammengefaßt werden. In die erste fallen Schädigungen, die auf einen Fehler des beschuldigten Ehegatten zurückzuführen sind, zu der zweiten können gesundheitliche oder körperliche Beeinträchtigungen des Ehegatten gezählt werden. Beiden Arten der Schädigung ist gemein, daß sie dem Prinzip der ehelichen Pflichterfüllung „nach Gewohnheit und Brauch" (Art. 23 Abs. 2 CSP) widersprechen und dem geschädigten Ehepartner eine Fortsetzung der ehelichen Gemeinschaft subjektiv unmöglich machen können. Ein Recht auf Entschädigung kann nur im Falle eines persönlich zu verantwortenden Fehlers des Ehegatten geltend gemacht werden. Wer aufgrund einer körperlichen oder gesundheitlichen Beeinträchtigung an der Wahrnehmung seiner Ehepflichten gehindert wird, ist, wie sich zeigen wird, im Scheidungsfalle nicht entschädigungspflichtig.

3.2.3 Die einseitig beantragte, unbegründete Ehescheidung

Diese Art der Scheidung bietet sowohl dem Mann als auch der Frau die Möglichkeit, sich ohne Angabe von Gründen aus einer bestehenden Ehe zu lösen. Gemessen an den sehr eingeschränkten Scheidungsmöglichkeiten der Frau im islamischen Recht, dürfte es sich bei dieser Form der Eheauflösung um die revolutionärste der drei gesetzlichen Scheidungsarten handeln. Nirgendwo anders in der islamischen Welt ist Frauen die Möglichkeit gegeben, eine Scheidung auch ohne

---

[532] Vgl. dazu Art. 98 Abs. 4 CPCC. In diesem Sinne auch Qarār ta'qībī madanī, 'adad 10070, 4.6.1974, našriyyat maḥkamat at-ta'qīb 1974, al-qism al-madanī, ǧuz' 2, ṣ. 20.

[533] Qarār ta'qībī madanī, 'adad 5912, 21.7.1981, našriyyat maḥkamat at-ta'qīb 1981, al-qism al-madanī, ǧuz' 3, ṣ. 60.

(nachweisbare) Schädigung per Gericht zu erwirken.[534] Die Sonderposition, die Tunesien bezüglich der Frauenrechte in der islamischen Welt einnimmt, spiegelt sich in diesem Punkt besonders deutlich wider. Die absolute Gleichstellung von Mann und Frau in Bezug auf ihre Scheidungsmöglichkeiten veranlaßte *Chérif Chamari* dazu, diese Art der Eheauflösung als *„gerichtliche Verstoßung (répudiation judiciaire)"* zu bezeichnen, die nunmehr Frauen wie Männern offen stünde.[535] Ein Vergleich, der in Überbetonung der freien Entscheidungsgewalt beider Ehegatten die gerichtliche Hürde sowie die Entschädigungspflicht als zwangsläufige Konsequenz dieser Scheidungsform aber nicht ausreichend berücksichtigt.

Die Ehescheidung nach Art. 31 Ziff. 3 CSP erfolgt unter Nichtnennung von Gründen. Sie basiert auf einer einseitigen Willenserklärung und ist per Gerichtsbeschluß rechtskräftig.[536] Die unbegründete Ehescheidung ist ein Recht, das beiden Seiten gleichermaßen offensteht und dem sich der scheidungsunwillige Ehegatte nicht widersetzen darf.[537] Er kann die Ehescheidung nicht verhindern, sondern lediglich Berufung gegen Einzelaspekte des Scheidungsurteils einlegen. Häufig handelt es sich dabei um Unterhalts- oder Entschädigungsfragen. Umgekehrt ist der Richterspruch über die Ehescheidung auch für den Antragsteller selbst bindend. 1978 wies das Berufungsgericht in Tunis die Klage eines Mannes ab, der nach einer höheren Entschädigungsforderung seiner Exfrau die Rückgängigmachung der von ihm selbst eingereichten Scheidung verlangt hatte.[538]

Grundsätzlich hat sich auch das Gericht dem einseitigen, unbegründeten Scheidungsantrag zu beugen. Verlangt ein Ehegatte die Scheidung nach

---

[534] Zu den Bestimmungen der Ehescheidung in anderen arabischen Ländern vgl. Ebert, Personalstatut, S. 108-117.

[535] Chérif Chamari, La femme, S. 66, ähnlich auch Al-'Anābī, aṭ-ṭalāq, S. 14.

[536] Qarār ta'qībī madanī, 'adad 7065, 7.12.1982, našriyyat maḥkamat at-ta'qīb 1982,al-qism al-madanī, ǧuz' 4, ṣ. 215, maǧallat al-qaḍā' wa-t-tašrī', 'adad 1, 1983, ṣ. 85; Qarār ta'qībī madanī, 'adad 11897, 30.10.1984, našriyyat maḥkamat at-ta'qīb 1984, al-qism al-madanī, ǧuz' 2, ṣ. 216.

[537] Qarār ta'qībī madanī, 'adad 49277, 14.5.1996, našriyyat maḥkamat at-ta'qīb, al-qism al-madanī, 1996, ṣ. 276-278; Qarār ta'qībī madanī, 'adad 6175, 4.7.1968, našriyyat maḥkamat at-ta'qīb 1968, al-qism al-madanī, ṣ. 64, maǧallat al-qaḍā' wa-t-tašrī', 'adad 5, 1969, ṣ. 31, al-maǧalla al-qānūniyya at-tūnisiyya 1969-70, ṣ. 222.

[538] Qarār isti'nāfī madanī (Tunis), 'adad 32660, 12.7.1973, maǧallat al-qaḍā' wa-t-tašrī', 'adad 9, 1974, ṣ. 55.

Art. 31 Ziff. 3 CSP, so steht es weder dem Gericht erster Instanz noch den Berufungsinstanzen zu, über die Stichhaltigkeit der Scheidungsgründe zu urteilen.[539] Die einzige Aufgabe der Justiz besteht darin, zwischen den Ehegatten zu vermitteln und auf eine Aussöhnung hinzuwirken (Art. 32 CSP).[540] Das Gericht muß den Scheidungswunsch eines einzelnen Ehegatten grundsätzlich respektieren, selbst dann, wenn es im Prozeßverlauf zu der Auffassung gelangen sollte, daß die eheliche Beziehung noch intakt und das Scheidungsbegehren an sich unbegründet ist.[541] Als in welchem Maße bindend die Justiz den Scheidungswillen eines einzelnen Ehegatten erachtet, machen Richtersprüche der jüngsten Zeit deutlich. Sie bestätigen die substantielle Verbindlichkeit von Scheidungsurteilen, die nach dem Tod des Antragstellers während des laufenden Berufungsverfahrens angefochten wurden.[542] In Ermangelung einer eindeutigen Gesetzesregelung hatten sich die Gerichte in den achtziger Jahren noch widersprüchlich zu dieser Problematik geäußert. In einem Fall war sogar die Rückgängigmachung der vom Ehemann unbegründet verlangten Scheidung nach dessen Tod im Berufungsverfahren erwirkt worden, um die Erbansprüche seiner Frau abzusichern.[543] Heute wird die vorhandene Gesetzeslücke durch Rückgriffe auf das Zivilprozeß- und Handelsrecht gefüllt.[544]

Wer von seinem Recht auf Ehescheidung nach Art. 31 Ziff. 3 CSP Gebrauch macht, hat die Folgen seiner Handlung zu tragen.[545] Konkret ist er der anderen

---

[539] Qarār ta'qībī madanī, 'adad 6977, 11.1.1983, našriyyat maḥkamat at-ta'qīb 1984, al-qism al-madanī, ṣ. 162; Qarār ta'qībī madanī, 'adad 11897, 30.10.1984, našriyyat maḥkamat at-ta'qīb 1984, al-qism al-madanī, ǧuz' 2, ṣ. 216; Qarār ta'qībī madanī, 'adad 49277, 14.5.1996; Našriyyat maḥkamat at-ta'qīb, al-qism al-madanī, 1996, ṣ. 276-278.

[540] Qarār ta'qībī madanī, 'adad 6977, 11.1.1983, našriyyat maḥkamat at-ta'qīb 1983, al-qism al-madanī, ǧuz' 1, ṣ. 162; Qarār ta'qībī madanī, 'adad 11671, 19.2.1985, našriyyat maḥkamat at-ta'qīb 1985, al-qism al-madanī, ǧuz' 1, ṣ. 125.

[541] Qarār ta'qībī madanī, 'adad 6175, 4.7.1968, našriyyat maḥkamat at-ta'qīb 1968, al-qism al-madanī, ṣ. 64, maǧallat al-qaḍā' wa-t-tašrī', 'adad 5, 1969, ṣ. 31, al-maǧalla al-qānūniyya at-tūnisiyya 1969-70, ṣ. 222.

[542] Qarār ta'qībī madanī, 'adad 30368, 3.3.1992, našriyyat maḥkamat at-ta'qīb 1992, al-qism al-madanī, ṣ. 170; Qarār ta'qībī madanī, 'adad 39806, 17.5.1994, našriyyat maḥkamat at-ta'qīb 1994, al-qism al-madanī, ṣ. 69; Qarār ta'qībī madanī, 'adad 49277, 14.5.1996, našriyyat maḥkamat at-ta'qīb, al-qism al-madanī, 1996, ṣ. 276-278.

[543] Qarār ta'qībī madanī, 'adad 7065, 7.12.1982, našriyyat maḥkamat at-ta'qīb 1982,al-qism al-madanī, ǧuz' 4, ṣ. 215, maǧallat al-qaḍā' wa-t-tašrī', 'adad 1, 1983, ṣ. 85.

[544] Vor allem Art. 144-146 und 241 CPCC.

[545] Ḥukm ibtidā'ī madanī (Gafsa), 'adad 10063, 13.7.1960, maǧallat al-qaḍā' wa-t-tašrī', 'adad 10, 1962, ṣ. 72; Qarār ta'qībī madanī, 'adad 1186, 30.4.1975, našriyyat maḥkamat at-ta'qīb 1975, al-qism al-madanī, ǧuz' 2, ṣ. 24.

Seite gegenüber zur Begleichung des ihr durch die Scheidung entstandenen finanziellen und moralischen Schadens verpflichtet (Art. 31 Abs. 2 CSP). Solche Schadensersatzleistungen dürfen dem geschädigten Ehegatten nicht unter Hinweis auf vermeintliche Verfehlungen seinerseits verweigert werden. So bestätigte der Kassationsgerichtshof 1976 die Schadensersatzpflicht eines Mannes gegenüber seiner Frau, nachdem dieser eine Ehescheidung gemäß Art. 31 Ziff. 3 CSP beantragt hatte, sich aber dem Urteil über den zu leistenden Schadensersatz unter Hinweis auf die ungeklärte Abstammung ihrer Kinder zu widersetzen versuchte.[546]

Die Motive einer einseitig beantragten, unbegründeten Ehescheidung können indes vielfältiger Natur sein. Neben dem subjektiven Wunsch des Antragstellers nach Beendigung der Ehe sind ebenso Fälle denkbar, in denen die Gründe für die Trennung bei der anderen Seite liegen, aber nicht nachgewiesen werden können.[547] *Charrad* sieht dagegen vor allem die Gefahr, daß scheidungswillige Männer ihre Frauen in diese Art der Ehescheidung treiben, um Entschädigungszahlungen zu umgehen oder selbst zu erhalten.[548] Möglich ist außerdem, daß auf eine Beweisführung freiwillig verzichtet wird, etwa um den Ehegatten zu schonen.[549] *Lakhoua* weist in diesem Zusammenhang auch auf die in modernen Rechtssystemen bekannte Erscheinung der zerrütteten Ehe hin, der der tunesische Gesetzgeber in Einklang mit dem Islam offensichtlich Rechnung getragen habe; so sei durch die Möglichkeit der einseitig beantragten Ehescheidung vor allem der Fall abgedeckt, daß die Aufrechterhaltung der Ehe subjektiv als unmöglich erachtet werde, ohne daß dem anderen ein konkretes Versagen nachzuweisen sei.[550]

So betrachtet dürfte der Wunsch nach Beendigung der Ehe nur in den seltensten Fällen aus einer bloßen Laune heraus geboren sein. Dennoch ist in der Rechtsliteratur im Zusammenhang mit der einseitigen, unbegründeten Ehescheidung häufig

---

546 Qarār ta'qībī madanī, 'adad 630, 16.10.1976, našriyyat maḥkamat at-ta'qīb 1976, al-qism al-madanī, ǧuz' 2, ṣ. 73.
547 Qarār ta'qībī madanī, 'adad 10851, 2.5.1974, našriyyat maḥkamat at-ta'qīb 1974, al-qism al-madanī, ǧuz' 2, ṣ. 159.
548 Charrad, Repudiation, S. 61
549 Lakhoua, Divorce „caprice", S. 64.
550 Ebd.

von Rechtsmißbrauch (*ta'assuf*; *abus du droit*) die Rede.[551] Dem setzt *Lakhoua* entgegen, daß derjenige, der die Ehescheidung ohne Angabe von Gründen erwirkt, keinesfalls einen Fehler begehe, weil er sich innerhalb der starren Grenzen des Gesetzes bewege.[552] Dennoch verwendete die Rechtsprechung bei Ehescheidungen nach Art. 31 Ziff. 3 CSP früher regelmäßig den Begriff des Rechtsmißbrauchs, wobei dieser insbesondere als Argumentationsgrundlage für die Entschädigungspflicht diente: „*Der Entschädigungsanspruch ... gründet gesetzlich auf dem Mißbrauch des Scheidungsrechts (ta'assuf f-i-sti'māl ḥaqq aṭ-ṭalāq).*"[553] Bei der Begründung von Entschädigungsurteilen wird von seiten der Justiz auch heute noch ein Kausalzusammenhang von Rechtsmißbrauch und Schadensersatz hergestellt.[554] Allgemein scheint jedoch die Auffassung vorzuherrschen, daß der gesetzlich vorgeschriebene Schadensersatz bei einer einseitig und unbegründet erwirkten Ehescheidung nicht als Strafe für den Antragsteller gedacht ist, sondern der Gegenseite zur Kompensation der Scheidungsfolgen dienen soll.[555] Es darf außerdem angenommen werden, daß der Entschädigungspflicht ursprünglich auch eine regulative Aufgabe zukommen sollte, die darin bestand, die traditionell hohe Scheidungsbereitschaft der Männer mit dem Mittel der Abschreckung in Grenzen zu halten.

In der Realität handelt es sich bei der einseitigen, unbegründeten Scheidung um eine bevorzugt von Männern gewählte Art der Eheauflösung.[556] Daraus ergibt sich, daß es in der Mehrzahl Frauen sind, die einen Anspruch auf Schadensersatz

---

551 So etwa bei Karrū, al-mar'a, S. 21, 25; Hmed/Hermassi, Divorce, S. 17; Borrmans, Deux études, S. 258. Zur Problematik des Rechtsmißbrauchs im tunesischen und islamischen Recht vgl. Borrmans, Divorce et abus, S. 266-270.

552 Lakhoua, Divorce „caprice", S. 68.

553 Qarār isti'nāfī madanī (Tunis), 'adad 59027, 19.7.1966, maǧallat al-qaḍā' wa-t-tašrī', 'adad 2, 1967, ṣ. 69. Ebenso Qarār ta'qībī madanī, 'adad 2773, 18.11.1963, našriyyat maḥkamat at-ta'qīb 1963, al-qism al-madanī, ṣ. 90, maǧallat al-qaḍā' wa-t-tašrī', 'adad 1, 1964, ṣ. 50; Qarār isti'nāfī madanī (Tunis), 'adad 57872, 24.6.1965, maǧallat al-qaḍā' wa-t-tašrī', 'adad 9, 1965, ṣ. 67.

554 Z. B. Qarār ta'qībī madanī, 'adad 46187, našriyyat maḥkamat at-ta'qīb, al-qism al-madanī, 1995, ṣ. 427-428.

555 Qarār ta'qībī madanī, 'adad 4271, 24.3.1981, našriyyat maḥkamat at-ta'qīb 1981, al-qism al-madanī, ǧuz' 1, ṣ. 145; Qarār ta'qībī madanī, 'adad 6467, 19.1.1982, našriyyat maḥkamat at-ta'qīb 1982, al-qism al-madanī, ǧuz' 1, ṣ. 155; Qarār ta'qībī madanī, 'adad 16965, 7.4.1987, Našriyyat maḥkamat at-ta'qīb 1987, al-qism al-madanī, ǧuz' 1, ṣ. 221, maǧallat al-qaḍā' wa-t-tašrī', 'adad 7, 1989, ṣ. 76; Qarār ta'qībī madanī, 'adad 34219, 1.9.1992, našriyyat maḥkamat at-ta'qīb 1992, al-qism al-madanī, ṣ. 190.

556 1990 beantragten 4.514 Männer aber nur 1.245 Frauen die Ehescheidung nach Art. 31 Ziff. 3 CSP. Vgl. dazu auch Kap. 3, I., 3.5 der vorliegenden Arbeit.

geltend machen können. Das theoretisch egalitär ausgerichtete Entschädigungsprinzip hat deshalb auch eine unverkennbar „*feministische Bedeutung*".[557]

3.3 Schädigungsvorwürfe und ihre Beurteilung in der Rechtsprechung

Bis zur Personenstandsreform d. J. 1981 konnte die Ehescheidung auf Verlangen eines geschädigten Ehegatten nur aus den im CSP genannten Gründen geschieden werden, nämlich beim Verstoß gegen eine im Ehevertrag getroffene Vereinbarung (Art. 11), wenn der Ehemann die Unterhaltspflicht verletzte (Art. 39, 40) oder wenn die Ehefrau ein uneheliches Kind gebahr (Art. 76).[558] Der Gesetzgeber hatte sich hierbei am malikitischen Ritus orientiert.[559] Mit dem Verzicht auf diese Aufzählung und der Verwendung des Zusatzes: „*wegen einer erlittenen Schädigung*", hat sich das Spektrum der Schädigungen, die gerichtlich geltend gemacht werden können, zumindest in der Theorie erheblich erweitert.

Mögliche Fehler oder Unzulänglichkeiten eines Ehegatten, die eine Ehescheidung nach Art. 31 Ziff. 2 CSP begründen, werden nachfolgend zusammengestellt und in ihren rechtspraktischen Zusammenhang eingeordnet. Der Überblick erhebt weder einen Anspruch auf Vollständigkeit, noch ist er quantitativ aussagekräftig. Ziel ist es lediglich, einen Eindruck rechtlich relevanter Schädigungsvorwürfe zu vermitteln, die in Scheidungsprozessen der vergangenen 40 Jahre eine Rolle spielten.

---

[557] Lakhoua, Divorce „caprice", S. 73.
[558] Forstner, Änderungen, S. 17.
[559] Borrmans, Divorce et abus, S. 236.

3.3.1 Fehlverhalten des Ehegatten

3.3.1.1 Ehebruch

Ein auch vom islamischen Recht anerkanntes Scheidungsmotiv ist die eheliche Untreue (*zinā'*). Beweise, die für ein entsprechendes Fehlverhalten in Frage kommen, können sein: das Ertappen in flagranti, Zeugenaussagen, Schriftstücke und Schuldeingeständnisse.[560] In der Regel aber ist der Nachweis der ehelichen Untreue schwierig. Wer seinem Ehepartner einen solchen Fehltritt nachweisen wolle, so gibt eine Rechtsanwältin zu Bedenken, müsse in der Regel an dessen Überführung „mitarbeiten". Oft sei Detektivarbeit und Einfallsreichtum notwendig, um die erforderlichen Beweismittel beizubringen.[561] Neben der sicheren Feststellung der Untreue reicht zur Glaubhaftmachung eines Ehebruchs unter Umständen auch der Nachweis einer verdächtigen Situation aus, *„die auf eine unzüchtige Beziehung ('alāqa fāğira) hindeutet"*.[562] Die Glaubhaftmachung eines Ehebruchs ist letztlich immer abhängig von der Überzeugung, zu der das Gericht gelangt.[563]

Die Ehebruchsklage zieht in der Regel eine Strafverfolgung nach sich. Sie kann nach Art. 236 Abs. 2 Code Pénal aber nur von einem der beiden Eheleute ausgehen.[564] 1996 wurde in letzter Instanz die Klage eines Mannes abgewiesen, der die Ehefrau seines Bruders wegen Ehebruchs verklagt hatte. Der Kassationsgerichtshof stellte in seinem Urteil klar, daß nur der Ehemann selbst eine Ehebruchsklage gegen seine Frau einreichen könne. Der Vorwurf des Ehebruchs sei überdies gegenstandslos, da die Frau nicht in flagranti ertappt wurde und außer

---

[560] Bel Haj Hamouda, Conflits, S. 57.

[561] *Ḫadīğa al-Madanī*, Präsidentin der *Alliance des Femmes Juristes*, im Gespräch mit der Autorin im April 1995.

[562] Qarār ta'qībī ğazā'ī, 'adad 9637, 13.6.1984, našriyyat maḥkamat at-ta'qīb 1984, al-qism al-ğazā'ī, ṣ. 273.

[563] Qarār ta'qībī ğazā'ī, 'adad 6812, 28.4.1982, našriyyat maḥkamat at-ta'qīb 1983, al-qism al-ğazā'ī, ṣ. 241.

[564] Qarār ta'qībī madanī, 'adad 1210, 13.2.1962, našriyyat maḥkamat at-ta'qīb 1962, al-qism al-madanī, ṣ. 15; Qarār ta'qībī ğazā'ī, 'adad 17415, 5.2.1986, našriyyat maḥkamat at-ta'qīb 1986; al-qism al-ğazā'ī, ṣ. 315; Qarār ta'qībī ğazā'ī, Nr. 27445, 29.3.1988, našriyyat maḥkamat at-ta'qīb 1988, al-qism al-ğazā'ī, ṣ. 127, mağallat al-qaḍā' wa-t-tašrī', 'adad 7, 1990, ṣ. 99. *Būrqība* (al-faṣlain 236-231, S. 7) sieht in dieser Vorschrift eine Begünstigung der Prostitution. Er befürchtet, Frauen könnten sich im Schutze der Ehe prostituieren und als Verheiratete einer Anzeige wegen *zinā'* entgehen.

den bloßen Anschuldigungen des Ehemannes kein anderer Beweis für ein schuldhaftes Verhalten der Frau erbracht werden konnte.[565]

Die Straftat des Ehebruchs bezieht sich ausschließlich auf die Zeit der wirksamen Ehe.[566] Die Frau ist aber genau genommen bis zum Ablauf der *'idda* zur ehelichen Treue verpflichtet; anderenfalls kann der Mann eine Schädigung geltend machen.[567] Mit der rechtskräftigen Scheidung der Ehe endet zwar die geschlechtliche Beziehung der Eheleute, ihr gegenseitiger Anspruch auf eheliche Treue erlischt aber erst nach Beendigung der gesetzlichen Wartezeit. Danach kann keiner der beiden Ehegatten mehr wegen *zinā'* angeklagt werden.[568] Die Verpflichtung zur ehelichen Treue besteht auch während des Berufungsverfahrens. Solange noch kein endgültiges Scheidungsurteil gefällt wurde, muß jeder Ehebruchsvorwurf geprüft werden.[569] Wurde im Rahmen einer Ehescheidung wegen Ehebruchs auch ein strafrechtliches Urteil erlassen, so kann gegen das Scheidungsurteil keine Berufung eingelegt werden. Wurde aber die strafrechtliche Verurteilung wegen Ehebruch aufgehoben, so kann auch gegen das Scheidungsurteil Einspruch erhoben werden.[570]
Die Ehebruchsklage kann nach Art. 236 Code Pénal in jeder Phase der Rechtsprechung zurückgezogen werden.[571] Nimmt einer der beiden Ehegatten seinen *zinā'*-Vorwurf zurück, so wird auch die strafrechtliche Verfolgung unterbrochen.[572]

---

[565] Qarār ta'qībī ǧazā'ī, 'adad 65200, 14.10.1996, maǧallat al-qaḍā' wa-t-tašrī', 'adad 4, 1998, ṣ. 165-170.
[566] Qarār ta'qībī ǧazā'ī, 'adad 9522 vom 25.1.1975, našriyyat maḥkamat at-ta'qīb 1975, al-qism al-ǧazā'ī, ǧuz' 1, ṣ. 59.
[567] Ḫmayyis, tuhmat az-zinā', S. 13.
[568] Qarār ta'qībī ǧazā'ī, 'adad 507, 12.3.1976, našriyyat maḥkamat at-ta'qīb 1976, al-qism al-ǧazā'ī, ǧuz' 2, ṣ. 13.
[569] Qarār ta'qībī ǧazā'ī, 'adad 1323, 4.1.1977, našriyyat maḥkamat at-ta'qīb 1977, al-qism al-ǧazā'ī, ǧuz' 2, ṣ. 13; Qarār ta'qībī madanī, 'adad 5817, 11.12.1967, našriyyat maḥkamat at-ta'qīb 1967, al-qism al-ǧazā'ī, ṣ. 142.
[570] Qarār ta'qībī madanī, 'adad 7741, 4.5.1971, našriyyat maḥkamat at-ta'qīb 1971, al-qism al-madanī, ṣ. 66, maǧallat al-qaḍā' wa-t-tašrī', 'adad 6, 1972, ṣ. 47, Pruvost, RTD 1973, ṣ. 162.
[571] Qarār ta'qībī ǧazā'ī, 'adad 8453, 26.3.1983, našriyyat maḥkamat at-ta'qīb 1983, al-qism al-ǧazā'ī, ṣ. 245.
[572] Qarār ta'qībī ǧazā'ī, 'adad 12351, 9.10.1985, našriyyat maḥkamat at-ta'qīb 1985, al-qism al-ǧazā'ī, ṣ. 121.

3.3.1.2 Körperliche Gewalt

Schläge und andere Formen der Körperverletzung gelten bei entsprechender Schwere als Scheidungsgrund. Die Beurteilung erlittener Gewalt hängt jedoch von der Beweislage und dem individuellen Ermessen des Richters ab. Während die von der Autorin ausgewerteten Quellen keine Hinweise auf ein von der Rechtsprechung anerkanntes Züchtigungsrecht des Mannes oder eine Bagatellisierung ehelicher Gewalt insgesamt gaben, führen *Darghouth Medimegh/Marzouk* ein Beispiel aus der Rechtspraxis an, das einen gegenteiligen Schluß nahelegt. So habe der Kassationsgerichtshof in einem unveröffentlichten Urteil d. J. 1987 entschieden, daß *„Schläge und leichte Verletzungen der Frau durch ihren Ehemann Teil der Natur eines normalen Ehelebens (seien) und keine ausreichend schwerwiegende Schädigung für eine Ehescheidung zu Lasten des Ehemannes (darstellen).*“[573]

Formale Voraussetzungen für eine entsprechende Scheidungsklage sind die Aussage glaubwürdiger Zeugen, ein polizeilicher Bericht und ein ärztliches Attest. Nachweisbar ist eine Mißhandlung vor allem dann, wenn sie in der Öffentlichkeit stattgefunden hat. „*Übt der Ehemann außerhalb der Ehewohnung Gewalt gegenüber seiner Frau aus, so stellt dies eine Schädigung dar, die die Frau berechtigt, die Ehescheidung ... zu verlangen*“, entschied der Kassationsgerichtshof 1971.[574] Ein laufendes Strafverfahren wegen Körperverletzung ist dagegen keine Bedingung für eine erfolgreiche Scheidungsklage.[575] War aber die Gewaltanwendung des beschuldigten Ehegatten bereits Gegenstand einer Strafverfolgung, so gibt dieser Umstand Anlaß zu einer Ehescheidung wegen erlittener Schädigung. 1977 hob der Kassationsgerichtshof ein Urteil auf, das die Scheidungsklage einer Frau abgelehnt hatte, obwohl diese sich auf eine bereits erfolgte strafrechtliche Verurteilung ihres Mannes wegen der Zufügung von Brandverletzungen und gewaltsamer Übergriffe auf sie gestützt hatte.[576]

---

573 Dargouth Medimegh/Marzouk, Violence conjugale, S. 58.

574 Qarār isti'nāfī madanī (Tunis), 'adad 62506, 4.2.1971, maǧallat al-qaḍā' wa-t-tašrī', 'adad 6, 1971, ṣ. 94.

575 Qarār ta'qībī madanī, 'adad 4546, 25.5.1966, maǧallat al-qaḍā' wa-t-tašrī', 'adad 5, 1966, ṣ. 55.

576 Qarār ta'qībī madanī, 'adad 1612; 18.10.1977, našriyyat maḥkamat at-ta'qīb 1977, al-qism al-madanī, ǧuz' 2; ṣ. 131.

Dagegen bestätigte der Kassationsgerichtshof 1981 ein Scheidungsurteil, gegen das die Ehefrau Berufung eingelegt hatte. Sie war wegen Gewaltanwendung gegenüber ihrem Mann bereits verurteilt worden, hatte aber gegen das Scheidungsurteil wegen Schädigung Einspruch eingelegt. Ein Scheidungsurteil, das sich auf die strafrechtliche Verurteilung der Ehefrau stützt, so entschied das Gericht, könne in seiner Substanz nicht angefochten werden.[577] Ähnlich auch der Fall einer Frau, die wegen gewaltsamer Angriffe gegen ihren Mann auf offener Straße und an seinem Arbeitsplatz strafrechtlich belangt worden war, aber bis zur letzten Instanz versucht hatte, sich gegen die Ehescheidung zur Wehr zu setzen. Der Kassationsgerichtshof wies hier darauf hin, daß das Verhalten der Ehefrau nachweislich gegen die Pflicht des gegenseitigen Respekts und das Verbot der Schadenszufügung verstoßen habe und das Scheidungsurteil wegen erlittener Schädigung zu akzeptieren sei.[578]

Der geforderte polizeiliche Bericht hingegen verliert häufig vor allem deshalb an Aussagekraft, weil die Beamten durch späteres Eintreffen nicht unmittelbar Zeugen der Tat werden und in den meisten Fällen die erforderliche Sensibilität im Umgang mit mißhandelten Frauen vermissen lassen. Auch bezüglich des ärztlichen Attest gibt es keine einheitlichen Standards. Mediziner urteilen häufig nicht nur willkürlich über die Glaubwürdigkeit der bei ihnen vorstellig werdenden Frauen, sondern auch über die von ihnen beklagten Verletzungen.[579] Nach Meinung einer tunesischen Rechtsanwältin haben erfolgreiche Scheidungsklagen von Frauen wegen erlittener Gewalt deshalb eher Seltenheitswert.[580]

Unabhängig von der Beweispflicht gibt es einen weiteren Aspekt, der sich auf die Durchsetzbarkeit entsprechender Scheidungsklagen in der Praxis negativ auswirken könnte. Im Zuge der Strafrechtsreform von 1993 wurde die Möglichkeit geschaffen, Klagen gegen den Ehegatten aufgrund physischer Mißhandlungen zurückzunehmen, womit Strafverfolgung, Verurteilung und Strafvollzug unter-

---

577 Qarār ta'qībī madanī, 'adad 5817, našriyyat maḥkamat at-ta'qīb 1981, al-qism al-madanī, ǧuz' 3, ṣ. 125.

578 Qarār ta'qībī madanī, 'adad 20476, 20.9.1988, našriyyat maḥkamat at-ta'qīb 1988, al-qism al-madanī, ṣ. 192, maǧallat al-qaḍā' wa-t-tašrī', 'adad 5, 1990, ṣ. 104.

579 So die Kritik von Dargouth Medimegh/Marzouk, Violence conjugale, S. 52 f.

580 *Bušra Balḥāǧǧ Ḥamida*, Rechtsanwältin und derzeitige Vorsitzende der ATFD, im Gespräch mit der Autorin im März 1995 in Tunis.

brochen werden.[581] Was vom Gesetzgeber als *„Versöhnungshilfe im Streitfall gedacht war und dem Schutz der Familie dienen sollte"*,[582] könnte in der Praxis jedoch auch den umgekehrten Effekt haben. Denkbar ist nun, daß angezeigte Ehemänner und/oder deren Familien durch massive Druckausübung auf ihre Frauen, diese zum Widerruf ihrer Anschuldigungen bewegen könnten.

3.3.1.3 Rufschädigung und Beleidigung

Üble Nachrede von seiten des Ehegatten werden in der Rechtspraxis als Scheidungsgründe anerkannt, sofern ihre Folgen als schwerwiegend angesehen werden und dem anderen eine Fortsetzung der ehelichen Gemeinschaft unzumutbar erscheinen lassen. In der Regel müssen entsprechende Vorwürfe durch Zeugenaussagen abgesichert sein. So entschied der Kassationsgerichtshof 1982, daß unbewiesene Behauptungen über ein vermeintliches Fehlverhalten der Ehefrau rufschädigend seien und diese berechtigten, die Scheidung wegen erlittener Schädigung zu verlangen. Der Ehemann hatte seine Frau durch alle Instanzen hindurch des schlechten Benehmens bezichtigt, seine Vorwürfe aber nie konkretisieren und ausreichend beweisen können.[583] Als Angriff auf die persönliche Integrität und Verstoß gegen das Gebot der gegenseitigen Wohlbehandlung nach Art. 23 CSP gelten auch grobe Beschimpfungen oder Beleidigungen des Ehegatten.[584] Bezeichnenderweise ist in der Rechtsprechung von einem Angriff auf Ehre, Selbstachtung und Würde nur dann die Rede, wenn Männer Opfer von Beleidigungen oder übler Nachrede sind. So wies der Kassationsgerichtshof 1971 in einer Urteilsbegründung darauf hin, daß *„Schimpfwörter, ... welche die Ehre und Selbstachtung des Ehemannes verletzen, einen Verstoß gegen die ehelichen Pflichten darstellen und diesen berechtigen,*

---

[581] Art. 319 Code Pénal.

[582] *Ḫadīǧa al-Madanī*, Präsidentin der *Alliance des Femmes Juristes*, im Gespräch mit der Autorin im April 1995.

[583] Qarār ta'qībī madanī, 'adad 6535, 6.4.1982, al-qism al-madanī, ǧuz' 1, ṣ. 108.

[584] Qarār ta'qībī madanī, 'adad 4141, 19.4.1966, našriyyat maḥkamat at-ta'qīb 1966, al-qism al-madanī, ǧuz' 2, ṣ. 23, maǧallat al-qaḍā' wa-t-tašrī', 'adad 5, 1966, ṣ. 42.

die Ehescheidung ... zu verlangen.“[585] Ähnlich auch der Begründungsansatz im Falle einer der Ehefrau angelasteten Rufschädigung: „*Es handelt sich dann um die Vernachlässigung der ehelichen Pflichten nach Art. 23 CSP, wenn die Ehefrau alle darunter fallenden Pflichten ignoriert, ihren Mann dadurch auch finanziell schädigt und seinem guten Ruf schadet, was allein schon derart entwürdigend ist, daß es als Grundlage für eine Ehescheidung wegen eines erlittenen Nachteils ausreicht.*“[586]

3.3.1.4 Finanzielle Schädigung

Nach geltender Rechtsprechung ist die vorsätzliche finanzielle Schädigung durch den Ehepartner ein anerkanntes Motiv für eine Ehescheidung wegen eines erlittenen Nachteils. Verursacht die Ehefrau ihrem Mann in Vernachlässigung ihrer ehelichen Pflichten hohe Kosten und schädigt ihn dadurch materiell, so kann dieser die Ehescheidung nach Art. 31 Abs. 2 CSP verlangen.[587] In diesem Sinne urteilte auch der Kassationsgerichtshof 1992, als er die Klage einer Frau abwies und das Scheidungsurteil zugunsten ihres Ehemannes bestätigte. Dieses hatte sich auf ein Strafurteil gegen die Ehefrau wegen unrechtmäßiger Aneignung eines Geldbetrages aus dem Vermögen ihres Mannes gestützt. In der Urteilsbegründung wurde darauf hingewiesen, daß das Strafurteil rechtskräftig sei und die Ehefrau in der Versöhnungssitzung eigens den Diebstahl von Geld und Schmuck zugegeben habe. Sie habe durch ihr Verhalten gegen die Pflicht zur Ehrlichkeit und Redlichkeit gegenüber ihrem Mann verstoßen, was eine Ehescheidung nach Art. 31 Ziff. 2 CSP begründe.[588] Beispiele für die finanzielle Schädigung der Ehefrau finden sich in der Rechtsprechung vor allem im Zusammenhang mit mangelnden oder fehlenden Unterhaltsleistungen des Mannes. Weigert sich dieser

---

[585] Qarār isti'nāfī madanī (Tunis), ‘adad 30478, 29.7.1971, mağallat al-qaḍā’ wa-t-tašrī‘, ‘adad 4-5, 1972, ṣ. 61.

[586] Qarār ta‘qībī madanī, ‘adad 35428, 19.1.1993, mağallat al-qaḍā’ wa-t-tašrī‘, ‘adad 1, 1994, ṣ. 99.

[587] Ebd.

[588] Qarār ta‘qībī madanī, ‘adad 29956, 31.3.1992, našriyyat maḥkamat at-ta‘qīb 1992, al-qism al-madanī, ṣ. 194.

grundlos, Frau und Familie finanziell zu unterhalten, so rechtfertigt dies eine Ehescheidung wegen erlittener Schädigung. Der Gesetzgeber richtet sich hierbei nach der Lehrmeinung der Malikiten, die Verletzungen der Unterhaltspflicht des Ehemannes als Grund für eine richterliche Ehescheidung anerkennen.[589] Sofern der Ehemann nicht mittellos ist oder die Frau ihre ehelichen Pflichten vernachlässigt, bleibt die Unterhaltspflicht bestehen; selbst dann, wenn die Frau über ein monatliches Einkommen verfügt.[590]

3.3.2 Gesundheitliche Beeinträchtigungen des Ehegatten

Bei der Frage danach, ob gesundheitliche Probleme eines Ehegatten eine Ehescheidung wegen erlittener Schädigung rechtfertigen, werden in der Praxis drei Aspekte berücksichtigt:

1. Ob die Krankheit vor oder nach der Eheschließung auftrat,
2. ob sie dem anderen Ehegatten bekannt war und
3. ob sie das gemeinsame Eheleben stört.

Grundsätzlich gilt, daß eine Krankheit, die während der Ehe auftritt, keinen Grund für eine Ehescheidung wegen erlittener Schädigung darstellt. 1981 revidierte der Kassationsgerichtshof ein Urteil, das wegen einer Nervenkrankheit der Frau auf Scheidung wegen erlittener Schädigung erkannt und dem Vater das alleinige Sorgerecht für die gemeinsamen Kinder übertragen hatte. In der Urteilsbegründung stellte der Kassationsgerichtshof klar, daß den Mann die Krankheit seiner Frau als natürlicher Schicksalsschlag getroffen habe, dieser Umstand keinen Grund für eine Ehescheidung durch erlittene Schädigung darstelle und ebensowenig einen Anspruch auf Schadensersatz begründe. Das Gericht entschied

---

[589] Linant de Bellefonds, Traité de droit II, Nr. 895 f.

[590] Qarār ta'qībī madanī, 'adad 6254, 16.7.1968, mağallat al-qaḍā' wa-t-tašrī', 'adad 6-7, 1969, ṣ. 21; al-mağalla al-qānūniyya at-tūnisiyya 1969-1970, ṣ. 188; Qarār ta'qībī madanī, 'adad 4701, 14.4.1981, našriyyat maḥkamat at-ta'qīb 1981, al-qism al-madanī, ğuz' 1, ṣ. 195; Qarār ta'qībī madanī, 'adad 22695, 23.5.1989, mağallat al-qaḍā' wa-t-tašrī', 'adad 6, 1993, ṣ. 69.

desweiteren, daß die Frau nicht an der Wahrnehmung der Personensorge gegenüber ihren Kindern gehindert werden dürfe.[591] Ähnlich auch der Fall eines Mannes, der aufgrund eines Frauenleidens seiner Ehefrau die Ehescheidung wegen eines erlittenen Nachteils verlangt hatte. Da die Krankheit erst nach der Eheschließung aufgetreten war, war es ihm nicht gelungen, eine Scheidung wegen erlittener Schädigung durchzusetzen. Eine Schädigung durch ihren Ehegatten sah aber wiederum die Ehefrau. Mit dem Vorwurf, ihr Mann habe ihre Krankheit öffentlich gemacht und der Forderung nach einer finanziellen Entschädigung ging sie in Berufung. In seiner Urteilsbegründung wies der Kassationsgerichtshof darauf hin, daß der Ehemann zwar das Recht habe, das Gericht über die Krankheit seiner Frau zu informieren, er andererseits aber verpflichtet sei, diese Intimität nicht nach außen zu tragen. Der Frau könne eine materielle Entschädigung jedoch nicht zugesprochen werden, weil sie die Indiskretion ihres Mannes nicht beweisen konnte und die Vereidigung durch einen Schwur auf den Koran abgelehnt hatte.[592]

Hat die Krankheit eines Ehegatten zum Zeitpunkt der Eheschließung bereits bestanden, so ist zunächst entscheidend, ob sie als schwerwiegend im Sinne von die Ehe gefährdend gelten kann. Beeinträchtigt die Krankheit medizinisch nachweisbar nicht das Eheleben, so stellt sie keinen Grund für eine Ehescheidung wegen Schädigung dar.[593] Anders im Falle einer Krankheit, die negative Auswirkungen auf das Eheleben hat. Hier ist entscheidend, ob sie bei der Heirat auch dem anderen Ehegatten bekannt war. Wer jemanden in Kenntnis dessen gesundheitlicher Beeinträchtigung heiratet, kann diese im nachhinein nicht als Scheidungsmotiv geltend machen.[594] Hat der kranke Ehegatte den anderen aber wissentlich über seinen schlechten Gesundheitszustand im Unklaren gelassen, so hat der dadurch Geschädigte einen Anspruch auf Ehescheidung wegen eines erlittenen Nachteils. Als Beispiel kann hier der Fall einer Frau angeführt werden, die sich vor der Eheschließung mit einer gefährlichen Krankheit infiziert hatte,

---

[591] Qarār ta'qībī madanī, 'adad 5929, 15.12.1981, našriyyat maḥkamat at-ta'qīb 1981, al-qism al-madanī, ǧuz' 4, ṣ. 250.

[592] Qarār ta'qībī madanī, 'adad 5736, 23.6.1981, našriyyat maḥkamat at-ta'qīb 1981, al-qism al-madanī, ǧuz' 2, ṣ. 248.

[593] Qarār ta'qībī madanī, 'adad 10079, 2.4.1974, našriyyat maḥkamat at-ta'qīb 1974, al-qism al-madanī, ǧuz' 2, ṣ. 22.

[594] Qarār ta'qībī madanī, 'adad 17977, 29.9.1987, našriyyat maḥkamat at-ta'qīb 1987, al-qism al-madanī, ṣ. 211.

dies aber ihrem Ehemann verheimlichte. Der Kassationsgerichtshof sah darin eine Schädigung des Ehemannes verbunden mit einem Rechtsanspruch auf Schadensersatz.[595]

3.3.3 Störungen des Geschlechtslebens

Da nach tunesischer Rechtsauffassung ein regelmäßiges Geschlechtsleben als unabdingbare Voraussetzung für die Ehe betrachtet wird,[596] stellt die Unfähigkeit oder Weigerung, dieser Pflicht nachzukommen, einen Nachteil für den Ehegatten dar und begründet die Scheidung wegen einer erlittenen Schädigung. Auch im Falle männlicher Impotenz wird einer Ehescheidung nach Art. 31 Ziff. 2 CSP in der Regel zugestimmt. Dabei beruft sich die Rechtsprechung auf Art. 23 CSP. Einem Gerichtsurteil d. J. 1971 zufolge stellt die Impotenz des Mannes eine Schädigung der Ehefrau dar und steht im Widerspruch zu dem in Art. 23 CSP enthaltenen Verbot der gegenseitigen Schadenszufügung.[597] Einen Anspruch auf Schadensersatz kann die durch die Impotenz ihres Mannes geschädigte Ehefrau in der Regel aber nicht geltend machen. 1988 entschied der Kassationsgerichtshof, daß Impotenz zwar die Fortsetzung der ehelichen Beziehung verhindere, nicht aber als Schädigung betrachtet werden könne, die ein Recht auf Schadensersatz begründe.[598] Voraussetzung für eine Entschädigung muß nach Art. 82, 83 COC sein, daß die Schädigung absichtlich oder vorsätzlich verursacht wurde. Diesen Tatbestand sah das Berufungsgericht in Sousse als nicht erfüllt an, als es 1990 die Scheidungsklage einer Frau wegen sexueller Enthaltsamkeit ihres Mannes anerkannte, ihr aber das Recht auf eine finanzielle Entschädigung absprach. Die Tatsache, daß die Frau ab dem Zeitpunkt des Vollzuges der Ehe von ihrem Mann

---

[595] Qarār ta'qībī madanī, 'adad 15391, 17.1.1986, našriyyat maḥkamat at-ta'qīb 1986, al-qism al-madanī, ǧuz' 2, ṣ. 208, maǧallat al-qaḍā' wa-t-tašrī', 'adad 7, 1988, ṣ. 72.

[596] Qarār ta'qībī madanī, 'adad 16285, 18.1.1986, našriyyat maḥkamat at-ta'qīb 1986, al-qism al-madanī, ǧuz' 2, ṣ. 199, maǧallat al-qaḍā' wa-t-tašrī', 'adad 5, 1988, ṣ. 107, maǧallat al-qaḍā' wa-t-tašrī', 'adad 6, 1988, ṣ. 37; Qarār ta'qībī madanī, 'adad 24219, 23.1.1990, našriyyat maḥkamat at-ta'qīb 1990, al-qism al-madanī, ṣ. 149.

[597] Ḥukm ibtidā'ī madanī (Tunis), 'adad 30284, 11.2.1971, maǧallat al-qaḍā' wa-t-tašrī', 'adad 3, 1972, ṣ. 62.

[598] Qarār ta'qībī madanī, 'adad 16285, 18.1.1986, našriyyat maḥkamat at-ta'qīb 1986, al-qism al-madanī, ǧuz' 2, ṣ. 199, maǧallat al-qaḍā' wa-t-tašrī', 'adad 5, 1988, ṣ. 107, maǧallat al-qaḍā' wa-t-tašrī', 'adad 6, 1988, ṣ. 37.

länger als ein Jahr unberührt geblieben war und der Ehemann „*der einzig Verantwortliche für die Wahrnehmung dieser Pflicht*" sei, wertete das Gericht als eindeutige Schädigung der Frau. Der Geschlechtsverkehr obliege ihm als Ehemann und füge sich in den Rahmen seiner allgemeinen, unabweisbaren und sofort erwünschten ehelichen Pflichten ein, die Art. 23 CSP meine.[599] Gleiches gilt auch für die Ehefrau. „*Ist ihr Verhalten darauf gerichtet, den Geschlechtsverkehr zu verhindern, so stellt dies eine Verletzung der ehelichen Pflichten dar und der Mann kann die Ehe wegen Schädigung nach Art. 31 Abs. 2 verlangen*", begründete das Berufungsgericht in Tunis sein Urteil in einem Scheidungsverfahren d. J. 1972.[600]

3.3.4 Ungehorsam der Ehefrau

Der Ungehorsam der Ehefrau (*nušūz*) stellt auch der jüngsten Rechtsprechung zufolge einen Scheidungsgrund nach Art. 31 Ziff. 2 CSP dar.[601] In der Rechtspraxis konkretisiert sich die Forderung nach weiblichem Gehorsam vor allem in der Frage nach der gemeinsamen Ehewohnung und dem faktischen Zusammenleben. Obwohl der Gesetzgeber keine Aussage zur Festlegung der Ehewohnung trifft und die einseitige Wohnortwahl durch den Ehemann internationalen Abkommen widerspricht,[602] gehört es nach tunesischer Rechtsauffassung „*zu den obersten Pflichten der Ehefrau, daß sie mit ihrem Mann in der Wohnung lebt, die er zu diesem Zwecke vorsieht* ... ."[603] Nur auf diese Weise, so *al-Muḥirṣī*, sei sie in der

---

599 Qarār isti'nāfi madanī (Sousse), 'adad 1101, 27.6.1990, al-'aḥdāṯ al-qānūniyya at-tūnisiyya, 'adad 4, 1990, ṣ. 37-58.

600 Qarār isti'nāfi madanī (Tunis), 'adad 63489, 24.2.1972, mağallat al-qaḍā' wa-t-tašrī', 'adad 4, 1974, ṣ. 27.

601 Qarār ta'qībī madanī, 'adad 50912, 5.11.1996, našriyyat maḥkamat at-ta'qīb, al-qism al-madanī, 1996, ṣ. 283-285; Qarār ta'qībī madanī, 'adad 48770, 16.4.1996, našriyyat maḥkamat at-ta'qīb, al-qism al-madanī, 1996, ṣ. 286-288; Qarār ta'qībī madanī, 'adad 51286, 18.10.1996, Našriyyat maḥkamat at-ta'qīb, al-qism al-madanī, 1996, ṣ. 289-291.

602 Z. B. der Internationalen Konvention über die Zustimmung zur Eheschließung, das Mindestheiratsalter und die Registrierung der Eheschließung, New York, 10.12.1962 und der Internationalen Konvention über die Beseitigung jeder Form von Diskriminierung der Frau, Kopenhagen, 18.12.1979 (Art. 15 Abs. 4 Wohnortwahl und Umzug).

603 Qarār isti'nāfi madanī, 'adad 62506, 4.2.1971, mağallat al-qaḍā' wa-t-tašrī', 'adad 6, 1971, ṣ. 94.

Lage, ihre Aufgaben als Hausfrau, Ehefrau und Mutter wahrzunehmen.[604] Weigert sich die Frau, in der von ihm bereitgestellten Ehewohnung zu leben, verläßt sie unbegründet die gemeinsame Wohnung oder ist sie nicht bereit, ihrem zum Umzug gezwungenen Mann in die neue Ehewohnung nachzufolgen, so macht sie sich der Verletzung ihrer ehelichen Pflichten schuldig. Ein solches Verhalten zieht nicht nur den Verlust ihres Anspruches auf Unterhalt nach sich,[605] es berechtigt den geschädigten Ehegatten auch, die Ehescheidung wegen eines erlittenen Nachteils zu verlangen.[606] Wie für andere Schädigungsvorwürfe gilt auch hier, daß der Ungehorsam der Frau zweifelsfrei nachzuweisen ist.[607] Bringt die Frau ihre Bereitschaft zur Rückkehr zum Ausdruck, so macht dies die ursprüngliche Schädigung rückgängig und führt unabhängig von der jeweiligen Instanz oder Phase des Prozesses zur Einstellung des Verfahrens.[608] Nur wenn es der Frau gelingt, ihrem Mann eine Pflichtverletzung nachzuweisen, kann sie sich selbst vom Vorwurf des Ungehorsam befreien. Kann die Gehorsamsverweigerung der Ehefrau als direkte Folge eines Fehlverhaltens bzw. einer Schädigung durch den Ehemann glaubhaft gemacht werden, so gilt sie nicht als Scheidungsgrund. Vor diesem Hintergrund revidierte der Kassationsgerichtshof 1994 ein Berufungs-

---

[604] Al-Muḥirṣī, hal tasquṭu al-ḥaḍāna, S. 18.

[605] Der Unterhaltsanspruch der Kinder gegenüber ihrem Vater bleibt dagegen prinzipiell bestehen. Qarār ta'qībī madanī, 'adad 3475, 24.11.1964, našriyyat maḥkamat at-ta'qīb 1964, al-qism al-madanī, ṣ. 56.

[606] Qarār isti'nāfī madanī, 'adad 59552, 2.3.1967, mağallat al-qaḍā' wa-t-tašrī', 'adad 6, 1967, ṣ. 93; Qarār isti'nāfī madanī, 'adad 62339, 3.12.1971, mağallat al-qaḍā' wa-t-tašrī', 'adad 6, 1971, ṣ. 87; Qarār ta'qībī madanī, 'adad 6880, 6.4.1982, našriyyat maḥkamat at-ta'qīb 1982; al-qism al-madanī, ğuz' 2, ṣ. 213; Qarār ta'qībī madanī, 'adad 7416, 1.3.1983, našriyyat maḥkamat at-ta'qīb 1983, al-qism al-madanī, ğuz' 1, ṣ. 176; Qarār ta'qībī madanī, 'adad 11644, 13.11.1984, našriyyat maḥkamat at-ta'qīb 1984, al-qism al-madanī, ğuz' 2, ṣ. 221; Qarār ta'qībī madanī, 'adad 13411, 13.11.1985, našriyyat maḥkamat at-ta'qīb 1985, al-qism al-madanī, ğuz' 2, ṣ. 216; Qarār ta'qībī madanī, 'adad 17685, 22.9.1987, našriyyat maḥkamat at-ta'qīb 1987, al-qism al-madanī, ṣ. 229; Qarār ta'qībī madanī, 'adad 17711, 6.10.1987; Našriyyat maḥkamat at-ta'qīb 1987, al-qism al-madanī, ṣ. 231; Qarār ta'qībī madanī, 'adad 50912, 5.11.1996, našriyyat maḥkamat at-ta'qīb, al-qism al-madanī, 1996, ṣ. 283-285; Qarār ta'qībī madanī, 'adad 48770, 16.4.1996, našriyyat maḥkamat at-ta'qīb, al-qism al-madanī, 1996, ṣ. 286-288; Qarār ta'qībī madanī, 'adad 51286, 18.10.1996, našriyyat maḥkamat at-ta'qīb, al-qism al-madanī, 1996, ṣ. 289-291.

[607] Qarār ta'qībī madanī, 'adad 3855, 25.10.1965, mağallat al-qaḍā' wa-t-tašrī', 'adad 1, 1966, ṣ. 50; Qarār ta'qībī madanī, 'adad 4546, 31.3.1981, našriyyat maḥkamat at-ta'qīb 1981; al-qism al-madanī, ğuz' 1; ṣ. 178; Qarār ta'qībī madanī, 'adad 20425, 7.12.1988, našriyyat maḥkamat at-ta'qīb 1988, al-qism al-madanī, ṣ. 194.

[608] Qarār ta'qībī madanī, 'adad 9410, 10.7.1973, našriyyat maḥkamat at-ta'qīb 1973, al-qism al-madanī, ğuz' 1, ṣ. 134; Qarār ta'qībī madanī, 'adad 42807, 1.11.1994, našriyyat maḥkamat at-ta'qīb 1994, al-qism al-madanī, ṣ. 321; Qarār ta'qībī madanī, 'adad 42095, 19.12.1994, Našriyyat maḥkamat at-ta'qīb 1994, al-qism al-madanī, ṣ. 273; Qarār ta'qībī madanī, 'adad 50850, 15.10.1996, našriyyat maḥkamat at-ta'qīb, al-qism al-madanī, 1996, ṣ. 292-294.

urteil, das dem Antrag des Mannes auf Ehescheidung wegen erlittener Schädigung stattgegeben hatte. In der Urteilsbegründung wies das Gericht darauf hin, daß Gewaltanwendungen des Mannes gegenüber seiner Frau als ursächlich für deren Auszug aus der Ehewohnung anzusehen seien und einem Antrag auf Ehe-scheidung wegen Schädigung nicht stattgegeben werden dürfe, wenn die erlittene Schädigung eine Folge des persönlichen Verhaltens des Antragstellers war.[609] Das Verlassen der Ehewohnung gilt nicht als Schädigung des Ehemannes, wenn dieser dem Wohnortwechsel der Ehefrau ursprünglich zugestimmt hat. In einem Scheidungsfall d. J. 1977 hatte die Ehefrau, nachdem ihr Mann sie aus dem Haus gejagt und ihre Rückkehr abgelehnt hatte, mit dessen Einverständnis ein neues Domizil bezogen. Später stellte sich der Mann gegen diese Entscheidung und verlangte ihre Rückkehr. Das Verhalten des Ehemannes, so befand der Kassationsgerichtshof, stelle eine Schädigung der Ehefrau dar und berechtige diese, die Ehescheidung zu verlangen.[610]

3.4 Der gerichtliche Versöhnungsversuch

Ein obligatorischer Bestandteil des Scheidungsverfahrens ist der gerichtliche Versöhnungsversuch (*muḥāwalat aṣ-ṣulḥ*). Die Ehe kann erst geschieden werden, wenn der gerichtliche Versuch einer Aussöhnung zwischen den Ehegatten fehlgeschlagen ist (Art. 32 Abs. 2 n. F. CSP). Zuständig für den Schlichtungsversuch ist seit der Personenstandsreform d. J. 1993 der sogenannte Familienrichter (*qāḍī al-'usra*), der vom Gerichtspräsidenten unter seinen Stellvertretern ausgewählt wird (Art. 32 Abs. 1 n. F. CSP).[611] Im allgemeinen besteht die Aufgabe des Familienrichters darin, beide Parteien anzuhören, den Gründen des Ehestreits nachzugehen und auf eine Aussöhnung der Parteien hinzuwirken. Zu diesem Zweck kann er auch die Unterstützung Dritter in Anspruch nehmen (Art. 32

---

609 Qarār ta'qībī madanī, a 41481, 25.10.1994, našriyyat maḥkamat at-ta'qīb 1994, al-qism al-madanī, ṣ. 319.

610 Qarār ta'qībī madanī, 'adad 872, 19.3.1977, našriyyat maḥkamat at-ta'qīb 1977, al-qism al-madanī, ğuz' 1, ṣ. 226.

611 Vor der Personenstandsreform d. J. 1993 bestimmte das Gesetz lediglich, daß der Gerichtspräsident oder seine Stellvertreter diese Aufgabe wahrzunehmen hätten.

Abs. 4 n. F. CSP). Möglich sind Psychologen, Soziologen, Mediziner, Anwälte sowie alle anderen denkbaren Personen.[612] Diese Regelung soll dem Schutze der Familie dienen, vor allem dann, wenn die streitenden Parteien gemeinsame Kinder haben.[613] *Borrmans* zieht eine Parallele zwischen der gerichtlichen Versöhnungssitzung im kodifizierten Eherecht und der koranisch geforderten und von den Malikiten aufgenommenen Aussöhnungsbemühung im Falle eines Scheidungsbegehrens der Frau.[614] Eine Parallele zum Koran[615] läßt bereit Art. 25 CSP erkennen. Er sieht Aussöhnungsbemühungen durch zwei Schiedsrichter (*ḥakamān*) für den Fall vor, daß ein Ehegatte gegen den anderen nicht beweisbare Vorwürfe erhebt und greift damit den Bestimmungen über den gerichtlichen Versöhnungsversuch vor. *Aš-Šarīf* weist aber darauf hin, daß die Vorschriften des Art. 25 CSP wirkungslos sind und in tunesischen Scheidungsverfahren keine Anwendung finden.[616] Was die richterliche Versöhnungssitzung nach Art. 32 n. F. CSP betrifft, so hat der Familienrichter im Anschluß an sie alle Maßnahmen in Bezug auf die Unterkunft der Ehegatten, den Unterhalt, die Personensorge und das Besuchsrecht zu treffen; sie ergehen als dringliche Beschlüsse und werden sofort vollstreckt (Art. 32 Abs. 5-7 n. F. CSP).[617]

Bei einem Scheidungsantrag infolge eines erlittenen Nachteils versucht der Richter während des Vesöhnungsversuches beide Parteien zu den Vorwürfen zu befragen und Einzelheiten der Schädigung zur Sprache zu bringen. Im Falle einer Ehescheidung auf einseitigen Antrag wird sich der Richter bemühen, die Gründe für den Scheidungswunsch in Erfahrung zu bringen und herauszufinden, ob nicht die Gegenseite ein viel größeres Interesse an der Trennung hat und ihrem Scheidungswunsch auf subtile Art und Weise zur Durchsetzung verhilft.[618] Im Rahmen einer einverständlichen Ehescheidung wird sein Interesse darauf gerichtet

---

[612] Aš-Šarīf, ḥaula al-mauqif, S. 21; Bouraoui, Droits de la famille, S. 135.
[613] Aš-Šarīf, ḥaula al-mauqif, S. 20 f.
[614] Borrmans, Divorce et abus, S. 235.
[615] Koran 4:35.
[616] Aš-Šarīf, ḥaula al-mauqif, S. 22.
[617] Die dringlichen Maßnahmen unterliegen weder der Berufung noch der Kassation. Sie können vom Familienrichter aber vor der Urteilsverkündung noch geändert werden (Art. 32 Abs. 7 CSP). Sie können aber auch ganz oder teilweise entfallen, wenn sich beide Ehegatten darauf ausdrücklich einigen und dies dem Interesse des minderjährigen Kindes nicht entgegensteht (Art. 32 Abs. 5 CSP).
[618] Lakhoua, Divorce „caprice", S. 66.

sein, herauszufinden, ob nicht doch eine der beiden Parteien schuldhaft den Ehekonflikt hervorgerufen hat[619] oder die Einwilligung des anderen zur Ehescheidung erzwungen wurde. Häufig, so kritisiert *Borrmans*, führt die richterliche Intervention aber gerade im Falle einvernehmlicher Scheidungsanträge zu einem Strategiewechsel. Nicht selten ändert eine Seite während der Versöhnungssitzung ihre Meinung, zieht ihre zuvor gegebene Zustimmung zur Ehescheidung zurück und nötigt dadurch die Gegenseite zu einer Ehescheidung auf einseitigen Antrag, einzig um in den Genuß der Entschädigungszahlung zu kommen.[620] In manchen Fällen führt das richterliche Bemühen aber tatsächlich zu einer Beilegung der Streitigkeiten und der Einstellung des Scheidungsverfahrens. In einem solchen Fall wird auch auf rechtliche Konsequenzen einer Schädigung verzichtet, die Gegenstand eines Strafverfahrens war und als Scheidungsgrund angeführt wurde.[621] Eine Aussöhnung kann auch außerhalb der Versöhnungssitzung und sogar während der Berufungsphase erzielt werden. Unter diesen Umständen wird das Scheidungsurteil erster Instanz in der Regel wieder aufgehoben.[622] Der Versöhnungsversuch kann im Gegenteil aber auch zu einer Eskalation des Konflikts beitragen. Für das Scheitern der Versöhnungsbemühungen kann der Versöhnungsrichter nicht zur Verantwortung gezogen werden.[623]

Bis zur Personenstandsreform d. J. 1993 war nur eine einzige Versöhnungssitzung vorgeschrieben. Eine Wiederholung des Aussöhnungsversuches war nur dann möglich, wenn er selbst Gegenstand einer Berufungsklage war[624], oder wenn das Gericht eine zweite Sitzung für notwendig oder sinnvoll erachtete.[625] Da die

---

[619] Borrmans, Divorce et abus, S. 238.
[620] Ebd.
[621] Qarār ta'qībī madanī, 'adad 1119, 12.4.1977, maǧallat al-qaḍā' wa-t-tašrī', 'adad 3, 1978, S. 68.
[622] Qarār ta'qībī madanī, 'adad 10321, 25.11.1975, našriyyat maḥkamat at-ta'qīb 1975, al-qism al-madanī, ǧuz' 2, ṣ. 77.
[623] Qarār ta'qībī madanī, 'adad 6218, 23.2.1982, našriyyat maḥkamat at-ta'qīb 1982, al-qism al-madanī, ǧuz' 1, ṣ. 435.
[624] Qarār ta'qībī madanī, 'adad 10439, 11.10.1975, našriyyat maḥkamat at-ta'qīb 1975, al-qism al-madanī, ǧuz' 1, ṣ. 83; Qarār ta'qībī madanī, 'adad 12832, 12.11.1985, našriyyat maḥkamat at-ta'qīb 1985, al-qism al-madanī, ǧuz' 2, ṣ. 214.
[625] Qarār ta'qībī madanī, 'adad 194, 15.6.1976, našriyyat maḥkamat at-ta'qīb 1976, al-qism al-madanī, ǧuz' 2, ṣ. 116. Qarār ta'qībī madanī, 'adad 3845, 4.3.1980, našriyyat maḥkamat at-ta'qīb 1980, al-qism al-madanī, ǧuz' 1, ṣ. 59; Qarār ta'qībī madanī, 'adad 7346, 20.7.1982, našriyyat maḥkamat at-ta'qīb 1982, al-qism al-madanī, ǧuz' 4, ṣ. 219; Qarār ta'qībī madanī, 'adad 35783, 2.3.1993, našriyyat maḥkamat at-ta'qīb 1993, al-qism al-madanī, ṣ. 277; Qarār ta'qībī madanī, 'adad 41343, 14.6.1994, našriyyat maḥkamat at-ta'qīb 1994, al-qism al-madanī, ṣ. 307.

Parteien keinen Rechtsanspruch auf eine zweite Versöhnungssitzung hatten, konnten entsprechende Anträge unter Angabe von Gründen prinzipiell auch abgelehnt werden.[626] Als Beispiel kann der Versuch einer Frau angeführt werden, in einer zweiten Versöhnungssitzung die Mißhandlungen durch ihren Ehemann erneut zur Sprache zu bringen, um ein günstigeres Scheidungsurteil zu erwirken. Da aber weder in der Gerichtsakte noch in den Unterlagen der Berufungsklage Beweise für ihre Vorwürfe dokumentiert waren, entschied das Gericht, ihren Antrag abzulehnen und auf eine Wiederholung der Versöhnungssitzung zu verzichten.[627]

Heute macht der Gesetzgeber die Intensität der Aussöhnungsbemühungen von der Familienstruktur abhängig. Bei Vorhandensein eines oder mehrerer minderjähriger Kinder sind neuerdings drei Versöhnungssitzungen vorgeschrieben, deren Abstand voneinander mindestens 30 Tage betragen muß (Art. 32 Abs. 4 n. F. CSP). Die Wiederholungen der gerichtlichen Aussöhnungstermine soll vor allem dem Schutz der Kinder dienen und verhindern, daß Familien leichtfertig auseinandergerissen werden. Durch die Einführung des dreimaligen Versöhnungsversuches und der Verlängerung der Zwischenfristen hat der Gesetzgeber die Ehescheidung nochmals erschwert und damit ein System geschaffen, „ ... *das im extremen Gegensatz zur Verstoßung als ad hoc Verfahren ohne Überlegfrist (steht).* “[628]

An der Versöhnungssitzung können die Ehegatten nur persönlich teilnehmen. Sie können sich weder durch einen Rechtsanwalt noch durch eine Amtsperson vertreten lassen.[629] Obligatorisch für die Fortsetzung des Scheidungsverfahrens

---

[626] Qarār ta'qībī madanī, 'adad 2063, 4.4.1978, našriyyat maḥkamat at-ta'qīb 1978, al-qism al-madanī, ǧuz' 1, ṣ. 164; Qarār ta'qībī madanī, 'adad 12709, 4.6.1985, našriyyat maḥkamat at-ta'qīb 1985, al-qism al-madanī, ǧuz' 2, ṣ. 218, maǧallat al-qaḍā' wa-t-tašrī', 'adad 7, 1989, ṣ. 63; Qarār ta'qībī madanī, 'adad 35373, 9.3.1993, našriyyat maḥkamat at-ta'qīb 1993, al-qism al-madanī, ṣ. 288; Qarār ta'qībī madanī, 'adad 42213, 20.12.1994, našriyyat maḥkamat at-ta'qīb 1994, al-qism al-madanī, ṣ. 293.

[627] Qarār ta'qībī madanī, 'adad 4546, 31.3.1981, našriyyat maḥkamat at-ta'qīb 1981, al-qism al-madanī, ǧuz' 1; ṣ. 178.

[628] Bouraoui, Droits de la famille, S. 135.

[629] Qarār ta'qībī madanī, 'adad 8278,14.2.1971, maǧallat al-qaḍā' wa-t-tašrī', 'adad 2, 1972, ṣ. 55.

war lange Zeit nur die Anwesenheit des Antragstellers.[630] Blieb der Beklagte dem Aussöhnungstermin unentschuldigt fern, so wurde der Prozeß ohne ihn weitergeführt. Die Versöhnungssitzung mußte nur dann verschoben werden, wenn dieser den festgesetzten Termin aus schwerwiegenden Gründen nicht wahrnehmen konnte. Vor diesem Hintergrund kassierte der Oberste Gerichtshof in Tunis 1981 das Scheidungsurteil gegen eine Frau, die die Ehescheidung wegen Schädigung durch ihren Mann beantragt hatte, aber infolge der Geburt ihres Kindes zwei Wochen vor der Versöhnungssitzung nicht zum festgesetzten Termin erscheinen konnte. Das Gericht hatte ein Scheidungsurteil unter Verzicht auf den Aussöhnungsversuch gefällt.[631]

Um sicherzustellen, daß grundsätzlich beide Ehegatten an der Versöhnungssitzung teilnehmen, wurden die gesetzlichen Bestimmungen im Rahmen der Personenstandsreform d. J. 1993 verschärft. Erscheint eine Partei nicht zum Aussöhnungstermin, so bemüht sich der Familienrichter dem geänderten Gesetz zufolge, dem Abwesenden die Zustellung zu übermitteln. Dabei kann er sich nach Art. 32 Abs. 3 n. F. CSP auch von jemandem unterstützen lassen, der diese Aufgabe übernimmt. Daß die gesetzlichen Bestimmungen des Versöhnungsversuches einfach dadurch umgangen werden, daß eine Seite nicht zum vereinbarten Termin erscheint,[632] ist nun nicht mehr möglich.[633] Auch Versuchen, die Gegenseite arglistig am Erscheinen vor Gericht zu hindern, hat der Gesetzgeber den Kampf angesagt. Neuerdings wird derjenige mit einem Jahr Gefängnis bestraft, der die persönliche Zustellung der Vorladung an die andere Seite in betrügerischer Absicht verhindert (Art. 32 a n. F. CSP). Auf diese Weise soll die Zahl der in absentia gefällten Scheidungsurteile verringert werden.[634] Die durch List der Ehemänner erreichten Ehescheidungen in Abwesenheit der Ehe-

---

[630] Qarār ta'qībī madanī, 'adad 8914, 8.2.1973, našriyyat maḥkamat at-ta'qīb 1973, al-qism al-madanī, ǧuz' 1, ṣ. 136, maǧallat al-qaḍā' wa-t-tašrī', 'adad 10, 1974, ṣ. 38; Qarār ta'qībī madanī, 'adad 8278,14.2.1971, maǧallat al-qaḍā' wa-t-tašrī', 'adad 2, 1972, ṣ. 55; Qarār ta'qībī madanī, 'adad 9700, 22.1.1974, našriyyat maḥkamat at-ta'qīb 1974, al-qism al-madanī, ǧuz' 2, ṣ. 137; Qarār ta'qībī madanī, 'adad 2590, 9.10.1979, našriyyat maḥkamat at-ta'qīb 1979, al-qism al-madanī, ǧuz' 2, ṣ. 54.

[631] Qarār ta'qībī madanī, 'adad 6078, 16.11.1981, našriyyat maḥkamat at-ta'qīb 1981, al-qism al-madanī, ǧuz' 4, ṣ. 124.

[632] Qarār ta'qībī madanī, 'adad 8914, 8.2.1973, našriyyat maḥkamat at-ta'qīb 1973, al-qism al-madanī, ǧuz' 1, ṣ. 136, maǧallat al-qaḍā' wa-t-tašrī', 'adad 10, 1974, ṣ. 38.

[633] Forstner, Ehe- und Kindschaftsrecht, S. 3.

[634] Aš-Šarīf, maǧallat, Fn 1, S. 119.

frauen hatten nach *Bouraoui* in der Vergangenheit zu „*wahren Sozialdramen*" geführt.[635] *Fqī* nennt exemplarisch einen Fall, in dem der Ehemann die gerichtliche Vorladung absichtlich an den alten Wohnort seiner Frau zustellen ließ, obwohl er über ihre neue Adresse informiert war und ihr dorthin sogar den Unterhalt schickte.[636] Die Reformierung des Art. 32 CSP ist nach seiner Auffassung vor allem familienfreundlich: „*Indem die neue Regelung die Rechte der Frau stärkt, fördert sie auch den Zusammenhalt der Familie und dient ihrem Schutz.*"[637]

Nur wenn die Bemühungen des Familienrichters um eine Aussöhnung zwischen den Parteien fruchtlos geblieben sind, kann die Ehe gerichtlich geschieden werden (Art. 32 Abs. 2 CSP). Vor dem Plädoyer muß der jüngsten Gesetzesänderung zufolge jedoch eine Zeitspanne der Reflexion von zwei Monaten vergangen sein (Art. 32 Abs. 8 n. F. CSP). Damit unternahm der Gesetzgeber 1993 einen weiteren Versuch, die Chancen für einen Fortbestand der Ehe zu vergrößern.[638] Das Scheidungsurteil umfaßt Beschlüsse über die Personensorge, den Kindesunterhalt, die Wohnung, das Besuchsrecht und ggf. die Scheidungsrente.[639]

---

[635] Bouraoui, Droit de la famille, S. 134.
[636] Fqī, ǧarīmat al-faṣl 32 a, S. 128.
[637] Fqī, ǧarīmat al-faṣl 32 a, S. 119.
[638] Forstner, Ehe- und Kindschaftsrecht, S. 3.
[639] Diese Teile des Urteils unterliegen weder der Berufung noch der Kassation und sind sofort vollstreckbar (Art. 32 Abs. 10 CSP).

3.5 Finanzielle Folgen der Ehescheidung

3.5.1 Aufteilung des Hausrates

Für den Fall, daß sich die Ehegatten über die Aufteilung des Hausrates (*'ārifa*) streiten, sieht der Gesetzgeber eine pragmatische Lösung vor. Haushaltsgegenstände, über die in der Regel der Mann verfügt, werden nach dessen eidlicher Bekräftigung an diesen übergeben; Gegenstände, die für gewöhnlich im Gebrauch der Frau sind, gehen an sie. Handelswaren kann der Handel treibende Ehegatte nach seiner eidlichen Bekräftigung an sich nehmen (Art. 26 Abs. 1 u. 2 CSP). Komplizierter kann es werden, wenn sich die Ehegatten über Gegenstände streiten, die in der Ehe üblicherweise sowohl vom Mann als auch von der Frau genutzt werden. In einem solchen Fall hat der Richter nach Maßgabe der eidlichen Bekräftigung eines jeden Ehegatten über die Verteilung des Hausrates zu entscheiden (Art. 26 Abs. 2 CSP). Da der Eid, indem er durch einen Schwur auf den Koran erfolgt, an das religiöse Gewissen eines jeden einzelnen appelliert, sind einander widersprechende Angaben der Ehegatten eher die Ausnahme als die Regel.[640]

Behauptet der Ehemann, seine Frau habe einen Großteil des Hausstandes fortgeschafft, so ist er diesbezüglich in der Beweispflicht. Anderenfalls wird ausschließlich über die in der Wohnung vorhandenen Haushaltsgegenstände entschieden.[641] Nimmt die Ehefrau zunächst nur einen Teil der ihr zustehenden Gegenstände an sich, so darf es ihr zu einem späteren Zeitpunkt nicht verwehrt werden, den ihr zustehenden Rest zu fordern.[642] Reicht der Mann die Ehescheidung ein, so ist die Frau nicht verpflichtet, die *'arifa* offiziell zurückzuverlangen; grundsätzlich hat der Mann dafür zu sorgen, daß seiner Frau die ihr zustehenden Haushaltsgegenstände vollständig zurückgegeben werden.[643]

---

[640] *Muḥammad al-Ḥabīb aš-Šarīf*, Richter am Kassationsgerichtshof Tunis, im Gespräch mit der Autorin im März 1995 in Tunis.

[641] Qarār ta'qībī madanī, 'adad 1306, 7.11.1978, našriyyat maḥkamat at-ta'qīb 1978, al-qism al-madanī, ǧuz' 2, ṣ. 138, al-maǧalla al-qānūniyya at-tūnisiyya, 'adad 2, 1979, ṣ. 78.

[642] Qarār isti'nāfī madanī (Tunis), 'adad 30804, 28.6.1973, maǧallat al-qaḍā' wa-t-tašrī', 'adad 4, 1974, ṣ. 55.

[643] Qarār ta'qībī madanī, 'adad 5822, 16.10.1981, našriyyat maḥkamat at-ta'qīb 1981, al-qism al-madanī, ǧuz' 3, ṣ. 233.

Vermögenswerte, die in der Ehe von einem der Ehepartner aufgebraucht werden, können im Scheidungsfall nicht zurückgefordert werden. In Anlehnung an das malikitische Recht, wonach dem Mann während der Ehe ein Nutznießungsrecht am Vermögen der Frau zusteht,[644] entschied der Kassationsgerichtshof 1981 daß das Eigentum eines Ehegatten während der Ehe grundsätzlich auch von dem anderen Ehegatten genutzt werden kann.[645] Bereits 1964 hatte das Berufungsgericht in Tunis in einem spektakulären Fall entschieden, daß die vom Mann in der Ehe verbrauchten Wertgegenstände der Frau dieser nicht zurückerstattet werden müssen. Der Mann, so die Begründung des Gerichts, habe während der Ehe zwar Vermögensgegenstände und Schmuck der Frau veräußert, da die Frau aber Treuhänderin ihres Besitzes gewesen sei, könne er für den Verbleib der Werte nicht verantwortlich gemacht werden. In der Ehe stünde ihm grundsätzlich das Nutzungsrecht der Wertgegenstände zu.[646] In dieser Entscheidung sieht *Lagrange* einen Widerspruch zu Art. 24 CSP, der dem Mann ein Verfügungsrecht über das Vermögen seiner Frau abspricht.[647] Solange der Mann in der Ehe Vermögenswerte der Frau veruntreuen kann, wird dadurch auch das Prinzip der ehelichen Gütertrennung in Frage gestellt.

Eine spezielle Regelung für die Rückgabe materieller Werte sieht der Gesetzgeber für die Scheidung vor dem Ehevollzug vor. Nach Art. 28 n. F. CSP müssen Geschenke in diesem Falle von dem die Scheidung verursachenden Ehegatten ohne Ausnahme und in der Form zurückgegeben werden, in der sie sich zu diesem Zeitpunkt befinden. Zur Rückgabe von Geschenken bei Ehescheidung vor Vollzug war bis zur Personenstandsreform des Jahre 1993 nur die Frau verpflichtet. In der neuen Fassung des Art. 28 CSP ist nunmehr auch die Möglichkeit berücksichtigt, daß der Ehemann seinerseits Geschenke von seiner Frau erhält und ihr diese ggf. auch zurückgeben muß. Mit dieser Modifikation trug der Gesetzgeber der veränderten sozialen und wirtschaftlichen Situation der tunesischen Frau Rechnung und beseitigte einen Diskriminierungsfaktor, der sich bis dato im tunesi-

---

644 Rauscher, Sharī'a, S. 91.

645 Qarār ta'qībī madanī, 'adad 5411, 16.6.1981, našriyyat maḥkamat at-ta'qīb 1981, al-qism al-madanī, ǧuz' 2, ṣ. 193. In diesem Sinne auch Qarār ta'qībī madanī, 'adad 5411, 16.6.1981, Našriyyat maḥkamat at-ta'qīb 1981, al-qism al-madanī, ǧuz' 2, ṣ. 193.

646 Qarār isti'nāfī madanī (Tunis), 'adad 2916, 24.3.1964, maǧallat al-qaḍā' wa-t-tašrī', 'adad 7, 1964, ṣ. 21.

647 Lagrange, RTD 1968, S. 96.

schen Gesetz gehalten hatte.[648]

3.5.2 Recht auf Entschädigung

Sofern die Ehe nicht im beiderseitigen Einverständnis geschieden wurde, hat der durch die Auflösung der Ehe geschädigte Ehegatte einen Anspruch auf Kompensation (*ta'wīḍ*) des ihm entstandenen Schadens. Das Recht auf Entschädigung (*ġarāma*) ergibt sich sowohl aus der Ehescheidung, die nach Art. 31 Ziff. 2 CSP aufgrund eines Fehlers oder Versagens des Ehegatten ausgesprochen wurde, also auch aus der einseitig beantragten, unbegründeten Ehescheidung nach Art. 31 Ziff. 3 CSP. Es kann kein Entschädigungsanspruch geltend gemacht werden, wenn die Ehescheidung vor dem Vollzug der Ehe erfolgt (Art. 11 CSP).

Grundsätzlich gilt, daß der Schadensersatz die Folgen der Ehescheidung, aber nicht ihre Ursachen oder Motive berücksichtigt.[649] Demnach hat die Entschädigung den Charakter einer Wiedergutmachung, nicht den einer Geldbuße für den schuldig Geschiedenen.

Über eine Entschädigung wird nur verhandelt, wenn ein entsprechender Antrag gestellt wurde. In der Vergangenheit lehnte der Kassationsgerichtshof Klagen nicht entschädigter Frauen mit dem Hinweis darauf ab, daß der Entschädigungantrag bereits in erster Instanz zu stellen sei und ihm, sofern er erst im Rahmen der Berufung erfolgen sollte, nicht stattgegeben werden könne.[650] Die erlittene Schädigung muß ferner nachgewiesen werden, wobei der geschädigte Ehegatte die Beweislast trägt. Die Scheidung allein reicht zur Feststellung eines

---

[648] Aš-Šarīf, maǧallat, S. 69.

[649] Qarār ta'qībī madanī, 'adad 1186, 30.4.1975, našriyyat maḥkamat at-ta'qīb 1975, al-qism al-madanī, ǧuz' 2, ṣ. 24; Qarār ta'qībī madanī, 'adad 2022, 6.6.1978, našriyyat maḥkamat at-ta'qīb 1978, al-qism al-madanī, ǧuz' 1, ṣ. 295, maǧallat al-qaḍā' wa-t-tašrī', 'adad 1, 1978, ṣ. 96; Qarār ta'qībī madanī, 'adad 4534, 6.1.1981, maǧallat al-qaḍā' wa-t-tašrī', 'adad 8, 1981, ṣ. 71.

[650] Qarār ta'qībī madanī, 'adad 3053, 11.12.1979, našriyyat maḥkamat at-ta'qīb 1979, al-qism al-madanī, ǧuz' 2, ṣ. 127; Qarār ta'qībī madanī, 'adad 18718, 6.10.1987, našriyyat maḥkamat at-ta'qīb 1987, al-qism al-madanī, ṣ. 207.

erlittenen Nachteils nicht aus.[651]

Die Entschädigung berücksichtigt grundsätzlich den materiellen wie auch den ideellen Schaden (*aḍ-ḍarar al-māddī wa-ḍ-ḍarar al-ma'nawī*), der dem einen oder anderen Ehegatten durch die Auflösung der Ehe zugefügt wurde (Art. 31 Abs. 2 CSP).[652] Daß es sich beim Anspruch auf Schadensersatz um ein Recht handelt, das insbesondere Frauen zugute kommen soll, macht Art. 31 Abs. 3 CSP deutlich. Die darin enthaltenen Entschädigungsregelungen gehen ausschließlich vom Fall der durch die Scheidung zu Schaden gekommenen Frau aus. Sie ignorieren den umgekehrten Fall, obwohl der Anspruch auf Ausgleich des entstandenen ideellen und materiellen Schadens nach Art. 31 Abs. 2 CSP ein gegenseitiges Recht ist. Auch die Rechtsprechung kennt Fälle, in denen Frauen zur Entschädigung ihrer geschiedenen Männer verurteilt wurden.[653]

3.5.2.1 Materielle und ideelle Schädigung

In Art. 31 Abs. 3 CSP sind die Einzelheiten der Entschädigung zusammengefaßt. Grundsätzlich hat der durch die Scheidung geschädigte Ehegatte unabhängig von seinem Geschlecht einen Anspruch auf die finanzielle Wiedergutmachung des ihm entstandenen materiellen und ideellen Nachteils. Die Modalitäten der Schadensbegleichung konkretisiert der Gesetzgeber jedoch nur für den Fall der geschädigten Ehefrau. Zum Ausgleich des ihr entstandenen materiellen Schadens ist für sie eine monatliche und ab dem Ablauf ihrer gesetzlichen Wartezeit zahlbare Scheidungsrente (*ǧirāyat aṭ-ṭalāq*) vorgesehen. Diese Rente kann auf den Wunsch der Frau hin auch in Form eines einmaligen Kapitalbetrags ausge-

---

[651] Lakhoua, Divorce „caprice", S. 63. In diesem Sinne auch Qarār ta'qībī madanī, 'adad 48151, 8.11.1995, našriyyat maḥkamat at-ta'qīb, al-qism al-madanī, 1995, ṣ. 438-440.

[652] Die Entschädigungshöhe kann nach Informationen der Autorin zwischen 100 und mehreren tausend TD betragen.

[653] Qarār ta'qībī madanī, 'adad 5848, 11.6.1981, našriyyat maḥkamat at-ta'qīb 1981, al-qism al-madanī, ǧuz' 2, ṣ. 169; Qarār ta'qībī madanī, 'adad 5830, 6.10.1981, našriyyat maḥkamat at-ta'qīb 1981, al-qism al-madanī, ǧuz' 3, ṣ. 127; Qarār ta'qībī madanī, 'adad 7926, 19.4.1983, Maǧallat al-qaḍā' wa-t-tašrī', 'adad 9, 1984, ṣ. 97, našriyyat maḥkamat at-ta'qīb 1984, al-qism al-madanī, ǧuz' 1, ṣ. 170.

zahlt werden.[654] In der Regel wird aber der Monatsrente der Vorzug gegeben, denn sie wird dem Bedürfnis der meisten geschiedenen Frauen nach einer finanziellen Absicherung eher gerecht als die Einmalzahlung.[655] Seltener kommt es vor, daß die finanzielle Entschädigung gleichzeitig als Geldbetrag und regelmäßig zahlbare Rente festgesetzt wird. 1995 bestätigte der Kassationsgerichtshof ein Urteil des Berufungsgerichts in Tunis, das die materielle Entschädigung einer Frau sowohl in Form eines Kapitalbetrages als auch mit einer Scheidungsrente entgolten hatte. Die Höhe der Entschädigung sei mit einem Einmalbetrag von 7000 TD und einer Monatsrente von 80 TD zwar zu hoch bemessen gewesen, im Prinzip aber könnten bei der materiellen Entschädigung durchaus auch beide Entschädigungsformen gleichzeitig Anwendung finden, so die Auffassung des Gerichts.[656]

Bezüglich der Frau bemißt sich die Kompensation des materiellen Schadens nach dem von ihr gewohnten ehelichen Lebensstandard (*al-'aiš fī ẓill al-ḥayāh az-zauǧiyya*) einschließlich der Wohnung (*maskan*) (Art. 31 Abs. 3 CSP).[657] Die finanzielle Entschädigung soll die Frau in die Lage versetzen, ihren aus der Ehe gewohnten Lebensstandard beizubehalten.[658] Sie berücksichtigt die finanziellen Einbußen, die der Frau durch den Verlust ihrer Ehemannes und der damit verbundenen Versorgungsgarantie entstehen.[659] Dies bedeutet jedoch nicht, daß der Mann im Rahmen der Scheidungsrente verpflichtet ist, für die Mietkosten seiner geschiedenen Frau aufzukommen.[660] Darauf wies der Kassationsgerichtshof in einem Urteil von 1985 hin.[661] Einen Anspruch auf Übernahme der Mietkosten durch ihren geschiedenen Mann kann die Frau in der Regel nur dann geltend

[654] Qarār ta'qībī madanī, 'adad 16517, 3.2.1987, našriyyat maḥkamat at-ta'qīb 1987, al-qism al-madanī, ṣ. 219, maǧallat al-qaḍā' wa-t-tašrī', 'adad 5, 1989, ṣ. 7.

[655] 'Abīd, At-Tiǧānī, ǧirāyat al-muṭallaqa, S. 35.

[656] Qarār ta'qībī madanī, 'adad 47817, 1.11.1995, našriyyat maḥkamat at-ta'qīb, al-qism al-madanī, 1995, ṣ. 429-431.

[657] Qarār ta'qībī madanī, 'adad 5449, 31.3.1981, našriyyat maḥkamat at-ta'qīb 1981, al-qism al-madanī, ǧuz' 1, ṣ. 180; Qarār ta'qībī madanī, 'adad 12441, 21.5.1985, našriyyat maḥkamat at-ta'qīb 1985, al-qism al-madanī, ǧuz' 2, ṣ. 220; Qarār ta'qībī madanī, 'adad 14179, 14.1.1986, Našriyyat maḥkamat at-ta'qīb 1986, al-qism al-madanī, ǧuz' 1, ṣ. 159.

[658] Charrad, Repudiation, S. 56.

[659] 'Abīd, ǧirāyat al-muṭallaqa, S. 47.

[660] Diesem Irrtum erliegen *Bergmann-Ferid* (Ehe- und Kindschaftsrecht, S. 17), wenn sie das in der Originalfassung des Art. 31 Abs. 3 CSP verwendete „*maskan*" mit „*Mietkosten*" anstatt mit „*Wohnung*" wiedergeben.

[661] Qarār ta'qībī madanī, 'adad 12660, 5.11.1985, našriyyat maḥkamat at-ta'qīb 1985, al-qism al-madanī, ǧuz' 2, ṣ. 211.

machen, wenn ihr gerichtlich die Personensorge für die gemeinsamen Kinder zugesprochen wurde.[662] Wird dagegen die Frau zur Entschädigung ihres Mannes verurteilt, so wird (aus Gründen der Tradition) in der Regel einer Einmalzahlung Vorrang vor einer Scheidungsrente gegeben. Diese einmalige Kompensation berücksichtigt vor allem die Kosten, die dem Mann durch das Eheleben entstanden sind, seine Investitionen in die Haushaltsführung und die Versorgung der Ehefrau.[663] Obwohl das Gesetz eine Scheidungsrente für den Mann nicht explizit ausschließt, sieht *'Abīd* sie vor allem als ein Recht der Frau, denn sie habe *„Unterhaltscharakter wie die nafaqa"*.[664]

1965 bestätigte der Kassationsgerichtshof ein Urteil, das bei der Festsetzung der materiellen Schädigung einer Frau zwei Aspekte berücksichtigt hatte. Zum einen, daß die Betroffene nach der Eheschließung ihre Stelle als Lehrerin aufgeben mußte, um ihre Aufgaben im Haushalt besser wahrnehmen zu können, und zum anderen, daß sie infolge der Ehescheidung auf ein Leben als Beamtengattin verzichten mußte.[665] Während die Rechtsprechung die materielle Schädigung in den ersten Jahren ausschließlich an den direkten Scheidungsfolgen festmachte, erweiterte ein Urteil des Kassationsgerichtshofes von 1966 die Bemessungsgrundlage und entschied, daß zur Feststellung der materiellen Schädigung auch das in Art. 107 COC zum Ausdruck kommende Entschädigungsprinzip Berücksichtigung finden könne.[666] Ihmzufolge hat die Entschädigung nicht nur den Folgen einer Tat, sondern auch den Lebenszielen, derer der Geschädigte beraubt wurde, Rechnung zu tragen. Von dieser Auffassung ist die Rechtsprechung in neuerer Zeit wieder abgerückt. In einem Urteil d. J. 1990 wies der Kassationsgerichtshof darauf hin, daß die gesetzliche Grundlage zur Festsetzung der Scheidungsentschädigung alleine Art. 31 CSP sei und das Gericht nicht verpflichtet sei, bei

---

662 Vgl. dazu Kap. 2, II., 3.5.3.1 der vorliegenden Arbeit.

663 Qarār ta'qībī madanī, 'adad 5848, 11.6.1981, našriyyat maḥkamat at-ta'qīb 1981, al-qism al-madanī, ǧuz' 2, ṣ. 169.

664 'Abīd, ǧirāyat al-muṭallaqa, S. 35. *Meziou* (Féminisme, S. 264) betont aber, daß der Gesetzgeber die Scheidungsrente als Schadensersatz und nicht als monatlichen Unterhalt im üblichen Sinne betrachtet.

665 Qarār ta'qībī madanī, 'adad 3346, 25.5.1965, našriyyat maḥkamat at-ta'qīb 1965, al-qism al-madanī, ṣ. 23, maǧallat al-qaḍā' wa-t-tašrī', 'adad 9, 1965, ṣ. 38.

666 Qarār isti'nāfī madanī (Tunis), 'adad 59027, 19.7.1966, maǧallat al-qaḍā' wa-t-tašrī', 'adad 2, 1967, ṣ. 69. In diesem Sinne auch Qarār ta'qībī madanī, 'adad 4271, 24.3.1981, našriyyat maḥkamat at-ta'qīb 1981, al-qism al-madanī, ǧuz' 1, ṣ. 145. Vgl. dazu auch Lakhoua, Divorce „caprice", S. 70.

der Festsetzung der Entschädigungshöhe die in Art. 107 COC genannten Faktoren zu berücksichtigen.[667] Pläne, die der geschädigte Ehepartner infolge der Scheidung aufgeben muß, können theoretisch auch in die Kompensation des ideellen Schadens einfließen.

Die Scheidungsrente wird der Frau bis zu ihrem Lebensende gewährt. Eine Ausnahme sieht der Gesetzgeber lediglich für den Fall vor, daß die geschiedene Frau erneut heiratet oder aus anderen Gründen nicht mehr auf die Rente angewiesen ist. Im Falle des Todes des geschiedenen Mannes besteht der Rentenanspruch gegenüber seinen Erben fort und kann mit diesen gütlich oder gerichtlich durch die Zahlung eines einmaligen Kapitalbetrages geregelt werden (Art. 31 Abs. 3 CSP).

Was die Wiedergutmachung des ideellen Schadens betrifft, so legt sich der Gesetzgeber weder auf die Zahlungsart noch auf Faktoren fest, die bei der Festlegung der Entschädigungshöhe zu berücksichtigen sind. Möglich ist, den ideellen Schaden in Form einer Einmalzahlung zu begleichen. Grundsätzlich ist das Gericht nicht verpflichtet, den materiellen und moralischen Schaden jeweils getrennt festzusetzen, sondern kann die Höhe der Schädigung in einem zu zahlenden Gesamtbetrag zusammenfassen.[668] Die Zahlung kann wiederum wahlweise als monatliche Rente oder in Form einer Einmalzahlung erfolgen.
Bei der Festlegung des ideellen Schadens kommen vor allem die sozial-psychischen Konsequenzen und Begleitumstände der Ehescheidung zum Tragen. So sind beispielsweise die Dauer der Ehe sowie die Anzahl der Kinder zum Zeitpunkt der Ehescheidung von Interesse.[669] Bedeutung wird auch der Frage danach beigemessen, ob das Scheidungsopfer zuvor schon einmal geschieden wurde und welches Alter es zum Zeitpunkt der Trennung hat.[670] Diese Aspekte werden vor

---

[667] Qarār ta'qībī madanī, 'adad 26158, 25.9.1990, našriyyat maḥkamat at-ta'qīb 1990, al-qism al-madanī, ṣ. 145.

[668] Qarār ta'qībī madanī, 'adad 4271, 24.3.1981, našriyyat maḥkamat at-ta'qīb 1981, al-qism al-madanī, ǧuz' 1, ṣ. 145.

[669] Qarār isti'nāfī madanī (Tunis), 'adad 58223, 30.11.1965, maǧallat al-qaḍā' wa-t-tašrī', 'adad 1, 1966, ṣ. 70, al-maǧalla al-qānūniyya at-tūnisiyya 1968, ṣ. 101; Qarār ta'qībī madanī, 'adad 41404, 18.10.1994, našriyyat maḥkamat at-ta'qīb 1994, al-qism al-madanī, ṣ. 279.

[670] Qarār ta'qībī madanī, 'adad 4963, 18.5.1981, našriyyat maḥkamat at-ta'qīb 1981, al-qism al-madanī, ǧuz' 2, ṣ. 34; Qarār ta'qībī madanī, 'adad 11766, 30.4.1975, našriyyat maḥkamat at-ta'qīb 1975, al-qism al-madanī, ǧuz' 1, ṣ. 163; Qarār ta'qībī madanī, 'adad 41404, 18.10.1994, Našriyyat maḥkamat at-ta'qīb 1994, al-qism al-madanī, S. 279.

allem im Zusammenhang mit Möglichkeiten der Wiederverheiratung von Frauen berücksichtigt. Die Rechtsprechung bezieht darüber hinaus auch die psychischen Folgen einer Ehescheidung mit ein. Bei der Festsetzung des ideellen Schadens wird neben der Enttäuschung über das Scheitern eines Lebensplans auch der Schmerz über die entgangene Chance auf ein glückliches Ehe- und Familienleben berücksichtigt.[671] In diesem Punkt scheint das Geschlecht des Geschädigten keine Rolle zu spielen. Die Rechtsprechung gesteht auch Männern eine Entschädigung zu, die den emotionalen Konsequenzen einer Ehescheidung sowie ihren Folgen für die persönliche Lebensführung Rechnung trägt.[672] Die ideelle Entschädigung des Mannes wird im allgemeinen zusammen mit der materiellen Entschädigung in einem einmaligen Kapitalbetrag veranschlagt.

3.5.2.2 Festsetzung von Entschädigungsart und –höhe

Die Entscheidung über die Entschädigungshöhe liegt allein im Ermessen des zuständigen Gerichts. Der Richter hat hierbei das Recht des *iǧtihād*, der freien Meinungsbildung.[673] Er setzt den materiellen und ideellen Schaden nach den Erkenntnissen fest, zu denen er im Prozeßverlauf gekommen ist. Das mit der Ehescheidung befaßte Gericht unterliegt in seiner Entscheidung nicht der Kontrolle weiterführender Instanzen; es ist jedoch verpflichtet, seine Entschädigungsurteil ausreichend zu begründen.[674] Eine wichtige Voraussetzung dafür ist, daß die den Schadensersatz rechtfertigende Schädigung eindeutig nachgewiesen

---

671 Qarār isti'nāfī madanī (Tunis), 'adad 58223, 30.11.1965, maǧallat al-qaḍā' wa-t-tašrī', 'adad 1, 1966, ṣ. 70, al-maǧalla al-qānūniyya at-tūnisiyya 1968, ṣ. 101; Qarār ta'qībī madanī, 'adad 11766, 30.4.1975, našriyyat maḥkamat at-ta'qīb 1975, al-qism al-madanī, ǧuz' 1, ṣ. 163; Qarār ta'qībī madanī, 'adad 41404, 18.10.1994, našriyyat maḥkamat at-ta'qīb 1994, al-qism al-madanī, ṣ. 279.

672 Qarār ta'qībī madanī, 'adad 38798, 8.3.1994, našriyyat maḥkamat at-ta'qīb 1994, al-qism al-madanī, ṣ. 2.

673 Borrmans, Divorce et abus, S. 237.

674 Qarār ta'qībī madanī, 'adad 4420, 2.6.1981, našriyyat maḥkamat at-ta'qīb 1981, al-qism al-madanī, ǧuz' 2, ṣ. 99; Qarār ta'qībī madanī, 'adad 30712, 4.2.1992, našriyyat maḥkamat at-ta'qīb 1992, al-qism al-madanī, ṣ. 178; Qarār ta'qībī madanī, 'adad 33793, 27.10.1992, Našriyyat maḥkamat at-ta'qīb 1992, al-qism al-madanī, ṣ. 196; Qarār ta'qībī madanī, 'adad 46187, 11.7.1995, našriyyat maḥkamat at-ta'qīb, al-qism al-madanī, 1995, ṣ. 427-428.

und offengelegt wird.[675]

Nach geltender Rechtsprechung stehen Entschädigungshöhe und finanzielle Situation des Leistungspflichtigen in keinem direkten Zusammenhang. Eine vermeintlich gute Situierung des Schadensersatzpflichtigen geht nicht zwangsläufig mit dem Recht auf eine hohe Entschädigung einher. Berufungsklagen geschädigter Ehefrauen, die unter Hinweis auf die Vermögenslage ihrer Ehemänner eine Erhöhung der Entschädigungssumme verlangen, werden in der Regel abgewiesen.[676] Die finanzielle Lage des Ehegatten findet nur insofern Berücksichtigung, als sie aussagekräftig für den Lebensstandard ist, den die Frau während der Ehe genossen hat.[677] Unter Hinweis darauf, daß die materielle Situation des Zahlungspflichtigen nur ein Aspekt unter vielen zu berücksichtigenden Faktoren der Schadensbemessung sei, wurde 1992 ein Berufungsurteil kassiert, das sich bei der Festlegung des der Frau zustehenden Schadensersatzes einzig am Wohlstand des Ehemannes orientiert hatte.[678]

Während also eine gute Situierung des Ehemannes nach geltender Rechtsauffassung per se keinen Grund für eine Erhöhung der Entschädigungssumme darstellt, kann eine im nachhinein als gering festgestellte Zahlungsfähigkeit des Entschädigungspflichtigen durchaus eine Absenkung der Entschädigungshöhe nach sich ziehen. In solchen Fällen wird die Berücksichtigung der materiellen Lage des scheidungswilligen Ehemannes mit dem Geist des Art. 31 CSP und dem Prinzip

---

[675] Qarār ta'qībī madanī, 'adad 8824, 22.5.1973, našriyyat maḥkamat at-ta'qīb 1973, al-qism al-madanī, ǧuz' 1, ṣ. 138; Qarār ta'qībī madanī, 'adad 23643, 12.12.1989, našriyyat maḥkamat at-ta'qīb 1989, al-qism al-madanī, ṣ. 475; Qarār ta'qībī madanī, 'adad 24646, 9.1.1990, Našriyyat maḥkamat at-ta'qīb 1990, al-qism al-madanī, ṣ. 147.

[676] Qarār ta'qībī madanī, 'adad 3346, 25.5.1965, našriyyat maḥkamat at-ta'qīb 1965, al-qism al-madanī, ṣ. 23, maǧallat al-qaḍā' wa-t-tašrī', 'adad 9, 1965, ṣ. 38; Qarār ta'qībī madanī, 'adad 6101, 8.12.1981, našriyyat maḥkamat at-ta'qīb 1981, al-qism al-madanī, ǧuz' 4, ṣ. 213; Qarār ta'qībī madanī, 'adad 5153, 29.12.1981, našriyyat maḥkamat at-ta'qīb 1981, al-qism al-madanī, ǧuz' 4, ṣ. 316; Qarār ta'qībī madanī, 'adad 22079, 28.3.1989, našriyyat maḥkamat at-ta'qīb 1989, al-qism al-madanī, ṣ. 10, maǧallat al-qaḍā' wa-t-tašrī', 'adad 4, 1991, ṣ. 69. Eine Klage auf Erhöhung oder Verringerung der Entschädigungssumme kann von Seiten des Gerichts zwar abgelehnt werden, sie darf aber nicht zum Anlaß genommen werden, den festgelegten Betrag zu Ungunsten des Klägers zu korrigieren. Qarār ta'qībī madanī, 'adad 41862, 28.6.1994, al-qism al-madanī, ṣ. 31.

[677] Qarār ta'qībī madanī, 'adad 5795, 11.6.1981, našriyyat maḥkamat at-ta'qīb 1981, maǧallat al-qaḍā' wa-t-tašrī', ǧuz' 2, ṣ. 165.

[678] Qarār ta'qībī madanī, 'adad 33748, 15.12.1992, našriyyat maḥkamat at-ta'qīb 1992, al-qism al-madanī, ṣ. 175.

der gerechten Entschädigung begründet.[679]

Bei der Festlegung der Entschädigungshöhe findet in neueren Urteilen auch die finanzielle Situation der geschädigten Ehefrau Berücksichtigung. Obwohl Scheidungsrente und Kapitalbetrag in Art. 31 Abs. 3 CSP als zwei gleichwertige und gegeneinander austauschbare Entschädigungsformen genannt werden, verliert die erwerbstätige Frau ihren Anspruch auf Schadensersatz, sofern sie nicht ausdrücklich die Entschädigung in einem Kapitalbetrag verlangt hat. Hinter dieser Regelung verbirgt sich die Auffassung, daß eine Entschädigung in Form einer monatlichen Scheidungsrente nur dann legitim ist, wenn die Frau über kein weiteres Einkommen verfügt. Übt die Frau jedoch eine regelmäßige Tätigkeit mit festem Gehalt aus, so ist ihr geschiedener Ehemann nicht verpflichtet, ihr eine monatliche Scheidungsrente zu zahlen.[680] Die einzige Möglichkeit der Entschädigung, die der erwerbstätigen Frau nach neuester Rechtsprechung bleibt, besteht in der Wahl eines einmaligen Kapitalbetrages, der ihr auch bei festem Einkommen gewährt werden muß. Erwerbstätige Frauen mit geregeltem Einkommen, die in Unkenntnis der üblichen Rechtspraxis eine monatliche statt einer einmaligen Zahlung verlangen, können somit generell ihren Anspruch auf Entschädigung verlieren.[681]

Da eine regelmäßige Erwerbstätigkeit also die Chance von Frauen auf eine Scheidungsrente mindert, sind Versuche, ein bestehendes Anstellungsverhältnis umgehend zu lösen oder gar zu leugnen, keine Seltenheit. Zur Veranschaulichung kann der folgende Fall herangezogen werden:

Um eine Scheidungsrente zu erstreiten, hatte eine Frau 1994 in zweiter Instanz erfolgreich auf Anerkennung der Kündigung ihres Arbeitsverhältnisses geklagt. Entgegen der Entscheidung der ersten Instanz war das Berufungsgericht zu der

---

[679] Qarār ta'qībī madanī, 'adad 38803, 8.3.1994, našriyyat maḥkamat at-ta'qīb 1994, al-qism al-madanī, ṣ. 296; Qarār ta'qībī madanī, 'adad 44636, 23.1.1995, našriyyat maḥkamat at-ta'qīb, al-qism al-madanī, 1995, ṣ. 424-416. In diesem Sinne auch Qarār ta'qībī madanī, 'adad 47817, 1.11.1995, našriyyat maḥkamat at-ta'qīb, al-qism al-madanī, 1995, ṣ. 429-431.

[680] Qarār ta'qībī madanī, 'adad 43023, 11.7.1995, našriyyat maḥkamat at-ta'qīb, al-qism al-madanī, 1995, ṣ. 432-434; Qarār ta'qībī madanī, 'adad 7810, 15.2.1983, našriyyat maḥkamat at-ta'qīb 1983, al-qism al-madanī, ǧuz' 1, ṣ. 164; Qarār ta'qībī madanī, 'adad 42066, 29.11.1994, našriyyat maḥkamat at-ta'qīb 1994, al-qism al-madanī, ṣ. 316.

[681] Qarār ta'qībī madanī, 'adad 43023, 11.7.1995, našriyyat maḥkamat at-ta'qīb, al-qism al-madanī, 1995, f 432-434; Qarār ta'qībī madanī, 'adad 7810, 15.2.1983, našriyyat maḥkamat at-ta'qīb 1983, al-qism al-madanī, ǧuz' 1, ṣ. 164; Qarār ta'qībī madanī, 'adad 42066, 29.11.1994, našriyyat maḥkamat at-ta'qīb 1994, al-qism al-madanī, ṣ. 316.

Auffassung gelangt, daß die Kündigung ihrer Stelle anerkannt und ihre finanzielle Mittellosigkeit bei der Bemessung der Schadenshöhe berücksichtigt werden müsse, wobei es keine Rolle spiele, daß die Klägerin selbst das Arbeitsverhältnis gekündigt habe. Gegen dieses Urteil ging wiederum ihr Ehemann in Berufung. Nachdem er sie in Begleitung eines Notars zur üblichen Arbeitszeit bei ihrem ehemaligen Arbeitgeber angetroffen hatte, glaubte er Beweise dafür zu haben, daß seine Frau trotz formeller Kündigung noch immer erwerbstätig sei. Da die Ehefrau sich aber geweigert hatte, das in dieser Situation von Seiten des Notars angefertigte Protokoll zu unterschreiben, um auf diese Weise ihre Erwerbstätigkeit zuzugeben, und der Ehemann darüber hinaus keinen zweiten Zeugen benennen konnte, wies der Kassationsgerichtshof schließlich die Klage ab. Daß die Ehefrau bei ihrem ehemaligen Arbeitnehmer angetroffen wurde, so das Hauptargument des Gerichts, gelte nicht als Beweis für eine tatsächliche Erwerbstätigkeit.[682]

3.5.3 Unterhaltspflicht des Ehemannes

3.5.3.1 Empfangsberechtigte

Nach Art. 38 CSP ist der Mann gegenüber seiner geschiedenen Frau ausschließlich während der gesetzlichen Wartezeit *'idda* zu Unterhalt (*nafaqa*) verpflichtet. Hierin entfernt sich das kodifizierte Recht insbesondere von den Vorstellungen der malikitischen Schule, wonach die unwiderruflich geschiedene Frau während der *'idda* kein Recht auf Unterhalt mehr geltend machen kann, außer im Falle der Schwangerschaft, die ihr einen Unterhaltsanspruch bis zur Geburt garantiert.[683] Nach Ablauf der *'idda* ist der Mann auch nach tunesischem Recht gegenüber seiner geschiedenen Frau nicht mehr unterhaltspflichtig.

---

682 Qarār ta'qībī madanī, 'adad 41915, 22.11.1994, našriyyat maḥkamat at-ta'qīb 1994, al-qism al-madanī, ṣ. 290.

683 Linant de Bellefonds, Traité de droit II, Nr. 883, 885. Die einzelnen Rechtsschulen machen den Anspruch der Frau auf Unterhalt während der *'idda* vor allem von der Art der Eheauflösung abhängig und differieren in ihren Ergebnissen zum Teil erheblich voneinander. Vgl. dazu Jaeger, Ehe- und Scheidungsrecht, ṣ. 95 ff.; Pearl, Textbook, Fn 16, S. 65.

Wie bereits dargelegt, erhält die Frau aber nach Art. 31 Abs. 3 CSP eine finanzielle Kompensation in Form einer Scheidungsrente, sofern sie nicht

- einer einvernehmlichen Ehescheidung nach Art. 31 Ziff. 1 CSP zugestimmt hat,
- schuldig nach Art. 31 Ziff. 2 CSP geschieden wurde oder
- ohne Vorliegen einer erlittenen Schädigung die Ehescheidung nach Art. 31 Ziff. 3 CSP erwirkt hat.

Wie im islamischen Recht[684] besteht die Unterhaltspflicht des Mannes nach Ablauf der *'idda* lediglich noch gegenüber seinen leiblichen Kindern fort, vorausgesetzt, sie sind bedürftig.[685] Sofern die Mutter die Personensorge inne hat, ist sie die Empfängerin der Leistungen, die ausschließlich für die Versorgung ihrer Kinder gedacht sind.[686] Übernimmt sie die Pflege der Kinder, ohne daß ihr offiziell die Personensorge übertragen wurde, so hat sie keinen Anspruch auf Unterhalt durch den Kindsvater. Die Ausgaben, die sie für ihre Kinder macht, gelten in einem solchen Fall als freiwillige Zuwendungen.[687]

Der Unterhalt für die Kinder beinhaltet, wie an anderer Stelle bereits erwähnt, Nahrung, Kleidung, Unterkunft, Ausbildung und alles nach Gewohnheit und Brauch Notwendige (Art. 50 CSP). Doch der Vater hat nicht nur für die Unterkunft seiner Kinder, sondern auch für die der Sorgeberechtigten zu sorgen, falls sie über keine Wohnung verfügt (Art. 56 CSP). Die Finanzierung ihrer Unterkunft dient einzig dem Zweck, sie in die Lage zu versetzen, das Sorgerecht für die

---

684 Vgl. dazu Rauscher, Sharī'a, S. 140; Schacht, Introduction, S. 168; Jaeger, Ehe- und Scheidungsrecht, S. 99.

685 Außerdem hat die geschiedene Frau weiterhin Anspruch auf staatliches Kindergeld (nur für die ersten drei Kinder in Höhe von z. Zt. je 7 TD). Das Kindergeld darf ihr nicht auf den Unterhalt angerechnet werden. Qarār ta'qībī madanī, 'adad 5739, 23.7.1968, našriyyat maḥkamat at-ta'qīb 1968, al-qism al-madanī, ṣ. 74; Qarār ta'qībī madanī, 'adad 6891, 6.1.1970, našriyyat maḥkamat at-ta'qīb 1970, al-qism al-madanī, ṣ. 7, mağallat al-qaḍā' wa-t-tašrī', 'adad 6, 1970, ṣ. 33; Qarār ta'qībī madanī, 'adad 7331, 5.5.1970, našriyyat maḥkamat at-ta'qīb 1970, al-qism al-madanī, ṣ. 84, mağallat al-qaḍā' wa-t-tašrī', 'adad 2, 1971, ṣ. 45.

686 Qarār ta'qībī madanī, 'adad 2181, 3.12.1963, našriyyat maḥkamat at-ta'qīb 1963, al-qism al-madanī 1963, ṣ. 68.

687 Qarār ta'qībī madanī, 'adad 5398, 30.5.1981, našriyyat maḥkamat at-ta'qīb 1981, al-qism al-madanī, ğuz' 2, ṣ. 299.

Kinder wahrzunehmen.[688] Außerhalb oder losgelöst von der Aufgabe der Sorgeberechtigten hat die Frau kein Recht auf Bezahlung der Unterkunft durch ihren geschiedenen Mann.[689] Der Anspruch auf Unterkunft, der sich nach Art. 50 CSP aus der Verpflichtung zum Unterhalt gegenüber der Ehefrau und den Kindern ergibt, unterscheidet sich damit inhaltlich vom Anspruch auf Unterkunft nach Art. 56 CSP, den die geschiedene Frau als Inhaberin der Personensorge hat.[690] Macht die Inhaberin der Personensorge in friedvoller Absicht zunächst keinen Gebrauch von ihrem Recht auf Unterkunft, so verwirkt sie es deshalb nicht auf Dauer, entschied der Kassationsgerichtshof schon 1960. Das Recht auf Unterkunft berühre die Interessen der Kinder, um die sich in erster Linie der Vater zu kümmern habe.[691] Selbst wenn die Frau ohne Wohnung ist, sich aber aus eigenen Mitteln eine Wohnung mieten oder sogar kaufen könnte, ist der Mann verpflichtet, für ihre Mietkosten aufzukommen.[692] Ist die Inhaberin des Sorgerechts aber im Besitz einer Wohnung oder eines Hauses oder wohnt sie im Hause ihrer Eltern, so muß der Mann ihr keine weitere Unterkunft finanzieren.[693] Durch den Auszug zu den Eltern während des laufenden Scheidungsverfahrens können Frauen später also durchaus das Recht auf die Finanzierung einer Wohnung durch ihren geschiedenen Mann verlieren. Bezüglich des Nachweises einer eigenen Unterkunft der Frau trägt der Mann die Beweispflicht.[694] Das Recht auf Unterkunft nach Art. 56 CSP beinhaltet keinen Anspruch auf Verbleib in der ehelichen Wohnung, weshalb Frau und Kinder nach der Ehescheidung sogar per

---

688 Qarār ta'qībī madanī, 'adad 38659, 8.3.1994, našriyyat maḥkamat at-ta'qīb 1994, al-qism al-madanī, ṣ. 336; Qarār ta'qībī madanī, 'adad 48522, 11.6.1996, našriyyat maḥkamat at-ta'qīb, al-qism al-madanī, 1996, ṣ. 305-307; Qarār ta'qībī madanī, 'adad 38659, 8.3.1994, našriyyat maḥkamat at-ta'qīb 1994, al-qism al-madanī, ṣ. 336.

689 Es sei in diesem Zusammenhang daran erinnert, daß bei der Festsetzung der Scheidungsrente der in der Ehe genossene Lebensstandard einschließlich der Wohnverhältnisse Berücksichtigung findet. Die Kosten für die Unterkunft fließen also zumindest indirekt in die Bemessung der Rentenhöhe ein. Vgl. dazu Kap. 2, II., 3.5.2.1 der vorliegenden Arbeit.

690 Qarār ta'qībī madanī, 'adad 6218, 23.2.1982, našriyyat maḥkamat at-ta'qīb 1982, al-qism al-madanī, ǧuz' 1, ṣ. 435.

691 Qarār ta'qībī madanī, 'adad 1892, 18.7.1960, našriyyat maḥkamat at-ta'qīb 1960, al-qism al-madanī, ṣ. 128, maǧallat al-qaḍā' wa-t-tašrī', 'adad 8, 1960, ṣ. 53.

692 Ben Ḥalīma, suknī al-ḥāḍina, S. 30.

693 Qarār ta'qībī madanī, 'adad 2567, 6.2.1979, našriyyat maḥkamat at-ta'qīb 1979, al-qism al-madanī, ǧuz' 1, ṣ. 63; Qarār ta'qībi madanī, 'adad 33793, 27.10.1992, našriyyat maḥkamat at-ta'qīb 1992, al-qism al-madanī, ṣ. 196; Qarār ta'qībi madanī, 'adad 41593, 8.11.1994, Našriyyat maḥkamat at-ta'qīb 1994, al-qism al-madanī, ṣ. 330; Qarār ta'qībī madanī, 'adad 41593, 8.11.1994, našriyyat maḥkamat at-ta'qīb 1994, al-qism al-madanī, ṣ. 330.

694 Qarār ta'qībī madanī, 'adad 47947, 12.12.1995, našriyyat maḥkamat at-ta'qīb, al-qism al-madanī, 1995, ṣ. 435-437.

Eilbeschluß der Wohnung verwiesen werden können.[695] Grundsätzlich darf der Unterhaltspflichtige Frau und Kindern eine Ersatzwohnung zur Verfügung stellen. In einem solchen Fall kann das Gericht die Kosten für die Wohnung festsetzen.[696] Die Frau hat nach der Scheidung aber kein Recht, den Umzug in eine andere Wohnung zu verlangen, wenn der Mann ihr und den Kindern die Wohnung überlassen hat. Die geschiedene Frau, so heißt es in einem entsprechenden Urteil des Kassationsgerichtshofes von 1992, sei nicht berechtigt, „*Sonderkonditionen*" zu verlangen, es sei denn, der Mann stimme dem zu.[697]

Die Dauer der Unterhaltsleistung richtet sich nach dem Geschlecht des Empfangsberechtigten. Nach tunesischem Recht sind Söhne bis zur Volljährigkeit bzw. bis zum Ende ihrer Ausbildung zu unterstützen, nicht aber über das Alter von 25 Jahren hinaus;[698] der Unterhaltsanspruch von Mädchen besteht hingegen so lange, bis sie über ein eigenes Einkommen verfügen bzw. bis sie gegenüber ihren Ehemännern unterhaltsberechtigt sind. (Art. 46 Abs. 1 n. F. CSP). Damit orientiert sich der Gesetzgeber weitestgehend an den Bestimmungen des islamischem Rechts, wonach das Ende der Unterhaltspflicht gegenüber Söhnen mit deren Pubertät zusammenfällt und Töchter bis zu ihrer Heirat versorgt werden müssen.[699] Lediglich die Berücksichtigung einer ausbildungsbedingten Verzögerung der finanziellen Unabhängigkeit von Söhnen kann als Zugeständnis an die realen gesellschaftlichen Verhältnisse gewertet werden. Traditionell zeigt sich der Gesetzgeber hingegen in Bezug auf Töchter. Daß sich vor der Personenstandsreform d. J. 1993 die Unterhaltspflicht des Vaters auch auf berufstätige minderjährige Töchter bezog, wurde seitens der Frauenbewegung als Ignoranz gegenüber der Fähigkeit der Frau zur wirtschaftlichen Eigenständigkeit

---

[695] Qarār ta'qībī madanī, 'adad 3698, 4.2.1982, našriyyat maḥkamat at-ta'qīb 1982, al-qism al-madanī, ǧuz' 1, ṣ. 295, maǧallat al-qaḍā' wa-t-tašrī', 'adad 5, 1982, ṣ. 95.

[696] Qarār ta'qībī madanī, 'adad 16283, 18.11.1986, našriyyat maḥkamat at-ta'qīb 1986, al-qism al-madanī, ǧuz' 2, ṣ. 204. Nicht selten, so wurde der Autorin berichtet, mieten scheidungswillige Männer noch vor Ende des Scheidungsprozesses für ihre Familie eine erheblich kleinere Wohnung und überlassen diese später Frau und Kindern, um langfristig Mietkosten zu sparen.

[697] Qarār ta'qībī madanī, 'adad 30712, 4.2.1992, našriyyat maḥkamat at-ta'qīb 1992, al-qism al-madanī, ṣ. 178.

[698] Söhne waren bis zur Personenstandssreform d. J. 1993 gemäß der malikitischen Lehre lediglich bis zum vollendeten 16. Lebensjahr unterhaltsberechtigt. Vgl. dazu Borrmans, Statut Personnel, S. 311.

[699] Fyzee, Outlines, S. 183.

gewertet.[700] Aber auch die neue Fassung des Gesetzes läßt eine deutlich protektionistische Ausrichtung des tunesischen Rechts in Bezug auf Mädchen und Frauen erkennen, denn der Übergang der Unterhaltspflicht vom Vater auf den Ehemann wird trotz veränderter sozialer Rahmenbedingungen als Möglichkeit beibehalten.

3.5.3.2 Unterhaltshöhe

Die Höhe des Unterhalts legt das zuständige Gericht nach eigenem Ermessen fest.[701] Der Unterhalt richtet sich nach den finanziellen Möglichkeiten des Leistungspflichtigen, nach den Bedürfnissen des Berechtigten sowie nach den allgemeinen Lebenshaltungskosten (Art. 52 CSP).[702] Das Unterhaltsurteil hat grundsätzlich eine zeitlich begrenzte Geltung und kann je nach Änderung der zu berücksichtigenden Rahmenbedingungen nach oben oder unten angepaßt werden.[703] Das Gericht ist jedoch verpflichtet, die Gründe für eine Änderung des Unterhalts darzulegen.[704]

In der Rechtspraxis ist die Frage nach dem Einkommen des Unterhaltspflichtigen von zentraler Bedeutung. Das Gericht muß größte Mühe darauf verwenden, die tatsächliche finanzielle Situation des unterhaltspflichtigen Mannes zum Zeitpunkt des Urteilsspruchs festzustellen. Voraussetzung für die Bemessung der Unterhaltshöhe ist in jedem Fall, daß das Einkommen des Mannes eindeutig nachge-

---

[700] Vgl. dazu etwa Chekir, Egalité, S. 82.

[701] Qarār ta'qībī madanī, 'adad 16476, 13.1.1987, našriyyat maḥkamat at-ta'qīb 1987, al-qism al-madanī, ṣ. 225, mağallat al-qaḍā' wa-t-tašrī', 'adad 8, 1989, ṣ. 79; Qarār ta'qībī madanī, 'adad 43807, 27.6.1995, našriyyat maḥkamat at-ta'qīb, al-qism al-madanī, 1995, ṣ. 422-423.

[702] Qarār isti'nāfī madanī (Tunis), 'adad 56369, 28.11.1963, mağallat al-qaḍā' wa-t-tašrī', 'adad 4, 1964, ṣ. 67; Qarār isti'nāfī madanī (Tunis), 'adad 57080, 22.10.1964, mağallat al-qaḍā' wa-t-tašrī', 'adad 6, 1965, ṣ. 69.

[703] Qarār ta'qībī madanī, 'adad 4441, 4.3.1980, našriyyat maḥkamat at-ta'qīb 1980, al-qism al-madanī, ğuz' 1, ṣ. 62; Qarār ta'qībī madanī, 'adad 7179, 29.3.1983, našriyyat maḥkamat at-ta'qīb 1983, al-qism al-madanī, ğuz' 1, ṣ. 178, mağallat al-qaḍā' wa-t-tašrī', 'adad 7, 1984, ṣ. 106; Qarār ta'qībī madanī, 'adad 10794, 4.12.1984, našriyyat maḥkamat at-ta'qīb 1984, al-qism al-madanī 1984, ğuz' 2, ṣ. 267.

[704] Qarār ta'qībī madanī, 'adad 7331, 5.5.1970, našriyyat maḥkamat at-ta'qīb 1970, al-qism al-madanī, ṣ. 84, mağallat al-qaḍā' wa-t-tašrī', 'adad 2, 1971, ṣ. 45; Qarār ta'qībī madanī, 'adad 1925, 10.10.1976, našriyyat maḥkamat at-ta'qīb 1978, al-qism al-madanī ğuz' 2, ṣ. 84; Qarār ta'qībī madanī, 'adad 41318, 18.10.1994, našriyyat maḥkamat at-ta'qīb 1994, al-qism al-madanī, ṣ. 299.

wiesen wird. 1994 lehnte der Kassationsgerichtshof die Klage einer Frau auf Erhöhung des Kindesunterhaltes ab und bestätigte das Berufungsurteil über die Herabsetzung der monatlichen Unterhaltszahlungen durch ihren Mann. Das Gericht war zu der Überzeugung gelangt, daß sich die finanzielle Situation des Mannes durch die Aufgabe seiner Auslandstätigkeit verschlechtert habe und eine Verringerung der Unterhaltsleistung notwendig mache. Die von seiner Exfrau als Gegenbeweis vorgelegte Gehaltsbescheinigung sei älteren Datums gewesen und ungeeignet, die aktuelle finanzielle Situation des Unterhaltspflichtigen adäquat nachzuweisen.[705] In einem anderen Fall lehnte der Kassationsgerichtshof die Erhöhung des Unterhalts ab, der auf Grundlage der Rente des Ehemannes festgelegt worden war. Die Klägerin hatte weitere, ungenannte Einnahmequellen des Unterhaltspflichtigen ins Feld geführt und auf eine Prüfung seiner Vermögensverhältnisse durch einen Fachmann bestanden. In seiner Urteilsbegründung wies das Gericht darauf hin, daß die vorgelegte Rentenbescheinigung des Mannes zurecht als Bemessungsgrundlage herangezogen worden sei und keine Mittel für die Unterstützung von Gegenpositionen freigegeben werden könnten.[706]

Umgekehrt scheint ein hohes Einkommen alleine nicht entsprechend hohe Unterhaltsraten zu begründen. 1991 wies der Kassationsgerichtshof in einem Urteil darauf hin, daß der Wohlstand des Vaters per se nicht die Erhöhung des Unterhalts für seine Kinder rechtfertige. Eine Aufstockung des Unterhalts sei nur dann notwendig, wenn sich die Bedürfnisse der Kinder geändert hätten.[707] Wenn hingegen über die Höhe des Unterhalts zwischen beiden Parteien Einigkeit herrschte, so kann das darauf basierende Urteil im nachhinein nicht angefochten werden.[708]

---

[705] Qarār ta'qībī madanī, 'adad 32295, 16.3.1993, našriyyat maḥkamat at-ta'qīb 1993, al-qism al-madanī, ṣ. 286.

[706] Qarār ta'qībī madanī, 'adad 4825, 15.7.1980, našriyyat maḥkamat at-ta'qīb 1980, al-qism al-madanī, ǧuz' 2, ṣ. 67.

[707] Qarār ta'qībī madanī, 'adad 26654, 30.4.1991, našriyyat maḥkamat at-ta'qīb 1991, al-qism al-madanī, ṣ. 135.

[708] Qarār isti'nāfī madanī (Tunis), 'adad 58226, 30.11.1965, maǧallat al-qaḍā' wa-t-tašrī', 'adad 1, 1966, ṣ. 73.

Eine Befreiung von der Unterhaltspflicht ist möglich,

- wenn der Berechtigte über einen eigenen Verdienst verfügt (Art. 46 Abs. 1 n. F. CSP). Nach geltender Rechtsprechung muß es sich dabei um ein regelmäßiges Einkommen handeln. So lehnte der Kassationsgerichtshof 1981 die Einstellung der Unterhaltszahlung eines geschiedenen Mannes an seine Kinder ab. Die Tatsache, daß die Tochter als Reinigungskraft arbeite, so der Richterspruch, entbinde den Vater nicht von seiner Unterhaltspflicht ihr gegenüber, denn diese Tätigkeit sei nicht als feste oder dauerhafte Stelle anzusehen. Auch der Sohn, der jünger als 16 Jahre alt sei, gelte mit einem monatlichen Eigenverdienst von nicht mehr als 8 TD weiterhin als unterhaltsberechtigt.[709]

- wenn der Verpflichtete mittellos ist (Art. 39 CSP). In seiner Entscheidung über die Entbindung von der Unterhaltspflicht darf sich das Gericht jedoch nicht nur von den Beweisen der angeblichen Bedürftigkeit des Mannes leiten lassen, sondern muß auch die ins Feld geführten Gegenbeweise der Frau berücksichtigen, entschied der Kassationsgerichtshof in einem Unterhaltsurteil d. J. 1992.[710] Bei nachgewiesener Mittellosigkeit des Mannes ist die Mutter vor dem Großvater unterhaltspflichtig (Art. 47 CSP), weshalb im Falle der Zahlungsunfähigkeit des Mannes die finanzielle Lage der Frau gerichtlich zu prüfen ist.[711]

- wenn der Berechtigte über eigenes Vermögen verfügt. In einem solchen Fall sind die für die Personensorge anfallenden Kosten aus dessen Besitz zu bestreiten (Art. 56 CSP).

---

[709] Qarār ta'qībī madanī, 'adad 5338, 9.6.1981, našriyyat maḥkamat at-ta'qīb 1981, al-qism al-madanī, ğuz' 2, ṣ. 143. In diesem Sinne auch Qarār ta'qībī madanī, 'adad 6641, 11.5.1982, Našriyyat maḥkamat at-ta'qīb 1982, al-qism al-madanī, ğuz' 3, ṣ. 149; Qarār ta'qībī madanī, 'adad 11877, 19.2.1985, našriyyat maḥkamat at-ta'qīb 1985, al-qism al-madanī, ğuz' 1, ṣ. 130; Mağallat al-qaḍā' wa-t-tašrī', 'adad 5, 1986, ṣ. 67.

[710] Qarār ta'qībī ğazā'ī, 'adad 38906, 3.6.1992, našriyyat maḥkamat at-ta'qīb 1992, al-qism al-ğazā'ī, ṣ. 48.

[711] Qarār ta'qībī madanī, 'adad 41484, 14.6.1994, našriyyat maḥkamat at-ta'qīb 1994, al-qism al-madanī, ṣ. 302.

- wenn die zur Personensorge Berechtigte freiwillig auf die Unterhaltsleistungen verzichtet.[712] Tatsächlich dürften die Fälle aber selten sein, in denen die Mutter von ihrem Recht nach Art. 49 CSP Gebrauch macht, sich zum Unterhalt ihres Kindes selbst zu verpflichten.[713] Die finanzielle Situation geschiedener Frauen läßt eine solche Vereinbarung nur in Ausnahmefällen zu.

3.5.3.3 Verstöße gegen die Unterhaltspflicht

Unterhalt und Scheidungsrente müssen von Seiten des dazu Verurteilten unverzüglich, d. h. unmittelbar nach Erlaß des Unterhaltsurteils gezahlt werden.[714] Eine Freiheitsstrafe von 3 Monaten bis zu einem Jahr oder eine Geldbuße von 100 bis 1000 TD droht nach Art. 53 a n. F. CSP demjenigen, der zur Zahlung von Scheidungsrente oder Unterhalt verurteilt wurde und die Zahlung länger als einen Monat schuldig bleibt.[715] In einem solchen Fall kann selbst der Verzicht der Frau auf Unterhalt nicht die Einstellung des Verfahrens bewirken.[716] Eine wesentliche Voraussetzung für die Strafverfolgung ist indes, daß der Beschuldigte willentlich bzw. vorsätzlich (*'amdan*) agiert hat (Art. 53 a Abs. 1 n. F. CSP). Bezüglich des Vorsatzes ist das Gericht in der Beweispflicht. Es muß nachweisen, daß der Angeklagte in schlechter Absicht und wider besseren Wissens gehandelt hat. Dazu gehört auch, daß er sich der Aufforderung zur Unterhaltszahlung bewußt widersetzt hat. 1990 wies der Kassationsgerichtshof die Unterhaltsklage einer Frau mit dem Hinweis ab, sie habe es sowohl versäumt, ihren geschiedenen Mann

---

712 Qarār ta'qībī ǧazā'ī, 'adad 109 , 8.9.1976, našriyyat maḥkamat at-ta'qīb 1976, al-qism al-ǧazā'ī, ǧuz' 3, ṣ. 106.

713 Qarār ta'qībī madanī, 'adad 3224, 16.3.1965, maǧallat al-qaḍā' wa-t-tašrī', 'adad 7, 1965, ṣ. 33; Qarār ta'qībī madanī, 'adad 6139, 11.7.1968, našriyyat maḥkamat at-ta'qīb 1968, al-qism al-madanī, ṣ. 65, maǧallat al-qaḍā' wa-t-tašrī', 'adad 6-7, 1968, ṣ. 15; Qarār ta'qībī madanī, 'adad 1464, 2.5.1978, našriyyat maḥkamat at-ta'qīb 1978, al-qism al-madanī, ǧuz' 1, ṣ. 238.

714 Qarār isti'nāfī madanī, 'adad 24298, 4.7.1989, našriyyat maḥkamat at-ta'qīb 1989, al-qism al-ǧazā'ī, ṣ. 110; Qarār ta'qībī ǧazā'ī, 'adad 5148, 1.4.1981, maǧallat al-qaḍā' wa-t-tašrī', 'adad 6, 1982, ṣ. 94; Qarār ta'qībī madanī, 'adad 51492, 15.10.1996, našriyyat maḥkamat at-ta'qīb 1996, al-qism al-madanī, ṣ. 295.

715 Vor der Personenstandsreform d. J. 1981 galt noch eine Frist von drei Monaten bis die Nichtleistung von Scheidungsrente oder Unterhalt strafrechtlich geahndet wurde.

716 Qarār isti'nāfī madanī, 'adad 13065, 24.12.1986, našriyyat maḥkamat at-ta'qīb 1986, al-qism al-ǧazā'ī, ṣ. 300.

über das gegen ihn ergangene Unterhaltsurteil in Kenntnis zu setzen, als auch auf die Zahlung zu drängen. Nach Auffassung des Gericht hätte die Frau die Justiz regelmäßig über die Nichtleistung des Unterhalts informieren und ihren Mann persönlich zur Zahlung auffordern müssen.[717]

Der zu Unterhalt oder Scheidungsrente Verurteilte entgeht nur einer Strafverfolgung, wenn er die Leistungen ohne eigenes Fehlverhalten, z.B. aufgrund fehlender Mittel, schuldig geblieben ist[718] oder wenn andere Faktoren schlechte Absichten oder Vorsatz zweifelhaft erscheinen lassen. So revidierte der Kassationsgerichtshof 1983 ein Urteil wegen Nichtleistung von Unterhalt mit der Begründung, der Angeklagte sei der Sorgeberechtigten zwar drei Monate lang den Unterhalt schuldig geblieben, er habe aber noch kurz vor der Urteilsverkündung und auch danach Unterhaltszahlungen vorgenommen, was ihm letztlich zugute zu halten sei.[719]

Während auch eine verspätete Zahlung lange Zeit nicht die Strafverfolgung unterbrechen konnte,[720] werden seit der Personenstandsreform d. J. 1993 im Falle einer nachträglichen Zahlung Strafverfolgung, Verfahren und Strafe ausgesetzt (Art. 53 a Abs. 2 n. F. CSP). Offensichtlich hat sich der Gesetzgeber von dieser Neuregelung versprochen, mehr zahlungsunwillige Männer zum Umdenken zu bewegen.

---

[717] Qarār isti'nāfī madanī, 'adad 27861, 23.5.1990, mağallat al-qaḍā' wa-t-tašrī', 'adad 4, 1992, ṣ. 82.

[718] Qarār isti'nāfī ğazā'ī, 'adad 6955, 28.4.1971, našriyyat maḥkamat at-ta'qīb 1971, al-qism al-ğazā'ī, ṣ. 158; Qarār ta'qībī ğazā'ī, 'adad 8778, 21.6.1972, našriyyat maḥkamat at-ta'qīb 1972; al-qism al-ğazā'ī, ṣ. 118, mağallat al-qaḍā' wa-t-tašrī', 'adad 4, 1973, ṣ. 45; Qarār ta'qībī ğazā'ī, 'adad 9382, 14.3.1973, našriyyat maḥkamat at-ta'qīb 1973, al-qism al-ğazā'ī, ṣ. 203; Qarār ta'qībī ğazā'ī, 'adad 8842, 11.4.1973, našriyyat maḥkamat at-ta'qīb 1973, al-qism al-ğazā'ī, ṣ. 38; Qarār isti'nāfī madanī, 'adad 13082, 15.1.1986, našriyyat maḥkamat at-ta'qīb 1986, al-qism al-ğazā'ī, ṣ. 326, mağallat al-qaḍā' wa-t-tašrī', 'adad 5, 1988, ṣ. 115; Qarār isti'nāfī madanī, 'adad 13065, 24.12.1986, našriyyat maḥkamat at-ta'qīb 1986, al-qism al-ğazā'ī, ṣ. 300; Qarār isti'nāfī madanī, 'adad 24108, 21.6.1989, mağallat al-qaḍā' wa-t-tašrī', 'adad 7, 1991, ṣ. 109.

[719] Qarār ta'qībī ğazā'ī, 'adad 6612, 23.3.1983, našriyyat maḥkamat at-ta'qīb 1983, al-qism al-ğazā'ī, ṣ. 194.

[720] Qarār isti'nāfī ğazā'ī, 'adad 2475, 10.7.1963, našriyyat maḥkamat at-ta'qīb 1963, al-qism al-ğazā'ī, ṣ. 14; Qarār ta'qībī ğazā'ī, 'adad 512, 29.1.1977, našriyyat maḥkamat at-ta'qīb 1977; al-qism al-ğazā'ī, ğuz' 1, ṣ. 38, mağallat al-qaḍā' wa-t-tašrī', 'adad 10, 1977, ṣ. 95; Qarār ta'qībī ğazā'ī, 'adad 188, 31.8.1977, našriyyat maḥkamat at-ta'qīb 1977, al-qism al-ğazā'ī, ğuz' 2, ṣ. 55; Qarār ta'qībī ğazā'ī, 'adad 3233, 19.3.1980, našriyyat maḥkamat at-ta'qīb 1980; al-qism al-ğazā'ī, ṣ. 70, mağallat al-qaḍā' wa-t-tašrī', 'adad 6, 1981, ṣ. 118; Qarār ta'qībī ğazā'ī, 'adad 25798, 8.11.1989, našriyyat maḥkamat at-ta'qīb 1989, al-qism al-ğazā'ī, ṣ. 108.

3.5.4 Der Garantiefonds für Unterhalt und Scheidungsrente

Um den Auswirkungen der schlechten Zahlungsmoral geschiedener Männer zu begegnen, wurde in Ergänzung zu verschärften Strafmaßnahmen ein Fonds geschaffen, der die Unterhalts- und Rentenansprüche von Frauen und ihren Kinder in vollem Umfang absichern soll. Der sogenannte Garantiefonds für Unterhalt und Scheidungsrente (*Ṣundūq ḍamān an-nafaqa wa-ǧirāyat aṭ-ṭalāq*; *Fonds de Garantie de la Pension Alimentaire et de la Rente de Divorce*) wurde im Zuge der Personenstandsreform von 1993 zu Wege gebracht.[721] Die Forderung nach einem solchen Fonds war in den Jahren vor seiner Einrichtung immer lauter geworden.[722] Der Garantiefonds ist an die Nationalkasse der Sozialversicherung (*Aṣ-ṣundūq al-qaumī li ḍ-ḍamān al-'iǧtimā'ī*, *Caisse National de Sécurité Sociale*) angeschlossen (Art. 1) und wird zum Teil aus Staatsbeiträgen gespeist (Art. 7).[723] Die Leistungen dieses Fonds erstrecken sich ausschließlich auf geschiedene Frauen und ihre Kinder, zu deren Gunsten Unterhalts- und Rentenurteile gefällt wurden. Für verweigerte Unterhaltsleistungen während der Ehe tritt der Fonds nicht ein.[724] Voraussetzung für die Inanspruchnahme des Garantiefonds ist ferner, daß der geschiedene Ehemann willentlich seinen Verpflichtungen nicht nachkommt. *El Madani*[725] irrt, wenn sie die Insolvenz des Ehemannes als eine Voraussetzung für die Inanspruchnahme des Garantiefonds nennt. Da dies gerade nicht der Fall sei, so die Soziologin *Su'ād Raǧab*,[726] handele es sich bei dem Fonds um eine Einrichtung, die sich zwar gut auf dem Papier mache, in der Realität aber eine Farce sei. Im Falle tatsächlicher Zahlungsunfähigkeit des Schuldners, etwa bei Arbeitslosigkeit, greift der Fonds nämlich nicht. *Al-Brāhmī* erklärt dies mit der Notwendigkeit des „*finanziellen Gleichgewichts*" des Fonds, das nur bei einer garantierten Rückerstattung vorgestreckter Beträge gewahrt

---

721 Per Gesetz Nr. 93-65 vom 5.7.1993 (*Ar-rā'id ar-rasmī li-l-ǧumhūriyya at-tūnisiyya*, Nr. 50 vom 6.7.1993 und J.O.R.T., Nr. 50 vom 6.7.1993).

722 1989 hatte *Bel Haj Hamouda* (Conflits, S. 58) die Finanzierung eines „*Unterhaltsfonds*" durch den *mahr* vorgeschlagen, der zu diesem Zweck auf einen bis 30 TD festzusetzen sei.

723 Das Volumen des Fonds betrug im ersten Jahr seines Bestehens 5 Mio. TD. Aš-Ṣarīf, Ṣundūq, S. 19.

724 *El Madani* (Fonds de garantie, S. 14) kommt zu dem Schluß, daß dies wohl seine Kapazitäten übersteigen würde. Nötigenfalls würde der geschädigte Ehegatte ohnehin die Scheidung einreichen und daraufhin u. U. die Leistungen des Garantiefonds in Anspruch nehmen können.

725 Fonds de garantie, S. 14.

726 Im Gespräch mit der Autorin im April 1995 in Tunis.

werden könne.[727] Zum Nachweis der Weigerung des Schuldners muß Anzeige gegen ihn wegen böswilliger Vernachlässigung der Familie erstattet worden sein (Art. 2).

Forderungen an den Garantiefonds müssen beim jeweils zuständigen Regionalbüro der Nationalkasse der Sozialversicherung gestellt werden. Die Antragstellerin hat dazu vorzulegen:

1. Eine Kopie des Urteils über den Unterhalt und die Scheidungsrente,
2. das Protokoll der Zustellung des Urteils an den Schuldner,
3. das Protokoll des Versuchs der Urteilsvollstreckung,
4. eine Bestätigung darüber, daß Anzeige wegen böswilliger Vernachlässigung der Familie erstattet wurde,
5. einen Auszug aus den Personenstandsregistern eines jeden einzelnen, zu deren Gunsten das Urteil über Unterhalt und Scheidungsrente erging und
6. eine Kopie des Urteils über die Personensorge, falls diese nicht den Eltern zugewiesen wurde.[728]

Die Summen für Unterhalt und Rente werden monatlich innerhalb einer Frist von 15 Tagen nach Antragstellung ausgezahlt.[729] Auf diese Weise empfängt die anderenfalls mittellose Frau noch während des laufenden Verfahrens die ihr zustehenden Renten- und Unterhaltsleistungen. Voraussetzung für die regelmäßige Inanspruchnahme der Zahlungen ist, daß die Nutznießer des Garantiefonds dem Regionalbüro der Nationalkasse der Sozialversicherung mindestens einmal im Jahr neue Auszüge aus den Personenstandsregistern übersenden. Falls ein Rechtsstreit wegen böswilliger Vernachlässigung der Familie anhängig ist, müssen die Berechtigten darüber hinaus alle drei Monate, auf Verlangen auch öfter, eine Bescheinigung über den Fortgang des Verfahrens vorlegen.[730]

---

[727] Al-Brāhmī, ṣundūq, S.53.

[728] Art. 2 der Rechtsverordnung vom Nr. 1655-1993 vom 9.8.1993 (*Ar-rāʾid ar-rasmī li-l ǧumhūriyya at-tūnisiyya* Nr. 62 vom 20.8.1993 und J.O.R.T., Nr. 62 vom 20.8.1993).

[729] Ebd.

[730] Art. 6 der Rechtsverordnung vom 9.8.1993. Rechtsanwälte bezeichneten es gegenüber der Autorin als großen Nachteil, daß anspruchsberechtigte Frauen in der Praxis monatlich bei Gericht vorstellig werden müssen, um die ihnen zustehenden Beträge einzufordern.

Da der Garantiefonds an die Stelle desjenigen tritt, zu dessen Gunsten das Urteil über die Scheidungsrente und den Unterhalt gefällt wurde, treibt die Nationalkasse vom säumigen Mann die geschuldeten Geldbeträge wieder ein.[731] Notfalls können dazu auch Zwangsmittel eingesetzt werden.[732] Der vom Garantiefonds vorgestreckte und vom Schuldner zurückzuerstattende Betrag erhöht sich um einen Säumniszuschlag zugunsten des Fonds, um eine Verwaltungsabgabe von 5% auf die sich angehäuften Beträge sowie ggf. um die Kosten, die der Nationalkasse durch die Beitreibung der Schuld entstanden sind.[733] Da die Rückerstattungsforderungen der Nationalkasse gegenüber säumigen Schuldnern in jedem Fall also die Höhe der ursprünglich festgelegten Unterhalts- bzw. Rentenbeträge übersteigen, erhofft man sich davon einen merklichen Rückgang der Zahlungsverweigerungen.[734]

Die Leistungen des Fonds sind nicht von unbegrenzter Dauer. Die Nationalkasse stellt die Zahlungen ein

1. wenn der Mann seinen finanziellen Verpflichtungen nachkommt,
2. wenn das Verfahren gegen ihn eingestellt wurde,
3. wenn die Ehefrau wieder heiratet,
4. wenn die Personensorge für die Kinder auf jemand anderen übertragen wurde und
5. wenn mit der Volljährigkeit der Kinder deren Anspruch auf Unterhaltsleistungen aus dem Fonds erlischt.[735]

Wer unrechtmäßig Leistungen aus dem Fonds empfangen hat, ist verpflichtet, diese unverzüglich zurückzuerstatten.[736]

Daß der Garantiefonds Unterhaltszahlungen nur für minderjährige Kinder vornimmt, steht im offenen Widerspruch zu Art. 46 n. F. CSP, demzufolge Jungen bis maximal 25 Jahre, Mädchen bis zu ihrer finanziellen Eigenständigkeit bzw.

[731] Art. 3 der Rechtsverordnung vom 9.8.1993.
[732] Art. 4 der Rechtsverordnung vom 9.8.1993.
[733] Art. 5, 6 der Rechtsverordnung vom 9.8.1993.
[734] El Madani, Fonds de garantie, S. 14.
[735] Art. 7 der Rechtsverordnung vom 9.8.1993.
[736] Art. 8 der Rechtsverordnung vom 9.8.1993.

Heirat und behinderte Kinder ohne zeitliche Begrenzung unterhaltsberechtigt sind. Eine Angleichung an das geltende Unterhaltsrecht scheint deshalb dringend geboten.[737]

3.6 Personensorge und Vormundschaft

3.6.1 Berücksichtigung kindlicher Interessen

Unter Personensorge (*haḍāna)* versteht das tunesische Recht die Pflege des Kindes durch seine Unterbringung und Erziehung (Art. 54 CSP). Dem Wortlaut eines Gerichtsurteils d. J. 1993 zufolge umfaßt die Sorge für das Kind ganz allgemein, *„daß man sich um es kümmert, es beschützt, ihm Gutes will und es geistig und seelisch erzieht"*.[738] Während der Ehe haben die Eltern die *haḍāna* (Art. 57 CSP). Die gemeinsame, gleichberechtigte Wahrnehmung der Personensorge beider Elternteile während der Ehe entfernt sich insofern vom islamischen Recht, als dieses die Übernahme dieser Aufgabe vorrangig bei der Mutter sieht.[739] Endet die Ehe durch den Tod eines Ehegatten, so geht das Sorgerecht nach Art. 67 Abs. 1 CSP auf den überlebenden Elternteil über. Dabei wird nicht geprüft, ob z. B. ein anderer Verwandter geeigneter für die Wahrnehmung dieser Aufgabe ist. Nur aus begründetem Anlaß kann das Sorgerecht auch einem Dritten übertragen werden.[740] Hierin unterscheidet sich das kodifizierte Recht von den Vorstellungen der malikitischen Schule, wonach im Falle des Todes des Vaters für die Personensorge eine strenge Berufungsordnung in Kraft tritt.[741] Die Personensorge endet mit dem vollendeten 18. Lebensjahr des Kindes.[742] Wird die Ehe zu Lebzeiten beider Elternteile aufgelöst, so geht die *haḍāna* nach Art. 67

---

737 El Madani, Fonds de garantie, S. 14.

738 Qarār ta'qībī madanī, 'adad 36815, 8.3.1993, našriyyat maḥkamat at-ta'qīb 1993, al-qism al-madanī, ṣ. 294.

739 Vgl. dazu Rauscher, Sharī'a, S. 126; Schacht, Introduction, S. 167; Spies/Pritsch, Recht, S. 227.

740 Qarār isti'nāfī madanī (Tunis), 'adad 32141, 19.4.1973, maǧallat al-qaḍā' wa-t-tašrī', 'adad 4, 1976, ṣ. 7; Qarār ta'qībī madanī, 'adad 10473, 12.5.1975, našriyyat maḥkamat at-ta'qīb 1975, al-qism al-madanī, ǧuz' 2, ṣ. 87.

741 Bis 1966 war dies auch in Tunesien des Fall. Vgl. dazu Aš-Šarīf, maǧallat, S. 158.

742 *Al-Firšīšī* (ḫawāṭir, S. 18) unter Hinweis auf die einschlägige Rechtsprechung.

Abs. 2 CSP auf einen der beiden oder einen Dritten über.[743] Der Richter muß dabei stets das Wohl des Kindes berücksichtigen und dieses notfalls den Interessen anderer überordnen.[744] Auch die *šarī'a* stellt in Sorgerechtsfragen das kindliche Interesse in den Vordergrund.[745] Nach tunesischem Recht erhält derjenige Elternteil, der nicht die Personensorge übertragen bekommt, ein Besuchsrecht. Über Einzelheiten wie Besuchsdauer und –häufigkeit entscheidet der Richter. Einmal festgelegte Besuchsregelungen können nur aus schwerwiegenden Gründen geändert werden.[746] Die Entscheidung über die Übertragung des Sorgerechts muß ausreichend begründet und nachvollziehbar sein.[747] Beim Sorgerechtsurteil handelt es sich stets um eine vorläufige Entscheidung (*qarār waqtī*), die jederzeit revidiert werden kann.[748] Vielfach konsultiert der Familienrichter eine/n mit der Familie befaßte/n Sozialarbeiter/in.[749] Dies ist insbesondere dann der Fall, wenn die Parteien über das Sorgerecht streiten oder ein Antrag auf Entzug des Sorgerechts gestellt wurde. Entsprechende Klagen gehen häufig mit dem Vorwurf der Erziehungsunfähigkeit oder Krankheit des sorgeberechtigten

---

[743] Diese Person ist häufig die Großmutter. Qarār ta'qībī madanī, 'adad 8603, 3.7.1973, našriyyat maḥkamat at-ta'qīb 1973, al-qism al-madanī, ǧuz' 1, ṣ. 131; Qarār ta'qībī madanī, 'adad 5014, 12.5.1981, našriyyat maḥkamat at-ta'qīb 1981, al-qism al-madanī, ǧuz' 1, ṣ. 304.

[744] Qarār isti'nāfī madanī, 'adad 16980, 29.5.1958, maǧallat al-qaḍā' wa-t-tašrī', 'adad 6, 1959, ṣ. 54; Qarār ta'qībī madanī, 'adad 4875, 24.8.1966, našriyyat maḥkamat at-ta'qīb 1966, al-qism al-madanī, ṣ. 31, maǧallat al-qaḍā' wa-t-tašrī', 'adad 8, 1966, ṣ. 27; Qarār ta'qībī madanī, 'adad 4812, 14.2.1967, našriyyat maḥkamat at-ta'qīb 1967, al-qism al-madanī, ṣ. 55, maǧallat al-qaḍā' wa-t-tašrī', 'adad 9, 1967, ṣ. 52; Qarār ta'qībī madanī, 'adad 6648, 13.5.1969, Našriyyat maḥkamat at-ta'qīb 1969, al-qism al-madanī, ṣ. 55, maǧallat al-qaḍā' wa-t-tašrī', 'adad 2, 1970, ṣ. 31; Qarār ta'qībī madanī, 'adad 6827, 1.7.1969, našriyyat maḥkamat at-ta'qīb 1969, al-qism al-madanī, ṣ. 79; Qarār ta'qībī madanī, 'adad 773, 7.3.1978, našriyyat maḥkamat at-ta'qīb 1978, al-qism al-madanī, ǧuz' 1, ṣ. 80; Qarār ta'qībī madanī, 'adad 1720, 14.3.1978, našriyyat maḥkamat at-ta'qīb 1978, al-qism al-madanī, ǧuz' 1, ṣ. 116; Qarār ta'qībī madanī, 'adad 2651, 9.8.1978, našriyyat maḥkamat at-ta'qīb 1978, al-qism al-madanī, ǧuz' 2, ṣ. 54; Qarār ta'qībī madanī, 'adad 2717, 2.1.1979, našriyyat maḥkamat at-ta'qīb 1979, al-qism al-madanī, ǧuz' 1, ṣ. 13; Qarār ta'qībī madanī, 'adad 8625, 5.7.1983, maǧallat al-qaḍā' wa-t-tašrī', 'adad 4, 1985, ṣ. 82; Qarār ta'qībī madanī, 'adad 20431, 2.2.1989, maǧallat al-qaḍā' wa-t-tašrī', 'adad 7, 1991, ṣ. 94; Qarār ta'qībī madanī, 'adad 25913, 8.5.1990, našriyyat maḥkamat at-ta'qīb 1990, al-qism al-madanī, ṣ. 25.

[745] Al-Firšīšī, al-Bašīr, ḫawāṭir, S. 11.

[746] Qarār isti'nāfī madanī (Tunis), 'adad 58150, 10.11.1965, maǧallat al-qaḍā' wa-t-tašrī', 'adad 10, 1965, ṣ. 63, al-maǧalla al-qānūniyya at-tūnisiyya 1966-67, ṣ. 189.

[747] Qarār ta'qībī madanī, 'adad 6648, 13.5.1969, našriyyat maḥkamat at-ta'qīb 1969, al-qism al-madanī, ṣ. 55, maǧallat al-qaḍā' wa-t-tašrī', 'adad 2, 1970, ṣ. 31; Qarār ta'qībī madanī, 'adad 7019, 24.3.1970, našriyyat maḥkamat at-ta'qīb 1970, al-qism al-madanī, ṣ. 57, maǧallat al-qaḍā' wa-t-tašrī', 'adad 8, 1970, ṣ. 73; Qarār ta'qībī madanī, 'adad 731, 1.2.1977, našriyyat maḥkamat at-ta'qīb 1977, al-qism al-madanī, ǧuz' 1, ṣ. 74.

[748] Ben Ḥalīma, 'isnād al-ḥaḍāna, S. 15.

[749] Das Gericht kann sich aber auch über die Empfehlung des Sozialarbeiters hinwegsetzen. Qarār ta'qībī madanī, 'adad 38775, 8.3.1994, našriyyat maḥkamat at-ta'qīb 1994, al-qism al-madanī, ṣ. 282.

Elternteil einher, der fachgutachterlich geprüft werden muß, sofern keine eindeutigen Beweise vorliegen.[750]

Die Regel ist aber, daß die Mutter nach der Ehescheidung zur Inhaberin der Personensorge *(ḥāḍina)* erklärt wird.[751] Im Falle ihrer Weigerung kann sie sogar gerichtlich dazu gezwungen werden. Dies ist nach Art. 55 CSP insbesondere dann möglich, wenn keine andere Person an ihre Stelle treten kann. Vor diesem Hintergrund bestätigte der Kassationsgerichtshof 1993 einen Richterspruch, der eine Mutter von fünf Kindern zur Wahrnehmung der Personensorge verpflichtet hatte. Die Frau, deren Mann im Ausland arbeitete, hatte vor Gericht den Verzicht auf das Sorgerecht für ihre Kinder und seine Übertragung auf einen Onkel durchsetzen wollen. Der Kassationsgerichtshof berief sich in seiner Urteilsbegründung darauf, daß eine Mutter am allerbesten ihre Kinder erziehen könne, daß sie geduldiger als der Vater oder eine andere Person sei, daß sie ihren Kindern die meiste Zeit widmen könne und besser als jeder andere in der Lage sei, ihnen Liebe und Zuwendung zu geben. Das Recht des Kindes auf die *haḍāna* wiege schwerer als das Recht der Mutter, darauf zu verzichten. Der Gerichtsbeschluß, wonach das Sorgerecht bei der Mutter verbleiben sollte, habe das Interesse der Kinder berücksichtigt und sei deshalb gerecht und weder falsch noch unzureichend begründet gewesen.[752] Anders als im islamischen Recht, das den Vater autorisiert, seine Kinder ab einem bestimmten Alter zu sich zu nehmen, behält die Mutter nach tunesischem Recht das Sorgerecht für ihre Kinder. Voraussetzung dafür ist, daß ihr die *haḍāna* gerichtlich zugesprochen und auch

---

[750] Qarār ta'qībī madanī, 'adad 1479, 19.2.1962, našriyyat maḥkamat at-ta'qīb 1962, al-qism al-madanī, ṣ. 19, mağallat al-qaḍā' wa-t-tašrī', 1968, ṣ. 111; Qarār isti'nāfī madanī (Tunis), 'adad 62229, 22.10.1970, mağallat al-qaḍā' wa-t-tašrī', 'adad 6, 1971, ṣ. 85; Qarār ta'qībī madanī, 'adad 872, 19.4.1977, našriyyat maḥkamat at-ta'qīb 1977, al-qism al-madanī, ğuz' 1, ṣ. 226; Qarār ta'qībī madanī, 'adad 5037, 24.3.1981, našriyyat maḥkamat at-ta'qīb 1981, al-qism al-madanī, ğuz' 1, ṣ. 147; Qarār ta'qībī madanī, 'adad 6694, 20.4.1982, našriyyat maḥkamat at-ta'qīb 1982, al-qism al-madanī, ğuz' 2, ṣ. 2; Qarār ta'qībī madanī, 'adad 5241, 12.5.1981, Našriyyat maḥkamat at-ta'qīb 1981, al-qism al-madanī, ğuz' 1, ṣ. 306; Qarār ta'qībī madanī, 'adad 15640, 7.10.1986, našriyyat maḥkamat at-ta'qīb 1986, al-qism al-madanī, ğuz' 2, ṣ. 206; Mağallat al-qaḍā' wa-t-tašrī', 'adad 4, 1988, ṣ. 82; Qarār ta'qībī madanī, 'adad 33913, 22.12.1992, našriyyat maḥkamat at-ta'qīb 1992, al-qism al-madanī, ṣ. 181.

[751] Nach Schätzung von Richtern ist dies bei 9 von 10 Ehescheidungen der Fall. Charrad, Repudiation, S. 60.

[752] Qarār ta'qībī madanī, 'adad 36815, 8.3.1993, našriyyat maḥkamat at-ta'qīb 1993, al-qism al-madanī, ṣ. 294. In diesem Sinne auch Qarār isti'nāfī madanī, 'adad 55681, 10.1.1963, mağallat al-qaḍā' wa-t-tašrī', 'adad 8, 1963, ṣ. 48.

nicht ausdrücklich entzogen wurde.[753]

3.6.2 Bedingungen für die Wahrnehmung der Personensorge

An die Wahrnehmung der Personensorge sind bestimmte persönliche Voraussetzungen geknüpft. Sie unterscheiden sich zum Teil erheblich voneinander, je nachdem, ob der Inhaber der *haḍāna* männlichen oder weiblichen Geschlechts ist. Zunächst gilt für Mann und Frau gleichermaßen, daß sie als Inhaber der Personensorge volljährig (*mukallaf*), vertrauenswürdig (*'amīn*), zur Befriedigung der Bedürfnisse des Kindes fähig (*qādir 'alā al-qiyām bi š-šu'ūn al-maḥḍūn*) und frei von ansteckenden Krankheiten (*sālim min al-'amrāḍ al-mu'diya*) sein müssen (Art. 58 CSP).[754] Die vom Gesetzgeber erwarteten sozialen Rahmenbedingungen sind dagegen unterschiedlich, je nachdem, ob die Frau oder der Mann die *haḍāna* wahrnehmen. Heiratet die geschiedene Frau wieder, so läuft sie Gefahr, das Sorgerecht für ihre Tochter an ihren geschiedenen Mann zu verlieren. „*Wenn die Personensorge eine Frau inne hat, darf sie nicht verheiratet sein, es sei denn, der Richter befindet, daß das Gegenteil im Interesse des Kindes ist, oder der Ehemann steht zu dem Kind in einem ehehindernden Verwandschaftsverhältnis*[755] *bzw. ist Vormund des Kindes.*“ (Art. 58 CSP). Ausgenommen ist auch der Fall, daß die Frau das Kind noch stillt oder gleichzeitig seine Mutter und sein Vormund ist (Art. 58 CSP). In jedem anderen Fall kann der Kindsvater innerhalb von einem Jahr nach seiner Inkenntnissetzung über den Vollzug der neuen Ehe das Sorgerecht beantragen (Art. 58 CSP). Versäumt er diese Frist aber, so bleibt das Sorgerecht bei der wiederverheirateten Mutter.[756]

---

[753] Bis zur Personenstandsreform d. J. 1966 betrug nach hanafitischem Vorbild die Altersgrenze für den Verbleib bei der Mutter für Mädchen 9 Jahre und für Jungen 7 Jahre. Vgl. dazu al-Muḥirṣī, hal tasquṭu al-ḥaḍāna, S. 17.

[754] Qarār ta'qībī madanī, 'adad 11107, 5.2.1985, našriyyat maḥkamat at-ta'qīb 1985, al-qism al-madanī, ǧuz' 1, ṣ. 127, maǧallat al-qaḍā' wa-t-tašrī', 'adad 7, 1986, ṣ. 69.

[755] Zu den gesetzlichen Ehehindernissen vgl. Kap. 2, II., 2.1.3 der vorliegenden Arbeit.

[756] Qarār ta'qībī madanī, 'adad 4406, 7.6.1966, maǧallat al-qaḍā' wa-t-tašrī', 'adad 9, 1966, ṣ. 25; Qarār ta'qībī madanī, 'adad 308, 1.3.1977, našriyyat maḥkamat at-ta'qīb 1977, al-qism al-madanī, ǧuz' 1, ṣ. 152.

Obwohl der Gesetzgeber für das Verbot der Wiederheirat der sorgeberechtigten Frau also eine Reihe von Einschränkungen vorsieht, stellen die gesetzlichen Bestimmungen für den Großteil geschiedener Frauen mit minderjährigen Kindern eine ernstzunehmende Beeinträchtigung ihrer Handlungsfähigkeit dar. Die Gefahr des Verlustes des Sorgerechts bei Wiederheirat hat diskriminierenden Charakter, denn die Regelung greift in einer Weise in die private Lebensplanung sorgeberechtigter Frauen ein, wie dies auf Männer in gleicher Situation nicht zutrifft.

Beachtung verdienen darüber hinaus Sorgerechtsentscheidungen bei gemischtreligiösen Ehen. Wird eine Ehe zwischen einem Muslimen und einer Nichtmuslimin geschieden, so erhält in der Regel die Mutter das Sorgerecht für das gemeinsame Kind. Der nichtmuslimischen Mutter droht der geltenden Rechtsprechung zufolge aber der Verlust der Personensorge, wenn sie sich mit ihrem Kind außerhalb Tunesiens aufhält.[757] Das Gesetz sieht für einen solchen Fall keine entsprechende Regelung vor. Nach *Ben Ḥalīma* verbietet aber die öffentliche Ordnung (*l'ordre public*), daß das muslimische Kind von seiner nichtmuslimischen Mutter in einem nichtmuslimischen Kontext aufgezogen wird.[758] In entsprechenden Sorgerechtsentscheidungen kommt die Befürchtung zum Ausdruck, ein solches Kind werde dem Einfluß einer anderen als der muslimischen Religion ausgesetzt. Der CSP seinerseits bestimmt in Art. 59, daß die andersgläubige *ḥāḍina*, die nicht gleichzeitig die Mutter ist, das Sorgerecht nur bis zum vollendeten fünften Lebensjahr des Kindes ausüben darf. Obwohl das Gesetz das Verbot des andersgläubigen Erziehungseinflusses nicht auf die leibliche Mutter bezieht, entzog der Kassationsgerichtshof 1982 einer im Ausland lebenden Nichtmuslimin nach der Scheidung von einem Tunesier das Sorgerecht für das gemeinsame Kind. Als Begründung wurde angeführt, daß das Arabertum und der Islam, die beide nach der Verfassung die Grundlagen der tunesischen Souveränität seien, nicht der Bedeutungslosigkeit anheim fallen dürften.[759] Grundsätzlich weisen tunesische Gerichte aber auch

[757] Qarār ta'qībī madanī, 'adad 9393, 13.9.1972, unveröffentlicht.
[758] Ouajah, Professeur, S. 15.
[759] Qarār ta'qībī madanī, 'adad 7422, 3.6.1982, našriyyat maḥkamat at-ta'qīb 1982, al-qism al-madanī, ǧuz' 3, ṣ. 143, maǧallat al-qaḍā' wa-t-tašrī', 'adad 9, 1983, ṣ. 63.

Sorgerechtsklagen von im islamischen Ausland lebendender Frauen ab, und zwar unabhängig davon, ob die Mutter selbst Muslimin ist oder nicht. Nach tunesischer Rechtsauffassung wird der Vater unter solchen Bedingungen nämlich an der Ausübung seiner vormundschaftlichen Rechte gehindert.[760] Wird dem Mann die Personensorge übertragen, so stellt der Gesetzgeber lediglich die Bedingung auf, daß ihm eine Frau zur Verfügung stehen muß, die die Pflege der Kinder übernimmt, und daß er zu einem Kind weiblichen Geschlechts in einem ehehindernden Verwandtschaftsverhältnis stehen muß (Art. 58 CSP). In der Regel wird dem sorgeberechtigten Mann seine Mutter oder eine Schwester zur Seite stehen, die die Pflege des Kindes sicherstellt; bei Wiederheirat die neue Ehefrau.[761] Der Verlust der Personensorge droht dem Vater bei einer erneuten Eheschließung also nicht. Sie ist nicht mit annähernd so großen Risiken verbunden wie die Wiederheirat der sorgeberechtigten Frau.

3.6.3 Vormundschaftliche Rechte der Eltern

Während die *haḍāna* alle mit der Pflege des Kindes zusammenhängenden Aufgaben umfaßt, bezieht sich die *walāya* (Vormundschaft) auf die Erziehung und Ausbildung des Kindes.[762] Sie wird in der Regel vom Vater oder Vormund des Kindes ausgeübt und ist im Falle der Ehescheidung mit dem Recht verbunden, das Kind zu besuchen und über seine persönlichen Belange zu entscheiden.[763] Sofern die Mutter das Sorgerecht ausübt, darf der Vater das Kind in der Regel nur mit ihrer Zustimmung von ihrem Aufenthaltort entfernen (Art. 62 CSP). Das Kind darf die Nacht in der Regel ausschließlich bei der sorgeberechtigten Person verbringen (Art. 60 CSP). Die räumliche Bindung des Kindes an den/die Inha-

---

[760] Qarār ta'qībī madanī, 'adad 9393, 13.9.1972 (unveröffentlicht); Qarār ta'qībī madanī, 'adad 38798, 8.3.1994, našriyyat maḥkamat at-ta'qīb 1994, al-qism al-madanī, ṣ. 2

[761] Qarār ta'qībī madanī, 'adad 11564, 9.12.1974, našriyyat maḥkamat at-ta'qīb 1974, al-qism al-madanī, ǧuz' 3, ṣ. 148; Qarār ta'qībī madanī, 'adad 2623, 3.3.1981, našriyyat maḥkamat at-ta'qīb 1981, al-qism al-madanī, ǧuz' 1, ṣ. 78; Qarār ta'qībī madanī, 'adad 5449, 31.3.1981, Našriyyat maḥkamat at-ta'qīb 198, al-qism al-madanī, ǧuz' 1, ṣ. 180.

[762] Zur sogenannten *walāyat at-tarbiya* vgl. Borrmans, Statut Personnel, Fn 62, S. 311.

[763] Die geschiedene Frau kann, da sie in der Regel nicht der Vormund ihres Kindes ist, ohne die Autorisierung des Kindsvaters weder einen Paß für ihr Kind beantragen, noch ein Konto für es eröffnen, nicht einmal ihre Unterschrift in Schulhefte setzen. Chekir, Egalité, S. 84 f.

ber/in der Personensorge tritt in diesen beiden Bestimmungen als ein gesetzlich abgesichertes Prinzip hervor. Ihr steht die autoritative Bindung des Kindes an seinen Vormund gegenüber. Die Trennlinie zwischen pflegerischer und vormundschaftlicher Verantwortung ist aber weniger scharf gezogen, als es durch die bereits genannten Vorschriften erscheinen mag. Dies verdeutlicht ein Blick auf die erweiterten Befugnisse der sorgeberechtigten Frau.

Im Rahmen der Personenstandsreform d. J. 1993 stellte der tunesische Gesetzgeber der vom religiösen Recht vorgegebenen und in der islamischen Gesellschaft tief verwurzelten Vorstellung einer aussschließlich männlichen *walāya* ein alternatives Konzept entgegen. Ihm zufolge kann Frauen unter Umständen die Vormundschaft übertragen werden. Dies ist Art. 67 CSP zufolge insbesondere dann der Fall:

- wenn der Inhaber der *walāya* zur Wahrnehmung seiner vormundschaftlichen Aufgaben nicht in der Lage ist,
- wenn er seine Vormundschaft mißbraucht,
- wenn er sich weigert, den sich aus der *walāya* ergebenden Verpflichtungen im üblichen Sinne nachzukommen,
- wenn er von seinem Wohnort abwesend oder sein Aufenthaltsort unbekannt ist,
- wenn andere Gründe vorliegen, die dem Interesse des Kindes schaden.

Die richterliche Übertragung der Vormundschaft auf die Mutter dürfte dennoch eher die Ausnahme als die Regel sein. Der übliche Fall ist nach wie vor, daß der Vater auch nach der Ehescheidung die *walāya* behält und die Frau das Sorgerecht für ihre Kinder ausübt. Nach Auffassung *Ben Ḍiyyās* führt diese Regelung letztlich dazu, daß keiner der beiden geschiedenen Elternteile in der Lage ist, die volle Verantwortung für seine Kinder zu übernehmen, weder der Vater, der zwar Vormund ist, aber nicht mit ihnen zusammenlebt, noch die Mutter, die zwar für die Kinder sorgt, aber gesetzlich kein Kontrollrecht (*ḥaqq al-raqāba*) über sie hat.[764] Nur im Falle des Todes des Vaters oder seiner Geschäftsunfähigkeit erhält die Mutter seit der Personenstandsreform d. J. 1981 automatisch die Vormundschaft über die gemeinsamen Kinder (Art. 154 CSP).

Als Zugeständnis an die gesellschaftliche Praxis ist aber ein weiterer Zusatz zu sehen, für den sich der Gesetzgeber im Rahmen des Personenstandsreform d. J. 1993 entschied. Demnach genießt die sorgeberechtigte Mutter die Kompetenzen der Vormundschaft (*ṣalāḥiyyāt al-walāya*) bezüglich der Reisen des Kindes, seines Studiums und der Führung seiner Konten (Art. 67 Abs. 4 CSP). Durch die Betonung quasi-vormundschaftlicher Kompetenzen der Mutter in der Rolle der Sorgeberechtigten wurde das Feld mütterlicher Befugnisse weiter ausgebaut.

Trotz der genannten Zugeständnisse an gesellschaftliche Realismen ist eine gleichberechtigte Wahrnehmung der Vormundschaft durch beide Elternteile vom Gesetzgeber nicht vorgesehen. Das traditionelle Konzept männlicher Vormundschaft bleibt bestehen, auch wenn sich vorsichtige Versuche seiner Aufweichung bemerkbar machen.

Dem Recht des Vormunds, das Kind zu besuchen und seine Erziehung zu kontrollieren, steht die Pflicht der Sorgeberechtigten gegenüber, in der Nähe des Vormundes ansässig zu bleiben. Zieht sie mit ihrem Kind in eine Entfernung, die den Vormund an der Ausübung seiner Pflichten hindern, so verwirkt sie ihr Recht auf Personensorge (Art. 61 CSP). Dieser Fall kann sowohl bei einem Umzug ins Ausland als auch bei einem Ortswechsel innerhalb der Landesgrenzen eintreten.[765] Über die Zumutbarkeit der zwecks Wahrnehmung vormundschaftlicher Aufgaben zurückzulegenden Distanz entscheidet die Justiz.[766] Daß diese die Rechte des Vormunds über die der Personensorge stellt, verdeutlicht ein Fall d. J. 1994.

---

[764] Ben Ḍiyyā, ḫawāṭir, S. 55.

[765] Qarār ta'qībī madanī, 'adad 6707, 15.7.1969, našriyyat maḥkamat at-ta'qīb 1969, al-qism al-madanī, ṣ. 88, mağallat al-qaḍā' wa-t-tašrī', 'adad 4, 1970, ṣ. 44; Qarār ta'qībī madanī, 'adad 6791, 9.11.1982, našriyyat maḥkamat at-ta'qīb 1982, al-qism al-madanī, ğuz' 4, ṣ. 211; Qarār ta'qībī madanī, 'adad 18718, 6.10.1987, našriyyat maḥkamat at-ta'qīb 1987, al-qism al-madanī, ṣ. 207; Qarār ta'qībī madanī, 'adad 33540, 22.12.1992, našriyyat maḥkamat at-ta'qīb 1992, al-qism al-madanī, ṣ. 167; Qarār ta'qībī madanī, 'adad 38798, 8.3.1994, našriyyat maḥkamat at-ta'qīb 1994, al-qism al-madanī, ṣ. 28.

[766] Qarār ta'qībī madanī, 'adad 606, 1.2.1961, mağallat al-qaḍā' wa-t-tašrī', 'adad 4, 1961, ṣ. 38.

Damals wurde einem Vater die Personensorge übertragen, nachdem sich die deutsche Mutter geweigert hatte, mit ihren Kindern nach Tunesien zurückzukehren. Zwar waren die Kinder in Deutschland geboren worden, hatten dort die Schule besucht und eines von ihnen war über einen längeren Zeitraum in deutschen Krankenhäusern behandelt worden, doch sah das Gericht darin keine Rechtfertigung für den weiteren Verbleib der Kinder in ihrer Heimat. Daß der Vater aufgrund der weiten Entfernung an der Wahrnehmung seiner vormundschaftlichen Aufgaben gehindert wurde und sich nach gutachterlicher Prüfung die Bedingungen bei ihm für die Wahrnehmung der Personensorge als günstig herausgestellt hatten, nahm der Kassationsgerichtshof zum Anlaß, ihm das Sorgerecht für die gemeinsamen Kinder zu übertragen.[767] Der Konflikt, der zwischen den Interessen des Kindes und denen der mit der Personensorge und Vormundschaft betrauten Elternteilen entsteht, scheint, trotz Betonung des kindlichen Interesses, tendenziell zugunsten des Vormundes gelöst zu werden. Aufschlußreich in diesem Zusammenhang ist auch die Urteilsbegründung in einem Sorgerechtsprozeß d. J. 1992, den ein Vater wegen des Umzugs seiner geschiedenen Frau von Gabès nach Menzel Bourguiba angestrengt hatte: „... *die Personensorge (ist) mit zwei Rechten verbunden: dem einen zugunsten der Kinder, die mit ihrer Mutter leben dürfen und einen Anspruch auf mütterliche Fürsorge haben, und dem anderen zugunsten des Vaters, der an der Erziehung seines Kindes teilhaben und schulische Angelegenheiten kontrollieren darf.*“[768] Von Rechten der Mutter als *ḥāḍina* ist weder hier noch in anderen Zusammenhängen die Rede. Die Wahrnehmung der Personensorge ist, wie bereits erläutert wurde, vor allem eine Pflicht, zu der die Frau sogar gerichtlich gezwungen werden kann.

Die offenkundig diskriminierende Ausrichtung des tunesischen Sorge- und Vormundschaftsrechts veranlaßte *Chekir* bereits 1983 zu einer Kritik, die auch nach der letzten umfassenden Personenstandsreform von 1993 wenig von ihrem Wahrheitsgehalt verloren hat:

---

[767] Qarār ta'qībī madanī, 'adad 38798, 8.3.1994, našriyyat maḥkamat at-ta'qīb 1994, al-qism al-madanī, ṣ. 28. Im vorliegenden Fall spielte auch die Religionsverschiedenheit der Eheleute eine Rolle. Vgl. Kap. 2, II., 3.6.2 der vorliegenden Arbeit.

[768] Qarār ta'qībī madanī, 'adad 33540, 22.12.1992, našriyyat maḥkamat at-ta'qīb 1992, al-qism al-madanī, ṣ. 16.

„... auf der einen Seite macht er (d. h. der Gesetzgeber, d. Verf.) die Geschiedene zu einer Unmündigen, materiell Abhängigen ... eines Exmannes, die auf den zweiten Ehemann oder den Tod wartet; andererseits aber nimmt er ihr in Art. 58 das Recht, wieder zu heiraten, ohne (zu riskieren, d. Verf.) ihr Sorgerecht zu verlieren ... . Kein Verbot dieser Art ist dagegen für den Mann vorgesehen. Im Gegenteil: ihm, der das Recht hat, die Erziehung und den Schulbesuch, also den 'noblen' und intellektuellen Teil des Lebens seines Kindes zu überwachen, schreibt der Gesetzgeber vor, eine Frau 'zu seiner Verfügung zu haben', die die Personensorge wahrnimmt. Selbst wenn die Frau ... am wirtschaftlichen, sozialen und politischen Leben teilnimmt, versetzen die Rechtstexte sie dennoch in die Situation einer unzurechnungsfähigen Unmündigen.“[769]

Eine Gleichstellung von Mann und Frau in Bezug auf die Wahrnehmung ihrer elterlichen Rechte und Pflichten scheint offensichtlich nicht im Sinne des Gesetzgebers zu sein. Von dem Ziel rechtlicher Gleichstellung beider Elternteile, das im Rahmen der Kopenhagener Konvention von 1979 über die Beseitigung jeder Form der Diskriminierung der Frau formuliert wurde,[770] hat sich Tunesien schon im Rahmen seiner Vorbehaltserklärung offen distanziert.

[769] Chekir, Egalité, S. 85. Hervorhebung im Original.
[770] Art. 16 Abs. 1 d.

Kapitel 3

Die Rolle der tunesischen Frau in Ehe und Familie - Eine empirische Annäherung

I. Ehe und Familie im Zeichen gesellschaftlichen Wandels

In Tunesien macht sich seit Jahrzehnten ein Umbruch der sozialen Ordnung bemerkbar. Strukturelle Transformationen betreffen in besonderer Weise die Familie als „*Kernzelle des sozialen Lebens*".[1] Bei der Diskussion um die Veränderung von Familienstrukturen spielt die Dichotomie von Tradition und Moderne eine besondere Rolle. Die beiden Termini werden in der Regel zur Beschreibung vor- und postkolonialer Formen der Familienorganisation herangezogen.

1. Zu Versuchen einer Familientypologie

Die traditionelle islamische Familie (*'āʾila*) wird allgemein als patriarchalisch, endogam und in sich geschlossen beschrieben. Sie ist gekennzeichnet durch das generationsübergreifende Zusammenleben ihrer Mitglieder, den gemeinsamen Besitz, die Dichte sozialer Beziehungen und die Ausrichtung auf eine oder mehrere (in der Regel männliche) Respektspersonen.[2] Die Cousinenheirat als typischste Ausprägung der endogamen Ehe spielt eine zentrale Rolle beim Aufbau und Erhalt dieser Familienform.[3] Ein weiteres wesentliches Charakteristikum ist die Arbeitsteilung. Die Produktionsfunktion der Familie liegt zu gleichen Teilen in den Händen von Männer und Frauen: Während in der traditionellen islamischen Gesellschaft die Männer außerhalb des Hauses mit Landwirtschaft, Viehzucht, Handwerk oder Handel befaßt sind, kümmern sich die Frauen zuhause um die

---

[1] Taamallah, Evolution, S. 90.

[2] Vgl. dazu Camilleri, Famille, S. 25; Bouhdiba, Point de vue, S. 12 ff.; Ben Salem, Famille, S. 18.

[3] *Ben Salem* (Structures, S. 166) weist darauf hin, daß in der traditionellen islamischen Familie nicht nur die Töchter vom Bruder des Vaters, sondern beinahe ebenso häufig die Cousinen mütterlicherseits als Ehefrauen gewählt wurden.

Verarbeitung landwirtschaftlicher Produkte, sind aber auch mit Viehzucht und Handwerk beschäftigt und tragen gleichzeitig die Verantwortung für die Erziehung der Nachkommen.[4] Innerhalb der Familienverbände herrscht ein Klima der Solidarität; bedürftige Familien werden von wohlhabenden Familien unterstützt und mit landwirtschaftlichen Produkten versorgt.[5] Obwohl die Einführung kapitalistischer Produktionsformen Ende des 19. Jahrhunderts bereits erste Veränderungen der Sozialstrukturen bewirkt,[6] gelten die zwanziger und dreißiger Jahre allgemein als Ausgangspunkt eines tiefgreifenden sozialen Wandels. Mit ihm wird die Herausbildung eines neuen Familientypus in Zusammenhang gebracht, der gemeinhin als mononuklear, paarzentriert oder demokratisch beschrieben wird. Der Prozeß des Übergangs von einem Familientyp zum anderen ist in Tunesien aber weder abgeschlossen, noch vollzieht er sich innerhalb exakt gegeneinander abzugrenzender Muster. Die tunesische Sozialwissenschaft tut sich sodann auch schwer mit der Beschreibung sozialer bzw. familiärer Transformationsprozesse. In den sechziger Jahren unterschied *Demeersemann* den konservativen, den im Wandel begriffenen und den entwickelten Familientypus (*le type familial conservateur, transitionnel et évolué*) und stellte die Hypothese auf, daß sich die Kernfamilie westlichen Typs zum dominierenden Familienmodell entwickeln werde.[7] Eine Publikation des *Office National de la Famille et de la Population* (ONFP) von 1991 ist vorsichtiger in ihrer Deutung. Sie macht Abwandlungen innerhalb der verschiedenen Formen von Familie an regionalen und sozialen Linien fest: *„Der Nordosten und die Küstenregionen scheinen sich schneller als der Nordwesten, die Mitte und der Süden in Richtung der sogenannten modernen Familie zu entwickeln. Ärmere und wenig gebildete Schichten bleiben mehr dem patriarchalischen Familienmodell zugewandt.“*[8] Eine Studie, die 1993 in Zusammenarbeit des *Ministère des Affaires de la Femme et de la Famille* (M.A.F.F.) *und Unicef* entstand, entwirft eine Familientypologie unter

---

[4] Vgl. dazu Rejeb, Destructuration, S. 265 f. Die Studie beinhaltet auch einen empirischen Teil. Dafür wurden in einem Arbeiterviertel in Tunis 16 zufällig ausgewählte Frauen zwischen 27 und 55 Jahren über ihr Familienleben befragt.

[5] Rejeb, Destructuration, S. 266.

[6] Durch die Konkurrenz ausländischer Produkte beginnt die Familie ihre Produktionsfunktion zu verlieren, wovon vor allem Frauen betroffen sind. Die Seßhaftwerdung von Nomaden und ihre Ansiedlung im Norden des Landes beginnt.

[7] Demeersemann, Famille tunisienne, S. 370 ff.

[8] ONFP (Hrsg.), La Famille en Tunisie, S. 15.

Berücksichtigung sozioökonomischer Strukturen; sie unterscheidet:

- Traditionelle, ländliche Großfamilien (*familles rurales, élargies et traditionelles*)
  Diese erste Gruppe als Ausgangsform aller in Tunesien existierenden Familientypen stellt die auf dem Land lebende, mehrere Generationen umfassende Großfamilie mit niedrigem kulturellen Niveau und bescheidenem Einkommen dar. Die zu dieser Gruppe zählenden Familien sind traditionalistisch eingestellt, obwohl wirtschaftliche Schwierigkeiten eine gewisse Art von Realismus bewirken: Die Frau muß arbeiten, die Tochter ist auf der Suche nach einer bezahlten Beschäftigung. Die Mädchen brechen die Schule ab, um ihre Eltern bei der Arbeit zu unterstützen. In dieser Kategorie haben Familien die meisten Kinder. Das Hauptprinzip der Eheschließung ist die Stärkung von Familienallianzen.

- Familien auf dem Weg zur Urbanisierung (*familles en voie d'urbanisation*)
  In dieser Gruppe, die in Richtung Urbanisierung und Kernfamilie tendiert, ist die Frau Analphabetin, mit einem Cousin verheiratet, der häufig entweder Händler oder Handwerker ist. Das Familienbudget ist das Produkt kollektiver Anstrengung. Arbeitslosigkeit wird durch Familiensolidarität aufgefangen, Überlebensstrategien werden häuptsächlich von Frauen entwickelt. Die Hauptsorge der Eltern gilt dem schulischen Erfolg der Kinder, der als einziger Weg zu sozialem Aufstieg gesehen wird. Die Eltern leben marginalisiert und versuchen mit allen Mitteln, dieser Situation zu entfliehen. Die Mütter arbeiten als Haushaltshilfen, um den Schulbesuch der Kinder zu finanzieren; Nachhilfestunden nehmen einen beträchtlichen Teil des Familienbudgets in Anspruch. In dieser Gruppe wird die Erwerbsarbeit des Mädchens nicht mehr in Frage gestellt. Dennoch bleibt die Rollenverteilung überwiegend traditionell. Die durchschnittliche Kinderzahl liegt bei 4 bis 5.

- Städtische Kernfamilien (*familles nucléaires urbaines*)
  Diese dritte Gruppe umfaßt Kernfamilien städtischen Typs, denen Eltern mittlerer oder höherer Berufsgruppen zuzurechnen sind. Die Eltern haben bezüglich der Kindererziehung klar definierte Rollen. Die Frau ist entweder be-

rufstätig oder nicht, in jedem Falle aber gebildet. Sie nimmt aktiv am schulischen Leben ihrer Kinder teil. Im Falle ihrer Berufstätigkeit bleibt es bei dieser Rollenaufteilung. Die Frau leistet dann aber nicht nur einen wesentlichen Beitrag zum Familieneinkommen, sie fordert auch eine aktive Teilhabe an Entscheidungen.

- Zersplitterte Eineltern-Familien (*familles éclatées, monoparentales*).
  Die vierte, vollkommen marginalisierte Gruppe besteht aus zersplitterten Familien, an deren Spitze eine geschiedene Frau mittleren oder höheren Bildungsniveaus steht. Innerhalb dieser Gruppe bedeutet die Ehescheidung nicht nur eine wirtschaftliche sondern auch eine soziale Deklassierung. Schulischen Schwierigkeiten der Kinder wird mit Nachhilfestunden begegnet, sie werden als Konsequenz der Probleme erlebt, mit denen die Familie zu kämpfen hat.[9]

Die Gegenüberstellung verschiedener Familienformen ist grundsätzlich kritisch zu sehen. Vieles spricht beispielsweise dafür, daß die Großfamilie patrilinearen Typs und die sogenannte Kernfamilie keine sich ausschließenden Modelle sind. *Ben Salem* weist darauf hin, daß bereits in der traditionellen Gesellschaft jede Eheschließung zur Bildung einer Kernfamilie geführt habe, die ihrerseits jedoch in eine bereits bestehende Familie integriert worden sei. Erst mit dem Beginn der Kolonialzeit sei es zu Neo-Lokalität und der Individualisierung von Besitz und damit einhergehend zu einer geographischen Abtrennung der einzelnen Kernfamilien voneinander gekommen. Insofern hätten sich in der Hauptsache nicht die Familienstrukturen geändert, sondern die Beziehungen, welche die beiden Familientypen zueinander unterhalten; von einem Bruch mit der Großfamilie könne jedenfalls keine Rede sein.[10]
Daß Verbindungen zwischen den verschiedenen Familienformen, speziell der Kern- und der Großfamilie in Tunesien fortbestehen, zeigt eine noch immer stark ausgeprägte Familiensolidarität, die in verschiedenen Lebenssituationen, z. B. bei

---

[9] M.A.F.F./Unicef (Hrsg.), Enquête, S. 62 f. Die Untersuchung basiert auf einer Reihe nationaler Studien sowie auf eigens durchgeführten, halbstündigen Interviews mit 516 Müttern und 522 Vätern repräsentativ ausgewählter „Kernfamilien“.

[10] Ben Salem, Structures, S. 173 ff.

Arbeitslosigkeit oder Krankheit zum Ausdruck kommt.[11] Die Familie hat nach *Gmatis* Auffassung für die meisten Tunesier nichts von ihrer Bedeutung verloren, sie ist *„Ort der Sicherheit, der Zuneigung und der gegenseitigen materiellen Unterstützung*“ geblieben.[12] Auch für *Kerrou/Kharoufi* hat sich die tunesische Familie Charakteristika der traditionellen tunesischen Großfamilie bewahrt, sie tendiert aber, indem sie sich zunehmend nach außen öffnet, in Richtung Kernfamilie, weshalb sie den *Begriff „abgewandelte Kernfamilie (famille nucléaire modulée)*“ vorschlagen.[13]

2. Faktoren des sozialen Wandels und ihr Einfluß auf die Stellung der Frau

Eine Vielzahl wirtschaftlicher, demographischer, rechtlicher und kultureller Einflußfaktoren haben in den vergangenen Jahrzehnten das Erscheinungsbild der tunesischen Familie und das Verhältnis ihrer Mitglieder untereinander nachhaltig geprägt. Die Großfamilie in ihrer ursprünglichen Form ist auf dem Rückzug, Autoriätsverhältnisse innerhalb der Familie haben begonnen, sich zu verschieben. Rolle und Status von Frau und Mann sind wie nie zuvor im Wandel begriffen.

2.1 Urbanisierung

Der strukturelle Wandel, der durch die Kolonialisierung in Gang gesetzt wurde, fand seinen deutlichsten Ausdruck in einer massenhaften Landflucht sowie einer systematischen Urbanisierung, vor allem des Nordens. Durch die Abwanderung von Familien und die Veränderung der Produktionsweisen verlor die Großfamilie ihre Funktion als zentrale Wirtschaftseinheit.[14] An ihre Stelle trat die sogenannte Kern- bzw. Einkernfamilie (*famille nucleaire* bzw. *mononucleaire*), die aus Vater,

[11] Rejeb, Destructuration, S. 278; Ben Salem, Structures, S. 174.
[12] Gmati, Femme, S. 134.
[13] Kerrou/Kharoufi, Maghreb, S. 37.
[14] Mahfoudh, Conjugalité, S. 70; Ben Salem, Famille, S. 19.

Mutter und Kindern bestehende Zweigenerationenfamilie. Innerhalb der Ehe führte die Loslösung vom traditionellen Familienverband zu einer größeren Autonomie gegenüber einem hierarchisch organisierten Verwandtschaftsgeflecht und ging gleichzeitig mit einer Verschiebung der Autoriätsverhältnisse einher. Der Vater stand nicht mehr unangefochten dem „Familienunternehmen" vor und war nicht länger alleiniger Besitzer der wirtschaftlichen Ressourcen; seine Autorität mußte zunehmend gemeinsamen Entscheidungsfindungen innerhalb der Familie weichen.[15]

2.2 Bildung und Berufstätigkeit

Weitere wesentliche Faktoren des gesellschaftlichen Wandels sind der massive Zugang zu Bildung, insbesondere der von Mädchen sowie ihr dadurch begünstigter Eintritt ins Erwerbsleben. Der Schulbesuch von Kindern zwischen 6 und 16 Jahren ist in Tunesien obligatorisch und kostenlos. Die Generalisierung von Bildung kommt heute in weiten Teilen des Landes Mädchen wie Jungen zugute. Der Anteil der Mädchen an den Grundschülern hat sich seit der Unabhängigkeit stetig vergrößert. Hatte er im Schuljahr 1955-1956 noch bei 28,8% gelegen, so erhöhte er sich bis 1994/95 auf immerhin 47,15%.[16] Für die Grundschulzeit weisen die Statistiken für Mädchen eine höhere Erfolgsquote als für Jungen aus; die Anzahl weiblicher Schulabbrecher hat sich in den vergangenen Jahren deutlich verringert und ist heute sogar niedriger als die der männlichen.[17] Meßbar sind die Erfolge der tunesischen Bildungspolitik an der Entwicklung der Analphabetenrate, die seit der Unabhängigkeit stetig sinkt. Bildungsunterschiede zwischen städtischer und ländlicher sowie zwischen weiblicher und männlicher Bevölkerung bleiben dennoch augenfällig:

[15] Mahfoudh-Draoui, Traditionalisme, S. 83.
[16] CREDIF (Hrsg.), Potentiel économique, Tab. D, S. 28.
[17] CREDIF (Hrsg.), Potentiel économique, S. 28 f.

Tab. 1: Entwicklung der Analphabetenquote seit 1966

in %	1966	1975	1984	1989			1994		
				Gesamt	Stadt	Land	Gesamt	Stadt	Land
Männer	53,9	42,3	34,6	26,4	19,1	37,6	21,2	14,5	32,2
Frauen	82,4	67,9	58,1	48,3	36,6	66,1	42,3	31,3	60,1
Gesamt	**67,9**	**54,9**	**46,2**	**37,2**	**27,7**	**51,7**	**31,7**	**22,8**	**46,2**

Quelle: CREDIF (Hrsg.), Femmes rurales, Tab. 6 b, S. 26.

Nach *Mahfoudhs* Überzeugung hat der gemeinsame Schulbesuch von Jungen und Mädchen ein neues Verhältnis der Geschlechter zueinander geschaffen und egalitärere Formen der Begegnung ermöglicht.[18] Dagegen sieht *Ben Salem* einen Einfluß auf die Sozialstruktur vor allem darin, daß die Familie ihre Vorrangstellung bei der Kindererziehung verloren habe; so werde die Vielfalt schulisch vermittelter Werte nicht selten als ambivalent und unvereinbar mit familiären Leitbildern erlebt.[19] Fest steht, daß die Widersprüche unterschiedlicher Referenzmodelle vor allem Mädchen zu tragen haben. Sie sind es aber auch, die durch Schule, Berufsausbildung oder Universität ermutigt, neue Forderungen an Partnerschaft und Berufsleben stellen.

Die Auswirkungen eines höheren Bildungsniveaus von Frauen und die Notwendigkeit eines zusätzlichen Familieneinkommens haben sich in den letzten Jahrzehnten in einem verstärkten Zustrom von Frauen auf den Arbeitsmarkt niedergeschlagen. Zwar waren in den ärmeren Schichten Tunesiens Mädchen seit frühester Kindheit als unbezahlte Arbeitskräfte in der Familie tätig, doch erst mit dem Beginn des französischen Protektorats und dem massiven Ausbau der Textilindustrie drängten Frauen der Unter- und Mittelschicht auf den Arbeitsmarkt. Mädchen wohlhabender Schichten, die zuvor die Schule frühzeitig verlassen hatten, um zu heiraten, taten dies nun, um in der Verwaltung zu arbeiten; wenig später waren Frauen als Bürokräfte, im Bildungsbereich, im Gesundheitssektor und schließlich sogar in der Wirtschaft tätig.[20] Stellten Frauen 1966 nur 6,2% der Erwerbstätigen,

---

[18] Mahfoudh, Conjugalité, S. 72; ebenso Ben Salem, Structures, S. 170.
[19] Ben Salem, Famille, S. 19.
[20] Ben Salem, Structures, S. 170.

so lag ihr Anteil 1989 bei 19,5%.[21] Obwohl eine Gleichberechtigung der Geschlechter im Arbeitsleben noch lange nicht erreicht ist,[22] hat der erleichterte Zugang für Frauen zum wirtschaftlichen und sozialen Leben eine Infragestellung überbrachter Rollenaufteilung in der Ehe bewirkt.[23] Die Frau ist nicht länger auf ihre Funktion als Ehefrau und Mutter festgelegt, sie teilt sich die Ernährerfunktion zunehmend mit ihrem Mann, wodurch sein traditioneller Autoritätsanspruch innerhalb der Ehe zumindest indirekt in Frage gestellt wird. Von einer Umverteilung von Aufgaben innerhalb der Familie kann, wie noch zu zeigen sein wird, dennoch keine Rede sein. Auf der berufstätigen Frau lasten weiterhin Hausarbeit und Kindererziehung, oft auf Kosten ihrer körperlichen und seelischen Gesundheit. Die Gesellschaft trägt ihren Teil dazu bei, tendiert sie doch *„allzu leicht dazu, die berufstätige Frau für alle gesellschaftlichen Mißstände verantwortlich zu machen: Jugendkriminalität, Arbeitslosigkeit von Männern, Schulversagen der Kinder etc.“*[24]

2.3 Emigration der Männer

Die in den meisten Fällen aus wirtschaftlichen Zwängen resultierende Emigration von Männern hat in vielen tunesischen Famlilien eine Neuordnung familiärer Aufgaben und Verantwortungsbereiche nach sich gezogen. Durch die Abwesenheit des Ehemannes und Vaters mußten Frauen nicht nur zusätzliche Aufgaben innerhalb der Familie übernehmen, sondern einen Ausbau von Machtverhältnissen innerhalb der Familie hinnehmen. Denn in der Regel trug die wirtschaftliche Verantworung des emigrierten Ehemannes dazu bei, seine Funktion als

[21] CREDIF (Hrsg.), Potentiel économique, Tab. 3, S. 147; CREDIF (Hrsg.), Femmes de Tunisie, Tab. 3, S. 134.

[22] Zur Frauenarbeit in Tunesien vgl. ausführlich CREDIF (Hrsg.), Femmes de Tunisie, S. 123-166; CREDIF (Hrsg.), Potentiel économique, passim; zur Stadt-Land Problematik insbesondere CREDIF (Hrsg.), Femmes rurales, S. 61-93.

[23] Rejeb, Mère, S. 85. *Rejeb* befragte im Rahmen ihrer Studie 27 Kinder berufstätiger Mütter und 24 Kinder nicht berufstätiger Mütter sowie deren Eltern zu den Themen „Selbstständigkeit“, „familiäre Gewalt“ und „Rollenverteilung in der Ehe“. Die befragten Kinder waren zwischen 9 und 12 Jahre alt. Ihre Eltern gehörten allesamt zur höheren Einkommensschicht.

[24] Rejeb, Mère, S. 86.

Haupternährer und Familienoberhaupt weiter auszubauen.[25] Gleichzeitig traten der Vater der Frau oder der Schwiegervater, aber auch Brüder oder Söhne an die Stelle des abwesenden Ehemannes in der Absicht, die „familiäre Ordnung" sicherzustellen.[26]

2.4 Geburtenkontrolle

Fortschritte im Gesundheitsbereich und bei der Geburtenkontrolle haben die „*biologische Vorbestimmung*" der Frau nachhaltig beeinflußt.[27] *Zmerli* nennt zwei Maßnahmen, die in den vergangenen Jahrzehnten das reproduktive Verhalten der tunesischen Bevölkerung beeinflußt haben:

1. Der freie Zugang zu Verhütungsmitteln. Per Gesetz vom 16.3.1960 wurden in Tunesien der Import, die Freigabe und der Verkauf von Kontrazeptiva legalisiert.

2. Per Gesetz vom 26.9.1973 wurde die Abtreibung innerhalb der ersten drei Schwangerschaftsmonate erlaubt, nachdem sie seit 1965 bereits ab dem fünften Kind legalisiert worden war.[28]

Vor allem in den Städten erlauben Maßnahmen zur Geburtenkontrolle den Ehepaaren eine gezieltere Planung ihrer Familiengröße.[29] Wandten 1978 nur 42,1% der Städter kontrazeptive Methoden an, so waren es 1988 schon 60,5%.[30] Niedriger sind die entsprechenden Quoten in den ländlichen Gebieten, doch auch dort ist mit einem Anstieg von 20,3% auf 34,6% innerhalb des gleichen Zeitraums eine Positiventwicklung auszumachen.[31] Neben den genannten Maßnahmen haben

---

[25] Ben Salem, Structures, S. 172.
[26] Ebd.
[27] Mahfoudh-Draoui, Traditionalisme, S. 83.
[28] Zmerli, Planification familiale, S. 82 f.
[29] Zu demographischen Veränderungen der letzten Jahrzehnte vgl. auch Kapitel 3, I., 3.1 der vorliegenden Arbeit.
[30] CREDIF (Hrsg.), Femmes rurales, S. 49.
[31] Ebd.

auch ein höheres Bildungsniveau der Bevölkerung und die Berufstätigkeit der Frau in den vergangenen Jahrzehnten zu einem deutlichen Rückgang der Geburtenrate geführt.[32] Die Geburtenrate in Tunesien lag 1996 bei etwa 1,9%.[33]

2.5 Gesetzgebung und politischer Diskurs

Eine Reihe von Gesetzen und Maßnahmen haben die Stellung der Frau in Familie und Gesellschaft innerhalb der vergangenen Jahrzehnte nachhaltig verbessert. Durch die Einführung eines modernen Personenstandsrechts wurde die Entwicklung von der traditionellen muslimischen Großfamilie in Richtung Kernfamilie begünstigt. Das Verbot der Polygynie, die Festlegung eines Mindestalters für die Eheschließung und die Aufhebung des Verstoßungsrechtes des Mannes zugunsten einer beiden Seiten offenstehenden, gerichtlichen Ehescheidung hat die Position von Frauen in Familie und Gesellschaft erheblich gestärkt. Die seit der Unabhängigkeit eingeleiteten Reformen haben die tunesische Frau zu einem mündigen und verantwortungsvollen Mitglied der Gesellschaft gemacht und das Modell des modernen und autonomen Ehepaares ins Bewußtsein einer breiten Bevölkerungsschicht gebracht.[34] Hinzu kommt, daß der politische Diskurs seit der Unabhängigkeit darauf gerichtet ist, dem Modell der Kernfamilie, samt der damit zusammenhängenden Werte wie Gleichberechtigung und Kooperation innerhalb der Ehe, zur Durchsetzung zu verhelfen. Die „frauenfreundliche" Politik des unabhängigen Tunesiens zielt neben der Besserstellung von Frauen im privaten Bereich auch auf ihre Förderung im öffentlichen Leben. Neben dem bereits erwähnten Recht auf Bildung sind in diesem Zusammenhang u.a. auch der per Gesetz vom 30.4.1966 garantierte und im Tunesischen Arbeitsgesetzbuch formulierte, gleichberechtigte

---

[32] Maßangabe für den Pro-Tausend-Anteil der Geburten an der Gesamtbevölkerung. Zur Negativkorrelation zwischen weiblicher Erwerbstätigkeit und Kinderzahl vgl. die Studie von Dammak, O., Travail de la femme et fécondité, in: RTD, Nr. 56/57, Tunis 1979, S. 125-133. Die Studie stützt sich auf die Befragung 400 berufstätiger Frauen aus dem Arbeitermilieu zum Thema Familienplanung und Empfängnisverhütung.

[33] Tunesien. Internationales Handbuch, S. 1.

[34] Mahfoudh, Conjugalité, S. 71.

Zugang zum Arbeitsmarkt als wichtige zivile Errungenschaft zu nennen,[35] ebenso das in der Tunesischen Verfassung verankerte aktive und passive Wahlrecht der Frau.[36]

3. Ehe und Ehescheidung in Zahlen

3.1 Demographische Rahmenbedingungen

1994 zählte die tunesische Bevölkerung 8.785.711 Personen, davon 4.439.289 Männer und 4.346.422 Frauen.[37] Charakteristisch für die vergangenen Jahrzehnte ist ein kontinuierlicher Anstieg der Durchschnittsalters. Während es 1975 noch 23,3 Jahre betrug, erhöhte es sich 1984 auf 24,6 Jahre und lag 1994 bereits bei 26,7 Jahren.[38] Dabei sind wesentliche Unterschiede zwischen der Stadt- und der Landbevölkerung feststellbar, die sich in Zahlen folgendermaßen ausdrücken:

Tab. 2: Bevölkerung nach Alter, Herkunft und Geschlecht (1994)

in %	Stadt			Land		
	Männer	Frauen	gesamt	Männer	Frauen	gesamt
unter 15 J.	33,1	32,7	32,9	38,7	36,8	37,7
unter 25 J.	52,8	52,0	52,4	59,4	57,8	58,6
25-59 J.	39,4	39,9	39,6	31,3	34,1	32,7
ab 60 J.	7,9	8,1	8,0	9,4	8,2	8,8

Quelle: CREDIF (Hrsg.), Femmes rurales, S. 44.

Die Landbevölkerung ist im Durchschnitt jünger als die Stadtbevölkerung. Der Anteil der unter 15jährigen liegt auf dem Land deutlich höher als in der Stadt: bei den Männern beträgt er 38,7% gegenüber 33,1%, bei den Frauen 36,8% gegenüber 32,7%. Der vergleichsweise große Anteil junger Menschen auf dem Land ist

[35] Zu geschlechtsspezifischen Sonderregelungen des Tunesischen Arbeitsgesetzbuches (Mutterschutz, Teilzeit etc.) vgl. Zmerli, Planification familiale, S. 85-87.
[36] Art. 20, 21.
[37] CREDIF (Hrsg.), Femmes rurales, Tab. 27, S. 42.
[38] CREDIF (Hrsg.), Femmes de Tunisie, S. 45.

eine direkte Folge der Fertilität, die auf dem Land traditionsbedingt höher als in der Stadt ist.[39] Die Diskrepanz zwischen dem Anteil der unter 15 Jahre alten Frauen und Männern an der Landbevölkerung (36,8% versus 38,7%) ist ihrerseits auf eine höhere Säuglingssterblichkeit von Mädchen sowie auf Praktiken der Geburtenregistrierung zurückzuführen, die Mädchen noch immer benachteiligen.[40] Auffallend ist auch, daß der Anteil der 25-59jährigen Männer an der Gesamtbevölkerung in der Stadt mit 39,4% weitaus höher liegt als auf dem Land, wo er nur 31,3% beträgt und auch dort auffallend niedriger ist als der der Frauen (34,1%). Ursache für dieses Ungleichgewicht ist in erster Linie die Tendenz zur Emigration männlicher Landbewohner.[41] Dagegen sind die Gründe für die Unterrepräsentanz von Frauen in der Altersgruppe der über 60jährigen Landbewohner weitgehend unerforscht, könnten aber im Zusammenhang mit der Säuglings- und Müttersterblichkeit stehen.[42]

Erste Erfolge einer auf Geburtenkontrolle ausgerichteten Bevölkerungspolitik machen sich in einer Absenkung der Geburtenrate von 32,3‰ i. J. 1984 auf 22,7‰ i. J. 1994 sowie in einem Rückgang der Fertilitätsrate[43] von 136,6‰ auf 89,5‰ bemerkbar.[44] Wesentliche Unterschiede zwischen städtischen und ländlichen Gebieten bleiben dennoch bestehen. So betrug die Geburtenrate auf dem Land 1991 immerhin noch 26,5‰ im Vergleich zu 24,2‰ in der Stadt, die Fertilitätsrate 113,7‰ gegenüber 91,4‰.[45] Unterschiede bezüglich der durchschnittlichen Kinderzahl pro Frau und Altersgruppe stellen sich im Stadt/Land-Vergleich wie folgt dar:

---

[39] Vgl. dazu die sich im selben Unterkapitel anschließenden Ausführungen.
[40] CREDIF (Hrsg.), Femmes rurales, S. 44.
[41] Ebd.
[42] Ebd.
[43] Maßangabe für den Pro-Tausend-Anteil der Geburten an der Gesamtzahl der Frauen im gebärfähigen Alter.
[44] CREDIF (Hrsg.), Femmes rurales, S. 47.
[45] CREDIF (Hrsg.), Femmes rurales, Tab. 32, S. 47.

Tab. 3: Durchschnittliche Kinderzahl pro Frau nach Altersgruppe im Stadt/Land-Vergleich

Altersgruppe	Stadt	Land	gesamt
15-19 J.	0,0	0,1	0,1
20-24 J.	0,4	0,6	0,5
25-29 J.	1,5	1,9	1,6
30-34 J.	2,8	3,8	3,2
35-39 J.	4,0	5,4	4,5
40-44 J.	5,1	6,5	5,6
45-49 J.	5,9	7,1	6,3

Quelle: CREDIF (Hrsg.), Femmes rurales, Tab. 33, S. 47.

Für die verhältnismäßig hohe Kinderzahl in bestimmten Regionen Tunesiens sind neben mangelnder Empfängnisverhütung vor allem ein frühes Heiratsalter sowie ein geringes Bildungsniveau von Frauen maßgebend. So lag 1989 die durchschnittliche Kinderzahl von Frauen, die vor dem 17. Lebensjahr geheiratet hatten, in der Stadt bei 7,9 und auf dem Land bei 8,5; Frauen, die erst mit 23 Jahren eine Ehe eingegangen waren, brachten im Stadt-Land Vergleich dagegen durchschnittlich nur 4,9 bzw. 6,3 Kinder zur Welt.[46] Frauen ohne Schulbildung hatten 1989 durchschnittlich 4,9, Frauen mit Grundschulbildung 3,1 und Frauen mit Universitätsabschluß 1,8 Kinder.[47]

---

[46] INS (Hrsg.), Enquête Nationale Population-Emploi 1989, S. 36.
[47] INS (Hrsg.), Enquête Nationale Population-Emploi 1989, S. 210.

3.2 Entwicklung der Bevölkerungsstruktur nach Familienstand

Tab. 4: Entwicklung der Bevölkerungsstruktur nach Familienstand, Alter und Geschlecht

in %	1975		1984		1989	
	Männer	Frauen	Männer	Frauen	Männer	Frauen
Ledige	66,7	59,2	43,4	32,2	43,5	33,8
Verheiratete	32,2	34,6	54,9	57,7	54,8	56,8
Verwitwete oder Geschiedene	1,2	6,3	1,7	10,1	1,7	9,4
Verheiratete (im Alter zw. 15 u. 19 J.)	-	10,4	-	6,5	-	3,9
Verheiratete (ab 25 J.)	85,9	75,5	82,5	76,6	80,0	75,6
Geschiedene oder Verwitwete (im Alter zw. 25 u. 44 J.)	1,1	4,9	0,8	3,7	0,8	3,4
Unverheiratete (ab 60 J.)	13,3	61,3	12,5	54,3	16,1	48,2

Quelle: CREDIF (Hrsg.), Femmes de Tunisie, Tab. 9, S. 49.

Als direkte Folge des Altersanstiegs der Gesamtbevölkerung ist zwischen 1974 und 1984 einerseits eine Zunahme der Verheirateten sowie andererseits ein Rückgang der Ledigen feststellbar. Der Anteil der Verheirateten in der männlichen Bevölkerung stieg in diesem Zeitraum von 32,15% auf 54,9%, bei den Frauen erhöhte sich der Prozentsatz von 34,6% auf 57,7%. Gleichzeit reduzierte sich der Anteil der ledigen Männer von 66,7% auf 43,4%, der der Frauen sogar von 59,2% auf 32,2%. Zwischen 1984 und 1989 waren dagegen, abgesehen von einem starken Rückgang der sehr jung verheirateten 15-19 jährigen Frauen von 6,5% auf 3,9%, keine einschneidenden Veränderungen der Bevölkerungsstruktur hinsichtlich ihres Familienstandes zu verzeichnen. Lediglich der Anteil der Unverheirateten in der Gruppe der Männer über 60 Jahre erhöhte sich zwischen 1975 und 1989 von 13,30% auf 16,14%, während er sich bei den Frauen von 61,3% i. J. 1975 kontinuierlich zurückentwickelte. Dennoch betrug er 1989 immerhin noch 48,2% und lag damit deutlich höher als der Vergleichswert der Männer (16,1%), die auch in fortgeschrittenem Alter sehr viel eher zu einer Wiederheirat tendieren als Frauen. Darauf weist auch der Anteil der verwitweten und geschiedenen Männer und Frauen an der Gesamtbevölkerung hin, der je nach Geschlecht große Differenzen aufweist. So waren 1994 9,3% der Frauen in städtischen Regionen verwitwet und nicht wiederverheiratet, aber nur 1,0% der Männer (Land 7,9% versus 1,3%). Zur selben Zeit waren in der Stadt 1,7% aller Frauen und 0,5% aller Männer geschiedenen und nicht wiederverheiratet (Land 0,8% versus 0,3%).[48]

Während der Anteil der ledigen Bevölkerung zwischen 1975 und 1989 insgesamt abnahm, machte sich auf die Gruppe der 15- bis 34jährigen bezogen ein Umkehrtrend bemerkbar. Ihre Zahl nahm in diesem Zeitraum kontinuierlich zu, was einen Abwärtstrends bei frühen Eheschließungen markiert. Eklatant ist diese Entwicklung bei den 19- bis 20-Jährigen, wo sich der Anteil der unverheirateten Männer um fast 50% erhöhte (von 42,7% auf 63,0%) und der der Frauen sogar mehr als verdoppelte (von 14,5% auf 32,3%).[49] Da sich aber der Anteil der dauerhaft Ledigen an der Gesamtbevölkerung Schätzungen zufolge nur zwischen 1,5% und 2% bewegt, kommt *Mahfoudh* zu dem Schluß, daß das Unverheiratetsein weniger als Gegenentwurf zur Ehe von Bedeutung ist, sondern als Verlängerung der Wartezeit bis zur ersten Ehe zu verstehen sei.[50] Bemerkenswert ist, daß sich diese Tendenz auch auf die ländlichen Regionen Tunesiens auszudehnen scheint.[51] Verantwortlich hierfür sind in erster Linie die zunehmende Emigration der männlichen Bevölkerung, aber auch soziale Benachteiligungen von Mädchen, die in einem erschwerten Zugang zur Erwerbsarbeit und mangelnder finanzieller Eigenständigkeit ihren Ausdruck finden.[52]

[48] INS, Recensement Général de la Population et de l'Habitat 1994. Principales caractéristiques démographiques de la population, 09/1995, S. 24.
[49] CREDIF (Hrsg.), Femmes de Tunisie, Tab. 8, S. 49.
[50] Mahfoudh, Conjugalité, S. 78.
[51] Unverheiratet waren 1989 36,2% der weibl. Landbevölkerung über 14 Jahre (Stadt 33,8%) und 44,4% der männl. Landbevölkerung über 14 Jahre (Stadt 45,3%). INS, Enquête National Population-Emploi 1989, Vol. national, S. 29.
[52] CREDIF (Hrsg.), Femmes rurales, S. 45.

3.3 Anstieg und Angleichung des Heiratsalters

Während vor der Einführung eines gesetzlichen Mindestheiratsalters im Jahre 1956 die Verheiratung sehr junger Mädchen keine Seltenheit war, ist seither ein deutlicher Anstieg des Heiratsalters zu verzeichnen. Die Tendenz, den Zeitpunkt der Erstheirat hinauszuzögern, macht sich seit Jahren sowohl bei Männern als auch bei Frauen bemerkbar, betrifft alle Altersgruppen und gilt für städtische wie ländliche Regionen. Einen groben Überblick über die Entwicklung der Heiratsalters während der letzten Jahrzehnte gibt die ONFP-Publikation d. J. 1991. Ihrzufolge betrug das Durchschnittsheiratsalter zum Zeitpunkt der Eheschließung 1956 19,5 Jahre, 1965 21,5 Jahre, 1975 22 Jahre und 1984 23,5 Jahre.[53] Geschlechtsspezifische Unterschiede verdeutlichen Erhebungen des *Institut National de la Statistique* (INS), wonach das Heiratsalter der Frauen allein zwischen 1988 und 1995 von 24,7 auf 25,6 Jahre anstieg, das der Männer im gleichen Zeitraum sogar von 29,8 auf 31,7 Jahre.[54]

Tab. 5: Durchschnittliches Alter zum Zeitpunkt der ersten Eheschließung

	1988	1989	1992	1993	1994	1995
Männer	29,8	30,0	30,4	30,8	31,4	31,7
Frauen	24,7	24,4	24,5	24,9	25,4	25,6

Quelle: INS, Annuaire Statistique de la Tunisie, Bd. 39, Tunis 1996, S. 48.

Todd betrachtet den Anstieg des Heiratsalters als ein durch Alphabetisierung, Urbanisierung und einen umfassenden Wandel ökonomischer Rahmenbedingungen und sexueller Verhaltensweisen begünstigtes Phänomen der Moderne.[55]

Für Tunesien lassen sich bezüglich des Durchschnittsheiratsalters neben geschlechtsspezifischen Unterschieden vor allem Abweichungen in Abhängigkeit von regionaler Herkunft und Bildungsgrad nachweisen. Grundsätzlich ist die Bereitschaft zur frühen Eheschließung auf dem Land stärker ausgeprägt als in der Stadt. Statistiken weisen für 1988 ein Durchschnittsheiratsalter von Frauen aus,

---

[53] ONFP (Hrsg.), La Famille en Tunisie, S. 19.
[54] INS, Annuaire Statistique de la Tunisie, Bd. 39, 1996, S. 48.
[55] Todd, Planète, S. 170.

das in ländlichen Gebieten 20,3 Jahre und in Städten 21,8 Jahre beträgt, also um 1,5 Jahre differiert.[56] Daß Ehen auf dem Land durchschnittlich früher als in der Stadt geschlossen werden, bestätigt auch die Bevölkerungs- und Beschäftigungsstudie des INS von 1989. Ihrzufolge lag der Anteil der unter 17jährigen an der Gesamtheit der verheirateten Frauen mit 8,5% auf dem Land höher als in den Städten, wo er 7,76% betrug. Dieser Trend setzt sich in der Gruppe der 20jährigen fort. So waren in den städtischen Regionen 4,87%, in ländlichen Gebieten dagegen 6,32% der verheirateten Frauen erst 23 Jahre alt.[57]

Auch die Schulbildung scheint einen wesentlichen Einfluß auf das Heiratsverhalten zu haben. Eine Untersuchung des ONFP d. J. 1988 ergab, daß Frauen, die nur die Grundschule besucht haben, 1,3 Jahre früher, Frauen ohne Schulbildung sogar 3,4 Jahre früher als ihre Geschlechtsgenossinnen mit Sekundarschulbildung[58] heiraten.[59] Daß das Bildungsniveau unmittelbar auf das Heiratsverhalten wirkt, bestätigt auch eine Studie über das Berufs- und Familienleben von Universitätsdozentinnen, die *Mahfoudh* 1981 vorlegte. Sie kommt zu dem Schluß, daß sich bei Frauen mit Hochschulabschluß eine deutliche Verschiebung der Prioritäten bemerkbar macht. Die Ehe wird nicht mehr als erstes und übergeordnetes Lebensziel gesehen, so daß selbst bei solchen Frauen, die während des Studiums Kinder zur Welt bringen, die Zukunft auf Ausbildung und Berufstätigkeit konzentriert bleibt.[60] Eine direkte Folge des Anstieges des Heiratsalters ist das Hinauszögern der Mutterschaft. Während tunesische Frauen 1966 mit durchschnittlich 22 Jahren

---

[56] Vgl. dazu CREDIF (Hrsg.), Femmes de Tunisie, S. 50; ONFP (Hrsg.), La Famille en Tunisie, S. 19.

[57] INS, Enquête Nationale Population-Emploi 1989, Vol. national, S. 36.

[58] Die Grundschulzeit dauert in Tunesien 6 Jahre (Primarbereich). Auf sie folgte bis 1989 eine dreijährige Mittelschulausbildung oder eine Gymnasialzeit, die nach sechs Jahren mit einem Diplom oder Zertifikat bzw. nach sieben Jahren mit dem Abitur endete (Sekundarbereich). Das Abitur ermöglicht den Besuch der Universität (Tertiärbereich). Der Schulbesuch ist in Tunesien kostenlos. Seit der 1989 eingeleiteten Bildungsreform ist die mindestens 9 Jahre dauernde Mittelschullaufbahn obligatorisch. Der Sekundarbereich wurde strukturell verändert, vor allem durch den Ausbau eines neuen technischen und ökonomisch-administrativen Zweiges. Vgl. dazu Kefi, L'éducation, S. 22 ff.

[59] Zit. nach ONFP (Hrsg.), La Famille en Tunisie, S. 19 f. und CREDIF (Hrsg.), Femmes de Tunisie, S. 50.

[60] Mahfoudh, Femmes universitaires, S. 199. *Mahfoudh* befragte im Rahmen ihrer Studie fünfzehn zufällig ausgewählte Frauen mit Universitätslaufbahn zu den Themen „Arbeit und Familie", „Schul- bzw. Berufsausbildung und Arbeitsbedingungen" sowie „erlebte Diskriminierungen und Forderungen".

Mutter wurden, lag das Durchschnittsalter bei der Geburt des ersten Kindes 1994 bei 28 Jahren.[61]

Führt man sich vor Augen, daß vor der Festsetzung eines gesetzlichen Mindestheiratsalters im Jahre 1956 die Verheiratung sehr junger Mädchen keine Seltenheit war, so kann die bis heute erreichte Entwicklung insgesamt als bemerkenswert bezeichnet werden. Dies gilt auch bezüglich des durchschnittlichen Altersabstandes der Ehepartner, der sich in den vergangenen Jahren kontinuierlich verkleinert hat: von 7,6 Jahren i. J. 1966, auf 5,5 Jahre i. J. 1975 und 4,6 Jahre i. J. 1984.[62] *Mahfoudh* äußert in der o. g. Studie die Überzeugung, daß der Altersabstand zwischen Ehepartnern für die Beurteilung der Stellung der Frau in der Ehe, ihre Gleichberechtigung oder Unterordnung einen besseren Anhaltspunkt biete als das Heiratsalter.[63] Ausgehend von der Minderwertigkeit der Frau in patriarchalischen Gesellschaften, die u. a. in einem bedeutend höheren Alter des Ehemannes ihren Ausdruck finde, kommt sie zu dem Schluß, daß die Verringerung des Altersabstandes zwischen Ehemann und –frau nicht nur ein Zeichen der Moderne sei, sondern auch auf einen tiefgreifenden Wandel des Heiratsverhaltens und der gesellschaftlichen Stellung der Frau hinweise. Diese These sieht sie durch die Tatsache untermauert, daß die von ihr befragten Dozentinnen einen Altersabstand zu ihren Ehemännern haben, der nochmals durschnittlich zwei Jahre unter dem Landesdurchschnitt liegt.[64]

Die Altersdifferenz zwischen Männern und Frauen zum Zeitpunkt der Eheschließung erklärt sich nur zu einem Teil aus dem gesetzlichen Mindestheiratsalter, das für Männer und Frauen unterschiedlich ist.[65] Wesentlich ist vielmehr, daß die mit einer Ehe verbundene finanzielle Verantwortung besonders bei Männern eine spätere Eheschließung begünstigt, während Frauen ihrem Heiratswunsch in der Regel schon in jüngeren Jahren nachgehen. Hinzu kommt, daß dem jugendlichen Alter der Braut von Seiten der Männer traditionsbedingt eine wichtige Rolle

---

[61] M.A.F.F. (Hrsg.), Droits de la femme, Tab. S. 31.
[62] ONFP (Hrsg.), La Famille en Tunisie, S. 20.
[63] Mahfoudh, Femmes universitaires, S. 199.
[64] Mahfoudh, Femmes universitaires, S. 199.
[65] Zur Erinnerung: In Tunesien beträgt das gesetzliche Mindestheiratsalter für Mädchen 17 Jahre, für Jungen 20 Jahre (Art. 5 CSP).

beigemessen wird. Eine Erhebung d. J. 1980 zeigt deutlich, daß die Bereitschaft tunesischer Männer, Frauen der gleichen Altersgruppe zu heiraten, mit Anfang zwanzig am stärksten ausgeprägt ist, daß sich mit zunehmendem Alter in der Regel aber der Altersabstand zur Braut vergrößert, und schließlich Eheschließungen älterer Männer mit drei Jahrzehnten jüngeren Ehefrauen keine Seltenheit darstellen.[66] Ein umgekehrter Trend ist dagegen bei der Partnerwahl von Frauen zu beobachten. Mit zunehmendem Alter und Bildungsniveau verstärkt sich bei ihnen offenbar die Tendenz, einen Mann der gleichen Altersgruppe zu heiraten. Unter Frauen der höheren Bildungsschicht heiratet man immer seltener seinen Nachbarn, man neigt vielmehr dazu, seinen Kommilitonen oder Arbeitskollegen zum Mann zu nehmen.[67]

3.4 Entwicklung der Scheidungsraten

Die Frage danach, ob die Einführung des kodifizierten Scheidungsrechts eine größere Gleichstellung zwischen den Geschlechtern gebracht hat, wird gerne mit Blick auf Scheidungsstatistiken beantwortet. Dabei besteht jedoch stets die Gefahr einer Überbewertung oder gar Fehlinterpretation quantitativer Entwicklungen, wie die Einschätzung eines tunesischen Autors zeigt:

„Die Ehescheidung ist in den Augen einer entwurzelten Jugend nicht mehr der verabscheuenswürdigste Akt ... das Image der Ehescheidung, ihre Bedeutung haben sich verändert ... sie nimmt in beängstigendem Tempo zu.“[68]

Daß die Statistiken in den Jahren nach dem Erlaß des CSP einen eklatanten Anstieg der Scheidungsraten auswiesen und das moderne Scheidungsrecht zunehmend in die öffentliche Kritik geriet, wurde 1983 zum Anlaß für eine breit

---

66 In absoluten Zahlen heirateten in Tunesien im Jahre 1980 20jährige Männer am häufigsten Frauen von 17 Jahren, 30jährige Männer 19- und 20jährige Frauen, 40jährige Männer 22jährige Frauen, 50-54jährige Männer 30-34jährige Frauen, und 60-64jährige Männer ebenfalls 30-34jährige Frauen. Hmed/Hermassi, Divorce, Tab. Anh. Nr. 12,S. 113 f.

67 Vgl. dazu Mahfoudh, Femmes universitaires, S. 199 f.

68 Sahli, Couple, S. 124 f.

angelegte Studie über die Ehescheidung in Tunis genommen.[69] Ihr folgten später eine Anzahl empirischer Untersuchungen, von denen der überwiegende Teil das Thema Ehescheidung aber nur am Rande streifte. Nach Ansicht einer renommierten tunesischen Soziologin scheint das Phänomen der Ehescheidung in Tunesien selbst bei der größten Frauenorganisation[70] auf Desinteresse zu stoßen, denn Vorstöße zu einer umfassenden Untersuchung dieses Themas habe es in neuerer Zeit weder von ihr noch von anderer Seite gegeben.[71] Den Grund für die fehlende finanzielle Förderung entsprechender Projekte sieht eine andere namhafte Soziologin in der Angst, eine Bilanz der gegenwärtigen gesellschaftlichen Lage zu ziehen.[72] Die sich anschließenden Ausführungen stützen sich sodann auch ausschließlich auf die Ergebnisse der o.g. Studie von *Hmed/Hermassi* sowie auf neueres statistisches Zahlenmaterial, das nur vereinzelt zum Ausgangspunkt vorsichtiger Interpretationen genommen wird.

Die Statistik weist für die ersten drei Jahrzehnte seit Bestehen des tunesischen Personenstandsgesetzes einen eklatanten Anstieg der absoluten Scheidungszahlen aus (von 830 i. J. 1957 auf 12.154 i. J. 1990/91). Nach einem leichten Rückgang der Ehescheidungen seit Anfang der neunziger Jahre (auf 7505 i. J. 1994) ist seither wieder ein Anstieg zu verzeichnen. 1996 wurden in Tunesien 9.283 Ehen geschieden.

---

[69] Hmed, A.-M./Hermassi, A., Le divorce dans la région de Tunis, Evolution et aspects psycho-sociologiques, Tunis 1983. Die Studie beinhaltet neben der Auswertung statistischen Materials auch einen empirischen Teil, für den Gespräche mit Richtern und Anwälten sowie mit 25 zufällig ausgewählten Frauen und Männern mit Scheidungserfahrung geführt wurden.

[70] Gemeint ist die *Union Nationale de la Femme Tunisienne* (UNFT).

[71] *Su'ād Raǧab* im Gespräch mit der Autorin im April 1995 in Tunis.

[72] *'Azīza Darġūṯ Mdīmaġ* im Gespräch mit der Autorin im März 1995 in Tunis.

Tab. 6: Anzahl der in Tunesien in erster Instanz geschiedenen Ehen im Zeitraum 1957-1996

Jahr	1957	1960	1963	1969
geschiedene Ehen	830	4.695	5.592	3.368
Jahr	1972	1975	1980	1982
geschiedene Ehen	4.612	6.296	7.502	6.449
Jahr	1986	1988	1991	1992
geschiedene Ehen	6.640	10.935	12.154	10.577
Jahr	1994	1995	1996	
geschiedene Ehen	7.505	7.738	9.283	

Quelle: Hmed/Hermassi, Divorce, Tab. Annexe Nr. 1, S. 101 sowie eigene Berechnungen nach Statistiken des INS 1986-1996.

Im Rahmen ihrer Scheidungsstudie weisen *Hmed/Hermassi* zu Recht darauf hin, daß jede Beurteilung statistischer Entwicklungen, sofern sie sich ausschließlich auf absolute Zahlen stützt, schlichtweg zu falschen Ergebnissen führt; vielmehr muß das Phänomen der Ehescheidung in Abhängigkeit verschiedener anderer Indikatoren gesehen werden.[73] Hilfreich ist in diesem Zusammenhang die Ermittlung und Gegenüberstellung der jährlichen Scheidungsraten unter Bezug auf die Gesamtbevölkerung.[74]

Auf diese Weise ergibt sich für die Jahre 1963 bis 1996 das folgende Bild:

---

[73] Hmed/Hermassi, Divorce, S. 7 f.

[74] Scheidungsrate unter Bezug auf die Gesamtbevölkerung (in ‰):

$$\frac{\text{Anzahl der Geschiedenen (=Scheidungen x 2) x 1000}}{\text{Gesamtbevölkerung.}}$$

Tab. 7: Entwicklung der Scheidungsrate unter Bezug auf die Gesamtbevölkerung von 1963-1996

Jahr	Ehescheidungen	Gesamtbevölkerung	Scheidungsrate
1963	5.592	4.368.000	2,56 ‰
1970	3.974	5.074.000	1,56 ‰
1975	6.296	5.611.400	2,24 ‰
1982	6.047	6.565.500	1,84 ‰
1984	7.300	6.975.400	2,09 ‰
1989	12.695	7.909.600	3,21 ‰
1991	12.154	8.222.000	2,95 ‰
1994	7.507	8.785.800	1,70 ‰
1996	9.283	9.100.000	2,04 ‰

Quellen: Statistiken des INS 1963-1996 nach eigener Zusammenstellung sowie Nahost-Jahrbuch 1997, S. 166.[75]

Von einer beängstigenden Zunahme der Ehescheidungen kann mit Blick auf die Scheidungsraten nicht die Rede sein. Im Gegenteil: das 1963 zu verzeichnende Niveau von 2,56‰ wird über 20 Jahre lang nicht mehr erreicht. Erst 1989 steigt die Scheidungsrate mit 3,21‰ auf ihren bisherigen Höhepunkt. Nach einem deutlichen Rückgang auf 1,7 ‰ i. J. 1994 stieg sie in der zweiten Hälfte der neunziger Jahre wieder leicht an und lag 1996 bei etwas über 2 ‰ – eine Entwicklung die wenig geeignet ist, eine Wechselbeziehung zwischen der Reformierung des Scheidungsrechts im Jahre 1993 und einer höheren Scheidungsbereitschaft von Frauen nachzuweisen.

Aufschluß über quantitative Entwicklungen im Bereich der Ehescheidung gibt darüber hinaus der Vergleich der Scheidungszahlen eines Jahres mit der Zahl der Eheschließungen im selben Jahr. *Hmed/Hermassi* kommen für den Zeitraum von 1960-1980 zu dem Ergebnis, daß sich die Zahl der Ehescheidungen sehr viel langsamer entwickelt, als die der Eheschließungen: 1960 kommt etwa eine Ehescheidung auf 5 Eheschließungen, 1970 ist das Verhältnis ca. 1:9, zehn Jahre später

[75] Die Bevölkerungszahl für 1996 wurde der letztgenannten Publikation entnommen und ist dort nur auf 100.000 Einwohner genau.

1:7.[76] Das Verhältnis Ehescheidungen zu Eheschließungen bleibt bis Mitte der neunziger Jahre relativ stabil. Es liegt 1986 bei ca. einer Ehescheidung zu 7 Eheschließungen, 1990 bei ca. 1:5, 1993 wieder bei ca. 1: 7 und 1995 ebenfalls bei ca. 1:7.[77] Die Ehescheidung in Tunesien entwickelt sich also auch nach dieser Berechnungsmethode nicht in alarmierendem Tempo. Vielmehr wird ein verhältnismäßig stabiles Niveau gehalten.

Zur Absicherung ihrer Erkenntnisse zeigen *Hmed/Hermassi* für den Zeitraum 1966 bis 1980 zusätzlich die auf den Umfang der verheirateten Bevölkerung bezogenen Scheidungsraten auf,[78] denn *„nur verheiratete Personen können sich letztlich auch scheiden lassen."*[79] Dabei kommen sie zu dem Ergebnis, daß 1966 ca. 5 Geschiedene auf 1000 Verheiratete kommen, daß das Verhältnis 1975 ca. 7:1000 ist und 1980 ca. 6:1000, der Anteil der Geschiedenen an der Gesamtzahl der Verheirateten in der Bevölkerung also durchweg als niedrig zu bezeichnen ist.[80]

Dennoch werden Fachleute nicht müde, der tunesischen Familie *den „Verlust ihrer sozialen und kulturellen Rolle"* vorauszusagen und eine *„Krise familiärer Beziehungen"* zu beklagen.[81] Die in den letzten Jahren immer wieder aufflammenden Diskussionen über einen vermeintlichen Anstieg der Ehescheidungen in Tunesien[82] entbehren aber, wie deutlich wurde, einer statistisch gesicherten Grundlage. Um in *Hmed/Hermassis* Worten zu sprechen: *„Alarmierend sind nicht die Scheidungsraten, sondern die öffentliche Meinung, die von Vorurteilen und einem Widerwillen gegenüber jeglichem Wandel, insbesondere dem der Frauenrolle, geprägt ist."*[83] Es muß außerdem gesehen werden, daß Männer nach wie vor

---

[76] Hmed/Hermassi, Divorce, S. 8.

[77] Eigene Berechnungen nach Statistiken des INS der Jahre 1989-1996. Es wurden für 1986 6640 Ehescheidungen und 47619 Eheschließungen, für 1990 12197 Ehescheidungen und 55612 Ehe schließungen, für 1993 7941 Ehescheidungen und 54120 Eheschließungen und für 1995 7738 Ehescheidungen und 53726 Eheschließungen zugrundegelegt.

[78] Scheidungsrate unter Bezug auf die verheiratete Bevölkerung in ‰:

$$\frac{\text{Anzahl der Geschiedenen (=Scheidungen x 2) x 1000}}{\text{verheiratete Bevölkerung.}}$$

[79] Hmed/Hermassi, Divorce, S. 9.

[80] Hmed/Hermassi, Divorce, S. 10.

[81] Tunesischer Soziologe im Interview, zit. nach Al-Ġālī, „dār ǧawād", S. 20.

[82] Vgl. dazu auch al-Ǧadī'ī, Ḥaqā'iq, S. 12.

[83] Hmed/Hermassi, Divorce, S. 11 f.

häufiger als Frauen von ihrem Recht auf Ehescheidung Gebrauch machen. Wenn der Anteil der geschiedenen Frauen an der Gesamtbevölkerung höher als der Anteil der geschiedenen Männer liegt, so ist dies einzig auf den Umstand zurückzuführen, daß die Aussichten geschiedener Frauen auf eine Wiederheirat schlechter sind als die geschiedener Männer. Während diese Chancenungleichheit auf dem Land durch eine noch weitgehend intakte Sozialstruktur abgefangen wird, ist sie in städtischen Gegenden besonders augenfällig: 1994 waren in ländlichen Gebieten 0,3% aller Männer und 0,8% aller Frauen geschieden, in der Stadt dagegen 0,5% aller Männer und 1,7%! aller Frauen.[84]

3.5 Scheidungsinitiative und Scheidungsarten

Zur Beurteilung eines von der öffentlichen Meinung prognostizierten neuen, respektive offensiveren Scheidungsverhaltens von Frauen ist die bloße Betrachtung von Scheidungshäufigkeiten also weniger geeignet. Interessanter scheint dagegen die Beschäftigung mit der Scheidungsinitiative. Da die Ehescheidung grundsätzlich von einem der beiden Ehegatten eingereicht werden kann, liegt zunächst die Frage nahe, in welchem Maße Männer und Frauen auf diese Möglichkeit zurückgreifen.

Tab. 8: Anzahl der Ehescheidungen nach Antragsteller 1979-1990

Jahr	Ehescheidungen auf Antrag der Frau	Ehescheidungen auf Antrag des Mannes	gesamt
1979	2.952	4.515	7.467
1980	1.525	3.747	5.272
1981	1.790	3.807	5.597
1983	1.694	4.808	6.502
1984	2.020	5.280	7.300
1986	1.561	5.079	6.640
1988	2.511	7.884	10.395
1990	2.888	9.309	12.197

Quelle: Našriyyat al-'iḥṣā'iyyāt al-qaḍā'iyya 1978/79-1990 nach eigener Zusammenstellung.

[84] INS (Hrsg.), Recensement Géneral de la Population et de l'Habitat 1994, S. 24.

Die Statistik bescheinigt Männern eine durchweg höhere Scheidungsinitiative als Frauen. Reichten 1980/81 noch etwas mehr als doppelt so viele Männer wie Frauen die Scheidung ein (3807:1790), so machten 1982/83 fast dreimal so viele Männer wie Frauen von ihrem Recht auf Ehescheidung Gebrauch (4808:1694). Ende der achtziger und Anfang der neunziger Jahre verschiebt sich diese Relation trotz eines sprunghaften Anstieges der absoluten Scheidungszahlen kaum. Im Gegenteil: Das Verhältnis männlicher zu weiblicher Scheidungsanträge liegt bei „stabilen“ 3:1. Die Scheidungsinitiative von Frauen ist auch bei Betrachtung der absoluten Anzahl weiblicher Scheidungsanträge als eher gering einzustufen. Das Niveau von 1979, als 2952 Frauen die Scheidung einreichten, wird annähernd erst Anfang der neunziger Jahre wieder erreicht. 1990 gingen 2888 Scheidungsanträge von Frauen aus. Setzt man diese in absoluten Zahlen auszumachende Stagnation der weiblichen Scheidungsinititiative in Beziehung zur Bevölkerungsentwicklung (von 6,369 Mio. i. J. 1980 auf 8,222 Mio. i. J. 1991), so kann sogar von einer Abnahme der Scheidungsbereitschaft bei Frauen gesprochen werden.

Sinnvoll erscheint es auch, einen Blick auf die von Männern und Frauen präferierten Arten der Ehescheidung zu werfen. Wir erinnern uns, daß es nach Art. 31 CSP unterschiedliche Arten der Ehescheidung gibt:

1. Die Ehescheidung in beiderseitigem Einvernehmen,
2. die Ehescheidung aufgrund einer erlittenen Schädigung und
3. die einseitige, unbegründete Ehescheidung.

Bezüglich der gewählten Scheidungsarten weist die Statistik über Jahre hinweg eklatante Unterschiede aus, je nachdem ob der Antragsteller männlichen oder weiblichen Geschlechts ist. Die Entwicklung der von Männern und Frauen beantragten Scheidungsarten im Zeitraum 1981 bis 1990 drückt sich in Zahlen folgendermaßen aus:

Tab. 9: Ehescheidungen nach Antragstellern und Scheidungsarten

Jahre		80-81		81-82		82-83		83-84	
Männer	Einvernehmen	1.287	33,81%	995	32,87%	2.092	43,51%	2.349	44,49%
	Schädigung	258	6,78%	320	10,57%	402	8,36%	415	7,86%
	Willkür	2.262	59,42%	1.712	56,56%	2.314	48,13%	2.516	47,65%
	gesamt	3.807	100%	3.027	100%	4.808	100%	5.280	100%
Frauen	Einvernehmen	522	29,16%	292	28,13%	557	32,88%	777	38,47%
	Schädigung	208	11,62%	178	17,15%	271	16,00%	306	15,15%
	Willkür	1.060	59,22%	568	54,72%	866	51,12%	937	46,39%
	gesamt	1.790	100%	1.038	100%	1.694	100%	2.020	100%

Jahre		84-85		85-86		87-88		89-90	
Männer	Einvernehmen	2.344	44,34%	2.179	42,90%	3.458	43,84%	3.984	42,80%
	Schädigung	419	7,93%	424	8,35%	706	8,95%	811	8,71%
	Willkür	2.523	47,73%	2.476	48,75%	3.722	47,21%	4.514	48,49%
	gesamt	5.286	100%	5.079	100%	7.886	100%	9.309	100%
Frauen	Einvernehmen	751	44,94%	685	43,88%	1.160	46,20%	1.240	42,94%
	Schädigung	209	12,51%	209	13,39%	267	10,63%	403	13,95%
	Willkür	711	42,55%	667	42,73%	1.084	43,17%	1.245	43,11%
	gesamt	1.671	100%	1.561	100%	2.511	100%	2.888	100%

Quelle: Našriyyat al-'iḥṣā'iyyāt al-qaḍā'iyya 1980/81-1989/90 nach eigener Zusammenstellung.

Die Ehescheidung aufgrund einer erlittenen Schädigung ist bei Männern und Frauen die am seltenste gewählte Art der gesetzlichen Eheauflösung. Dies muß auf den Umstand zurückgeführt werden, daß ein durch den Ehegatten erlittener Nachteil vor Gericht zweifelsfrei nachgewiesen werden muß und in Ermangelung eindeutiger Beweise häufig eine unbegründete oder einvernehmliche Ehescheidung bevorzugt wird. Dennoch waren Frauen im betrachteten Zeitraum im Durchschnitt häufiger als Männer in der Lage, vor Gericht eine Scheidungsklage wegen Schädigung durchzusetzen: Der Anteil der von Männern eingereichten Ehescheidungen infolge eines erlittenen Nachteils bewegte sich in der Regel im einstelligen Prozentbereich (mit Ausnahme d. J. 1982, als er 10,57% betrug), der der Frauen dagegen in einer Spanne von 11,62% (i. J. 1981) bis 17,15% (i. J. 1982). Die unbegründete Ehescheidung scheint insbesondere bei Männern die bevorzugte Art der Trennung zu sein. Über den gesamten Betrachtungszeitraum hinweg dominierte diese Scheidungsform bei den männlichen Antragstellern. Fast genauso häufig aber konnten Männer ihre Frauen von einer einvernehmlichen Scheidung überzeugen. Der Anteil der von Männern eingereichten Ehescheidungen im beiderseitigen Einverständnis lag von 1983 bis 1990 durchweg nur knapp unterhalb dem Anteil an unbegründeten Ehescheidungen. 1983 führten bei den männlichen Antragstellern 43,51% der Anträge zu einer einvernehmlichen Ehescheidung und 48,13% zu einer unbegründeten Ehescheidung; bei nur 8,36% der Anträge wurde eine erlittene Schädigung geltend gemacht. Die von Männern gewählten Arten der gesetzlichen Eheauflösung blieben bis 1990 in ihrer Rangfolge nahezu unverändert. 1990 erfolgten 42,80% der auf einen männlichen Antragsteller zurückgehenden Ehescheidungen in beiderseitigem Einverständnis und 48,49% ohne Angabe von Gründen, während in 8,71% der Fälle eine Schädigung nachgewiesen werden konnte. Auch bei den weiblichen Antragstellern spielte die unbegründete Ehescheidung im angegebenen Zeitraum eine wichtige Rolle. Führten zwischen 1981 und 1983 noch über die Hälfte aller weiblichen Scheidungsanträge zu dieser Art der Trennung, so hat die Ehescheidung ohne Geltendmachung von Gründen bis 1990 etwas an Gewicht verloren; offensichtlich zugunsten der einvernehmlichen Trennung, zu der Frauen ihre Männer insbesondere seit 1985 in durchweg über 40% der Fälle überzeugen konnten, womit sich vor allem der Anteil der Ehescheidungen im gegenseitigen Einvernehmen bei männlichen und weiblichen Antragstellern die Waage hält.

3.6 Sozio-ökonomische Charakteristika Geschiedener

Der sozio-ökonomische Hintergrund geschiedener Männer und Frauen in Tunesien wurden wissenschaftlich bisher nur von *Hmed/Hermassi* untersucht, und dies ausschließlich mit Blick auf die Jahre 1962 und 1982. Die wichtigsten Ergebnisse für das Jahr 1982 sind zusammengefaßt:

1. <u>Das Alter zum Zeitpunkt der Ehescheidung</u>: 65% der Frauen waren jünger als 30 Jahre und 55% der Männer jünger als 35 Jahre. Frauen ließen sich am häufigsten zwischen 25 und 29 Jahren scheiden, Männer zwischen 25 und 34 Jahren.

2. Der Altersabstand bei Geschiedenen Ein großer Altersabstand zwischen Ehegatten wirkt sich begünstigend auf eine spätere Ehescheidung aus; 20% der geschiedenen Männer waren über zehn Jahre älter als ihre Frau. Ist die Frau älter als der Mann, so ergreift der Mann häufiger als die Frau die Initiative zur Ehescheidung.

3. Das Heiratsalter von Geschiedenen: Frauen hatten durchschnittlich mit 24 Jahren, Männer mit 30,5 Jahren geheiratet. Da das durchschnittliche Heiratsalter 1980 allein für Frauen bei 22 lag, bestätigte sich kein Kausalzusammenhang zwischen frühem Heiratsalter und späterer Ehescheidung.[85]

4. Dauer der Ehe zum Zeitpunkt der Ehescheidung: Die meisten Ehescheidungen erfolgten bereits nach relativ kurzer Ehedauer. Durchschnittlich wurden Ehen nach 6 Jahren und einem Monat geschieden.

5. Art der Ehescheidung in Abhängigkeit von Ehejahren: Ein Zusammenhang zwischen Scheidungsart und Ehedauer kristallisierte sich nur für die einvernehmliche Ehescheidung heraus, die bevorzugt nach kurzer Ehedauer als Scheidungsmodus gewählt wird. (58% der Ehen, die jünger als drei Jahre alt waren).

6. Ehescheidung und früherer Familienstand: Die Eheschließung mit einem Nicht-Ledigen (Witwe/r oder Geschiedene/r) erhöht das Risiko einer Ehescheidung. Die Wahrscheinlichkeit einer Ehescheidung ist vor allem bei solchen Personen groß, die vor der Ehe schon einmal geschieden wurden.

7. Geographische Herkunft als Scheidungsgrund: Eine unterschiedliche geographische Herkunft (Ehe zwischen Städtern und emigrierten Landbewohnern) erhöht das Risiko einer Ehescheidung.

8. Ehescheidung und sozioökonomische Herkunft: Die Ehescheidung ist ein schichtübergreifendes Phänomen. Es konnte kein Zusammenhang zwischen

[85] So z.B. unterstellt von Sahli, Couple, S. 125.

der Scheidungsinititative von Frauen und ihrer Berufstätigkeit nachgewiesen werden.[86]

[86] Hmed/Hermassi, Divorce, S. 23-34.

II. Ehe und Ehescheidung im Konflikt traditioneller und moderner Wertvorstellungen

1. Das patriarchalische Modell in der gesellschaftlichen Akzeptanz

Vor dem Hintergrund einer weitgehend egalitären Gesetzgebung stellt sich die Frage, inwiefern moderne Gesetze ihren Niederschlag im gesellschaftlichen Bewußtsein finden. Ein wichtiger Gradmesser für einen vermeintlichen Wandel der Mentalitäten ist die Einstellung gegenüber der Frau, ihrer gesellschaftlichen und familiären Rolle, ihren Rechten, Pflichten und Kompetenzen.

Da die Verinnerlichung geschlechtsspezifischer Wert- und Rollenzuweisungen bereits in frühester Kindheit beginnt, erscheint es zunächst sinnvoll, einen Blick auf die in Tunesien verbreiteten Erziehungsgrundsätze zu werfen.

1.1 Aspekte einer geschlechtsspezifischen Erziehung

In der traditionellen tunesischen Gesellschaft war der soziale Stellenwert von Mädchen stets geringer als der von Jungen. Die Erziehung war vor allem darauf gerichtet, aus Mädchen ehrbare, folgsame Ehefrauen und aus Jungen selbstbewußte, führungsstarke Ehemänner zu machen.[87] Eine Umfrage d. J. 1981 legte die Folgen einer stark diskriminatorischen Kindererziehung offen: 45% der damals befragten Tunesierinnen und Tunesier gaben an, daß in ihren Herkunftsfamilien die Jungen den Mädchen vorgezogen worden seien.[88] Die Hälfte aller Männer nahmen eigenen Angaben zufolge ihre Mahlzeiten in Abwesenheit der weiblichen Familienmitglieder ein, eine Tradition, derzufolge das Essen zwar von Frauen zubereitet und serviert, jedoch strikt nach Geschlechtern getrennt zu sich genommen wird; fast alle Männer erklärten, in ihrer Jugend über außerhäusliche Aktivi-

---

[87] Zur Mädchenerziehung in der traditionellen islamischen Gesellschaft vgl. auch Kapitel 1, I, 1.2.1 der vorliegenden Arbeit.

[88] *Zamiti-Horchani* (Tunisiennes, S. 183) unter Bezug auf eine von der UNFT im Jahre 1981 durchgeführte Studie.

täten nie Rechenschaft abgegeben zu haben, während Frauen alle Unternehmungen begründen mußten.[89] Die Erziehung zu rollenkonformem Verhalten begann für Mädchen schon früh. 84% der befragten Frauen wurden schon als kleine Kinder mit Hausarbeiten betraut, aber nur 5% der Männer.[90] An dieser Ungleichbehandlung hat sich bis heute nichts Wesentliches geändert. Einen Hinweis darauf gibt die M.A.F.F./Unicef-Studie d. J. 1993, derzufolge Eltern bei Jungen und Mädchen unterschiedlichen Eigenschaften Priorität einräumen: Während von Mädchen Gehorsam gegenüber den Eltern und später dem Ehemann gefordert wird, erwarten Mütter und Väter von ihren Söhnen in hohem Maße Selbstbewußtsein und Eigenständigkeit.[91] *Ben Miled* kommt in ihrer 1988 veröffentlichten Studie über Erziehungsprinzipien berufstätiger Frauen zu dem Ergebnis, daß die Tendenz zur Besserbehandlung von Jungen in vielen Familien fortbesteht, die äußeren Zeichen der Diskriminierung aber stark abgemildert sind; so werde zwar der Geburt von Söhnen weiterhin besondere Bedeutung beigemessen, eine Vorzugsbehandlung von Jungen beim Stillen oder der medizinischen Versorgung sei heute aber nicht mehr erkennbar.[92] Überhaupt scheint bei Eltern der jüngeren Generation der ausdrückliche Wunsch nach einem Jungen nicht mehr in der Form gegeben zu sein wie früher. Eine Studie der UNFT über das Frauenbild in der tunesischen Gesellschaft legte 1995 offen, daß nur 12,6% der Eltern lieber einen Jungen als ein Mädchen haben wollen, gleichzeitig aber 44,5% der Befragten in ihren Herkunftsfamilien eine Präferenz für das männliche Geschlecht feststellen mußten.[93] Eine egalitärere Einstellung gegenüber Kindern macht sich heute vor allem in Fragen der Bildung und Berufstätigkeit bemerkbar. Fast die Hälfte der befragten Tunesierinnen und Tunesier gaben im Rahmen derselben Studie an, der Schulbildung von Mädchen und Jungen die gleiche Bedeutung beizumessen, mehr Interesse am Schulbesuch von Jungen zeigten aber immerhin noch 11,2% der Befragten (am Schulbesuch von Mädchen nur 2,2%).[94] Vor allem auf dem Land,

---

[89] Zamiti-Horchani, Tunisiennes, S. 184. Diese Restriktionen scheinen, wie bei einem vom CREDIF organisierten runden Tisch zum Thema „Jugendliche und Liebe" deutlich wurde, auch heute noch Erziehungsalltag in Tunesien zu sein. Vgl. dazu Belhassine, Les jeunes, S. 6.

[90] Zamiti-Horchani, Tunisiennes, S. 183.

[91] M.A.F.F./Unicef (Hrsg.), Enquête, S. 87.

[92] Ben Miled (et al.), Education, S. 215. Die Studie basiert auf der Befragung von 30 (nicht repräsentativ) ausgewählten berufstätigen Städterinnen der Mittelschicht zwischen 30 und 50 Jahren.

[93] UNFT (Hrsg.), L'image de la femme², Tab. S. 46. Für diese Studie wurden 1000 repräsentativ ausgewählte Frauen und Männer zur Rolle der Frau in Ehe, Familie und Gesellschaft befragt.

[94] UNFT (Hrsg.), L'image de la femme², S. 49.

wo vielen Familien nur begrenzte Mittel zur Verfügung stehen, wird der Schulbildung von Jungen häufig der Vorzug gegeben.[95] *Mahfoudh-Draoui* zeigte am Beispiel eines kleinen Dorfes auf, daß Mädchen in der Regel zwar eingeschult werden, aber weitaus häufiger die Schule abbrechen als Jungen.[96] Selbst gebildete, berufstätige Frauen lassen trotz persönlicher Wertschätzung von Berufstätigkeit und wirtschaftlicher Unabhängigkeit ihren Kindern noch immer eine stark geschlechtsspezifische Erziehung zukommen. Mädchen werden schon in jungen Jahren an ihre spätere Rolle als Hausfrau und Mutter herangeführt, sie spielen weniger als ihre Brüder auf der Straße und gehen seltener in den Kindergarten.[97] Daß die Festlegung von Mädchen auf den häuslichen Bereich erheblich stärker ist als die von Jungen, stellt auch die UNFT-Studie von 1995 fest; ihrzufolge beteiligen sich 78,1% aller Mädchen aber nur 6,9% aller Jungen an Hausarbeiten.[98] Zwar fordern vor allem gebildete berufstätige Frauen für ihre Töchter eine Abkehr von traditionellem Rollenverhalten, die Wahrnehmung ihrer staatsbürgerlichen Rechte und eine aktive Teilnahme am kulturellen und politischen Leben, doch steht dieser progressive Diskurs in der Regel im Widerspruch zu der Realität, die sie selbst vorleben.[99] Solange finanziell eigenständige, berufstätige Mütter an traditionellen Rollenaufteilungen in der Familie festhalten und die Alleinverantwortung für den gesamten häuslichen Bereich übernehmen, kann die Mädchenerziehung bestenfalls darauf abzielen, auf ein Leben zwischen Berufstätigkeit, Haushalt und Kindererziehung vorzubereiten.[100]

1.2 Dominierende Rollenzuweisungen an die Frau

Auf welche Weise sich Rolle und Status der tunesischen Frau im gesellschaftlichen Bewußtsein festmachen und welche Vorstellungen von den

[95] Rejeb, Destructuration, S. 276. In ländlichen Regionen scheint sogar die Tendenz zu bestehen, Jungen als „spätere Familienoberhäupter" besser zu ernähren und zu kleiden als Mädchen. Vgl. dazu GTZ (Hrsg.), Promotion, S. 3 f.

[96] Mahfoudh-Draoui, Paysannes, S. 75 ff.

[97] Ben Miled (et. al.), Education, S. 218.

[98] UNFT (Hrsg.), L'image de la femme², S. 55.

[99] Ben Miled (et. al.), Education, S. 220.

[100] Ebd.

Aufgaben, Verantwortungsbereichen und Fähigkeiten von Frauen dominieren, wurde in den neunziger Jahren in einer Anzahl von Studien untersucht. Es sollen im folgenden vornehmlich zwei als weitestgehend seriös einzuschätzende empirische Studien[101] herangezogen werden. Deren Ergebnisse werden anhand des zusätzlich zur Verfügung stehenden Materials lediglich ergänzt bzw. vervollständigt.

1.2.1 Frau und Familie

Aufschluß über den Status der Frau in der tunesischen Gesellschaft gibt vor allem ihre Rolle als Ehefrau und Mutter. Die Perzeption dieser Rolle ist, je nachdem ob sie aus männlicher oder weiblicher Perspektive erfolgt, durchaus unterschiedlich. Eindrucksvoll unterstreicht dies eine Befragung von Müttern und Vätern zu ihrem Bild von Frauen in Ehe und Familie:

Tab. 10: Meinungen zur Mutter- und Frauenrolle

Frauenbild	Zustimmung in % von Seiten der	
	Väter	Mütter
Die Berufstätigkeit der Frau ist für die Familie unentbehrlich	51,5	70,3
Berufstätige Frauen nehmen den Männern die Arbeit weg	63,0	52,3
Berufstätige Frauen sind erschöpft	82,2	89,5
Berufstätige Frauen vernachlässigen ihre Kinder	62,4	49,4
Die Frau hat mehr Rechte, als ihr zustehen	55,7	36,0
Frauen gehorchen ihren Männern nicht mehr	59,9	41,8
Frauen respektieren die Traditionen nicht mehr	49,9	26,9
Gebildete Frauen tragen zum (schulischen) Erfolg ihrer Kinder bei	86,0	87,6

Quelle: M.A.F.F./Unicef (Hrsg.), Enquête, Tab. 3, S. 82.

[101] Es handelt sich dabei um die bereits in anderen Zusammenhängen zitierten Studien UNFT (Hrsg.), L'image de la femme[2] dans la sociéte tunisienne, Tunis 1995 und M.A.F.F./-Unicef (Hrsg.), Enquête sur la Famille en Tunisie, Tunis 1993.

Die größten Differenzen zwischen Männern und Frauen sind in Fragen der weiblichen Berufstätigkeit auszumachen. Während 70,3% der befragten Frauen die Erwerbsarbeit von Frauen als wirtschaftliche Notwendigkeit betrachten, teilen nur 51,5% der Männer diese Meinung. Dennoch stellten über die Hälfte aller Frauen das Recht von Frauen auf Arbeit in Frage: 52,3% von ihnen waren der Meinung, Männer würden durch Frauen ihrer Arbeitsplätze beraubt, eine Auffassung der sogar 63% der Männer zustimmten. Die Vorurteile gegenüber weiblicher Erwerbstätigkeit spiegeln sich auch in der Auffassung, berufstätige Frauen würden zugunsten ihrer Arbeit die eigenen Kinder vernachlässigen. Diese Überzeugung brachten 62,4% der Männer zum Ausdruck, sie war bei den Frauen zwar weniger verbreitet, wurde aber immerhin noch von fast jeder zweiten Frau geteilt (49,4%). Eine kritische Einstellung zur weiblichen Berufstätigkeit läßt sich auch an der Ansicht festmachen, daß die Erwerbsarbeit Frauen ermüde. Davon sind 82,2% aller Männer und sogar 89,5% aller Frauen überzeugt. Aus der Statistik läßt sich zwar ablesen, daß die physische Belastung berufstätiger Frauen und Mütter von beiden Seiten wahrgenommen wird, nicht aber, ob ein Zusammenhang zwischen der Mehrfachbelastung berufstätiger Frauen und ihrer körperlicher Erschöpfung erkannt wurde. Kritisch sehen mehr als die Hälfte aller Männer die Frauenrechte: 55,7% vertreten die Meinung, daß Frauen in Tunesien mehr Rechte haben, als ihnen eigentlich zustehen. Überraschend angesichts der seit Jahrzehnten andauernden staatlichen Förderung der Frauenrechte in Tunesien ist es, daß diese Bemühungen auch von einem gewichtigen Teil der weiblichen Bevölkerung scheinbar nicht wie beabsichtigt angenommen werden. Mehr als ein Drittel (36,0%) aller befragten Frauen waren der Auffassung, daß viele Frauenrechte unverdient seien. Immerhin 26,9% aller Frauen bescheinigten ihren Geschlechtsgenossinnen sodann auch einen Mangel an Respekt gegenüber den Traditionen (Männer 49,9%) und 41,8% waren der Auffassung, daß Frauen nicht mehr ihren Ehemännern gehorchen (Männer 59,9%). Neue Aufgaben und Rollen der Frau in Ehe und Familie werden folglich nicht nur von Männern in Frage gestellt, auch Frauen selbst scheinen zu einem Großteil noch immer dem patriarchalischen Ehe- und Familienmodell zuzusprechen. Deutlich macht dies eine Befragung von Männern und Frauen zur Rolle des Familienvaters:

Tab. 11: Meinungen zur Vaterrolle

Vaterbild	Zustimmung in % von Seiten der	
	Väter	Mütter
Das Wort des Vaters hat Vorrang	75,7	75,6
Der Vater muß gegenüber seinen Kindern streng sein	66,7	67,8
Der Vater schafft es nicht mehr, alleine für den Familienunterhalt zu sorgen	82,2	81,7
Der Vater muß bei familiären Problemen die Meinung der Mutter hören	82,6	93,4
Der Vater weiß besser als jeder andere, was gut für die Familie ist	74,1	63,0
Der Vater muß der Mutter bei der Hausarbeit helfen	36,4	34,7
Heutzutage wird die väterliche Autorität nicht mehr anerkannt	31,2	22,1

Quelle: M.A.F.F./Unicef (Hrsg.), Enquête, Tab. 1, S. 80.

Die Meinungen zur Vaterrolle differieren zwischen den Geschlechtern nicht wesentlich. Sowohl Männer als auch Frauen erkennen dem Vater innerhalb der Familie eine Vorrangstellung zu. Angst vor dem Verlust dieser Suprematie spiegelt sich bei Männern in der Auffassung, daß die Autorität des Vaters nicht mehr anerkannt wird. Während 31,2% aller Männer dieser Meinung sind, kommen auch immerhin 22,1% der Frauen zu diesem Schluß. Überhaupt scheinen sich Frauen viel weniger als allgemein vermutet gegen traditionelle Rollenschemata aufzulehnen. So sind paradoxerweise nur 34,7% aller Frauen, dagegen aber 36,4% der Männer der Auffassung, daß der Mann seine Frau bei der Hausarbeit unterstützen sollte. Offenbar scheint also ein erheblicher Teil der Frauen noch immer an der traditionellen Hausfrauenrolle festzuhalten. Gleichzeitig will aber der Großteil der Frauen (93,4%) in die Lösung von Familienproblemen einbezogen werden. Eine Forderung, die immerhin auch 82,6% der Männer sinnvoll finden. Den Konflikt zwischen traditionellem männlichen Autoritätsanspruch und seiner drohenden Aushöhlung macht die Einschätzung eines Großteils der befragten Personen deutlich, wonach Familienväter heute nicht mehr in der Lage sind, alleine für das Familieneinkommen zu sorgen. Daß die Zustimmung von Männern und Frauen in diesem Punkt mit 82,2% bzw. 81,7% fast gleich groß ist, zeigt, daß das Erfordernis eines zweiten Familieneinkommens heute in weiten Teilen der Bevölkerung eine gesellschaftliche Realität ist.

Der M.A.F.F./Unicef-Studie zufolge weisen die o. g. Umfrageergebnisse auf den Fortbestand des durch einen massiven Traditionalismus gestützten patriarchalischen Familienmodells hin, wobei die männliche und die weibliche Sicht wesentlich nur bezüglich der Frauenrolle differieren.[102] Die Schlußfolgerung, daß Frauen traditioneller als Männer eingestellt sind und das patriarchalische Modell von den befragten Müttern stärker unterstützt wird als von den Vätern,[103] muß jedoch als Überinterpretation des zur Verfügung stehenden Zahlenmaterials zurückgewiesen werden. Gegen eine solch extensive Auslegung männlicher und weiblicher Rollenvorstellungen sprechen auch die Ergebnisse der UNFT-Studie von 1995. Daß Männer gerade in Fragen der Rollenzuweisung eine größere Traditionsgebundenheit aufweisen als Frauen, wurde im Rahmen der Studie mehrfach nachgewiesen. Als Beispiel sollen hier die Umfrageergebnisse zum Thema *„Frau als Familienoberhaupt* (*la femme chef de famille*)“[104] dienen.
Ein Blick auf Tab. 12 zeigt, daß die Meinungen zur gesellschaftlichen Akzeptanz eines weiblichen Familienoberhauptes nahezu geteilt sind. Allerdings äußerten sich Frauen häufiger als Männer affirmativ, Stadtbewohner häufiger als Landbewohner:

Tab. 12: Akzeptiert die Gesellschaft eine Frau als Familienoberhaupt?

	Gesamt	Männer	Frauen	Stadt	Land
Ja	51,6%	49,0%	54,2%	53,4%	48,7%
Nein	48,4%	51,0%	45,8%	46,6%	51,3%

Quelle: UNFT (Hrsg.), L'image², Tab. S. 56.

Die Meinung über die in der Bevölkerung verbreitete Zustimmung oder Ablehnung des Modells eines weiblichen Familienoberhauptes ist darüber hinaus abhängig von Alter und Bildung: 68% der Befragten mit Hochschulabschluß

[102] M.A.F.F./Unicef (Hrsg.), Enquête, S. 81.
[103] Ebd.
[104] Es ist hier wohl weniger das Phänomen der alleinerziehenden und einem Haushalt vorstehenden Frau gemeint, als das Modell der Haupt- bzw. Alleinverdienerin.

gingen von der gesellschaftlichen Akzeptanz gegenüber Frauen in dieser Rolle aus, aber nur 48,6% der Analphabeten; bei den unter 30jährigen waren es 54,9%, bei den über 60jährigen dagegen nur 42,9%.[105] Auch die Gründe, die für die Ablehnung des Modells eines weiblichen Familienoberhauptes genannt wurden, legen einen Traditionalismus offen, der bei Männern stärker ausgeprägt ist als bei Frauen[106]: So sprach jeder dritte Mann (29,9%) Frauen die Fähigkeit ab, Verantwortung zu übernehmen. Eine Einstellung, die aber immerhin von fast jeder fünften Frau (19,1%) geteilt wurde. Die Überlegenheit des Mannes scheint dagegen in der Überzeugung von Männern und Frauen eine fast gleich wichtige Rolle zu spielen. Sie wurde von 26,2% der Männer und 24,5% der Frauen als Ursache für die gesellschaftliche Inakzeptanz eines weiblichen Familienoberhauptes genannt. Dagegen scheint das „Gewicht der Traditionen (*le poids des traditions*)“ von Frauen stärker empfunden zu werden als von Männern: 43,5% der Frauen aber nur 30,9% der Männer sahen darin die Ursache dafür, daß eine Frau in den Augen der Gesellschaft nicht die Funktion des Familienoberhauptes einnehmen kann.

1.2.2 Frau und Beruf

Das innere Spannungsverhältnis von Tradition und Moderne zeigt sich in der islamischen Welt besonders deutlich bei der Auseinandersetzung um die Berufstätigkeit der Frau. Während in der koranischen Tradition eine strikte Rollenverteilung in der Ehe dem Mann die Alleinverantwortung für die Versorgung der Familie zuschreibt und von der Frau im Gegenzug Gehorsam und die Erfüllung ihrer häuslichen Pflichten verlangt, hat sich das Rollenverständnis in Tunesien in den vergangenen Jahrzehnten erheblich gewandelt. Ein massiver Eintritt von Frauen ins Arbeitsleben seit Beginn der siebziger Jahre hat dazu beigetragen, daß die gesellschaftliche Realität Tunesiens heute nur noch wenig mit dem komplementären Rollenverständnis des Islams gemein hat. An die Stelle eines in sich

[105] UNFT (Hrsg.), L'image de la femme², S. 57.
[106] Vgl. im folgenden die Angaben in UNFT (Hrsg.), L'image de la femme², Tab. S. 57.

geschlossenen Systems von Aufgaben und Verantwortlichkeiten in der Ehe, sind eine Vielzahl gegeneinander austauschbarer Zuständigkeiten getreten. Dem Bekenntnis zu Fortschritt und Entwicklung steht in Tunesien aber eine tief im gesellschaftlichen Bewußtsein verankerte Idealisierung traditioneller islamischer Werte und Normen entgegen. Damit hat sich in den vergangenen Jahren gerade für Frauen das Spektrum von Aufgaben aber auch Widersprüchlichkeiten erheblich erweitert. Da weibliche Erwerbsarbeit nicht nur eine wirtschaftliche Mitverantwortung in der Familie bedeutet, sondern immer auch verbunden ist mit einem Zugewinn an Autonomie und einer Infragestellung männlicher Autoriät in der Ehe, wird sie von großen Teilen der Bevölkerung zwar gewünscht, gleichzeit aber als sozial destabilisierend gefürchtet. Also

„... ist die Frau dazu gezwungen, so zu tun, als arbeite sie nicht und der Mann als hätte er keinen Nutzen davon. Der Schein muß schließlich gewahrt und (der Mann) im Glauben gelassen werden, er allein sei das Oberhaupt der Familie und (die Frau) sei nur dazu da, ihn zu unterstüzen. “[107]

Sozialwissenschaftlern ist es gelungen, diesen Konflikt empirisch aufzuspüren: Für die finanzielle Versorgung der Familie wird in Tunesien noch immer in erster Linie der Mann verantwortlich gemacht. 58% der tunesischen Bevölkerung sind der UNFT-Studie d. J. 1995 zufolge der Auffassung, an erster Stelle müsse der Ehemann berufstätigkeit sein; kleiner, aber dennoch beachtlich ist die Gruppe, die die materielle Versorgung der Familie als gemeinsame Aufgabe von Mann und Frau betrachten (40,7%).[108] Während sich die erste Kategorie überwiegend aus Männern, Bewohnern ländlicher Gegenden und Analphabeten zusammensetzt, sind in der zweiten Kategorie vor allem Frauen, Städter, Personen höherer Bildungsschicht, Angestellte und Beamte vertreten.[109]

Bei der Rechtfertigung weiblicher Erwerbsarbeit spielen Egalitätsprinzipien eine untergeordnete Rolle. Sowohl Männer als auch Frauen begründen die Berufstätig-

---

[107] Darghouth Medimegh, Droits et vécu, S. 88. Der empirische Teil der Studie gibt die Ergebnisse einer 1991 durchgeführten nationalen Studie mit dem Titel „*Droits, pratiques et vécu de la femme tunisienne*“ wieder, für die 1000 repräsentativ ausgewählte Frauen und Männer zur Akzeptanz und Umsetzung des CSP in der gesellschaftlichen Praxis befragt wurden.

[108] UNFT (Hrsg.), L'image de la femme², Tab. S. 31.

[109] UNFT (Hrsg.), L'image de la femme², S. 32.

keit der Frau vor allem mit ihrer wirtschaftlichen Notwendigkeit. *Darghouth Medimegh* kommt in ihrer Untersuchung über das tunesische Frauenrecht in Theorie und Praxis zu dem Ergebnis, daß bei der Entscheidung, berufstätig zu sein, für nur jede vierte Frau der Wunsch nach Selbstbestätigung und finanzieller Unabhängigkeit im Vordergrund steht.[110] Daß tunesische Frauen zunehmend auf den Arbeitsmarkt drängen, ist in erheblichem Maße auf den wirtschaftlichen Druck zurückzuführen, denen sich die meisten tunesischen Haushalte gegenüber sehen.[111] Auch im Rahmen der UNFT-Studie d. J. 1995 gaben nur 22,3% der Befragten die Gleichstellung in der Ehe als Grund für die Berufstätigkeit der Frau an; 72,5% nannten dagegen schwierige materielle Verhältnisse.[112] So sind es auch in erster Linie wirtschaftliche Erwägungen, die dazu beitragen, daß die meisten tunesischen Männer erwerbstätigen Frauen den Vorzug geben. Auf die Frage danach, ob Männer berufstätige Partnerinnen oder Hausfrauen bevorzugen, sprachen sich 44,4% der Männer für berufstätige Frauen und 39,3% für Hausfrauen aus, wobei als Begründung für die Berufstätigkeit der Frau die Verbesserung der materiellen Verhältnisse mit 85,4% weit vor dem Recht der Frau auf Arbeit (11,1%) stand.[113]

Offenbar hat die Befürwortung weiblicher Erwerbstätigkeit in Tunesien, unabhängig von den jeweiligen Motivationen, mittlerweile eine stabile gesellschaftliche Basis. Der Beitrag der Frau zur Verbesserung familiärer Lebensbedingungen sowie der volkswirtschaftliche Nutzen ihrer Erwerbstätigkeit wird von einem Großteil der Bevölkerung gesehen und anerkannt. Moralische Bedenken aber bleiben. Die Gruppe der „Traditionalisten", für die der Begriff Frauenerwerbstätigkeit vor allem negativ besetzt ist, ist im Vergleich zur der der „Modernisten" zwar kleiner, aber dennoch nicht zu unterschätzen. *Darghouth Medimegh* fand heraus, daß die Ablehnung weiblicher Erwerbstätigkeit nicht nur aus dem Lager der Männer kommt, sondern Widerstand auch von Frauen ausgeht, vornehmlich von solchen, die dem islamistischen Milieu zuzurechnen sind.

---

[110] Darghouth Medimegh, Droits et vécu, S. 102.
[111] CREDIF (Hrsg.), Potentiel économique, S. 43.
[112] UNFT (Hrsg.), L'image de la femme², Tab. S. 32.
[113] UNFT (Hrsg.), L'image de la femme², Tab. S. 36 und Tab. S. 37.

Tab. 13: Meinungen zur berufstätigen Frau

in %	Männer	Frauen	Islamistinnen
Sie trägt zur Entwicklung bei	66,8	81,0	68,6
Sie vernachlässigt den Haushalt	58,7	38,5	60,0
Sie macht dem Mann seinen Platz streitig	39,4	23,7	34,3
Sie trägt zum gesellschaftlichen Sittenverfall bei	31,6	19,1	37,1

Quelle: Dargouth Medimegh, Droits et vécu, Tab. S. 103.

Die These von der naturgegebenen Verantwortung der Frau für alle familiären Belange wird von einem beachtlichen Teil der Bevölkerung gestützt. Auf die Frage danach, warum Männer Hausfrauen den Vorzug geben, antworteten 46,3% der Befragten, das Haus sei der natürliche Platz der Frau, 35,7% nannten die Kindererziehung und 14,7% den Schutz der männlichen Autorität.[114] Die Vorstellung von einer „natürlichen" Verantwortung der Frau für Kinder und Haushalt ist trotz allem (zweckgebundenen) Fortschrittsdenken noch immer tief im gesellschaftlichen Bewußtsein verankert. So erstaunt es nicht, daß die Berufstätigkeit der Frau von vielen Tunesiern, auch von Frauen selbst, trotz ihrer wirtschaftlichen Vorteile, als familienfeindlich beurteilt wird. Nach *Darghouth Medimegh* erklären sich daraus Schuldgefühle und Neurosen bei Frauen und eine innere Zerrissenheit zwischen der Rolle als allzeit perfekte und verfügbare Hausfrau einerseits und einer „tragischen" Abwesenheit von Zuhause andererseits.[115] Vorbehalte gegenüber der Frauenerwerbstätigkeit werden von einem Großteil der Bevölkerung zwar gehegt, aber nur von einer kleinen Gruppe traditionell Gesinnter offen eingestanden. Dies zeigt das Beispiel eines bekannten *šaiḫs*, der sich zur Berufstätigkeit der Frau auf einer Versammlung der UNFT im Jahre 1992 folgendermaßen äußerte:

„Wenn sie (die Frau) das Haus verläßt, für das sie unersetzbar ist, läßt sie ihre Kinder im Stich und vernachlässigt damit ihre wichtigste Aufgabe als Erziehungsperson. Wie hoch auch immer ihr Gehalt sein mag, es wird nie den Reichtum

[114] UNFT (Hrsg.), L'image de la femme², Tab. S. 37.
[115] Darghouth Medimegh, Droits et vécu, S. 104.

ersetzen können, den ihre Anwesenheit ihren Kindern bedeutet und ihr liebevolles und ständiges Umsorgen ihrem Ehemann. "[116]

Zusammenfassend kann festgestellt werden, daß die Frauenerwerbstätigkeit, so umstritten sie ideell auch sein mag, unter wirtschaftlichen Gesichtspunkten für viele tunesische Familien eine Notwendigkeit darstellt. Den Konflikt zwischen ökonomischen Zwängen, gesellschaftlichen Vorurteilen und Schuldzuweisungen haben Frauen alleine auszutragen. Angesichts dieses Dilemmas scheint nur die Orientierung in Richtung sogenannter Frauenberufe das Risiko eines allzu scharfen Bruchs mit gesellschaftlichen Wertvorstellungen zu minimieren. So werden in Tunesien vor allem Berufe im Bereich Lehre, Verwaltung und Gesundheit von der Gesellschaft als typisch weiblich idealisiert.[117]

1.2.3 Frau und öffentliches Leben

Wenig Zutrauen in die Befähigung von Frauen für hohe politische Ämter zeigten die Tunesier bei einer Umfrage des Jahres 1981: Während Männer die Ursachen für die vermeintlich geringe politische Kompetenz von Frauen in der weiblichen Natur suchten (*„Die Frau ist beeinflußbar, sie kann einfach nicht objektiv sein"; „In den ersten Schwangerschaftsmonaten ist die Frau irritierbar und launenhaft, sie ist dann nicht in der Lage, korrekt zu regieren"*), begründeten Frauen ihre geringe Eignung für besonders verantwortungsvolle Aufgaben in der Politik vor allem mit sozialen Hindernissen (*„Männer mögen es nicht, wenn Frauen sie (beruflich, d. Verf.) überholen, also bereiten sie ihnen Probleme"*).[118]
Der UNFT-Studie d. J. 1995 zufolge aber wird politisches Engagement von Frauen von einem Großteil der tunesischen Bevölkerung generell befürwortet. Die Frage, ob Frauen am politischen Leben teilnehmen können, beantworteten 70,7 % der Männer und 83,1% der Frauen bejahend.[119] Überraschenderweise war die

[116] Zit. nach Darghouth Medimegh, Droits et vécu, S. 103 f.
[117] Eine Rangliste „weiblicher" Berufe findet sich in UNFT (Hrsg.), L'image de la femme², Tab. S. 59.
[118] Aussagen von Frauen und Männern, zit. nach Zamiti-Horchani, Tunisiennes, S. 189 f.
[119] UNFT (Hrsg.), L'image de la femme², Tab. S. 66.

Unterstützung für das Engagement von Frauen im politischen Bereich auf dem Land mit 77,2% etwas stärker als in der Stadt, wo sich 76,5% der befragten Personen affirmativ äußerten.
Die gesellschaftliche Rolle, die ein überwiegender Teil der befragten Personen Frauen demnach zugestehen, wird von der weiblichen Bevölkerung in der Realität nur unzureichend ausgefüllt. 62,9% aller Frauen gaben bei einer entsprechenden Befragung an, sich nicht für Politik zu interessieren.[120] Auch die Präsenz von Frauen in politischen Ämtern ist in Tunesien äußerst gering. Es gibt nur eine Frau im Ministeramt (die Ministerin für Frauen und Familie beim Premierminister), auf 163 Abgeordnete in der Deputiertenkammer kamen 1996 nur 12 Frauen, nur etwa 20% der Mitglieder der Regierungspartei R.C.D. und 11% der Mitglieder des Zentralkomitees der Partei sind Frauen.[121]
Auch *Ben Miled (et al.)* stellen bei einer Studie über berufstätige Frauen ein „*quasi totales Desinteresse*" an politischen Aktivitäten fest, sowohl auf Verbands- als auch auf kommunaler Ebene.[122] Auch hier widersprechen sich Theorie und Praxis, denn 87,6% der Frauen stehen der UNFT-Studie von 1995 zufolge einer Teilnahme von Frauen am Verbandsleben positiv gegenüber und finden damit bei immerhin 79,3% der Männer Zustimmung.[123]

1.3 Bekanntheitsgrad und Beurteilung der Frauenrechte

Bereits 1983 beklagte *Zamiti-Horchani* „*die geringen Rechtskenntnisse von Frauen, selbst in solchen Fragen, die sie direkt betreffen.*"[124] Auch in den neunziger Jahren scheint der für den islamischen Raum außerordentlichen Rechtsentwicklung in Tunesien eine gesellschaftlich weit verbreitete Unkenntnis und Desinformation über ihre Rechte, speziell die des Ehe- und Familienrechts, entgegenzustehen. Trotz fortlaufender Modifikationen und staatlicher Propaganda ist das

[120] UNFT (Hrsg.), L'image de la femme², Tab. S. 64.
[121] CREDIF (Hrsg.), Potentiel économique, S. 25 f.
[122] Ben Miled (et al.), Education, S. 219.
[123] UNFT (Hrsg.), L'image de la femme², Tab. S. 67.
[124] Zamiti-Horchani, Tunisiennes, S. 191.

moderne Personenstandsgesetz der UNFT-Studie d. J. 1995 zufolge fast 57% der Bevölkerung unbekannt, wobei Stadt und Land wiederum erheblich differieren (61,5% versus 54,0%).[125] Es mag zunächst erstaunen, daß der Bekanntheitsgrad des allgemein wegen seines emanzipatorischen Potentials gelobten CSP gerade bei der weiblichen Bevölkerung außerordentlich gering ist. 62,6% der Frauen gaben an, den CSP nicht zu kennen (51,6% der Männer)[126]. Eine wesentliche Ursache dafür liegt unbestritten in einer höheren Analphabetenquote bzw. einem niedrigeren Bildungsgrad von Frauen, der die Informationsbeschaffung und den Zugang zu Medien erschwert.[127] So kommt es in Tunesien auch heute noch vor, daß malträtierte Frauen in Unkenntnis ihrer Scheidungsrechte ihre Ehemänner töten, weil sie keinen anderen Weg sehen, sich aus ihrer schwierigen Lage zu befreien.[128] Je höher aber das Bildungsniveau ist, desto besser wissen Frauen über ihre Rechte Bescheid: Von den analphabetisierten Frauen kannten nur 32% den CSP, dagegen lag die Quote bei den Frauen mit Sekundarschulbildung bei 59%, bei denen mit Hochschulabschluß sogar bei 84%.[129] Mangelnde Detailkenntnisse über den CSP gerade in der jüngeren Frauengeneration sind möglicherweise der Tatsache zuzuschreiben, daß das moderne Personenstandsrecht für die nach 1957 Geborenen bereits zu gelebter Wirklichkeit geworden ist:

„Wir sind mit diesem Recht geboren und haben nie ein anderes kennengelernt. Es ist schwer zu glauben, daß wir es eines Tages nicht mehr haben werden. Der CSP *war für meine Mutter eine Revolution, für mich aber ist er eine ... Realität.“*[130]

Für diese Annahme spricht auch, daß Frauen der höheren Bildungsschicht nach den wichtigsten Errungenschaften des CSP befragt, diesem irrtümlicherweise das Recht auf Bildung und Arbeit zuordneten und nur zu einem verschwindend geringen Prozentsatz personenstandsrechtliche Bestimmungen wie die gerichtliche Ehescheidung oder die Abschaffung der Zwangsehe nannten.[131] Geringe Detail-

[125] UNFT (Hrsg.), L'image de la femme², Tab. S. 67.
[126] Ebd.
[127] Dies bestätigt auch die Untersuchung von Darghouth Medimegh, Droits et vécu, S. 66.
[128] *Bušra Balḥaǧǧ Ḥamida*, Rechtsanwältin und derzeitige Vorsitzende der ATFD, führte im Gespräch mit der Autorin im März 1995 in Tunis den Fall einer Mandantin an, die aus Furcht vor dem Verlust des Sorgerechts nicht die Scheidung einreichte, sondern ihren Mann umbrachte und dessen Leiche beseitigte.
[129] UNFT (Hrsg.), L'image de la femme², S. 67.
[130] Aussage einer jungen Tunesierin, zit. nach Darghouth Medimegh, Droits et vécu, S. 66.
[131] Darghouth Medimegh, Droits et vécu, S. 68.

kenntnisse über Regelungen des CSP bescheinigt den Tunesiern auch die UNFT-Studie von 1995:

Tab. 14: Welche Bestimmungen des CSP sind bekannt?

in %	Gesamt	Männer	Frauen
Befreiung der Frau	8,3	9,5	6,7
Rechte der Frau	23,9	23,8	24,1
Gleichstellung mit dem Mann	3,1	3,7	2,2
Reglementierung der Ehe	7,3	8,8	5,3
Reglementierung der Ehescheidung	11,4	12,2	10,3
Zustimmung der Frau zur Eheschließung	3,7	3,0	4,5
Verbot der Polygamie	11,0	11,5	10,3
Recht auf Unterhalt	4,1	3,1	5,4
Keine Erinnerung	20,4	17,6	24,1
Keine Meinung/unschlüssig	6,8	6,8	7,1

Quelle: UNFT (Hrsg.), L'image^2, Tab. S. 68.

Von allen im Rahmen der Umfrage genannten Bestimmungen des CSP ist das Wissen um einen (wie auch immer gearteten) Zusammenhang zwischen CSP und Frauenrechten am meisten verbreitet. 24,1% der Frauen und 23,8% der Männer assoziierten mit dem CSP in erster Linie die Rechte der tunesischen Frau.[132] Diese Rechte können aber in der Mehrzahl weder von Männern noch von Frauen konkret benannt werden. Die mit Abstand am häufigsten genannten personenstandsrechtlichen Bestimmungen waren mit durchschnittlich nur 11,4% die Reglementierung der Ehescheidung und mit 11,0% das Verbot der Polygynie, wobei Männern diesbezüglich bessere Kenntnisse als Frauen zu haben scheinen (12,2% versus 10,3% bzw. 11,5% versus 10,3%). Bekannter als Männern ist Frauen lediglich der Anspruch auf eine Rente im Falle der Ehescheidung (5,4%

[132] Zu der Feststellung, daß selbst Analphabetinnen häufig um die Existenz eines frauenfreundlichen Familienrechts wissen, ohne aber konkrete Bestimmungen nennen zu können, kommt auch *Charrad* (Repudiation, S. 62) nach Interviews mit tunesischen Anwälten/innen sowie Rechtswissenschaftlern/innen der Universität Tunis.

versus 3,1%). Vollkommene Unkenntnis scheint dagegen bezüglich der Vorschriften über die gegenseitigen Verpflichtungen der Ehegatten, die Eheschließung Minderjähriger, die Vormundschaft und das Sorgerecht zu herrschen. Auffallend hoch ist der Statistik zufolge auch der Anteil der Personen, die keinerlei Angaben zum CSP machen konnten. Allein jeder fünfte (20,4%) gab an, sich an keine konkrete Bestimmung des CSP erinnern zu können.

Der UNFT-Studie von 1995 zufolge bewerten 73,2% der tunesischen Bevölkerung den CSP als positiv, wobei es nicht erstaunt, daß sich Frauen begeisterter als Männer über das tunesische Pesonalstatut (84,8% versus 64,5%) zeigen.[133] Nur eine kleine Gruppe (4,9% der Frauen; 6,5% der Männer) hält sie für unzureichend. Einer anderen Untersuchung zufolge ist ein solches Unzufriedenheitspotential vornehmlich innerhalb der weiblichen Bildungsschicht zu suchen, die eine Anpassung des CSP an die ökonomischen und sozialen Gegebenheiten fordert und für eine Änderung der Vormundschafts- und Erbregelungen eintritt.[134] Dagegen kritisiert jeder fünfte Mann (19,4%) aber nur jede 20. Frau (5,4%) die Bestimmungen des CSP als *„der Realität voraus“*.[135] Bei einer Umfrage von 1981 begründeten Männer ihre ablehnende Haltung gegenüber dem CSP entweder religiös oder mit der Angst vor dem Verlust angestammter Privilegien:

- *„Das ist gegen den Geist des Korans.“*
- *„Ein Familienleben ist nicht mehr möglich, wenn der Mann seine Autorität gegenüber der Frau verliert.“*
- *„Die Frauen machen doch nur noch, was ihnen paßt. Man kann sie nicht mehr herumkommandieren.“*[136]

Widerstand gegen Maßnahmen und Gesetze zur Frauenförderung regt sich nach Erkenntnis der UNFT-Studie d. J. 1995 nicht nur unter Männern oder innerhalb

---

[133] UNFT (Hrsg.), L'image de la femme², Tab. S. 69.
[134] Darghouth Medimegh, Droits et vécu, S. 68 f.
[135] UNFT (Hrsg.), L'image de la femme², S. 69.
[136] Zit. nach Zamiti-Horchani, Tunisiennes, S. 191.

der traditionell als konservativ geltenden Sektoren, wie der Landbevölkerung, der älteren Generation oder der unteren Bildungsschicht; auch Teile der Mittelschicht (Beamte, Verwaltungsangstellte) sowie Jugendliche mittleren Bildungsniveaus stehen der Frauenemanzipation kritisch gegenüber.[137] Mehr als ein Viertel aller Tunesier (32% der Männer; 18,5 der Frauen) sind der Auffassung, daß Frauen in Tunesien mehr Rechte haben als ihnen zustehen.[138]

2. Von der traditionellen zur modernen Konzeption der Ehe

Eine Reihe von Faktoren, darunter eine moderne Gesetzgebung, Frauenbildung und –erwerbstätigkeit, aber auch wirtschaftliche Schwierigkeiten haben in Tunesien einen erheblichen Rückgang von Frühehen bewirkt. Immer mehr Männer und Frauen schieben den Zeitpunkt der ersten Eheschließung hinaus oder bleiben ledig in einer Gesellschaft, in der die Ehe lange Zeit als oberstes Lebensziel betrachtet wurde. Eine größere finanzielle Unabhängigkeit in Verbindung mit einem höheren Bildungsgrad haben zu einem neuen Selbstbewußtsein von Frauen geführt. Die Notwendigkeit einer frühen Hochzeit wird besonders von der jungen Generation zunehmend in Frage gestellt. Neben dem Rückgang der Frühehen legt vor allem die Angleichung des Heiratsalters die Vermutung nahe, daß in tunesischen Ehen Autonomie und Egalität innerhalb der Paarbeziehung an Bedeutung gewinnen. Auch das Gefühlsleben in der Ehe kann hiervon nicht unberührt bleiben. Während in der traditionellen Gesellschaft eine starke emotionale Bindung der Ehepartner aneinander als Streben nach Unabhängigkeit und Gefahr für den Gruppenzusammenhalt gewertet wurde, sind nach *Chellis* Auffassung bestimmte Mechanismen der modernen Gesellschaft auf Unabhängigkeit und emotionale Nähe des Ehepaares gerichtet, darunter die freie Wahl des Ehepartners, das separate Wohnen, die bilineare Abstammung und die Idealisierung der romantischen Liebe.[139]

---

137 UNFT (Hrsg.), L'image de la femme², S. 75

138 UNFT (Hrsg.), L'image de la femme², Tab. S. 70.

139 Chelli, Relation, S. 100, 102.

Für die vorliegende Untersuchung drängen sich damit eine Reihe von Fragen auf: Wie vollzieht sich in Tunesien der Prozeß der Partnerwahl? Welches sind die Faktoren, die die Entscheidung für einen Ehepartner beeinflussen? Welche Idealvorstellungen bezüglich Ehe und Partnerschaft dominieren in der Bevölkerung und inwiefern kontrastieren sie mit den realen Verhältnissen?

2.1 Faktoren der Eheschließung

2.1.1 Arrangierte Ehen und freie Partnerwahl

Die Art, wie sich der Prozeß der Partnerwahl im heutigen Tunesien vollzieht, läßt nicht nur Rückschlüsse auf die Veränderung sozialer Strukturen zu. Sie ist auch ein Gradmesser der Emanzipation der Frau, ihrer Entscheidungsautonomie und ihres Rechts auf Selbstbestimmung in Familie und Gesellschaft.

Nach Angaben der UNFT-Studie von 1995 haben nicht einmal die Hälfte aller befragten Personen ihren Ehepartner selbst gewählt. Die Beteiligung von Frauen an der Partnerwahl fiel dabei sehr viel geringer aus als die der Männer. Nur etwa ein Drittel der Frauen hatte sich aus freien Stücken für ihren Ehepartner entschieden, während es bei den Männern weit über die Hälfte waren. Der überwiegende Teil der Ehen war ohne direkte Mitwirkung des Ehepaares von der Familie oder anderen Personen „arrangiert" worden.[140]

Tab. 15: Wie wurde der Ehemann/die Ehefrau gewählt?

in %	gesamt	Männer	Frauen	Stadt	Land
eigenständig	48,9	60,7	37,7	52,7	43,5
von anderen	51,1	39,3	62,3	47,3	56,5

Quelle: UNFT (Hrsg.), L'image[2], Tab. S. 24.

---

[140] UNFT (Hrsg.), L'image de la femme[2], S. 24.

Vom Ergebnis der Umfrage läßt sich auf einen in der tunesischen Gesellschaft noch immer lebendigen protektionistischen Paternalismus schließen, der in erster Linie auf den Schutz von Frauen zielt, in abgeschwächter Form aber auch Männer betrifft. Die Wahl des Ehepartners durch Dritte gehorcht einer eigenen Logik. Ältere Familienmitglieder wählen die Ehepartner jüngerer und unerfahrener Angehöriger in der Absicht, ihnen eine „gute Partie" zu sichern, und damit die Voraussetzung für eine stabile und prosperierende Ehe zu schaffen. Liebe, Harmonie und gegenseitiges Verstehen als Motive der Partnerwahl treten dabei deutlich in den Hintergrund.[141] Diese Tendenz macht sich vor allem auf dem Lande bemerkbar, wo nur 43,5% im Vergleich zu 52,7% der Städter ihre/n Ehepartner/in selbst gewählt haben. *Karoui* vertritt sogar die Meinung, daß die freie Entscheidung für einen Ehepartner in den ländlichen Gebieten Tunesiens als neuzeitliches Phänomen nur in Ausnahmefällen zum Tragen kommt. Noch immer wählten die Eltern für ihre Töchter bevorzugt Cousins als Ehemänner aus, um auf diese Weise den Zusammenhalt von Familie und Besitz zu sichern.[142]

Bezüglich der Entscheidungsautonomie nennt die UNFT-Studie d. J. 1995 neben Geschlecht und regionaler Herkunft vor allem Bildungsstand, Beruf und Alter als wichtige Verhaltensvariablen. Während lediglich 34,4% der befragten Analphabeten ihren Ehepartner selbst gewählt hatten, lag die entsprechende Quote für die höhere Bildungsschicht bei immerhin 77,8%. Als die „folgsamste" Berufskategorie (*la catégorie la plus „docile"*) weist die Studie die der Hausfrauen aus, von denen nur 32,6% die Entscheidung für einen Ehepartner eigenständig gefällt hatten. Dagegen hatten in der Gruppe der Beamten und Kleingewerbetreiber mehr als Zweidrittel aller Befragten ihren Ehepartner selbst gewählt. Eine Tendenz zur individuellen Parntersuche macht sich bei der jungen Generation bemerkbar. So stellte sich im Vergleich verschiedener Altersgruppen heraus, daß nur 29,1% der über 60-Jährigen, dagegen aber 68,3% der 20- bis 29-Jährigen die Entscheidung für ihren Ehepartner unabhängig von der Familie getroffen hatten.[143]

---

[141] UNFT (Hrsg.), L'image de la femme², S. 24.
[142] Karoui, Couple, S. 68.
[143] UNFT (Hrsg.), L'image de la femme², S. 25.

Bezüglich der arrangierten Ehen stellt sich die Frage, wer die Initiatoren solcher Eheschließungen sind. Hier kommt die UNFT-Studie von 1995 zu dem Schluß, daß etwa acht von zehn arrangierten Ehen auf Initiative der Eltern geschlossen wurden, wobei diese Tradition auf dem Land mit 85,9% gegenüber der Stadt mit 82,7% stärker wiegt. Außerdem sind Töchter häufiger als Söhne dem elterlichen Einfluß ausgesetzt. Bei ihnen bestimmten zu 85,9% die Eltern den zukünftigen Ehemann, während bei den Männern in 81,3% Mutter und Vater über die Ehefrau entschieden. Freunde oder andere Personen traten nur in 7,5% bzw. 8,3% aller vermittelten Ehen als Entscheidungsträger in Erscheinung.[144]

Auf eine typische Begleiterscheinung arrangierter Ehen weist *Darghouth Medimegh* hin. In ihrer Studie stellt sie fest, daß für fast ein Drittel aller befragten Personen der Entschluß für einen Ehepartner getroffen wurde, bevor sie ihn selbst kennengelernt hatten, wobei hiervon Frauen stärker als Männer betroffen waren.[145]

2.1.2 Endogamie versus Exogamie

Die Heirat unter Blutsverwandten, meist zwischen Cousin und Cousine, ist in Tunesien noch immer stark verbreitet. Weder staatliche Aufklärungskampagnen über die biologischen Risiken endogamer Ehen noch deren Erschwerung durch das obligatorisch vorgeschriebene voreheliche Gesundheitszeugnis[146] haben bisher zu einem deutlichen Bruch mit dieser Tradition geführt. Dies unterstreicht eindrucksvoll die UNFT-Studie d. J. 1995, wonach selbst diejenigen, die ihren Ehepartner selbst ausgewählt haben, in den meisten Fällen mit einem Mitglied der eigenen Familie verheiratet sind. Dieses Verhalten ist auf dem Land stärker verbreitet als in der Stadt (64,7% versus 56,5%). Es ist bei Männern häufiger anzutreffen als bei Frauen. (60,4% versus 58, 2%).[147]

---

[144] UNFT (Hrsg.), L'image de la femme², S. 27.
[145] Darghouth Medimegh, Droits et vécu, S. 74.
[146] Vgl. dazu Kap. 1, II., 2.1.1 der vorliegenden Arbeit.
[147] UNFT (Hrsg.), L'image de la femme², S. 25.

Eine Studie der ONFP von 1994/95 gibt den Anteil der Cousin-Cousinen-Ehen in städtischen Regionen mit 22,5% in ländlichen sogar mit 37,9% an.[148] Die UNFT-Studie von 1995 geht von einem Anteil blutsverwandter Ehen von über 40% aus: von den befragten Frauen gaben 44,7% an, mit ihrem Ehepartner blutsverwandt zu sein, von den Männern sogar 47,5%.[149] Bei der jüngeren Generation, in der Bildungsschicht und bei den Städtern ist die Endogamie zwar weniger verbreitet als im Landesdurchschnitt, sie bleibt aber auch in diesen Gruppen ein bedeutendes Phänomen der Partnerwahl. Bei der Altersgruppe der unter Dreißigjährigen liegt sie bei 39%, bei der höheren Bildungsschicht zwischen 39% und 44% (gegenüber 50% bei Analaphabeten) und in städtischen Gebieten bei 41,1% (gegenüber 53,0% auf dem Land).[150] Stärker noch als vom Geschlecht scheint die Präferenz blutsverwandter Ehen also abhängig von Alter, Bildungsgrad und geographischer Herkunft zu sein.[151] In einer quantitativen Studie über die Entwicklung blutsverwandter Ehen weist *Bouraoui* jedoch darauf hin, daß der Anteil solcher Verbindungen in städtischen Regionen nicht zwangsläufig geringer als der in ländlichen sein muß, sondern in Einzelfällen um ein Vielfaches höher liegen kann.[152]

Den Verwandtschaftsgrad zwischen Eheleuten beleuchtet auch die M.A.F.F./Unicef-Studie d. J. 1993. Sie kommt zu dem Ergebnis, daß in Tunesien 42% der Ehen endogam sind: 11,3% aller Ehen wurden zwischen den Kindern zweier Brüder,[153] 13,4% zwischen Cousin und Cousine zweiten Grades[154] und 17,3% zwischen entfernteren Verwandten eingegangen.[155] Das Auseinanderbrechen der Großfamilie, so schlußfolgert die Untersuchung, habe zwar zu einem

---

[148] Zit. nach CREDIF (Hrsg.), Femmes rurales, S. 46.
[149] UNFT (Hrsg.), L'image de la femme², S. 27.
[150] Ebd.
[151] Zu diesem Ergebnis kommt auch Darghouth Medimegh (Droit et vécu, S. 74), jedoch mit ab weichendem Zahlenmaterial.
[152] Bouraoui, Mariages, S. 90. So war in den Jahren 1970-1980 der Anteil blutsverwandter Ehen in den städtischen Gouvernoraten Sfax und Gabès bis zu dreimal höher als in den ländlich geprägten Gouvernoraten Zaghouan, Le Kef, Jendouba und Béja. (Dies., Tab. S. 87).
[153] Diese Art der Cousin-Cousinen Heirat gilt als die am nähesten blutsverwandte Verbindung.
[154] So werden in der Studie alle vom o. g. Modell abweichenden Verwandtschaftsverhältnisse zwischen Cousin und Cousine genannt. Denkbar ist z. B. die Ehe zwischen den Kindern von Bruder und Schwester oder zwischen den Kindern zweier Schwestern.
[155] M.A.F.F./Unicef (Hrsg.), Enquête, S. 18.

Rückgang endogamer Heiraten geführt, dieser vollziehe sich aber langsamer als der Wandel der Familienstrukturen per se vermuten ließe.[156]
Die Wahl eines Ehepartners innerhalb der gleichen Region ist in Tunesien mit einem Anteil von über 40% der Ehen stark verbreitet.[157]
Dagegen spielt der Arbeitsplatz als Ort des Kennenlernens der UNFT-Studie von 1995 zufolge eine eher untergeordnete Rolle. 16,4% der befragten Frauen und 10,8% der Männer haben dort ihren Ehepartner kennengelernt. Noch weiter unten rangiert die Universität. Nur 3,5% aller Frauen und 4,1% aller Männer sind im Studium auf ihren Ehepartner getroffen.[158] Dennoch dürften gerade bei der jüngeren Generation und hier vor allem bei der Bildungsschicht mit ihren vergleichsweise erweiterten Lebens- und Agitationsräumen die Möglichkeiten des Kennenlernens zukünftiger Ehepartner vielfältig sein und sich langsam vom endogamen Heiratsverhalten wegbewegen. Nach den Umständen ihrer Partnerwahl befragt, nannten Akademikerinnen im Rahmen einer Studie d. J. 1986 neben der Bekanntmachung durch Freunde und Bekannte vor allem die Universität sowie politische und kulturelle Veranstaltungen als Orte des gegenseitigen Kennenlerners.[159] Vor allem der Kontakt berufstätiger Frauen zu ihren Kollegen und deren männlichen Verwandten scheint sich auf die exogame Partnerwahl begünstigend auszuwirken. Daß die Erwerbstätigkeit der Frau die Wahl eines Ehepartners außerhalb des Familienkreises fördert, wurde 1982 im Rahmen einer Studie über tunesische Postangestellte nachgewiesen.[160] Die Tendenz zur Heirat innerhalb des gleichen sozialen Umfeldes beobachtete dagegen *Mahfoudh* in ihrer Studie über das Berufs- und Familienleben von Universitätsdozentinnen. Als ein wichtiges Charakteristikum dieser Bevölkerungsgruppe bezeichnet sie die *„soziale und berufliche Endogamie (endogamie sociale et professionelle)*“, die sie in Gegenüberstellung zur traditionellen Endogamie als Partnerwahl innerhalb des gleichen gesellschaftlichen und beruflichen Kontextes versteht.[161] Zwei Drittel der Frauen

---

[156] M.A.F.F./Unicef (Hrsg.), Enquête, S. 19.
[157] Vgl. dazu M.A.F.F./Unicef (Hrsg.), Enquête, Tab. 13, S. 18 sowie Darghouth Medimegh, Droits et vécu, S. 75 f.
[158] UNFT (Hrsg.), L'image de la femme², S. 25.
[159] Rejeb, Divorce, S. 286 f. *Rejeb* befragte für ihre Studie 20 geschiedene Frauen zwischen 28 und 42 Jahren. Die Frauen hatten alle einen Universitätsabschluß und waren berufstätig.
[160] Karoui, Femme, S. 102 ff. Für die Studie wurden 464 Mitarbeiterinnen der tunesischen Post zu ihrer Berufstätigkeit und ihrer Einstellung zu traditionellen Werten befragt.
[161] Mahfoudh, Femmes universitaires, S. 199 f.

hatten der Untersuchung zufolge Universitätsbedienstete oder höhere Angestellte geheiratet.[162] Dagegen scheint die Partnerwahl bei akademisch gebildeten Männer weniger auf intellektuelle und sozio-berufliche Gleichstellung gerichtet zu sein, sondern vielmehr auf eine Absicherung ihrer Vorrangstellung und Versorgerfunktion in der Ehe. So ergab eine Umfrage d. J. 1980 unter 200 männlichen und weiblichen Universitätsabsolventen gleichen Alters, daß der überwiegende Teil der Frauen ihre Ehemänner aus dem gleichen sozio-beruflichen Umfeld gewählt hatte, während fast die Hälfte aller Männer mit Hausfrauen verheiratet waren.[163]

2.1.3 Motive der Partnerwahl

Neben den Umständen und Bedingungen der Partnerwahl lassen die Motive oder Überlegungen, die die Wahl eines bestimmten Ehepartners begünstigen, Rückschlüsse darauf zu, welche Funktion die Eheschließung innerhalb der Gesellschaft hat und welche Erwartungen mit ihr verbunden werden. Nach den Motiven für die Wahl ihres jetzigen Ehepartners befragt, antworteten Männer und Frauen im Rahmen der UNFT-Studie d. J. 1995 folgendermaßen:

Tab. 16: Welches war der Hauptgrund für die Wahl der Ehefrau/des Ehemannes?

in %	gesamt	Männer	Frauen	Stadt	Land
interessante materielle Situation	14,6	12,4	17,9	13,9	15,8
interessanter sozialer Status	42,3	43,3	41,1	43,1	41,3
Liebe	31,6	32,6	30,0	30,5	33,3
gegenseitiges Verstehen	10,0	9,6	10,5	11,9	6,8
andere Gründe	1,5	2,1	0,5	0,6	2,8

Quelle: UNFT (Hrsg.), L'image², Tab. S. 25.

Augenfällig ist zunächst, daß mit Abstand für die meisten der befragten Personen die gesellschaftliche Stellung ihres Ehepartners ausschlaggebend für den Ent-

[162] Mahfoudh, Femmes universitaires, S. 200.
[163] Erwähnt bei Mahfoudh, Conjugalité, S. 76.

schluß war, ihn zu heiraten (42,3%). Mit einem „interessanten sozialen Status", wie ihn die Tabelle als Heiratsgrund ausweist, wird im allgemeinen ein guter Ruf und ein gesellschaftlich hohes Ansehen verbunden, das sich aus der Zugehörigkeit zu einer bekannten und allgemein geschätzten Familie herleitet. Davon, daß sich in Tunesien die *„romantische Liebe"* zunehmend als Basis der Ehe durchsetzt,[164] kann indes keine Rede sein. Die Liebe als Heiratsgrund rangiert erst auf Platz zwei (31.6%), gefolgt von materiellen Motiven (14,6%) und dem gegenseitigen Verstehen (10,0%). Obwohl die Rangfolge der Heiratsmotive sowohl bei Männern und Frauen als auch im Vergleich der Stadt- und Landbevölkerung gleich ist, sind dennoch Abweichungen erkennbar, die auf unterschiedliche Gewichtungen der einzelnen Prioritäten innerhalb dieser beiden Gruppen schließen lassen. Obwohl auch für Frauen der soziale Status ihres Ehepartners das Hauptmotiv der Eheschließung darstellt, scheinen sie ihm weniger Bedeutung beizumessen als die Männer. 41,1% der Frauen gaben diesen Grund als Ursache ihrer Partnerwahl an, während es bei den Männern 43,3% waren. Wichtiger als den Männern scheint den Frauen dagegen die wirtschaftliche Lage des Ehepartners zu sein. 17,9% aller Frauen gaben die materielle Situation des anderen als Heiratsgrund an, aber nur 12,4% der Männer. Ein weiteres wichtiges Ergebnis der Umfrage ist, daß Frauen seltener als Männer aus Liebe heiraten (30,0% versus 32,6%). Dafür messen sie dem gegenseitigen Verstehen eine größere Bedeutung bei als Männer (10,5% versus 9,6%). Überraschend ist, daß die Liebe als Motiv der Eheschließung mit 33,3% auf dem Land öfter genannt wurde als in der Stadt, wo sie nur in 30,5% der Fälle ausschlaggebend war. Auch der materiellen Situation des Ehepartners wird auf dem Land mehr Bedeutung beigemessen als in der Stadt (15,8% versus 13,9%). Dafür war der Sozialstatus auf dem Land seltener als in der Stadt ein Heiratsgrund (41,3% versus 43,1%), blieb aber auch hier mit Abstand das wichtigste Motiv der Partnerwahl. Als atypisch bewertet die Studie das Bild, das sich durch die Befragung von Personen nach Bildungszugehörigkeit ergab. Während 40% aller Personen mit höherem Bildungsniveau die materielle Situation des Ehepartners als Heiratsmotiv angaben, taten dies nur 13,7% der Analphabeten.

---

[164] So vermutet in: ONFP (Hrsg.), La Famille en Tunisie, S. 20.

Möglicherweise, so die Bewertung der Studie, wurden gerade von dieser Gruppe die wahren Motive der Partnerwahl verheimlicht.[165]

Darüber, welche anderen Motive für die Wahl eines Ehepartners außer den genannten und in der Tabelle unter „Sonstige" zusammengefaßten denkbar sind, darf indes spekuliert werden. *Rejeb* stellt in ihrer Studie über geschiedene, berufstätige Akademikerinnen einige Aussagen von Frauen über die Hintergründe ihrer Eheschließung vor, die Motivationen fernab der bereits genannten offenlegen:

„Ich habe geheiratet, um mich von meiner Mutter zu befreien."

„Meine Mutter setzte mich unter Druck. Während meiner gesamten Kindheit zielte meine Erziehung darauf, später zu heiraten."

„Meine Mutter gab der Ehe Vorrang vor dem Studium."

„In einem anderen sozialen Kontext hätte ich mich für eine freie Beziehung entschieden".

„Ich wollte eigentlich gar nicht heiraten. Mein Wunsch war es immer, in einer freien Beziehung zu leben. Die Gesellschaft aber erlaubt das nicht."

„Um in Tunesien einen sozialen Status zu haben, muß man verheiratet sein."

„Ich habe geheiratet, um frei von den Leuten zu sein."

„In unserer Gesellschaft gibt einem nur die Ehe die Möglichkeit, eine Beziehung zu haben, ohne deshalb verfolgt zu werden."[166]

Obwohl im Rahmen der genannten Umfrage auch Liebe, Zuneigung und die Suche nach Geborgenheit als Gründe der Partnerwahl genannt wurden, scheint die Eheschließung bei einem Großteil der befragten Frauen eine Reaktion auf gesellschaftliche Zwänge gewesen zu sein. Ob dieses Heiratsmotiv stärker als die bereits genannten für das Scheitern von Ehen verantwortlich zu machen ist, muß in Ermangelung entsprechender empirischer Untersuchungen unbeantwortet bleiben.

---

[165] UNFT (Hrsg.), L'image de la femme[2], S. 26.
[166] Rejeb, Divorce, S. 285 f.

2.1.4 Idealtypische Eigenschaften der Ehepartner

Daß das Frauenbild einem sehr zögerlichen Wandel unterworfen ist und noch immer stereotype männliche Rollenbilder vorherrschen, zeigen Antworten auf die Frage nach den gewünschten Eigenschaften bzw. Charakteristika von Ehemann und Ehefrau, die *Darghouth Medimegh* zusammengestellt hat:

- Hauptqualitäten der Ehefrau: Mehr als die Hälfte aller Befragten sahen in einer guten Erziehung nach „traditionellen Prinzipien" die wichtigste Eigenschaft der Ehefrau. 22,5% verlangten von der „Ideal-Ehefrau" in erster Linie, daß sie die Meinung ihres Mannes teilt und ihm gehorcht. 14,2% gaben eine gute soziale Herkunft der Frau als wünschenswert an. Fortschrittlich zeigten sich die Befragten beim Thema Berufstätigkeit: Ein Drittel waren der Überzeugung, die Erwerbsarbeit der Frau garantiere den Erfolg einer Ehe.

- Hauptqualitäten des Ehemannes: Ein Drittel der Befragten sahen die Fähigkeit zur Sicherung von Stabilität und Entfaltungsmöglichkeiten der Familie als wesentliche Eigenschaft des „Ideal-Ehemannes". 43% der Männer, aber nur 34% der Frauen waren der Ansicht, er müsse vor allem die wirtschaftlichen Bedürfnisse der Familie befriedigen können. Nur 13% forderten vom Mann in erster Linie eine Übereinstimmung mit der Meinung seiner Ehefrau. [167]

Traditionelle Vorstellungen von Ehe und Partnerschaft, wie sie bei der o.g. Umfrage zum Ausdruck kommen, sind vor allem bei der jüngeren Generation im Umbruch. Den faktischen Motiven der Eheschließung in Tunesien stehen in der Theorie idealtypische Konzeptionen von Partnerschaft und Ehe entgegen, die auf einen Wertewandel insbesondere bei der jüngeren Generation schließen lassen.

Eine vom ONFP 1996 vorgelegte Studie ergab, daß für junge Männer und Frauen Liebe und Zuneigung in der Konzeption von Ehe und Partnerschaft eine dominierende Rolle spielen: 93,8% der Befragten hielten die Ehe für eine auf Zuneigung

---

[167] Darghouth Medimegh, Droits et vécu, S. 81-86. In der präsentierten Kurzform finden sich die Umfrageergebnisse in: M.A.F.F./Unicef (Hrsg.), Enquête, S. 85 f.

basierende Einrichtung (*institution affective*) und 85% betrachteten die Liebe als Fundament der Ehe.[168] Diese in der Theorie idealisierte romantische Konzeption der Ehe steht einer in der Praxis überwiegend unsentimental motivierten Partnerwahl entgegen. Wie bereits deutlich wurde, gilt ein Zugewinn an Sozialprestige als der in der Praxis dominierende Faktor der Partnerwahl in Tunesien.[169] Zwar mißt auch die junge Generation dem gesellschaftlichen, materiellen und beruflichen Hintergrund des zukünftigen Ehepartners große Bedeutung bei, doch Wesen und Charakter bleiben – zumindest in der Theorie - die wichtigsten Aspekte der Partnerwahl. 92,6% der Jugendlichen nannten im Rahmen der erwähnten Studie Treue und Großzügigkeit als bevorzugte Eigenschaften, 54,6% gaben an, die Entscheidung für einen Ehepartner von seiner Bildung und 45,7% vom seinem Beruf abhängig machen zu wollen; Herkunft und Reichtum wurden von 71,9% bzw. 52,7% der Befragten als wichtige Motive der Partnerwahl genannt.[170]

Auch in Bezug auf die Autonomie der Partnerwahl kontrastieren die Vorstellungen der jungen Bevölkerung mit den realen Verhältnissen. Während „initiierte" Eheschließungen in Tunesien noch immer eine große Rolle spielen,[171] lehnen junge Menschen laut ONFP-Studie d. J. 1996 diese Tradition mit 94,4% fast geschlossen ab.[172] Die Gruppe der Jugendlichen, die sich ausdrücklich für eine exogame Beziehung aussprechen, ist mit 35,1% zwar vergleichsweise klein,[173] aber auch sie deutet auf erhebliche Widerstände gegenüber traditionellen Konzeptionen von Ehe innerhalb der jungen Generation hin. Die UNFT-Studie von 1995, die zu ähnlichen Ergebnissen kommt, weist darüber hinaus auf regionale und bildungsspezifische Unterschiede bei der Präferenz der Partnerwahl hin; sie kommt außerdem zu dem Schluß, daß der Wunsch, seinen künftigen Ehepartner frei zu wählen, bei jungen Frauen weniger ausgepägt ist als bei jungen Männern.[174]

---

[168] ONFP (Hrsg.), Les jeunes, S. 75. Die Studie basiert auf der Befragung von 2700 repräsentativ ausgewählten ledigen Jugendlichen zwischen 17 und 24 Jahren zu Themen wie Freizeit, Sexualität, Verhütung und Familienleben.
[169] Vgl. dazu Kapitel 3, II., 2.1.3 der vorliegenden Arbeit.
[170] ONFP (Hrsg.), Les jeunes, S. 75.
[171] Vgl. dazu Kapitel 3, II., 2.1.1. der vorliegenden Arbeit.
[172] ONFP (Hrsg.), Les jeunes, S. 76.
[173] ONFP (Hrsg.), Les jeunes, S. 75.
[174] UNFT (Hrsg.), L'image de la femme², S. 28.

2.1.5 Materielle Bedingungen der Eheschließung

Im Wandel begriffen ist auch die Eheschließung selbst. Traditionelle, reglementierte und kostspielige Hochzeitsfeiern verlieren in städtischen Regionen mehr und mehr an Attraktivität. Junge Leute bevorzugen Hochzeitsreisen statt teurer Feiern, tragen gemeinsam die Kosten der Hochzeitsvorbereitungen und investieren zu gleichen Teilen in den Aufbau des gemeinsamen Haushaltes: „*Reichtum ist nicht mehr der Inhalt sondern das Ziel (der Ehe, d. Verf.).*“[175] Dennoch wird der Bezug und die Einrichtung einer eigenen Wohnung oder eines Hauses in Tunesien von vielen Jugendlichen mittlerweile als Minimalanforderung an die Eheschließung genannt.[176] Die Realität sieht indes anders aus. Solange eine Wohnung oder ein eigenes Haus noch nicht finanziert werden kann, wohnen viele junge Ehepaare in den ersten Ehejahren mit Eltern bzw. Schwiegereltern zusammen. Meist zieht die junge Frau zu ihrem Mann in das Haus der Schwiegereltern. Doch besonders bei jungen Frauen ist das Streben nach Unabhängigkeit groß.[177] Eine Untersuchung zu Werten und Traditionen der tunesischen Gesellschaft, die *Nacef (et al.)* 1988 vorlegten, ergab, daß der Wunsch nach räumlicher Nähe zu den Eltern vor allem bei Männern verbreitet ist.[178] Bezüglich der gewünschten Wohnart sprach sich die überwiegende Mehrheit für ein eigenes Haus aus: ein Drittel aller Befragten für ein modernes Stadthaus (*villa*) und ein Viertel für ein Haus im traditionellen arabischen Stil (*dār 'arabī*).[179] Als eine Folge gestiegener Ansprüche an die „Startbedingungen“ des Ehelebens nennt *Darghouth Medimegh* die Verschuldung von über 60% aller Brautpaare in Tunesien – ein Phänomen, das nach ihrer Ansicht erklärt, warum heute die „*rentable*“ (d. h. arbeitende) Ehefrau mehr denn je gefragt sei.[180]

---

[175] Darghouth Medimegh, Droits et vécu, S. 77, 79.

[176] Darghouth Medimegh, Droits et vécu, S. 78.

[177] Zur Schwiegerfamilie als Ursache von Ehekonflikten vgl. Kapitel 3, II., 3.1.3 der vorliegenden Arbeit.

[178] Nacef (et al.), Famille, S. 267. Die Studie stützt sich auf die Befragung von 434 repräsentativ ausgewählten Männern und Frauen zu Themen rund um die Familie, darunter Eheschließung, Verhütung, Eheleben und Kindererziehung.

[179] Nacef (et al.), Famille, S. 268. *Darghouth Medimegh* (Droits et vécu, S. 78) weist darauf hin, daß 80% aller tunesischen Familien im eigenen Haus wohnen und fast ein Viertel aller Tunesier bereits zum Zeitpunkt der Eheschließung über Wohneigentum verfügen.

[180] Darghouth Medimegh, Droits et vécu, S. 79.

2.1.6 Bevorzugtes Heiratsalter und gewünschte Kinderzahl

Zu dem von der ledigen Generation präferierten Zeitpunkt der Eheschließung gibt es unterschiedliche statistische Erhebungen. Sie variieren zwischen 27 und 30 Jahre für den Mann und 20 bis 22 Jahre für die Frau.[181] Sicher scheint hingegen, daß für die Frau grundsätzlich ein deutlich niedrigeres Heiratsalter als für den Mann bevorzugt wird – ein Ideal, das auch die gesellschaftliche Realität Tunesiens widerspiegelt.[182] Während *Nacef (et al.)* die Präferenz eines jungen Heiratsalters vor allem bei der Bildungsunterschicht sehen,[183] kommt die ONFP-Studie d. J. 1996 zu dem Schluß, daß bei der jungen Generation vor allem Männer zu einem früheren Zeitpunkt der ersten Eheschließung tendieren; Frauen hingegen bevorzugen für sich selbst ein höheres Heiratsalter, wohinter vor allem der Wunsch nach einer längeren Ausbildungszeit und größerer persönlicher Reife zu vermuten ist.[184]

Auch das in der traditionellen islamischen Gesellschaft gelebte Ideal des Kinderreichtums ist in Tunesien einem starken Wandel unterworfen. Der Kinderwunsch beschränkt sich bei der jungen Generation auf durchschnittlich zwei bis drei Kinder. Im Rahmen der ONFP-Studie d. J. 1996 gaben 47,8% der Jugendlichen zwei Kinder, 33,0% drei Kinder und nur 16,5% mehr als drei Kinder als Idealzahl an.[185] Hinter der Ablehnung der Großfamilie mit fünf Kindern und mehr sehen *Ben Miled (et al.)* eine neue Einstellung zur Mutterschaft, die nicht mehr in dem Maße glorifiziert werde wie bei der älteren Generation.[186] Immerhin lag in Tunesien 1989 die durchschnittliche Kinderzahl von Frauen zwischen 45-49 Jahren bei mehr als 6.[187] Ein wichtiger Faktor dürfte auch die Berufstätigkeit der Frau sein, die eine ausschließliche Konzentration auf die Mutterrolle unmöglich macht. Dafür, daß sich die veränderte Einstellung der jungen Generation bald in konkreten Zahlen niederschlagen wird, sprechen auch offizielle Schätzungen, nach denen

---

181 Vgl. dazu insbesondere Sahli, Couple, Tab. S. 122; Nacef (et al.), Famille, Tab. 1, S. 265; ONFP (Hrsg.), Les jeunes, S. 71.

182 Vgl. dazu Kapitel 3, I, 3.3 der vorliegenden Arbeit.

183 Nacef (et al.), Famille, S. 265.

184 ONFP (Hrsg.), Les jeunes, S. 71.

185 Ebd.

186 Ben Miled (et al.), Education, S. 218.

187 CREDIF (Hrsg.), Femmes rurales, Tab. 33, S. 47.

sich die auf alle Altersgruppen bezogene durchschnittliche Kinderzahl bis zum Jahr 2005 auf 2,27 abgesenkt haben wird.[188]

2.2 Die Rollenaufteilung in der Ehe

2.2.1 Die Kommunikation zwischen den Ehepartnern

Neuere Ergebnisse zu der Frage, welchen Stellenwert Männer und Frauen in Tunesien der ehelichen Kommunikation beimessen und welches die Themen sind, über die in der Ehe bevorzugt diskutiert wird, liefert die UNFT-Studie von 1995.[189]

Einen Überblick über die Bedeutung des Gedankenaustausches zwischen Ehepartnern gibt die nachfolgende Tabelle:

Tab. 17: Ist es von Nutzen, daß die Ehepartner miteinander diskutieren, und diskutieren sie wirklich?

in %	Theorie		Praxis	
	nützlich	unnütz	es wird diskutiert	es wird nicht diskutiert
gesamt	95,6	4,4	85,0	15,0
Männer	95,5	4,5	84,9	15,1
Frauen	95,7	4,3	85,1	14,9
Stadt	98,7	1,3	90,8	9,2
Land	90,9	9,1	76,8	23,2

Quelle: UNFT (Hrsg.), L'image², Tab. S. 29.

Das Ideal der Kommunikation zwischen Ehepartnern wird nicht nur von 95,6% der befragten Personen vertreten, es wird der Umfrage zufolge auch in immerhin

188 ONFP (Hrsg.), Les jeunes, S. 72.
189 UNFT (Hrsg.), L'image de la femme², S. 29 f.

85,0% der Ehen praktiziert. Die Diskrepanz zwischen der theoretischen Beurteilung des ehelichen Meinungsaustausches und der tatsächlichen Diskussionsbereitschaft wird im wesentlichen darauf zurückgeführt, daß bei der Frage nach der Einstellung zur ehelichen Kommunikation auch ledige Personen berücksichtigt wurden, die aber in Fragen der praktischen Umsetzung aus der Gruppe der Befragten herausfielen.[190] Ein wichtiges Ergebnis der Umfrage ist, daß Frauen und Männer der Kommunikation in der Ehe die gleiche Bedeutung beimessen (95,5% der Männer und 95,7% der Frauen schätzten sie als nützlich ein) und auch als Verheiratete fast gleichhäufig mit ihrem Ehepartner diskutieren (84,9% der Männer und 85,1% der Frauen). Auffallend ist auch, daß der Diskussion zwischen Ehepartnern von Landbewohnern in Theorie und Praxis weniger Bedeutung beigemessen wird als von Städtern. Nur 90,9% der Personen in ländlichen Gebieten gegenüber 98,7% der Stadtbewohner befürworten die eheliche Kommunikation. Der tatsächliche Meinungsaustausch auf dem Land ist nicht nur geringer ausgeprägt als in der Stadt, er ist im Vergleich zu dem ihm theoretisch beigemessenen Stellenwert eklatant niedrig. 90,8% der Städter aber nur 76,8% der Landbewohner gaben an, mit ihrem Ehepartner tatsächlich Diskussionen zu führen. Die theoretische und praktische Diskussionsbereitschaft in der Ehe steht der Studie zufolge in direktem Zusammenhang mit Lebensalter und Bildungsgrad. Je höher das Alter, desto geringer die Bereitschaft zum Meinungsaustausch in der Ehe, und je höher die Bildung, desto größer das Interesse an der Diskussion: 76,7% der Analphabeten aber 100% der Universitätsabsolventen gaben im Rahmen der UNFT-Studie an, mit ihrem Ehepartner zu diskutieren.[191]

Was die in der Ehe diskutierten Themen betrifft, so kommt die UNFT-Studie von 1995 zu dem Ergebnis, daß sie in erster Stelle Probleme der Kinder (32,0%) betreffen, an zweiter Stelle Probleme der Paarbeziehung (30,2%), an dritter Stelle familiäre Probleme (20,2%) und an vierter und fünfter Stelle gesellschaftspolitische und sonstige Probleme (16,3% bzw. 1,3%). Frauen sind der Umfrage zufolge intensiver als ihre Männer mit den Problemen ihrer Kinder (34,3% versus 29,8%) und der Familie (21,1% versus 19,5%) beschäftigt; sie interessieren sich gleichzeitig aber weniger für gesellschaftspolitische Themen (14,0% versus 18,5%). Das

---

[190] UNFT (Hrsg.), L'image de la femme², S. 29.
[191] Ebd.

Interesse der Landbewohner an Problemen der Kinder ist mit 34,9% stärker ausgeprägt als bei den Städtern (30,1%). Dafür scheinen sie sich weniger als die Städter mit gesellschaftspolitischen Themen zu beschäftigen (13,8% versus 17,9%).[192]

2.2.2 Entscheidungsgewalt und finanzielle Verantwortung

Der Frage danach, wer nach Meinung von Mann und Frau Entscheidungen in der Ehe treffen soll, gingen bisher zwei empirische Untersuchungen nach: Die bereits mehrfach zitierte Studie der UNFT über das Frauenbild in der tunesischen Gesellschaft von 1995 und ihr gleichnamiger Vorläufer d. J. 1981.[193]

Die frühere der beiden Untersuchungen kam zu dem Ergebnis, daß Männer stärker als Frauen an traditionellen Privilegien festhalten, wobei sich aber eine deutliche Tendenz zu mehr ehelicher Kollegialität bemerkbar macht: 55% der befragten Männer traten für die männliche Entscheidungsgewalt in der Ehe ein, 44,5% nannten gemeinsame Entscheidungen als Ideal. Nur einer von zweihundert Männern bevorzugte die Frau als Entscheidungsträgerin in der Ehe. Bei den Frauen rangierte der Mann als Entscheidungsträger mit 39,6% nur auf dem zweiten Platz, während gemeinsame Entscheidungen zu 59% befürwortet wurden. Ihren Geschlechtsgenossinnen Vorrang bei der Entscheidungsfindung einräumen, wollten allerdings nur 8 von 100 befragten Frauen. Die Tendenz zu partnerschaftlich gefällten Entscheidungen zeigte sich vor allem bei der Frage nach der gewünschten Kinderzahl. Hier nannten 53,1% der Befragten das gemeinsame Einvernehmen als angestrebtes Ziel, wobei sich Frauen stärker als Männer an einer gemeinsamen Entscheidung interessiert zeigten (63,3% versus 43,0%).[194]

---

[192] UNFT (Hrsg.), L'image de la femme², S. 30.

[193] UNFT (Hrsg.), L'image de la femme dans la société tunisienne (Zit. L'image de la femme¹), Tunis 1981.

[194] UNFT (Hrsg.), L'image de la femme¹, S. 225 f.

Im Rahmen der UNFT-Studie d. J. 1995 wurde das Feld möglicher Antworten auf die Frage nach Entscheidungsprozessen differenziert[195] und zusätzlich zwischen theoretischem Anspruch und praktischer Umsetzung unterschieden. Dabei wurde deutlich, daß das männliche Entscheidungsmonopol in der Ehe noch immer von 56,0% der befragten Personen als Ideal angesehen wird, gefolgt von der gegenseitigen Absprache mit 27,6%. Nur 2,0% aller Personen gaben die Frau als bevorzugten Entscheidungsträger an. 14,1% wollten die Festlegung auf einen der beiden Ehepartner von der Situation abhängig machen. In der Praxis büßt das Ideal des männlichen Privilegs bei der Entscheidungsfindung erheblich ein (nur noch 43,0% versus 56,0%). Dagegen scheinen partnerschaftliche Entscheidung im Alltagsleben eine größere Rolle zu spielen, als dies in der Theorie idealisiert wird (35,8% versus 27,6%). Kein wesentlicher Unterschied zwischen Theorie und Praxis ist bezüglich der weiblichen Entscheidungsgewalt in der Ehe feststellbar. Die Frau als alleinige Entscheidungsträgerin bleibt nicht nur in der Vorstellung der Bevölkerung sondern auch im Alltagsleben eine Ausnahmeerscheinung (2,2%).[196]

Eine Aufschlüsselung der Antworten nach Geschlecht der befragten Personen bietet die neuere UNFT-Studie nicht. Es darf aber angenommen werden, daß sich die Rangfolge der von Frauen präferierten Entscheidungsmodelle seit 1981 nicht grundsätzlich geändert hat. Dafür geht die Untersuchung der Frage nach, welche Rechtfertigungen für die Entscheidungsvollmacht des Mannes in der Ehe angeführt werden.

Tab. 18: Warum fällt der Mann die Entscheidungen?

in %	gesamt	Männer	Frauen	Stadt	Land
weil er das Familienoberhaupt ist	41,4	42,2	40,3	36,2	46,1
weil er überlegen ist	37,4	42,9	30,6	39,7	35,1
Gewicht der Tradition	16,6	13,7	20,1	17,0	16,2
um Eheprobleme zu vermeiden	3,1	0,6	6,0	5,0	1,3
andere Gründe	1,5	0,6	3,0	2,1	1,3

Quelle: UNFT (Hrsg.), L'image[2], Tab. S. 35.

---

195 Neben den drei Wahlmöglichkeiten „Mann" bzw. „Frau als Entscheidungsträger" und „müssen sich verständigen" wurden noch die Kategorien „kommt darauf an" und „sonstige" angeboten.

196 UNFT (Hrsg.), L'image de la femme[2], S. 34 f.

Die Reihenfolge der genannten Gründe bleibt stets gleich, egal ob es sich bei den befragten Personen um Männer oder Frauen oder um Stadt- bzw. Landbewohner handelt. Auch wenn sich Frauen seltener als Männer auf die Funktion des Mannes als Familienoberhaupt oder seine Überlegenheit berufen und statt dessen die Tradition oder taktische Gründe anführen, ändert dies nichts daran, daß sie durchgängig das Entscheidungsmonopol des Mannes in der Ehe akzeptieren.

Was die Verwaltung des Familieneinkommens betrifft, so kommt die UNFT-Studie von 1995 zu dem Schluß, daß sich in der Ehe Männer dreimal häufiger als Frauen um die Finanzen kümmern. In 58,2% der Ehen verwaltet der Mann das Einkommen, während diese Aufgabe nur zu 17,3% die Frau übernimmt. Dennoch wurde der Frau (40,7%) von allen befragten Person durchschnittlich etwa genauso häufig wie dem Mann (41,7%) die Fähigkeit zur Verwaltung des Familienbudgets zuerkannt. Die Verwaltung des Familienbudgets durch den Mann wird nur in der Stadt, innerhalb der Bildungsschicht, in der Berufsgruppe der Beamten, Arbeiter und Kleingewerbebetreiber und von Personen unter 30 Jahren partiell in Frage gestellt.[197] Dagegen ergab eine von *Darghouth Medimegh* durchgeführte Umfrage, daß Männer die Verwaltung des Familieneinkommens durch die Frau nur ungerne zugeben, was davon abgeleitet wurde, daß 51,2% der Männer sich selbst als Budgetverwalter angaben und nur 12,6% die Frau, während die befragten Frauen gleichzeitig nur zu 31,1% ihre Männer in dieser Funktion nannten, sich selbst aber zu 26,2%.[198]

Offenbar wird der Mann als Familienoberhaupt seine wirtschaftliche Machtposition innerhalb der Familie auch auf absehbare Zeit behaupten können.[199] Solange dieses Ungleichverhältnis besteht, werden auch damit zusammenhängende Probleme, wie Machtmißbrauch, Aneignung und Veruntreuung des Gehaltes der Ehefrau und Ausnutzung des gesetzlichen Prinzips der Gütertrennung fortexistieren.[200]

---

[197] UNFT (Hrsg.), L'image de la femme^2„ S. 33 f.
[198] Darghouth Medimegh, Droits et vécu, S. 109.
[199] UNFT (Hrsg.), Le rôle et le statut, S. 14.
[200] Vgl. dazu die Erfahrungsberichte geschiedener Tunesierinnen in: Rejeb, Divorce, S. 311 f. sowie Kapitel 2, II., 2.2.1 und 2.2.3 der vorliegenden Arbeit.

2.2.3 Haushalt und Kindererziehung

Der massive Zugang von Frauen zu Bildung, die Zunahme weiblicher Erwerbstätigkeit und die wachsende Mitverantwortung für das Familieneinkommen hat bei Frauen einen spürbaren Bewußtseinswandel in Gang gesetzt. Dabei handelt es sich aber weniger um eine lineare, umfassende Entwicklung als bestenfalls um eine zweckorientierte Fortschrittlichkeit, die dem Konservatismus, der andere Bereiche des sozialen Lebens von Frauen regiert, wenig anzuhaben vermag. Besonders deutlich manifestiert sich die Diskrepanz zwischen traditionellen und neuzeitlichen Anforderungen an die Frau im Familienalltag. Die Berufstätigkeit der Frau, so haben zahlreiche empirische Studien ergeben, hat nicht zu einer Umverteilung von Rollen in der Familie geführt. Haushalt und Kindererziehung bleiben in der Hand von Frauen, auch wenn sie durch ihre Tätigkeit außer Haus ebensoviel Zeit für die finanzielle Unterhaltung der Familie aufbringen wie ihre Männer.[201] Eine Umfrage unter berufstätigen Frauen der mittleren Bildungsschicht ergab, daß alle die Alleinverantwortung für Haushalt und Kindererziehung als schwierig empfanden, das Modell der weiblichen Mehrfachbelastung aber weitgehend kritiklos interiorisiert hatten und bei der Erledigung ihrer häuslichen Aufgaben sogar einen gewissen Perfektionismus an den Tag legten. Einige der Antworten spiegeln diese Haltung sehr deutlich wider:

„Die Frau muß sich klarmachen, daß es nicht die Pflicht des Mannes sein kann, ihr im Haus zu helfen."

„Ich überwache die Schularbeiten der Kinder während der Küchenarbeit."

„Ich lege Wert darauf, daß mein Haushalt gut geführt ist. Ich erledige meine Küchenarbeit entweder abends vor dem Schlafengehen, oder früh morgens vor dem Büro."[202]

Eine Mitverantwortung des Mannes für den Haushalt wird von diesen Frauen in keinem Moment in Erwägung gezogen. Da Hausarbeit als unmännlich gilt, kann die Frau im Notfall nur auf ihre weiblichen Familienmitglieder, z. B. die Mutter oder Schwiegermutter, zählen. Daß die Rollenverteilung auch im Falle der

---

[201] Nur eine aller verfügbaren Studien sieht eine Beteiligung von Männern berufstätiger Frauen an der Kinderbetreuung sowie an fast allen Hausarbeiten als die Regel an: Rejeb, Mère, S. 91.

[202] Aussagen berufstätiger Tunesierinnen, zit. nach Ben Miled (et al.), Education, S. 217.

gemeinsamen Berufstätigkeit konservativ bleibt, bestätigt auch die Studie *Karouis* über tunesische Postangestellten. Sie kommt zu dem Ergebnis, daß Frauen zwar unter dem Hin- und Hergerissensein zwischen Beruf und Haushalt leiden, gleichzeitig aber nie die Hausarbeit vernachlässigen würden, sondern rund um die Uhr und sogar während ihrer Arbeitszeit den Haushalt organisieren und planen:

„Woran es mangelt, ist das Verhältnis von Mann und Frau, das sich nicht weiterentwickelt hat. Der Mann glaubt sich stets als absolutes Oberhaupt. Er kommt nach Hause, um sich auszuruhen, seine Frau aber muß weiterarbeiten. Dabei hat sie die Aufgaben einer Mutter zu erfüllen: sich um die Kinder, die Küche und die Sauberkeit des Hauses zu kümmern. Sie übernimmt ihre Verantwortung als Hausfrau und ihr Mann ermutigt sie dazu.“[203]

Diese Situation spiegelt auch das Umfrageergebnis der UNFT-Studie d. J. 1995 wider, wonach in 78,6% der Fälle die Frau für den Haushalt verantwortlich ist, in jeder zehnten Ehe die Hausarbeit geteilt wird, und nur in 3,9% aller Fälle der Mann die Hauptlast des Haushaltes trägt:

Tab. 19: Wer erledigt die Hausarbeit?

in %	gesamt	Männer	Frauen	Stadt	Land
Ehefrau	78,6	77,1	80,2	75,9	82,4
Ehemann	3,9	4,5	3,4	3,0	5,3
beide gemeinsam	10,5	12,3	8,5	13,2	6,7
andere	7,0	6,1	7,9	7,9	5,6

Quelle: UNFT (Hrsg.), L'image^2, Tab. S. 53.

Ihren jeweiligen Beitrag zur Haushaltsführung schätzen Frauen wie Männer demnach höher ein, als dies von ihrem Gegenüber wahrgenommen wird. 80,2% der Frauen gaben an, verantwortlich für die Hausarbeit zu sein, aber nur 77,1% der Männer bestätigten dies. Umgekehrt bezeichneten sich 4,5% der befragten Männer als Hauptverantwortliche für den Haushalt, während ihnen dies nur 3,4% der Frauen zugestanden. Strikter als in der Stadt ist die Rollenverteilung auf dem

[203] Karoui, Femme, S. 105.

Land, wo die Frau zu 82,4% die Hauptlast der Hausarbeit trägt und damit noch deutlich schwerer belastet ist als die Städterin (75,9%).

Paradoxerweise wird eine Änderung dieser Situation von der Mehrzahl der Frauen nicht angestrebt. Wer sich von seinem Mann bei der Hausarbeit helfen läßt, riskiert sich lächerlich zu machen, gilt als unkorrekt und unhöflich ihm gegenüber.[204] Die Übernahme „weiblicher Pflichten" durch Männer wird häufig nicht nur von ihnen selbst sondern auch von Frauen als persönlich degradierend empfunden.[205] Der UNFT-Studie von 1981 zufolge betrachtet lediglich jede dritte Frau die Mithilfe des Mannes im Haushalt als obligatorisch (gegenüber jedem 5. Mann).[206] Beim Problem der Hausarbeit, so gibt *Rejeb* zu bedenken, geht es um mehr als die bloße Erledigung praktischer Tätigkeiten, es geht um die Frage nach männlicher und weiblicher Identität, denn die Gesellschaft blickt kritisch auf Männer, die traditionell weibliche Aufgaben übernehmen.[207] Da die Mitarbeit im Haushalt allgemein als unmännlich gilt, versuchen viele Männer, ihre Mitarbeit im Haushalt vor der Öffentlichkeit zu verheimlichen.[208] Doch die Aktivitäten der meisten Männer beschränken sich ohnehin auf traditionelle Aufgaben wie Einkäufe und Marktgänge.[209] So kommt die UNFT-Studie d. J. 1995 zu dem Schluß, daß immerhin 94,7% der verheirateten Männer diese Pflichten wahrnehmen, während sie andere Arbeiten wie Abwasch (26,4%), Kochen (31,3%), Putzen (19,0%), Wäsche waschen (14,7%) und Kinderanziehen (20,6%) lieber den Frauen überlassen.[210] Die Studie *Mahfoudhs* über das Berufs- und Familienleben von Universitätsdozentinnen ergab, daß nur eine verschwindend geringe Zahl von Ehemännern Hausarbeiten wie Abwasch und Kochen übernehmen; und dies auch nur dann, wenn die Ehefrau dazu nicht zur Verfügung steht.[211] Das Stereotyp traditionell weiblicher Aufgaben ist selbst unter jungen, gebildeten Frauen so stark verbreitet, daß die meisten von sich aus eine Mithilfe des Mannes beim Putzen oder Wäschewaschen ablehnen und statt dessen für die Übernahme sekundärer

---

[204] Karoui, Femme, S. 106.
[205] Karoui, Couple, S. 72.
[206] UNFT (Hrsg.), L'image de la femme[1],Tab. XI, S. 226.
[207] Rejeb, Divorce, S. 301 f.
[208] Rejeb, Divorce, S. 302.
[209] Ben Miled (et. al.) Education, S. 218.
[210] UNFT (Hrsg.), L'image de la femme[2], Tab. S. 54.
[211] Mahfoudh, Femmes universitaires, S. 201.

Aufgaben wie Tischdecken und -abräumen, Bettenmachen und Kinderbetreuung plädieren.[212]

Auch die Erziehung und Betreuung der Kinder gilt traditionell als Aufgabe der Frau, doch macht sich diesbezüglich ein Bewußtseinswandel bemerkbar. Längst gibt es in Tunesien Männer, die sich von Anfang an freiwillig und regelmäßig um ihre Kinder kümmern. Ihre Zahl ist aber noch immer äußerst gering. Jüngeren empirischen Untersuchungen zufolge ist die Erziehung und Betreuung von Kindern noch immer eine weibliche Domäne. So kommt die UNFT-Studie d. J. 1995 zu dem Ergebnis, daß in 57,6% der Ehen die Frau für die Kindererziehung verantwortlich ist, während Männer nur zu 4,7% diese Rolle übernehmen. Zu einer gemeinsamen Erziehungsverantwortung bekennt sich nur jedes fünfte Ehepaar (21,3%).[213] Die Betreuung von Vorschulkindern scheint sogar ausschließlich in weiblicher Hand zu liegen. In 79,7% der Fälle sorgt der M.A.F.F./Unicef-Studie d. J. 1993 zufolge die Mutter für sie, in Ausnahmefällen werden sie in Kindergärten oder Grippen untergebracht (5%), oder die Großmutter (3,2%), ein anderes Familienmitglied (1,5%) oder eine Hausangestellte (1,2%) steht zur Verfügung. Dem Vater als Betreuungsperson wird keine eigene Antwortkategorie gewidmet, seine Beteiligung an der Betreuung des Vorschulkindes ist allenfalls unter der Sparte „anderes Familienmitglied" subsumiert, bleibt de facto also marginal.[214] Genausowenig, wie die Berufstätigkeit der Frau zum Anlaß für eine Aufteilung der Hausarbeiten genommen wird, führt sie zu einem stärkeren Engagement der Männer bei der Kindererziehung- und betreuung. Sind beide Ehepartner berufstätig, so wird für die Kinderbetreuung in der Regel eine Lösung im Familienkreis gefunden. Universitätsdozentinnen nannten bei der o.g. Umfrage in erster Linie die Unterbringung der Kinder bei Großeltern oder Nachbarn, gaben vereinzelt aber auch an, sich mit ihrem Ehepartner bezüglich der jeweiligen Arbeitszeiten abzusprechen und auf diese Weise unabhängig von fremder Hilfe zu sein.[215]

---

[212] UNFT (Hrsg.), L'image de la femme[1], S. 227.
[213] UNFT (Hrsg.), L'image de la femme[2], Tab. A, S. 46.
[214] M.A.F.F/Unicef (Hrsg.), Enquête, Tab. 1, S. 44.
[215] Mahfoudh, Femmes universitaires, S. 202.

Ernüchternd ist das Ergebnis der UNFT-Studie von 1981, wonach 43,6% der Männer und immerhin 40,0% der befragten Frauen angaben, die Frau müsse sich im Konflikt zwischen Berufstätigkeit und häuslichen Pflichten selbst helfen. Vor allem Männer waren der Meinung, Haushalt und Mutterschaft seien prioritär, die Frau müsse sich nötigenfalls besser organisieren, beruflich zurückstecken oder andere Personen um Hilfe bitten.[216]

Allgemein kann also davon ausgegangen werden, daß eine geschlechtsspezifische Rollenverteilung in der Ehe auch in der höheren Bildungsschicht bestehen bleibt. Die Berufstätigkeit der Frau wird in der Regel nicht zum Anlaß genommen, die Familienarbeit gleichberechtigt zwischen beiden Ehepartnern aufzuteilen. Hausarbeit und Kindererziehung lasten nach wie vor auf der Frau, die, wenn überhaupt, nur partiell und gelegentlich mit der Unterstützung ihres Mannes rechnen kann und dafür u. U. auch berufliche Einbußen hinnehmen muß. Während Männer ihren beruflichen Verpflichtungen stets Vorrang vor den familiären geben, bleibt Frauen kaum eine Möglichkeit, sich ihren häuslichen Aufgaben zu entziehen. Die Frage danach, ob Männer ihrem beruflichen Fortkommen mehr Bedeutung beimessen als Frauen, wurde in der o.g. Umfrage unter Universitätsdozentinnen sodann auch von allen positiv beantwortet und als Resultat eines privilegierten Sozialstatus des Mannes oder als Flucht vor familiärer Verantwortung gewertet:

„... weil die Arbeit ihr (d. h. der Männer, d. Verf.) Daseinsgrund ist. Wir haben andere Gründe, wie Kinder gebären und haben."

„Die Männer haben mehr Zeit zu ihrer Verfügung ... und setzen darauf, um Autorität und Macht zu erlangen und sozial aufgewertet zu werden."

„... der Mann identifiziert sich vor allem mit seiner beruflichen Rolle, während sich die Frau mit zwei Rollen identifiziert."

„...weil ... die Arbeit der Frau meistens als nebensächlich gilt. Das macht nichts, so ist es eben."

„... das ist der Eindruck, den sie (die Männer) erwecken möchten, um sich bestimmten Verantwortlichkeiten zu entziehen."[217]

---

[216] UNFT (Hrsg.), L'image de la femme[1], S. 228.

[217] Aussagen von tunesischen Frauen, zit. nach Mahfoudh, Femmes universitaires, S. 204 f.

2.2.4 Sexualität und Jungfräulichkeitskult

Wie im arabisch-islamischen Kulturraum insgesamt bildet auch in Tunesien die Ehe den einzig sozial anerkannten Rahmen für das Geschlechtsleben von Mann und Frau. Gleichzeitig aber ist die Sexualität, egal ob außerhalb oder innerhalb der Ehe, okkultiert und tabubehaftet. So sind die Vorstellungen von Sexualität, die innerhalb der tunesischen Gesellschaft existieren, wenig geeignet, junge Menschen auf ein erfülltes Sexualleben vorzubereiten.[218] Die Ermahnung zu Bescheidenheit und Schamhaftigkeit (*ḥišma*) steht im Mittelpunkt der Mädchenerziehung, die Wahrung der Jungfräulichkeit nimmt dabei einen zentralen Platz ein. In vielen Dörfern Tunesiens ist das Demonstrieren eines Tuches mit Deflorationsblut in der Hochzeitsnacht noch heute Brauch.[219] Der Jungfräulichkeit wird eine solche Wichtigkeit beigemessen, daß sich viele junge Frauen zwecks Wiederherstellung des Hymens vor ihrer Hochzeit noch einem chirurgischen Eingriff unterziehen.[220] Der Junge dagegen wird von früh an dazu aufgefordert, seine Männlichkeit unter Beweis zu stellen. Er muß sich mutig, durchsetzungsstark und dominant zeigen. Die konsequente Unterdrückung der weiblichen Sexualität bei gleichzeitiger Überbetonung der männlichen führt dazu, daß diese beiden Modelle in der Hochzeitsnacht für viele Frauen in traumatischer Weise aufeinandertreffen. Sexualität wird häufig als gewaltsam erlebt, das eheliche Geschlechtsleben als angstbehaftet und unbefriedigend. Hier schließt sich der Kreis, denn nicht die individuelle Befriedigung ist den gesellschaftlichen Normen zufolge der Zweck der weiblichen Sexualität sondern die Fortpflanzung.[221] Sie entspricht der biologischen Bestimmung der Frau und ist gleichzeitig der Ausdruck von Männlichkeit, insbesondere im Falle der Geburt eines Jungen. *Rejeb* beschreibt die Situation in Tunesien folgendermaßen:

„Es scheint, als ob die fehlende Sexualerziehung in Familien und Schulen, die Entwertung des weiblichen und die Aufwertung des männlichen Geschlechts

[218] Rejeb, Divorce, S. 293.
[219] Vgl. dazu Karoui, Couple, S. 68.
[220] In Tunesien haben sich mittlerweile viele Ärzte darauf spezialisiert, Mädchen ihre verlorene Jungfräulichkeit medizinisch wiederherzustellen. Entsprechende Techniken werden in traditionellen Milieus seit jeher auch von Laien praktiziert.
[221] Nasraoui, Vie sexuelle, S. 116. Für die Studie *Nasraouis* über das Sexualleben lediger Männer und Frauen wurden 200 20 bis 30-jährige Männer und Frauen des Arbeitermilieus befragt.

sowie die Kontrolle, die die Gemeinschaft über die Sexualität eines jeden einzelnen ausübt, Gründe sind, die Ehepaare daran hindern, ihre Sexualität nach den Prinzipien der Lust, des Einvernehmens und der Selbstentfaltung zu leben. "[222]

Nach *Lacoste-Dujardins* Überzeugung läßt die maghrebinische Gesellschaft unkontrollierbare Gefühle zwischen Mann und Frau wie Liebe, Verlangen und deren individuelle Erfüllung nicht zu.[223] Selbst die junge Generation, der die ONFP-Studie von 1996 insgesamt ein ungezwungeneres Verhältnis zur Sexualität bescheinigt, hat sich noch nicht von konservativen Vorstellungen gelöst: nur 19,6% der jungen Männer und 6% der jungen Frauen brachten Sexualität mit Lust und persönlicher Befriedigung in Zusammenhang.[224] Dagegen sehen 23,1% der jungen Frauen (10,7% der jungen Männer) in der Sexualität vor allem ein Mittel, „*Beziehungen zum anderen Geschlecht herzustellen*".[225] Wo der Geschlechtstrieb ausschließlich auf seine soziale Funktion reduziert ist, stellt eine freie weibliche Sexualität eine ernsthafte Bedrohung für die patriarchalische Gesellschaftsordnung dar.[226] So werden sexuell erfahrene, ledige Frauen zwar sozial abgewertet, gleichzeitig aber als außereheliche Geschlechtspartnerinnen favorisiert.[227] Nicht selten bemängeln Männer bei ihren Ehefrauen nämlich sexuelle Unerfahrenheit, eine Eigenschaft, die in den meisten Fällen ein zentraler Bestandteil der Partnerwahl war.[228]

Die sich aus diesen schwierigen psycho-sozialen Konstellationen ergebenden Spannungen führen in vielen Fällen zu ernsthaften Ehekrisen. In ihrer Studie über geschiedene, berufstätige Akademikerinnen machte *Rejeb* sexuelle Unzufriedenheit als Hauptauslöser für Ehescheidungen aus, wobei die Ursachen vielfältig waren: Negativerfahrungen in der Hochzeitsnacht, sexueller Egoismus und Rücksichtslosigkeit des Ehepartners, Impotenz, Untreue und Gewalt.[229] Eine Mitte der neunziger Jahre durchgeführte Studie des tunesischen Sexualwissenschaftlers *Aḥmad an-Naifar* beschreibt das Liebesleben der Tunesier als konfliktbeladen.

---

[222] Rejeb, Divorce, S. 294 f.
[223] Lacoste-Dujardin, Mütter, S. 132.
[224] ONFP (Hrsg.), Les jeunes, S. 76.
[225] Ebd.
[226] Lacoste-Dujardin, Mütter, S. 132 f.
[227] Eine Umfrage unter jungen, unverheirateten Tunesiern ergab, daß bei den ledigen Städtern 47% der Sexualkontakte mit Prostituierten und immerhin 53% mit Bekannten stattfinden. Vgl. dazu Nasraoui, Vie sexuelle, S. 112.
[228] Rejeb, Divorce, S. 291.
[229] Vgl. dazu die Erfahrungsberichte geschiedener Tunesierinnen in: Rejeb, Divorce, S. 289-293.

Ihrzufolge leidet die Hälfte aller Männer unter sexuellen Problemen, ein Drittel aller Frauen sind sexuell unzufrieden und ein weiteres Drittel gefühlskalt.[230]

2.3 Eheliche Gewalt als soziales Phänomen

Als die *„dramatischste Manifestation der Unterwerfung von Frauen"* , so bezeichnen *Dargouth Medimegh/Marzouk* in einer 1992 erschienenen Studie die Gewalt in der Ehe.[231] Es handelt sich dabei um die bisher umfassendste Untersuchung zu Ursachen, Formen und gesellschaftlicher Akzeptanz von Gewalt gegenüber Frauen in Tunesien. Daneben existieren einige kleinere Studien und Beiträge zu dieser Problematik. Da das Thema Gewalt in der tunesischen Gesellschaft in hohem Maße tabuisiert ist und die Sozialforschung erst am Anfang ihrer Auseinandersetzung mit diesem dennoch weitverbreiteten Phänomen steht, müssen auch die nachfolgenden Ausführungen mehr als Annäherung an ein soziales Problem denn als seine Erklärung verstanden werden.

2.3.1 Ursachen und Formen männlicher Gewalt

Wie in anderen Ländern und Kulturen auch, ist Gewalt gegenüber Frauen in Tunesien ein schichtübergreifendes Phänomen. Gewaltbereit sind Analphabeten wie Akademiker, selbst wenn mit zunehmender Bildung die Intensität der Gewaltausübung abnimmt.[232] *Dargouth Medimegh/Marzouk* nennen drei Formen männlicher Gewalt in der Ehe: physische, psychische und sexuelle. Bezüglich der körperlichen Gewalt unterscheiden die Autoren zwischen *„leichten Gewaltanwen-*

---

230 Zit. nach Al-Ǧadī'ī, ḥaqā'iq, S. 13.

231 Darghouth Medimegh/Marzouk, Violence conjugale, „Sommaire exécutif". Für diese empirische Studie wurden Befragungen zum Thema eheliche Gewalt zunächst auf institutioneller Ebene (Polizeikommissariate, Krankenhäuser, Sozialdienste) durchgeführt und schließlich unter Frauen der Regionen Tunis und Kasserine. Die Studie stützt sich auch auf die Ergebnisse der 1991 durchgeführten nationalen Studie „Droits, pratiques et vécu de la femme tunisienne". Vgl. dazu auch Darghouth Medimegh, Droits et vécu, passim.

232 Ben Miled, Violence, S. 28.

dungen (violences légères)" wie Ohrfeigen und Ausreißen von Haaren, *„mittelschweren Gewaltanwendungen (violences moyennes)*" wie Faustschläge ins Gesicht, Tritte und Gürtelschläge *und „schweren Gewaltanwendungen (violences graves)*", wie Messerstiche, Verbrennungen und Mordversuche.[233]

Während körperliche Gewalt meist sichtbare Spuren hinterläßt, sind seelische Verletzungen gezielt gegen die Integrität der Frau gerichtet und wirken häufig persönlichkeitszerstörend. Oft drückt sich seelische Gewalt in einer gezielten Freiheitsbeschränkung der Frau aus, dem Verbot, Freundschaften zu pflegen, arbeiten zu gehen oder das Haus zu verlassen.[234] Die Folgen können schwerwiegende pychosomatische Erkrankungen, Psychosen und Depressionen sein. *Hamzaoui* resumiert nach einer 1991 durchgeführten Umfrage unter tunesischen Frauen, daß 35% der von ihr befragten Städterinnen als depressiv einzustufen seien, 45% Beruhigungsmittel komsumierten und 6% einen Selbstmordversuch wegen Eheproblemen unternommen hätten.[235]

Die physischen und psychischen Folgen sexueller Gewalt sind nicht minder schwer, doch handelt es sich hierbei um ein Phänomen, das angesichts der Tabuisierung der Sexualität in der arabisch-islamischen Gesellschaft vielfach als *„ein Aspekt des Ehelebens*" totgeschwiegen wird.[236]

Die Auslöser für Gewalt in der Ehe können unterschiedlicher Natur sein. *Ben Miled* kommt in ihrer Studie über eheliche Gewalt zu dem Ergebnis, daß schon Nichtigkeiten gewaltsame Reaktionen des Ehemannes provozieren können:

-Wenn der Tee nicht rechtzeitig fertig ist,

-wenn sie die Milch auf dem Feuer vergißt,

---

[233] Darghouth Medimegh/Marzouk, Violence conjugale, S. 13-15. Zu Ausprägungen körperlicher Gewalt in der Ehe vgl. auch Hamzaoui, Eros, S. 110. Erfahrungsberichte tunesischer Frauen finden sich im Anhang von Darghouth Medimegh/Marzouk, Violence conjugale, S. 27-34 sowie bei Rejeb, Divorce, S. 305 f.

[234] Rejeb, Divorce, S. 304.

[235] Hamzaoui, Eros, S. 111. Für diese Studie wurden 220 Tunesierinnen (120 Städterinnen und 100 Landfrauen) zum Thema eheliche Gewalt befragt.

[236] Darghouth Medimegh/Marzouki, Violence conjugale, S. 15.

-wenn die Wasserrechnung zu hoch ist,

-wenn sie jemanden ohne seine Erlaubnis zum Essen einlädt,

-wenn sie (unaufgefordert) an der Unterhaltung teilnimmt... .[237]

Gewaltauslöser sind häufig auch sexuelle Probleme:

„Wenn die Frau den Geschlechtsverkehr verweigert, erlebt der Mann die Frustration als nicht hinnehmbar. In einem solchen Moment weiß er seinem Mißmut nicht mit Worten Ausdruck zu verleihen. Es packt ihn die Wut, und er läßt seine Muskeln sprechen. Damit demonstriert er ihr all seine männliche Stärke.“[238]

Die eigentliche Ursache für Gewalt gegenüber Frauen aber ist im gesamtgesellschaftlichen Kontext zu suchen. Das soziale System ist noch immer männlich-autoritativ ausgerichtet, die Familienstruktur ist hierarchisch organisiert. Der Mann ist Haupternährer der Familie und nimmt als solcher eine Machtposition in der Ehe ein. Für *Rejeb* ist eine patriarchalische Beziehung, in der die Frau vom Mann dominiert wird, eine Grundbedingung für Gewalt; die Voraussetzungen für die Unterdrückung der tunesischen Frau in der Ehe sind nach ihrer Meinung günstig: eine mädchenbenachteiligende Sozialisation, Gewaltvorbilder durch die eigenen Eltern, frühe Eheschließungen, geringe sexuelle Erfahrungen vor der Ehe, wirtschaftliche Abhängigkeit und soziale Stigmatisierung Geschiedener.[239] Solange der Mann die im gesellschaftlich zugestandene Autoritätsposition bewußt oder unbewußt für sich in Anspruch nimmt, kann jedes Verhalten der Ehefrau, das als Infragestellung seiner Vormachtstellung gewertet wird, zu gewaltsamen Gegenreaktionen führen. Es sei in diesem Zusammenhang daran erinnert, daß die körperliche Züchtigung der Frau in Tunesien, wie in der arabisch-islamischen Kultur überhaupt, ein archaisches Recht des Mannes ist, für das gerne koranische Quellen als Rechtfertigung herangezogen werden.[240] Nach *Chekir* dient die Religion zwar als Instrument der Gewaltausübung, der Anerkennung und Legitimierung von Gewalt, die Ursachen für die physische und psychische Unterdrückung

---

[237] Ben Miled, Violence, S. 29.
[238] Ben Miled, Violence, S. 31.
[239] Rejeb, Divorce, S. 307 f.
[240] Vgl. dazu Kapitel 2, II., 2.3.1.1 der vorliegenden Arbeit.

von Frauen sind nach ihrer Überzeugung aber im patriarchalischen System selbst zu suchen.[241] *Jouini* geht noch einen Schritt weiter, indem sie die Gewalt gegen Frauen als *„Erbe fehlender Demokratie"* und *„Erbe der Verletzung von Menschenrechten"* bezeichnet.[242] Für *Ben Miled* ist die eheliche Gewalt ein Zeichen dafür, daß Gleichheit und gegenseitiger Respekt noch nicht ausreichend im gesellschaftlichen Bewußtsein verankert sind, statt dessen würden zwischenmenschliche Beziehungen demokratischen Typs durch *„Autoriäts-, Hierarchie- und Willkürlichkeitsprinzipien längst vergangener Jahrhunderte"* behindert.[243]

Dargouth Medimegh/Marzouk kommen zu dem Ergebnis, daß Frauen schlagenden Männern gegenüber zwar ablehnender gegenüberstehen als Männer selbst,[244] bei der Rechtfertigung ehelicher Gewalt aber ebenso wie Männer von patriarchalischen Rollenbildern geleitet werden. Etwa 45% der Männer und über 30% der Frauen vertraten die Meinung,

„daß der Mann 'manchmal' gezwungen sei, (Gewalt) anzuwenden bzw. daß seine Funktion als Ehemann von ihm verlangt, daß er seine Frau (auf diese Weise, d. Verf.) korrigiert."[245]

Der Führungsanspruch des Mannes wird insbesondere dann gewaltsam eingefordert, wenn autoritätsuntergrabende Einflüsse von außen wie Arbeitslosigkeit, Berufstätigkeit der Frau oder eheliche Untreue das auf Überordnung des Ehemannes und Unterordnung der Ehefrau basierende Familiengefüge zu destabilisieren drohen. Wo sozialer Kontext und Eheleben vom Mann aber als krisensicher wahrgenommen werden, ist auch seine Gewaltbereitschaft geringer. Diese Wechselwirkung erkennt *Hamzaoui* aufgrund einer Umfrage zu ehelicher Gewalt in ländlichen Regionen Tunesiens. Sie kommt zu dem Ergebnis, daß nur 15% der Männer Gewalt gegenüber ihren Frauen anwenden und macht dafür u. a. die Bereitschaft der Landfrau verantwortlich, sich in ihr Schicksal und die gesell-

---

241 H. Chekir in: UNFT, Les violences, S. 14.
242 H. Jouini in: UNFT, Les violences, S. 30.
243 Ben Miled, Violence, S. 29. Für diese Studie wurden 100 Tunesierinnen (50 Städterinnen und 50 Landfrauen) aus drei Generationen zum Thema eheliche Gewalt befragt.
244 31,9% der Männer und 15,5% der Frauen bezeichneten schlagende Männer als akzeptabel. Darghouth Medimegh/Marzouk, Violence conjugale, Tab. S. 16.
245 Darghouth Medimegh/Marzouk, Violence conjugale, S. 17. Hervorhebung im Original.

schaftlichen Traditionen zu fügen; in Unkenntnis ihrer Rechte, sexuellen und intellektuellen Wünsche könne sie die Aggressivität ihres Mannes als natürlich betrachten, entsprächen diese doch dem traditionellen Bild, das sie von ihm habe.[246] Für *Dargouth Medimegh/Marzouk* steht hinter dieser Akzeptanz ehelicher Gewalt in erster Linie das Wissen um die vollkommene Abhängigkeit vom Mann und die Angst vor einer Destabilisierung der Familie:

„Die Frau verteidigt ihre Familie, die der Mann durch seine Gewalt bedroht. Sie opfert sich, damit ihre Kinder nicht zu Scheidungswaisen werden und fügt sich aus Weisheit, nicht aus ... Unterwürfigkeit."[247]

In Tunesien besteht das archaische Züchtigungsrecht des Mannes in Bewußtsein und Praxis offenbar fort. Für *Hamzaoui* ist es *„ein extremes Symbol der Vormachtstellung des Mannes"* und *„das Symptom einer Gesellschaft zwischen Tradition und Moderne."*[248] Nach Meinung einer tunesischen Anwältin steht die Gewaltbereichtschaft von Männern im Zusammenhang mit der rechtlichen Besserstellung von Frauen und ihrem dadurch gestiegenen Selbstbewußtsein:

„Das Schlimme ist, daß tunesische Männer heute umso agressiver sind, je mehr Rechte Frauen haben und einfordern. Der Durchschnittsmann kann einfach nicht akzeptieren, daß die Frau ihm gleichgestellt ist. Jede Verbesserung des Status der Frau ist eine Verschlechterung seines eigenen. Wünschenswert wäre es, wenn sich Männer als Komplizen der Frauen verstünden. Leider wird hierzulande nicht wirklich an den Mentalitäten gearbeitet. Vielmehr werden Animositäten geschürt."[249]

2.3.2 Weibliche Reaktionen und Gegenstrategien

Die wohl häufigste Reaktion von Frauen auf Gewalterfahrungen in der Ehe sind Verheimlichung und Passivität. Nach *Hamzaoui* erklärt sich das Verschweigen von Gewalt in der tunesischen Gesellschaft vor allem dadurch, daß der häusliche

---

246 Hamzaoui, Eros, S. 96 ff.

247 Darghouth Medimegh/Marzouk, Violence conjugale, S. 35 f.

248 Hamzoui, Eros, S. 96, 113.

249 *Bušra Balḥağğ Ḥamīda*, Rechtsanwältin und derzeitige Vorsitzende der ATFD, im Gespräch mit der Autorin im März 1995 in Tunis.

Bereich, die Familie und alles Sexuelle beinahe sakralen Charakter haben."[250] Scham, Schuldgefühle und die Angst vor den wirtschaftlichen und sozialen Folgen einer Trennung lassen einen Großteil mißhandelter Frauen Stillschweigen über ihre Erlebnisse bewahren, anstelle Hilfe von außen zu holen, geschweige denn die Ehescheidung einzureichen. Tatsächlich, so gibt *Ben Salah* zu bedenken, gibt es in Tunesien im Falle ehelicher Gewalt außer der Entscheidung für eine Ehescheidung keine weiteren Interventionsmöglichkeiten, die eine Mißhandlung der Ehefrau durch ihren Mann unterbinden könnten.[251] Manchmal werden verletzte Frauen von ihren Männern sogar daran gehindert, sich medizinisch versorgen zu lassen und statt dessen gezwungen, die Hausarbeit wieder aufzunehmen.[252] So haben Frauen, die sich bei erlittener Gewalt an medizinische Einrichtungen wenden, in der Regel zu einem früheren Zeitpunkt schon einmal Mißhandlungen durch ihren Ehemann erlitten.[253] Verschwindend klein ist dagegen die Gruppe der Frauen, die sich schon beim ersten Gewaltausbruch ihres Ehemannes für eine Trennung entscheidet:

„Zwei oder dreimal hatte er mir zuvor gesagt, ich hätte es verdient, geschlagen zu werden. Eines Tages schlug er mich. Ich schlug zurück und verstand, daß ich nicht länger mit ihm zusammenleben konnte.[254]

Nach *Darghouth Medimegh* sind es in erster Linie finanziell eigenständige, berufstätige Frauen, die sich gegen Mißhandlungen zur Wehr setzen; im Falle wirtschaftlicher Abhängigkeit wird die Ehescheidung von Frauen nur in den seltensten Fällen angestrebt, was eine Fortsetzung der Gewalt begünstigt.[255] *Rejeb* fand im Rahmen ihrer Umfrage von 1987 heraus, daß viele Frauen sexuelle Verweigerung als Druckmittel oder auch Strafe gegenüber ihrem gewalttätigen Mann einsetzen.[256] Seltener dürfte dagegen die gewaltsame Gegenwehr von Frauen sein. Überhaupt ist die Zahl der von ihren Ehefrauen körperlich attakierten Männer im Vergleich zu dem der mißhandelten Frauen als verschwindend gering einzustu-

---

250 Hamzaoui, Eros, S. 112.
251 UNFT, Les violences, S. 11.
252 Ben Miled, Violence, S. 32.
253 Darghouth Medimegh/Marzouk, Violence conjugale, S. 12.
254 Aussage einer geschiedenen Tunesierin, zit. nach Rejeb, Divorce, S. 305.
255 Darghouth Medimegh, Droits et vécu, S. 99.
256 Rejeb, Destructuration, S. 288.

fen.[257] Frustrationen entladen sich bei Frauen weniger in physischer Gewalt, sondern, wie *Hamzaoui* feststellt, in einer gesteigerten Aggressivität.[258] Vor allem die Städterin mit moderner Lebenseinstellung verhalte sich häufig entsprechend, sei es aus Enttäuschung über einen intellektuell oder sexuell enttäuschenden Ehemann, infolge einer übersteigerten Interpretation der Frauenemanzipation oder aber aufgrund einer als unüberwindbar erlebten Diskrepanz zwischen der traditionellen Frauenrolle und den Herausforderungen der Moderne.[259]

Als traditionell weibliche Waffen haben sich in Tunesien wie im gesamten arabisch-islamischen Kulturraum bis auf den heutigen Tag Magie und Zauberpraktiken erhalten, mit deren Hilfe Frauen sich der männlichen Übermacht zu erwehren suchen. Vor allem in ländlichen Regionen dient das geheime Wissen dazu, das Machtverhältnis zwischen den Geschlechtern umzukehren, Männer unter Druck zu setzen und zu manipulieren, vor allem in sexueller Hinsicht.[260] *Ben Miled* klassifiziert die von Frauen im Maghreb angewandten Praktiken in zwei Hauptgruppen:

1. „Sanfte Methoden“ auf der Basis von Kräutern, Düften, Worten oder Geschriebenem. Es handelt sich hierbei vor allem um Mittel, die Frauen ursprünglich anwendeten, um sich ihrer Nebenbuhlerinnen zu erwehren. Um einen wie auch immer gearteten Einfluß auf den Mann auszuüben, verstecken tunesische Frauen vereinzelt noch heute Kräuter und Blätter unter dem Ehebett, in Federbetten und Kissen oder waschen die Kleidung des Ehemannes mit entsprechenden Zusätzen, wobei die jeweiligen Handlungen häufig durch das Aussprechen von Zauberformeln begleitet werden. Bekannt ist auch die Verwendung kleiner Papierfetzen, auf die sogenannte „Spezialisten“ Koranverse oder geometrische Zeichen auftragen. Sie werden im Haus versteckt oder dem Essen oder Trinken beigegeben, wobei nicht dem Papier selbst, sondern dem darauf Niedergeschriebenen eine Zauberwirkung zugedacht ist.

---

[257] UNFT, Les violences, S. 12.
[258] Hamzaoui, Eros, S. 104.
[259] Hamzaoui, Eros, S. 105.
[260] Lacoste-Dujardin, Mütter, S. 139.

2. „Gefährlichere Methoden", meist die Manipulation von Lebensmitteln. Zu diesem Zweck werden dem Essen des Ehemannes heimlich Teile von Eseln, Hunden, Eidechsen, Kröten oder Küchenschaben bis hin zu Fingernägeln, Hühnerschnäbeln oder Insekten beigegeben. Die Folgen können Magenbeschwerden, Infektionen oder Vergiftungen sein. Durch die Beimischung bestimmter Pflanzen und Samen unter die Nahrung kann beim Mann beispielsweise Depressivität, extremes Abmagern und Impotenz hervorgerufen werden.[261]

Die genannten Verteidigungssstrategien sind trotz ihrer zuweilen erheblichen Wirkung letzlich der Ausdruck ungleicher Machtverhältnisse und weitgehender Schutzlosigkeit von Frauen gegenüber männlicher Willkür und Gewalt. Frauen in Tunesien können im Falle ehelicher Gewalt im höchsten Fall mit der Unterstützung ihrer Familien rechnen, finden aber selten Gehör bei Polizei und Justiz und stoßen oft genug auch bei Ärzten auf Unverständnis. In Unkenntnis der Rechtslage scheitert ein Großteil mißhandelter Frauen an den formalen Hürden einer erfolgreichen Scheidungsklage. Nur den wenigsten Frauen ist bekannt, daß zum Nachweis ehelicher Gewalt die Aussagen glaubwürdiger Zeugen, ein Polizeibericht sowie ein rechtzeitig ausgestelltes ärztliches Attest erforderlich sind.[262] *Darghouth Medimegh* bezeichnet Gewalt in der Ehe deshalb als das am wenigsten rechtlich verfolgbare Phänomen und den wichtigsten nicht genannten Scheidungsgrund in Tunesien.[263]

Dargouth Medimegh/Marzouk stellen angesichts der geschilderten Mißstände die folgenden Forderungen auf:

- Das Schweigen um die Gewalt gegen Frauen muß durchbrochen werden;
- Hilfseinrichtungen und Zufluchtstellen für mißhandelte Frauen müssen geschaffen werden;

---

[261] Vgl. dazu Ben Miled, Violence, S. 34-39. Beschrieben werden dort auch spektakuläre Fälle, die sich in Tunesien zum Zeitpunkt der Studie zugetragen haben sollen.

[262] *Bušra Balḥaǧǧ Ḥamīda*, Rechtsanwältin und derzeitige Vorsitzende der ATFD, im Gespräch mit der Autorin im März 1995 in Tunis.

[263] Darghouth Medimegh, Droits et vécu, S. 95.

- Frauen müssen über ihre Rechte und die bestehenden Rechtswege aufgeklärt werden;

- es müssen juristische Interventionsmöglichkeiten geschaffen werden, die im Falle ehelicher Gewalt nicht zwangsläufig auf eine Ehescheidung hinauslaufen.[264]

Hamzaoui verlangt darüber hinaus legislative Reformen, vor allem die gesetzliche Definition ehelicher Gewalt und ihrer vielfältigen Ausprägungen sowie die Sensibilisierung von Ärzten, die häufig die ersten Ansprechpartner für mißhandelte Frauen sind.[265]

Als erste Frauenorganisation hat die ATFD Anfang der neunziger Jahre damit begonnen, das Problem der ehelichen Gewalt an die Öffentlichkeit zu bringen[266] und konkrete Unterstützung für betroffene Frauen anzubieten. Im 1993 gegründeten Hilfs- und Orientierungszentrum für weibliche Gewaltopfer (*Centre d'Ecoute et d'Orientation des Femmes Victimes de Violences*) stehen Psychologinnen und Sozialarbeiterinnen bereit, um mißhandelte Frauen anzuhören, sie zu beraten und im Falle einer beabsichtigten Ehescheidung juristisch zu informieren.[267] Die Einrichtung trägt sich durch freiwillige Dienstleistungen und Spenden und erreicht unter Frauen von Jahr zu Jahr einen größeren Bekanntheitsgrad.[268]

---

264 Darghouth Medimegh/Marzouk, Violence conjugale, Sommaire exécutif.

265 Hamzaoui, Eros, S. 114 f.

266 Aufsehen erregte damals ein Plakat der Organisation, das zur Bekämpfung von Gewalt aufrief. Es wurde von staatlicher Seite zunächst verboten und erst wieder zugelassen, nachdem darauf ausdrücklich die Gewalt gegen Frauen in den Vordergrund gestellt worden war – „*...ganz so, als ob diese Art von Gewalt weniger wichtiger sei und man nicht alle Formen von Gewalt verurteilen müsse.*" UNFT, Les violences, S. 29.

267 Nach *Omrane* (Agression, S. 38) stehen hausinternen Statistiken zufolge etwa 10% aller dort hilfesuchenden Frauen einen Scheidungsprozeß bis zum Ende durch.

268 Mitglieder der ATFD sprachen gegenüber der Autorin von mittlerweile weit über Hundert hilfesuchenden Frauen pro Jahr.

3. Die Ehescheidung in der gesellschaftlichen Realität

Der CSP garantiert Mann und Frau das gleiche Recht, sich aus einer bestehenden Ehe zu lösen. Während sich durch die obligatorische Ehescheidung vor Gericht und die Einführung einer Entschädigungszahlung insbesondere für Männer das Verfahren der Eheauflösung kompliziert hat, können Frauen heute mit einem größeren Gefühl der Sicherheit in die Ehe gehen. Die Gefahr, jederzeit verstoßen werden zu können, besteht nicht mehr. Gleichzeitig haben sich die Möglichkeiten von Frauen, selbst die Ehescheidung zu erwirken, beträchtlich erweitert. Theoretisch kann jede Frau zu jeder Zeit und aus welchem Grund auch immer eine Scheidung ihrer Ehe vor Gericht verlangen. Scheidungsverfahren in Tunesien gelten als erschwinglich. Finanziell abschreckend wirkt für viele Frauen dagegen vor allem die finanziell unsichere Situation nach der Ehescheidung, die in der Realität vielfach auch durch die gesetzliche Scheidungsrente nicht abgefangen werden kann.[269]

Für die Praxis der Ehescheidung in Tunesien ergeben sich vor diesem Hintergrund eine Reihe von Fragen. Im Mittelpunkt der nachfolgenden Ausführungen sollen deshalb zunächst die subjektive Wahrnehmung von Eheproblemen stehen sowie Erklärungs- und Rechtfertigungsversuche Betroffener. Es soll eine inhaltliche Aufarbeitung verschiedener Konflikt verursachender Konstellationen, ihrer Ursachen und Auswirkungen versucht werden. Sofern es die verfügbaren Daten zulassen, werden an geeigneter Stelle geschlechtsspezifische Unterschiede in der Wahrnehmung und Bewältigung von Ehekonflikten herausgearbeitet. Aufgrund der schwachen Materiallage muß auf eine quantitative Analyse von Scheidungsursachen in Tunesien verzichtet werden. Ein Schwerpunkt wird darüber hinaus auf dem Erleben der Ehescheidung und ihren psycho-sozialen und materiellen Auswirkungen liegen.

Da die Ehescheidung in der Sozialforschung Tunesiens ein vernachlässigtes Feld darstellt, stützen sich die nachfolgenden Ausführungen im wesentlichen auf die bisher letzte, breit angelegte tunesische Scheidungsstudie d. J. 1983 sowie auf

---

[269] Charrad, Repudiation, S. 62.

einige kleinere empirische Untersuchungen, die u. a. das Thema Ehekonflikte berühren.

3.1 Ehekonflikte aus männlicher und weiblicher Perspektive

Über die Ursachen für die geringe Beschäftigung mit Ehekonflikten und deren Eskalation in Tunesien kann nur spekuliert werden. Während die einen keine Notwendigkeit in der Erforschung der Ehescheidung in Tunesien sehen, da sie als kein gesellschaftlich virulentes Phänomen einzustufen sei, vermuten andere in der mangelnden Unterstützung entsprechender Forschungsprojekte eine politische Strategie.[270] Die Erforschung des indivuellen Erlebens der Ehescheidung, ihrer Ursachen und Folgen, ist in Tunesien aber auch mit Schwierigkeiten verbunden, die im sozio-kulturellen Bereich angesiedelt sind. Während Frauen in der Regel bereitwillig über ihre Erfahrungen Auskunft geben, zeigen sich Männer sehr viel zurückhaltender. Auch gesellschaftlich werden sie im Vergleich zu Frauen seltener als „Geschiedene" wahrgenommen. *Hmed/Hermassi* resumieren nach der Durchführung ihrer Scheidungsstudie:

„Wir hatten keinerlei Schwierigkeiten, Kontakte zu geschiedenen Frauen herzustellen und Gespräche mit ihnen zu führen. Anders war es mit Männern. Es schien fast so, als existierten geschiedene Männer einfach nicht (...) Anscheinend verheiraten sie sich sehr schnell wieder. Sofern sie dies nicht tun, werden sie nicht so leicht wie Frauen als Geschiedene etikettiert."[271]

Eine Überbetonung der „Frauenperspektive", wie sie sich bei den nachfolgenden Ausführungen feststellen läßt, erklärt sich also vor allem durch technische Schwierigkeiten und weniger durch die übergeordnete Themenstellung. Grundsätzlich aber soll so weit wie möglich die weibliche und die männliche Sicht berücksichtigt werden.

---

270 Feststellung der Autorin nach Gesprächen mit Juristen/innen und Soziologen/innen in den Jahren 1995 und 1999 in Tunis.
271 Hmed/Hermassi, Divorce, S. 56.

Die sich anschließende Kategorisierung von Ehekonflikten erhebt keinen Anspruch auf Vollständigkeit. Es wurden vielmehr solche Themenbereiche gewählt, die sich in empirischen Untersuchungen als häufig genannte Problembereiche herausgestellt haben. Auch sind die Trennlinien zwischen den einzelnen Konfliktfeldern nur selten scharf zu ziehen. Oft handelt es sich bei einem beschriebenen Problem um ein Zusammenspiel verschiedener Spannungsfaktoren.

3.1.1 Auseinandersetzungen um das Familieneinkommen

In einer Gesellschaft, in der Geld der Hauptgarant des Erfolges ist, so stellte ein Journalist 1999 in einer Kolumne über die moderne Paarbeziehung in Tunesien fest, sei das „*Brötchen-Verdienen*" das erste Problem, mit dem das moderne Ehepaar (*néocouple*) konfrontiert werde.[272] Neue wirtschaftliche Herausforderungen hätten nicht nur die Berufstätigkeit der Frau gefördert, sondern Geld zu einer neuen Basis der Paarbeziehung gemacht.[273]
Schon 1983 nannten Frauen, nach den Ursachen des Scheiterns ihrer Ehe befragt, am häufigsten Streitigkeiten über Geld, wobei, wenn auch die Frau berufstätig war, vor allem Uneinigkeit darüber bestand, wer mit welchem Gehalt welche Ausgaben tätigt, und wer für die Verwaltung des Budgets verantwortlich ist:

„Wenn wir zusammen einkaufen gehen, verschwindet er genau in dem Moment, wenn gezahlt wird."

„Ich trage alle Haushaltskosten, er behält sein Gehalt für persönliche Ausgaben."[274]

Finanzielle Probleme werden auch in anderen empirischen Untersuchungen als häufige Ursachen für Ehekonflikte genannt. *Darghouth Medimegh* zufolge gaben über die Hälfte aller von ihr befragten Männer und Frauen wirtschaftliche Pro-

---

[272] Trabelsi, Le Couple, S. 10.
[273] Ebd.
[274] Aussagen tunesischer Frauen, zit. nach Hmed/Hermassi, Divorce, S. 58.

bleme als ursächlich für ihre Ehescheidung an.[275] Eine Umfrage unter Bewohnerinnen eines Arbeiterviertels in Tunis im Jahre 1987 legte offen, daß finanzielle Schwierigkeiten infolge eines geringen Einkommens der Männer oder ihrer Arbeitslosigkeit am stärksten auf den Ehen lasteten und ausnahmslos alle Befragten betrafen.[276]

Als problematisch empfinden viele Frauen auch, daß sie von ihrem Gehalt in der Regel Lebensmittel und Kleidung kaufen, ihre Männer aber in erster Linie in „sichtbare“ Güter wie z. B. die Wohnung investieren.[277] Auseinandersetzungen um das Familieneinkommen ziehen sich in Tunesien offenbar durch alle Bevölkerungsschichten. Die Studie *Rejebs* über geschiedene, berufstätige Akademikerinnen ergab, daß die Aneignung des Gehaltes durch den Ehemann und die Benachteiligung von Frauen beim Erwerb von Immobilien oder anderen wichtigen Konsumgütern Probleme sind, mit denen auch gebildete und wirtschaftlich eigenständige Frauen zu kämpfen haben:

„Er wollte mir mein Gehalt wegnehmen, um es auszugeben. Er ertrug es nicht, daß ich Geld verdiene. Er zweifelte an seiner Männlichkeit, er wollte Herr über die Finanzen sein.... “

„Ich unterstützte ihn beim Bau einer Wohnung mit all meinem Geld. Ich dachte, wir würden ein Leben lang zusammenbleiben. Also wartete ich darauf, bis das Haus einzugsfertig war. Er aber vermietete es einfach an eine Firma, ohne mich darüber in Kenntnis zu setzen.[278]

Auch die Abhängigkeit vom Einkommen des Ehemannes wird von vielen Frauen als belastend empfunden. Nach *Hmed/Hermassi* beklagen sich vor allem Frauen aus finanziell schlecht gestellten Ehen darüber, mit den ihnen zur Verfügung gestellten Mitteln die Grundbedürfnisse der Familie, wie Essen, Kleidung und Miete nicht befriedigen zu können.[279] Ebenso kann sich der Verzicht auf einen Beruf für Frauen negativ auswirken, insbesondere dann, wenn der Ehemann seine Position als Alleinverdiener zur Unterstreichung seiner Autorität mißbraucht oder

---

[275] Darghouth Medimegh, Droits et vécu, Tab. S. 89.
[276] Rejeb, Destructuration, S. 281 ff.
[277] Mahfoudh-Draoui, Traditionalisme, S. 88. Zu den sich daraus ergebenden Konsequenzen im Scheidungsfall vgl. Kap. 3, II., 3.3 der vorliegenden Arbeit.
[278] Aussagen geschiedener Tunesierinnen, zit. nach Rejeb, Divorce, S. 311.
[279] Hmed/Hermassi, Divorce, 59.

als Druckmittel einsetzt. Die Berichte zweier Frauen vermitteln einen Eindruck davon, wie weit eine solche finanzielle Abhängigkeit führen kann:

„Ich mußte meine Arbeit aufgeben, um mich um meine Kinder zu kümmern. So verdiente ich kein Geld mehr. Mein Mann ließ uns Hunger leiden. Eines Tages war ich so hungrig, daß ich meinen Onkel um Geld bat."

„Er verbot mir, das Haus zu verlassen. Am Anfang wollte ich nicht arbeiten gehen. Er gab mir kein Geld. Er wollte mir noch nicht einmal etwas zu essen geben, obwohl ich schwanger war. Ich habe darüber mit seinen Eltern gesprochen, die mir Geld gaben. Ich war gezwungen, arbeiten zu gehen."[280]

3.1.2 Konflikte um Autoritätsansprüche und Rollenverteilung

Während lange Zeit die Emanzipation der Frau als Hauptgefährdung der Ehe galt, sieht die Sozialforschung der neunziger Jahre vor allem in der Aufweichung traditioneller Rollen sowie der Umverteilung von Aufgaben und Verantwortungsbereichen das in tunesischen Ehen dominierende Problem.[281] Zwar haben Bildung und Berufstätigkeit in Tunesien erheblich dazu beigetragen, das Selbstbewußtsein von Frauen in Familie und Ehe zu stärken, doch damit verbundene Ansprüche treffen in der Praxis auf scheinbar unüberwindbare Autoritätsansprüche von seiten der Männer. In der Emanzipation der Frau sehen laut Studie von *Darghouth Medimegh* nur etwa ein Viertel aller befragten Tunesierinnen und Tunesier einen Scheidungsgrund, während mangelnder Gehorsam der Ehefrau von 62,6% der Männer und 57,2% der Frauen als Scheidungsmotiv eingestuft wird – eine Einschätzung, die zeigt, daß die Emanzipation der Frau zwar theoretisch akzeptiert wird, entsprechendes Verhalten in der Ehe aber auf Ablehnung stößt.[282] Ein Problem, das von tunesischen Frauen vielfach als Ursache ihrer Ehekrise empfunden wird, ist der Versuch des Mannes, Kontrolle auszuüben, die Freiheiten der Frau zu beschneiden und seine Machtposition innerhalb der Familie zu behaupten:

---

280 Aussagen geschiedener Tunesierinnen, zit. nach Rejeb, Divorce, S. 312.
281 Vgl. dazu M.A.F.F./Unicef (Hrsg.), Enquête, S. 89.
282 Darghouth Medimegh, Droits et vécu, Tab. S. 89.

„Ich durfte nicht mehr treffen, wen ich wollte."

„Ich mußte mein Auto verkaufen, denn für ihn war es ein Symbol meiner Freiheit."

„Er fällt alle Entscheidungen. Er will alles bestimmen."[283]

Unter diesem Hierarchiedenken haben vielfach auch beruflich erfolgreiche Frauen zu leiden, denn traditionelle Vorstellungen von Ehe und Mutterschaft sind selbst unter intellektuellen Männern verbreitet. Der schon an anderer Stelle beschriebene Mechanismus von Befürwortung weiblicher Erwerbstätigkeit bei gleichzeitiger Leugnung ihres Stellenwertes[284] führt dazu, daß der Erfolg der Frau in Bereichen, die mit dem Beruf des Mannes konkurrieren, auf Ablehnung stößt. So erscheint vielen Männern der berufliche Ehrgeiz ihrer Frauen als Angriff auf die eigene Person. In Extremfällen kann die Eifersucht auf die Bildung oder Berufstätigkeit der Frau sogar so weit gehen, daß Frauen von ihren Männern an der Fortführung ihrer Ausbildung oder der Ausübung ihres Berufes gehindert werden:

„Er wollte nicht, daß ich studiere. Er weigerte sich, mir Geld für die Fahrtkosten zu geben. Ich stand morgens um sechs Uhr auf, kümmerte mich um die Kinder und machte die Hausarbeit. Mein Bruder gab mir das Geld für die Fahrt zur Universität. Als ich arbeiten ging, kontrollierte er (d. h. mein Mann, d. Verf.) mich. Er warf mir vor, die Geliebte meines Arbeitgebers zu sein."

„Eines Freitagnachmittags sollte ich einen Klienten treffen. Da sagte er: Du lügst, du gehst gar nicht arbeiten und ohrfeigte mich. Als ich ihm sagte: Du hast mich geschlagen, du bist nicht länger mein Mann, rastete er aus und schlug mir ins Gesicht. Mein Auge wurde dabei schwer verletzt. Ich erlitt eine Netzhautablösung."[285]

Auch die Tatsache, daß die Berufstätigkeit der Frau in den meisten Fällen nicht mit einer Umverteilung familiärer Aufgaben einhergeht, wird von Frauen als belastend empfunden. Die Weigerung des Mannes, sich an der Hausarbeit oder Kindererziehung zu beteiligen, kann zu ernsthaften Ehekonflikten führen. Dabei geht es nicht nur um die Verteilung von Rollen und Aufgaben in Ehe und Familie, sondern um Fragen männlicher und weiblicher Identität allgemein:

---

[283] Aussagen geschiedener Tunesierinnen, zit. nach Hmed/Hermassi, Divorce, S. 59 f.
[284] Vgl. dazu Kapitel 3, II., 1.2.2 der vorliegenden Arbeit.
[285] Aussagen geschiedener Tunesierinnen, zit. nach Rejeb, Divorce, S. 310.

„Wir stritten uns über Rollenverteilungen: was bedeutet es, ein Mann oder eine Frau zu sein? Ich war hin und her gerissen zwischen der traditionellen und der neuen Rolle, er schwankte zwischen Vergangenem und Moderne. Er beteiligte sich nie an der Hausarbeit, er kümmerte sich nicht um die Kinder. Ich hatte die psychischen und materiellen Lasten alleine zu tragen."[286]

Eine große Diskrepanz zwischen Mann und Frau sieht *Dargouth-Medimegh* in der Idealvorstellung von Partnerschaft. Während Frauen Verständnis, Kommunikation und Zusammengehörigkeit idealisieren, fordern Männer noch immer Verfügbarkeit und Gehorsam.[287] Für das Scheitern dieser Ideale wird grundsätzlich der Ehepartner verantwortlich gemacht. Während Frauen das „Versagen" ihrer Männer meist an konkreten, aus ihrer Perspektive unerfüllten Forderungen festmachen, tendieren Männer nach Einschätzung von *Hmed/Hermassi* dazu, Ehekonflikte auf externe Faktoren, z.B. auf negative Einflüsse von Freunden oder der Familie zurückzuführen und diese als Erklärung für einen „plötzlichen Wandel" ihrer Frau heranzuziehen:

„Meine Frau hat sich komplett verändert."

„Sie läßt sich von ihrer Familie beeinflussen."

„Sie nimmt sich andere Frauen zum Vorbild, Freundinnen, die geschieden sind."[288]

Konkret besteht dieser Wandel für viele Männer in einem veränderten Verhalten der Frau in Bezug auf ihre sozialen Kontakte, die Wahrnehmung ihrer familiären Pflichten und ihre Forderung nach Autonomie, wodurch sich einige veranlaßt sehen, ihre Frau „auf den rechten Weg" zurückführen zu wollen:

„Ich habe ihr gesagt: du darfst dich so nicht benehmen."

„Ich muß sie korrigieren und zu Hause halten."

„Ich halte ihr im geeigneten Moment Moralvorträge."[289]

---

[286] Aussage einer geschiedenen Tunesierin, zit. nach Rejeb, Divorce, S. 300.
[287] Darghouth Medimegh, Droits et vécu, S. 91.
[288] Aussagen geschiedener Tunesier, zit. nach Hmed/Hermassi, Divorce, S. 67.
[289] Aussagen geschiedener Tunesier, zit. nach Hmed/Hermassi, Divorce, S. 68.

Erstaunlicherweise scheint die Bedeutung des Islams als Bezugssystem für Werte und Ideale in der Ehe in den meisten Fällen nicht wahrgenommen zu werden. Nach *Dargouth-Medimegh* orientieren sich Vorstellungen von Ehe und Partnerschaft zwar am Islam und dem Respekt der Traditionen, der religiöse Faktor aber spielt in den meisten Ehen eine sehr untergeordnete Rolle. So gaben ihrer Umfrage zufolge zwar 62,6% der Männer (57,2% der Frauen) den *„Ungehorsam der Ehefrau"* als möglichen Scheidungsgrund an, aber nur 34,9% von ihnen (28% der Frauen) nannten als Motiv das *„Abweichen von den Prinzipien des Islams"*.[290]

3.1.3 Belastungen durch die Schwiegerfamilie

Hmed/Hermassi stellten im Rahmen ihrer Scheidungsstudie fest, daß die Schwiegerfamilie von einem Großteil aller Frauen mitverantwortlich für das Scheitern ihrer Ehe gemacht wird.[291] Im Zentrum der Kritik steht zumeist die massive Einmischung der Schwiegermutter in Eheangelegenheiten und ihr Intrigieren gegen die Schwiegertochter.

Nach *Dargouth Medimegh* wünschen sich tunesische Eltern von ihren Schwiegertöchtern in erster Linie eine gute, islamgetreue Erziehung, die ihre Jungfräulichkeit garantiert, gefolgt von der Bereitschaft, sich dem Mann und seinen Vorstellungen anzupassen und ihm zu gehorchen.[292] Diese Normvorstellungen können im Zusammenspiel mit einem engen Mutter-Sohn Verhältnis zu einer explosiven Mischung geraten und Frauen das Eheleben unerträglich machen. *Rejeb* beschreibt den zugrundeliegenden Konflikt folgendermaßen:

„Es stellt sich die Frage, warum gerade die Familie des Mannes und speziell die Schwiegermutter am häufigsten das Gleichgewicht der jungen Ehe stört. Es scheint, als würde der Paarbegriff in der tunesischen Ehe zwar existieren, aber er bezieht sich nicht auf das Ehepaar sondern auf Mutter und Sohn. Symbolisch

[290] Darghouth Medimegh, Droits et vécu, S. 89 f.
[291] Hmed/Hermassi, Divorce, S. 60.
[292] Darghouth Medimegh, Droits et vécu, S. 81.

gesehen ist der Partner der Mutter nicht ihr eigener Ehemann, sondern ihr Sohn.“[293]

Daß die Involvierung der Familie von Männern und Frauen unterschiedlich bewertet wird, tritt im Falle von Ehekonflikten deutlich zutage. Während Männer in der Intervention der Schwiegerfamilie eine Möglichkeit sehen, ihre Frau „zur Vernunft“ zu bringen, reagieren Frauen überwiegend ablehnend auf die Einmischung der Familie in ihre Ehe, sie wird in den meisten Fällen sogar als konfliktverschärfend beurteilt:

„Seine Familie schritt ein und verschlimmerte den Streit.“

„Seine Schwester mischte sich in Einzelheiten unseres Privatlebens ein.“

„Am Anfang ging es (noch) gut, dann begannen die Probleme mit der Schwiegermutter. Sie ist diejenige, die alles bestimmt.“[294]

Die räumliche, finanzielle oder emotionale Abhängigkeit von der Herkunftsfamilie birgt ein permanentes Konfliktpotential in sich. Die Anbindung des Mannes an seine Familie ist vor allem in ländlichen Gebieten stark ausgeprägt. Der Wunsch vieler Ehefrauen nach Unabhängigkeit insbesondere von der Schwiegermutter, nach einer eigenen Wohnung, finanzieller Eigenständigkeit und Autonomie bei der Kindererziehung führt nur in seltenen Fällen zu einer räumlichen und emotionalen Ablösung des Mannes von seiner Familie. Wer diesen Schritt trotzdem vollzieht, so *Karoui*, wird von der Gruppe mißachtet und als Mann für schwach und unfähig gehalten, den Launen der Ehefrau standzuhalten.[295] Daß die Schwiegerfamilie für viele Ehen eine schwere Belastung darstellt, betont auch *Sahli* und verweist in diesem Zusammenhang auf eine Umfrage unter Bewohnern des südlichen Tunesiens, die die Ehescheidung beantragt hatten: darin gaben die meisten Männer und Frauen das *„Zusammenleben mit den Schwiegereltern“* bzw. *„ein konfliktbeladenes Verhältnis zu den Schwiegereltern“* als Scheidungsmotiv an.[296]

---

[293] Rejeb, Divorce, S. 299.
[294] Aussagen geschiedener Tunesierinnen, zit. nach Hmed/Hermassi, Divorce, S. 60.
[295] Karoui, Couple, S. 69.
[296] Sahli, Couple, S. 128.

3.2 Kritische Stimmen zur Versöhnungssitzung

Scheidungswillige Ehepaare haben sich in Tunesien einem gerichtlichen Aussöhnungsversuch zu unterziehen. Sofern aus der Ehe Kinder hervorgegangen sind, schreibt der Gesetzgeber seit der Personenstandsreform von 1993 sogar drei sogenannte Versöhnungssitzungen als obligatorisch vor.[297] Der Sinn der gerichtlichen Schlichtungsbemühungen werden von Betroffenen, Rechtsanwälten und selbst von Richtern seit langem offen in Frage gestellt. Meinungen zur gerichtlichen Versöhnungssitzung wurden erstmals von *Hmed/Hermassi* im Rahmen ihrer Scheidungsstudie d. J. 1983 zusammengetragen. Seinerzeit wurden vor allem Durchführung und Effektivität des Aussöhnungsversuches sowie die geringe Kompetenz der Richter bemängelt. Geschiedene Männer und Frauen äußerten damals ihren Unmut wie folgt:

„Das ist nichts Besonderes. Eine Routine-Sitzung. Ich glaube nicht, daß der Richter unsere Akte studiert hat."

„Der Richter hat nicht insistiert, er war mit allem einverstanden."

„Das ist eine Komödie."

„Es hat nur 10 Minuten gedauert. Man kann ein Ehepaar nicht in 10 Minuten umstimmen. Es geht doch hauptsächlich darum, Leuten Ärger zu machen und sie zu Aussagen vor Gericht zu zwingen und nicht darum, sich mit einem Problem auseinanderzusetzen, von dem man glaubt, es lösen zu können."

„Man versucht nicht zu versöhnen. Man registriert eine Klage."[298]

In die gleiche Richtung zielte damals wie heute die Einschätzung von Juristen. Daß die Versöhnungssitzung eine reine Formalität sei, die in der Praxis keinerlei Nutzen habe, ist eine oft geäußerte Kritik.[299] Die Forderungen, die Fachleute wie Rechtsanwälte/innen und Richter/innen angesichts der Ineffizienz richterlicher Versöhnungsversuche aufstellen, konzentrieren sich auf die folgenden Punkte:

---

[297] Art. 32 n. F. CSP. Vgl dazu auch Kapitel 2, II., 3.4 der vorliegenden Arbeit.

[298] Aussagen geschiedener Tunesier/innen, zit. nach Hmed/Hermassi, Divorce, S. 88.

[299] Sie wurde in Gesprächen der Autorin mit Rechtsanwälten/innen in den Jahren 1995 und 1999 in Tunis häufig vorgebracht. Entsprechend auch die Äußerungen bei Hmed/Hermassi, Divorce, S. 89.

Ausbildung von Familienrichtern

Der Gesetzesreform von 1993 zufolge wählt der Gerichtspräsident unter seinen Stellvertretern einen Familienrichter (*qāḍī al-'usra*) aus.[300] In der Regel aber verfügen auf diese Weise bestimmte Richter weder über eine entsprechende Ausbildung noch über ausreichende Erfahrungen im Familienrecht. Eine Spezialisierung von Familienrichtern, die das Gesetz nicht explizit vorschreibt, wird deshalb von verschiedenen Seiten nachdrücklich gefordert.[301] Im Zusammenhang damit steht die Kritik an den Methoden des Aussöhnungsgesprächs. Fachleute wie Betroffene werfen Richern vor, sich nicht eingehend mit den Hintergründen jedes Scheidungsantrages auseinanderzusetzen und statt dessen moralisierend und belehrend aufzutreten und vorschnell Partei zu ergreifen. Mißtrauisch äußerten sich Richter auch gegenüber jüngeren Kollegen. Der ideale Familienrichter sollte nicht nur über eine juristische Spezialausbildung, sondern auch über Menschenkenntnis und Lebenserfahrungen verfügen, die ihm sein Alter sowie eine langjährige Berufstätigkeit garantieren:

„Man sollte auf ältere Richter zurückgreifen, die solche Sitzungen mit einem reichen Erfahrungsschatz leiten."

„Wenn die Richter älter wären, hätten sie mehr Einfluß auf die Ehepaare."[302]

Angesichts der insgesamt geringen Anzahl von Richterinnen an tunesischen Gerichtshöfen fordern feministische Kreise seit Jahren, mehr Frauen in Richterämter zu berufen und damit das Potential entsprechend ausgebildeter Frauen zu nutzen.[303]

Entlastung der Familienrichter

Besonders in Großstädten wie Tunis führt eine zu geringe Anzahl von Richtern dazu, daß Scheidungsverfahren unter Zeitdruck durchgeführt werden müssen. Ein

---

300 Art. 32 n. F. CSP

301 Vgl. dazu etwa al-Madanī, al-ǧalsa aṣ-ṣulḥiyya, S. 27; Ben Ḥalīma, qāḍī al-'usra, S. 29; Hmed/Hermassi, Divorce, S. 97; Bel Haj Hamouda, Conflits, S. 52 f.

302 Äußerungen von Richtern, zit. nach Hmed/Hermassi, Divorce, S. 92. Ähnlich auch al-Madanī, al-ǧalsa aṣ-ṣulḥiyya, S. 27.

303 Nach Statistiken der Juristischen Fakultät sind immerhin 43% der Absolventen der Rechtswissenschaft weiblichen Geschlechts. 1995 waren von 1105 ins Richteramt berufenen Personen aber nur 260 Frauen. Vgl. dazu Trabelsi, Sexe fort, S. 35.

Richter, der sich täglich einer Vielzahl von Ehepaaren widmen muß, kann für den einzelnen Fall nicht viel Zeit aufwenden.[304] Häufig beschäftigt er sich während des Versöhnungsversuches zum ersten Mal mit der Akte, hat vorher mit den beiden Parteien nur über ihren Anwalt kommuniziert und keine Gelegenheit gehabt, einen persönlichen Kontakt zu ihnen herzustellen.[305] Hinzu kommt, daß die obligatorischen drei Versöhnungssitzungen häufig von unterschiedlichen Richtern durchgeführt werden und ein genaueres Kennenlernen des Ehepaares sowie eine Auseinandersetzung mit seinen Problemen unmöglich machen.[306] Das Ziel einer Versöhnung kann auf diese Weise kaum erreicht werden. Um die individuelle Arbeitsbelastung tunesischer Familienrichter zu reduzieren, erscheint es notwendig, die Gesamtzahl der Richter zu erhöhen.[307] Eine weitere Forderung in diesem Zusammenhang ist die Einrichtung zusätzlicher Kammern für Personenstandsangelegenheiten.[308]

Stärkere Einbindung von Sozialarbeitern und Psychologen

In Scheidungsprozessen ist die Hinzuziehung von pädagogisch oder psychologisch geschulten Fachleuten fakultativ. Der Richter kann grundsätzlich deren Rat einholen, ist dazu aber nicht verpflichtet. Die Anwesenheit von Sozialarbeitern oder Psychologen bei Versöhnungssitzungen ist dagegen grundsätzlich nicht vorgesehen. Bereits 1983 forderten *Hmed/Hermassi*, Familienrichtern eine ausreichende Anzahl multidisziplinär ausgebildeter Fachleute (Sozialarbeiter, Psychologen, Soziologen etc.) zur Verfügung zu stellen.[309] Deren Unterstützung könnte nicht nur im Zusammenhang mit der intendierten Versöhnung sondern auch bei der Klärung von Sorgerechtsfragen sinnvoll sein.[310]

---

304 In Fachbeiträgen ist die Rede von täglich 20 bis 40 Versöhnungssitzungen pro Richter. Vgl. dazu Bel Haj Hamouda, Conflits, S. 52; Borrmans, Deux études, S. 269.

305 Bel Haj Hamouda, Conflits, S. 52.

306 Ben Ḥalīma, Qāḍī al-'usra, S. 29.

307 Al-Madanī, al-ǧalsa aṣ-ṣulḥiyya, S. 26. Diese Forderung findet sich bereits 1968 bei Borrmans, Deux études, S. 270.

308 Hmed/Hermassi, Divorce, S. 97.

309 Ebd.

310 Al-Madanī, al-ǧalsa aṣ-ṣulḥiyya, S. 27.

Intensivierung der Versöhnungsbemühungen

Während der ersten Versöhnungssitzung hört der Richter in Anwesenheit einer Sekretärin beide Scheidungsparteien. Kritisch zu sehen ist, daß beide Seiten häufig ohne Rechtsbeistand vor den Richter treten, denn in Ermangelung einer gesetzlichen Vorschrift ist die Anwesenheit von Rechtsanwälten weder in dieser Phase des Prozesses noch bei beiden Folgesitzungen vorgesehen.[311] Hinzu kommt, daß während der Versöhnungssitzung in der Regel beide Parteien gleichzeitig vernommen werden. Eine getrennte Anhörung beider Seiten, der in einem zweiten Schritt eine gemeinsame Anhörung folgt, könnte dazu beitragen, die Hintergründe des Ehekonfliktes besser zu durchleuchten.[312]

Hmed/Hermassi stellen im Rahmen ihrer Scheidungsstudie die Forderung nach einem Ausbau von Hilfsangeboten für scheidungswillige Ehepaare auf. So seien Beratungsstellen sinnvoll, die Männer und Frauen noch vor dem gerichtlichen Aussöhnungstermin über Einzelheiten des Scheidungsprozesses aufklärten, sie auf mögliche Konsequenzen einer Ehescheidung aufmerksam machten, ihnen Wege aus der Ehekrise aufzeigten oder therapeutische Hilfe vermittelten. Auch könne der Richter vor Sorgerechts- und Unterhaltsentscheidungen den Rat der mit den Hintergründen des jeweiligen Falles vertraut gewordenen Beratungsstellen einholen.[313] Zwar bieten Frauenorganisationen wie die ATFD und die UNFT Rechtsberatungen für Frauen an und leisten anhand von Publikationen und Seminaren Aufklärungsarbeit, doch sind diese Hilfsangebote den meisten Frauen und Männern in Scheidungssituationen unbekannt. Der Aufbau einer außergerichtlichen Parallelstruktur zur Konfliktbewältigung bei Ehekrisen, wie ihn *Hmed/Hermassi* angesichts der Ineffizienz gerichtlicher Versöhnungsversuche fordern,[314] scheint in weiter Ferne zu liegen.

---

311 Ben Ḥalīma, Qāḍī al-'usra, S. 50; El Hamzaoui, Divorce, S. 417.
312 Ben Ḥalīma, Qāḍī al-'usra, S. 49.
313 Hmed/Hermassi, Divorce, S. 98.
314 Hmed/Hermassi, Divorce, S. 97 f.

3.3 Psychosoziale und materielle Folgen der Ehescheidung

Trotz eines weitgehend egalitären Scheidungsrechts sind die Folgen einer Ehescheidung für die meisten Frauen noch immer schwerwiegend. „...*the aftermath of divorce is still difficult for women, who tend to become culturally marginalized and pay a high personal cost for divorce*" resümiert *Charrad* in ihrer Scheidungsstudie des Jahres 1994. Schon 1993 stellten *Hmed/Hermassi* fest, daß Geschiedene in Tunesien unter sozialer Stigmatisierung leiden; die Erfahrungen betroffener Männer und Frauen ähnelten sich:

„Eine geschiedene Frau hat keinen Platz in der Gesellschaft."

„Die Frauen meiden mich, ich bin eine Rivalin für sie."

„Die Leute blicken auf mich. Das ist doch der, dem seine Frau das und das angetan hat."

„Der Status eines geschiedenen Mannes? Es ist schwierig, wenn man einen gewissen sozialen Rang hat: Wenn man alleinstehend ist, gilt man als gefährlich."[315]

Obwohl offensichtlich auch Männer nach der Ehescheidung mit Vorurteilen zu kämpfen haben, stehen Frauen oft unter einem noch größeren Druck. Viele von ihnen berichten, daß sie nach der Ehescheidung nicht nur unter dem verachtenden Blick der Gesellschaft sondern auch unter dem aufdringlichen Verhalten der Männerwelt zu leiden hatten:

„Alle Männer fingen an, mir Avancen zu machen, ich hatte eben nicht mehr den Schutz eines Ehemannes."

„In meiner Arbeit waren die Männer (plötzlich, d. Verf.) viel draufgängerischer."

„Alle Männer glaubten, mir den Hof machen zu müssen, selbst die, zu denen ich großes Vertrauen hatte. Es war enttäuschend, wie ein Alptraum."[316]

In einer Gesellschaft, in der die Ehe als die natürliche Destination der Frau und als wesentlicher sozialer Ordnungsfaktor gesehen wird, stößt das Scheitern dieser Institution auf Unverständnis. Es wird als Bedrohung des gesamtgesellschaftli-

---

[315] Aussagen geschiedener Tunesier/innen, zit. nach Hmed/Hermassi, Divorce, S. 64, 70.
[316] Aussagen geschiedener Tunesier/innen, zit. nach Hmed/Hermassi, Divorce, S. 65.

chen Wertesystems empfunden. Die gesellschaftliche Mißachtung richtet sich in erster Linie gegen die Frau. Ihr wird nicht nur die Hauptschuld am Auseinanderbrechen der Ehe gegeben, sie muß auch einen massiven Statusverlust hinnehmen. Durch die Ehescheidung tauscht sie die „ehrbare" Stellung einer Ehefrau gegen den sozial geächteten Status einer Geschiedenen ein. Mit Diskriminierungen müssen geschiedene Frauen nicht nur im privaten Umfeld, sondern häufig auch im Beruf rechnen. Die Benachteiligungen reichen von der Ausgrenzung durch Kollegen, über Verleumdungen bis hin zum Übergangenwerden bei Beförderungen.[317] *Rejeb* beschreibt die Hintergründe der sozialen Stigmatisierung geschiedener Frauen folgendermaßen:

„Die Gesellschaft nimmt nicht zur Kenntnis, daß es schwierige Bedingungen gibt, die unausweichlich zum Auseinanderbrechen der Familie führen. Ihre Sicht ist moralisierend. Immer ist die Frau die Zielscheibe, sie trägt die Verantwortung für das 'Unglück'. Die Geschiedene wird zur Gefahr für die soziale Ordnung, besonders wenn sie sich entscheidet, alleine zu leben und so ihre Individualität zu behaupten. In der kollektiven Vorstellung kann die Frau ausschließlich Mutter, Ehefrau, Schwester oder Hure sein, d. h. das Eigentum eines oder mehrerer Männer. Selbst als studierte und berufstätige Frau bleibt sie Gefangene des sozialen Status einer Geschiedenen."[318]

Durch die Ehescheidung geraten viele Frauen nicht nur unter sozialen sondern auch unter wirtschaftlichen Druck. Trotz gesetzlicher Unterhalts- und Entschädigungsansprüche ist die finanzielle Benachteiligung von Frauen eine von Betroffenen und Fachleuten häufig kritisierte Begleiterscheinung der Ehescheidung, denn viele Männer kommen nach der Ehescheidung ihren Zahlungsverpflichtungen nicht oder nur unzureichend nach.[319] *Charrad* sieht die Initiative zur Ehescheidung deshalb vor allem bei berufstätigen Frauen und solchen, die finanziell durch ihre Herkunftsfamilie abgesichert sind.[320] Auch die Tatsache, daß der Kauf von Konsumgütern und Immobilien im allgemeinen von Frauen mitfinanziert aber auf den Namen des Mannes getätigt wird, trägt zu einer ungleichen Aufteilung von Vermögenswerten im Falle der Ehescheidung bei und kann dazu führen, daß die

---

[317] Vgl. dazu die Erfahrungsberichte geschiedener Tunesierinnen in: Rejeb, Divorce, S. 331-333.
[318] Rejeb, Divorce, S. 327. Hervorhebung im Original.
[319] So die Information, die die Autorin in Gesprächen mit Rechtsanwälten/innen und Soziologinnen in den Jahren 1995 und 1999 in Tunis bekam.
[320] Charrad, Repudiation, S. 59.

Frau nach der Trennung quasi mittellos ist. Die Rückkehr zur Familie und Inanspruchnahme ihrer finanziellen Unterstützung erscheint vielen geschiedenen Frauen als einziger Ausweg, vor allem dann, wenn sie Kinder zu versorgen haben:

„Ich habe sechs Jahre lang gearbeitet, bin aber ohne irgend etwas gegangen. Ich war gezwungen, bei meiner Familie zu wohnen. Ich war von ihrer materiellen Unterstützung abhängig.... "

„Ich wollte eigentlich nicht bei meiner Familie leben, aber ich war drei Jahre lang wegen meines Kindes darauf angewiesen. Ich hatte Angst vor der Einsamkeit."[321]

Während der Großteil der Frauen die Zeit nach der Ehescheidung als leidvoll empfindet, gibt es andere, denen es gelingt, einen persönlichen Nutzen aus der Trennung zu ziehen, zu sich selbst zu finden und ihre Zukunft in die eigene Hand zu nehmen. *Hmed/Hermassi* stellten einen Zusammenhang zwischen der Fähigkeit zur Neuorientierung und der finanziellen Eigenständigkeit von Frauen fest, wobei letztere vor allem solchen Frauen vorbehalten zu sein scheint, die über ein höheres Bildungsniveau verfügen und bereits vor der Ehescheidung berufstätig waren.[322] Viele von ihnen ziehen letztlich den Status als Geschiedene ihrem früheren Leben als Ehefrau vor. Die folgende Stellungnahme vermittelt einen Eindruck von möglichen Hintergründen:

„Nach neun Jahre des Alleinelebens glaube ich, glücklicher zu sein, als ich es während meiner Ehe war. In sexueller Hinsicht war ich vollkommen unbefriedigt. Was den Beruf betrifft, so versuchte mein Mann alles, um mich zu bremsen. Er hinderte mich daran, mich gesellschaftlich zu behaupten. Er unterdrückte mich in jeglicher Hinsicht (...) Ich wurde zahlreiche Male zur Wiederheirat aufgefordert, doch ich lehnte jedes Mal ab. Ich glaube, daß die Scheidung die Ehe entmystifiziert. Sie ist eine scheinheilige ... Einrichtung."[323]

Tatsächlich ist das Heiratsverhalten von Frauen und Männern nach einer Ehescheidung unterschiedlich. Während Frauen größtenteils unverheiratet bleiben, heiraten Männer in den meisten Fällen wieder.[324] *Rejeb* stellte fest, daß Männer in

[321] Aussagen geschiedener Tunesierinnen, zit. nach Rejeb, Divorce, S. 325 f. Zu den generellen Auswirkungen der Ehescheidung auf Kinder vgl. die Aussagen betroffener Frauen in: Hmed/Hermassi, Divorce, S. 62 f.

[322] Hmed/Hermassi, Divorce, S. 62, 65 f.

[323] Aussage einer geschiedenen Tunesierin, zit. nach Rejeb, Divorce, S. 335.

[324] Vgl. dazu auch Kap. 3, I, 3.2 der vorliegenden Arbeit.

zweiter Ehe zu weitaus jüngeren Frauen tendieren, insbesondere dann, wenn sie in erster Ehe mit gebildeten, berufstätigen und fast gleichaltrigen Frauen verheiratet waren.[325] Während die Möglichkeit einer Wiederheirat bei einem Großteil der von ihr befragten Frauen der Bildungsoberschicht auf Ablehnung stieß, waren die meisten geschiedenen Männer dieser Frauen wiederverheiratet; oftmals mit Frauen, zu denen sie einen außerhalb der Norm liegenden Altersabstand hatten.[326] Es scheint so, als werfe die Erfahrung einer Ehescheidung gebildete, ursprünglich egalitär eingestellte Männer häufig in traditionelles Rollenverhalten zurück. Männer, deren Ehen mit Frauen gleichen sozialen Ranges und Alters gescheitert sind, rücken offenbar schnell von Egalitätsprinzipien ab. Frauen reagieren auf eine erlebte Scheidung dagegen häufig mit Mißtrauen gegenüber der Institution Ehe.

[325] Rejeb, Divorce, S. 319 f.
[326] Ebd.

Zusammenfassung und Fazit

Die **Entwicklung des Frauenstatus** in Tunesien muß im Kontext seiner historischen, sozialen, religiösen und politischen Rahmenbedingungen gesehen werden. Fest steht, daß der rechtliche und gesellschaftliche Status der tunesischen Frau über ein Jahrtausend und bis hinein in die Neuzeit maßgeblich von den Regeln und Traditionen der arabisch-islamischen Gesellschaft bestimmt wurde. Die wichtigste Referenz für geschlechtsspezifische Rollen- und Wertzuweisungen im Islam bildet der Koran. Zentrale weibliche Leitbilder im Koran sind die Unterordnung der Frau unter den Mann, ihre sexuelle Passivität und ihre Schutzbedürftigkeit. Die Ursachen für die unterprivilegierte Stellung der Frau in der islamischen Gesellschaft liegen aber nicht alleine in den religiösen Normen. Viele koranische Regelungen wurden im Laufe der Geschichte erheblich zuungunsten von Frauen interpretiert oder auch schlicht umgangen. Die Entfaltungsräume der Frau wurden dadurch zwangsläufig eingeschränkt. Innerhalb der traditionellen islamischen Gesellschaft ergaben sich für die Frau Aufgaben und Einflußbereiche ausschließlich durch die Abfolge ihrer Rollen innerhalb der Familie. Die Frau unterstand von der Kindheit an bis ins Erwachsenenleben der männlichen Vormundschaft, Kontrolle und Willkür, erfuhr erst als Mutter (männlicher Nachkommen) eine Statusaufwertung und hatte schließlich als Schwiegermutter eine gewisse Machtposition inne.

Entscheidende Umwälzungen der Sozialstruktur wurden erst mit Beginn des französischen Protektorats in Gang gesetzt. Die Konfrontation mit der europäischen Mentalität und Lebensart bewirkte bei der tunesischen Bevölkerung, quasi als Defensivstrategie, eine Rückbesinnung auf die islamische Tradition. Dabei kam der Frau als Symbol religiöser und kultureller Verwurzelung eine besondere Bedeutung zu. Es ist gleichsam die Frauenfrage, die mit der Unabhängigkeit von Frankreich ins Zentrum der Gesellschaftspolitik rückte. Forderungen nach einer Besserstellung von Frauen waren innerhalb der reformistischen Elite Tunesiens bereits zur Zeit der französischen Besatzung laut geworden. Als bedeutendster Frauenrechtler der damaligen Zeit gilt der um die Jahrhundertwende geborene *Aṭ-Ṭāhir al-Ḥaddād*. Er schuf die gedanklichen Grundlagen der postkolonialen Modernisierungspolitik unter Präsident *Bour-*

guiba, der die Emanzipation der Frau als Mittel der sozialen Erneuerung betrachtete. Das Ziel einer unabhängigen, fortschrittlichen Gesellschaft versuchte *Bourguiba* durch ein modernes Personenstandsrecht zu erreichen. Der 1956 erlassene *Code du Statut Personnel* (CSP) brach mit zentralen islamischen Rechtsnormen. Im Wissen um die religiöse Verwurzelung der Tunesier wurden die neuen Gesetze sowie viele Rechtsreformen der Folgejahre jedoch stets als mit dem Islam vereinbar präsentiert. Es zeigte sich aber in Krisenzeiten, daß *Bourguiba* unter Frauenemanzipation nicht die bedingungslose Loslösung von der Tradition verstand, sondern vielmehr eine sozialverträgliche, gesellschaftliche Stimmungen und Empfindlichkeiten berücksichtigende Entwicklung, die sich problemlos und nutzbringend in den staatlichen Aufbau integrieren lassen mußte. Die Widersprüche dieser Frauenpolitik wurden von der ersten staatlichen Frauenorganisation des unabhängigen Tunesiens *Union Nationale de la Femme Tunisienne* nahezu kritiklos transportiert. Die mangelnde Durchschlagkraft der Frauenunion zeigte sich deutlich Mitte der siebziger Jahre, als Frauen im Zuge der Wirtschafts- und Sozialkrise nicht nur zum Opfer eines angespannten Arbeitsmarktes, sondern auch zur Zielscheibe der Islamisten zu werden drohten. Die islamistische Bewegung Tunesiens *Mouvement de la Tendance Islamique* zählte zu ihrer Anhängerschaft auch Frauen, für die die Rückkehr zu einem orthodoxen Islam vor allem eine identitätsstiftende Funktion hatte. Der heute amtierende Präsident *Ben Ali* hat sich die Bekämpfung des Islamismus zur Aufgabe gemacht. Extremistischen Ideen stellt er die Frauenrechte als eine Art „Bollwerk“ entgegen. So kam es 1993 zur bisher umfassendsten Reformierung des Familienrechts in der Geschichte des unabhängigen Tunesiens. Die Frauenförderung dient der Stabilisierung des autokratischen Systems und wird gezielt als Propagandainstrument eingesetzt. In diesem Klima entwickelten sich seit Ende der achtziger Jahre zusätzliche feministische Strukturen staatlichen und nichtstaatlichen Charakters. Vor allem die regimekritische Frauenorganisation *Association Tunisienne des Femmes Démocrates* wird nach außen hin unterstützt, unterliegt nach innen aber staatlicher Bevormundung und Kontrolle.

Die Widersprüche einer Gesellschaft zwischen „Tradition und Moderne“ spiegelt auch und vor allem das tunesische **Ehe- und Scheidungsrecht**. Der tunesische *Code du Statut Personnel* gilt als das modernste Personenstandsgesetzbuch der arabisch-islamischen Welt. Es stellt Frauen und Männer bei der Schließung und Auflösung der Ehe gleich und entfernt sich damit erheblich von den Vorgaben des islamischen Rechts. Die Loslösung von der Tradition ist aber keine vollständige - im Gegenteil. Bei genauerer Betrachtung der Rechtssätze kristallisieren sich drei Optionen des kodifizierten Rechts heraus:

1. Die Besserstellung der Frau,
2. die Stärkung der ehelichen Gemeinschaft und
3. die Beibehaltung der patriarchalischen Gesellschaftsordnung.

Beispiele für die Besserstellung der Frau sind u. a. die Abschaffung der Zwangsehe, das Polygynieverbot, die Zustimmungspflicht der Mutter zur Eheschließung ihres minderjährigen Kindes sowie das System der finanziellen Absicherung im Falle der Ehescheidung. Auf eine Stärkung der ehelichen Gemeinschaft zielen Vorschriften wie die der gegenseitigen Wohlbehandlung und der Zusammenarbeit in Familienbelangen. Gleichzeitig aber sichert die Gesetzgebung dem Mann weiterhin den obersten Platz in der Familienhierarchie zu. Auch nach der bisher umfassendsten Reformierung des Personenstandsrecht i. J. 1993 bleibt er das Familienoberhaupt. Der Mann hat in der Regel die Vormundschaft über das minderjährige Kind und kann im Scheidungsfalle das Sorgerecht für seine Tochter einklagen, sofern sich seine geschiedene Frau zu einer erneuten Eheschließung entschließt. Offenbar konnte sich der Gesetzgeber bisher nicht zur Abschaffung einiger noch immer den Mann begünstigender und seine Autorität unterstreichender Gesetzesvorschriften entschließen. Die Gleichstellung der Frau wird in Tunesien nicht mit letzter Konsequenz betrieben. Dies legt die Vermutung nahe, daß der rechtlichen Emanzipation der Frau traditionsbedingte Grenzen gesetzt sind, die man (noch) nicht zu überschreiten wagt. Gesetzeslücken, Widersprüche und Unklarheiten, die bei genauerer Untersuchung des Ehe- und Scheidungsrechts zutage treten, sind Ausdruck einer mit äußerster Vorsicht betriebenen Gratwanderung zwischen rechtlicher Besserstellung der Frau und der Wahrung traditioneller, islamischer Wertvorstellungen und Rollenmuster. Das Beispiel des *mahr* zeigt, daß zu diesem Zweck auch islamische Rechtsinstitute beibehalten werden, die im System des kodifizierten Rechts längst ihre Funktion verloren haben. Der sich im kodifizierten Recht abzeichnende Dualismus von

Säkularisierung und Gleichberechtigung einerseits sowie Tradition und Werteerhalt andererseits kommt auch in der Rechtsprechung zum Ausdruck. Einerseits waren zahlreiche Gerichtsurteile der vergangenen Jahrzehnte darauf gerichtet, die gesellschaftliche Entwicklung zu forcieren. So wurden z. B. Verstöße gegen die weitgehend modernen zivilrechtlichen Vorschriften der Eheschließung stets konsequent geahndet. Gleiches gilt für das Polygynieverbot. Urteile über widerrechtlich geschlossene Zweitehen reichen bis in die neunziger Jahre hinein. Andererseits scheint die Rechtsprechung Interpretationsspielräume, die das Gesetz bietet, unter Rückgriff auf die islamische Rechtstradition auszufüllen. So hatte sich nach der Personenstandsreform von 1993 beispielsweise die Frage gestellt, ob mit dem Verzicht auf die weibliche Gehorsamspflicht die islamrechtliche Entscheidungsgewalt des Mannes in der Ehe und die Unterordnung der Frau als abgeschafft gelten können. Neueren Gerichtsurteilen zufolge muß dies verneint werden. Die Frau ist weiterhin verpflichtet, sich in Bezug auf den gemeinsamen Wohnort den Wünschen ihres Mannes zu fügen. Dieser Anspruch wird von der gesetzlichen Forderung der ehelichen Pflichterfüllung „nach Gewohnheit und Brauch" abgeleitet. Als Bekenntnis zur Tradition kann auch das 1973 per Zirkular revitalisierte islamrechtliche Verbot gemischtreligiöser Ehen angeführt werden. Obwohl es einer eindeutigen gesetzlichen Grundlage entbehrt, wurde es 1998 durch eine Verwaltungsverordnung des Außenministers bekräftigt. Die in Gesetz und Rechtsprechung feststellbare Tendenz, eine Gleichstellung der Geschlechter herbeizuführen, stößt offenbar dort an ihre Grenzen, wo überbrachte, tief im islamischen Bewußtsein verankerte Wertvorstellungen angesprochen sind.

Ein Blick auf das „Innenleben" der tunesischen Gesellschaft bekräftigt diesen Verdacht. Die **gesellschaftliche Wirklichkeit** zeigt eine noch weitgehend traditionelle Einstellung der Bevölkerung, auch wenn das Sozialgefüge im Wandel begriffen ist. Es sind verschiedene Faktoren wie Urbanisierung, Bildung und Geburtenkontrolle, die in Tunesien zu einer sukzessiven Veränderung überbrachter Familienstrukturen geführt und vor allem für Frauen Statusveränderungen mit sich gebracht. Die Großfamilie hat sich vielerorts und besonders in den Städten in Richtung Kernfamilie entwickelt. Veränderungen der

Sozialstruktur lassen sich auch über demographische Veränderungen im Bereich der Eheschließung und Ehescheidung nachweisen. Indizien für einen Bewußtseinswandel bei Männern und Frauen sind der Anstieg des Heiratsalters und die Tendenz zu einem geringeren Altersabstand zwischen den Ehepartnern. Die Scheidungsraten widerlegen Befürchtungen, wonach die Zahl der Ehescheidungen in Tunesien eklatant zunimmt. Abgesehen von einem „Zwischenhoch" Ende der achtziger Jahre hält sich die Scheidungsrate bis über die Mitte der neunziger Jahre hinaus auf einem relativ stabilen Niveau, wobei die Scheidungsinitiative von Frauen grundsätzlich sehr viel geringer ist als die der Männer. Was die Scheidungsart betrifft, so werden in Tunesien Ehescheidungen aufgrund einer erlittenen Schädigung deutlich häufiger von Frauen eingereicht. Dagegen ist die Scheidung ohne Geltendmachung eines erlittenen Nachteils eine Trennungsart, die Männer weitaus häufiger wählen als Frauen.

Die Auseinandersetzung mit den in der Gesellschaft dominierenden Wertvorstellungen zeigt, daß das patriarchalische Familienmodell mit einem Vater als oberster Respektsperson und Autorität sowohl von Männern als auch von Frauen gestützt wird. Dieser Traditionalismus mischt sich bei Frauen mit dem Wunsch nach zusätzlichen Aufgaben und Verantwortlichkeiten in Familie und Gesellschaft. Aber gerade die Berufstätigkeit der Frau ist konfliktbeladen. Sie ist in den meisten tunesischen Familien eine wirtschaftliche Notwendigkeit, wird in dieser Funktion aber vor allem von Männern aus Furcht vor dem Verlust ihrer Suprematie geleugnet und häufig auch von Frauen selbst als familienfeindlich angesehen. Überhaupt dominieren in der Paarbeziehung traditionelle Werte und Rollenbilder weitaus stärker, als dies die moderne Gesetzgebung vermuten läßt. Die Wahl des Ehepartners ist vielfach von der Entscheidung Dritter abhängig und vollzieht sich noch immer erstaunlich oft innerhalb des Familienkreises. Diese Tradition wird von der jungen Generation fast geschlossen abgelehnt. Ebenso idealisieren junge Tunesier/innen Liebe und Zuneigung in der Ehe, obwohl in der Praxis der gesellschaftlich interessante Status des Ehepartners als Eheschließungsmotiv überwiegt. Die Aufteilung der Rollen in der Ehe ist in Tunesien weitestgehend traditionell. Trotz finanzieller Mitverantwortung für die Familie trägt die Frau noch immer die Hauptlast der Hausarbeit und Kindererziehung. Der Mann als Familienoberhaupt hat in der Regel das Entscheidungsmonopol. Diese

Rollenaufteilung wird selbst von der weiblichen Bildungsoberschicht akzeptiert. Ein Phänomen der männlich-autoritativ ausgerichteten Familienstruktur ist die Gewalt in der Ehe. Das archaische Züchtigungsrecht des Mannes besteht in Bewußtsein und Praxis fort und wird vor allem als Mittel zur Unterwerfung von Frauen und Absicherung der hierarchischen Familienorganisation eingesetzt.

Die Ehescheidung in Tunesien ist innerhalb der empirischen Sozialforschung ein vernachlässigtes Feld. Sicher ist, daß sie trotz gesetzlicher Legitimierung noch immer ein gesellschaftliches Tabu ist. Als Ursachen für eskalierende Ehekonflikte nennen die zur Verfügung stehenden Studien vor allem finanzielle Schwierigkeiten, Streitigkeiten über die Rollenverteilung und Belastungen durch die Schwiegerfamilie, wobei Männer und Frauen Eheprobleme unterschiedlich wahrnehmen und beurteilen. Während Frauen ihre Unzufriedenheit in der Ehe in der Regel an konkreten Kritikpunkten festmachen können, führen Männer häufig ein verändertes Verhalten ihrer Ehefrau sowie vermeintliche Negativeinflüsse von außen als Gründe für das Scheitern ihrer Ehe an. Unter gesellschaftlicher Stigmatisierung haben besonders geschiedene Frauen zu leiden, obwohl auch Männer nach einer Ehescheidung Mißachtung von Seiten anderer zu spüren bekommen. Auch die finanziellen Folgen der Ehescheidung sind für Frauen häufig gravierender, vor allem wenn die Männer ihren Zahlungsverpflichtungen nicht nachkommen. Die Bereitschaft zur Wiederheirat nach einer Scheidung ist bei Frauen weitaus geringer als bei Männern.

Es kann als **Ergebnis** festgehalten werden, daß die rechtliche Gleichstellung der Geschlechter in Tunesien zwar vorangetrieben wird, jedoch nicht um den Preis eines vollständigen Bruchs mit der Tradition. Der Konflikt zwischen der Bindung an islamische Rechtsvorstellungen und dem Erfordernis der Anpassung an moderne Lebensverhältnisse spiegelt sich in Theorie und Praxis des tunesischen Ehe- und Scheidungsrechts wider. Dennoch sind die personenstandsrechtlichen Bestimmungen weitgehend egalitär und unterliegen innerhalb eines innenpolitisch „stabilen" Klimas keiner akuten Gefährdung. Die gesellschaftliche Realität beweist aber, daß Gesetze überbrachte Verhaltensweisen und Praktiken nicht ändern können und ihr Einfluß auf internalisierte Wertvorstellungen und Rollenbilder eher gering ist. So genießt die tunesische Frau im Bereich der Ehe und Ehescheidung zwar weitaus mehr Rechte, als ihr die *šarī'a* zubilligt, doch ihre soziale Stellung wird weiterhin von den Normen und Idealen der traditionellen arabisch-islamischen Gesellschaft bestimmt. Die gesetzlich abgesicherte Erneuerung der äußeren Familienstruktur geht nicht mit einer Modernisierung der Vorstellungen von Ehe und Familienleben einher. Noch immer dominieren in der tunesischen Familie paternalistisch-autoritäre Verhaltensweisen. Die Suprematie des Mannes besteht weitgehend unangetastet fort. Ein grundlegender Wandel des Rollendenkens scheint nicht in greifbarer Nähe zu sein. Insofern entsprechen eine Reihe egalitärer Bestimmungen des tunesischen Personenstandsgesetzes den realen Verhältnissen nur begrenzt. Weniger als ein Spiegel der sozialen Entwicklung fungiert das Ehe- und Scheidungsrecht aber als ihr Motor im Sinne von Antrieb. Doch die Entwicklung der sozialen Organisation Tunesiens vollzieht sich nicht im Rhythmus einer von außen aufoktroyierten Transformation.

Literaturverzeichnis

Monographien, Aufsätze und Dokumente

'Abīd, at-T., ǧirāyat al-muṭallaqa fī qānūn al-'aḥwāl aš-šaḫṣiyya, in: Maǧallat al-qaḍā' wa-t-tašrī', Nr. 1, 1985, S. 31-54.

Abu-Lughod, L., Remaking Women. Feminism and Modernity in the Middle East, Princeton/New Jersey 1998.

Abu-Zahra, N., The tunisian personal status code, national policy, and the homogenization of the population, Cambridge Anthropology, 16:2, 1992/1993, S. 41-53.

Ahmed, M. D., Die Frau in der islamischen Gesellschaft, in: Der unbekannte Islam, hrsg. von A. Jäger u. A. Wildermuth, Zürich 1982, S. 121-140.

Aldeeb Abu-Sahlieh, S. A., Le Mouvement tunisien de la Tendance Islamique, la loi islamique et les droits de l'homme, in: AAN, Bd. 35, 1998, S. 379-404.

Al-'Anābī, Aṭ-Ṭayyib, aṭ-ṭalāq fī l-qanūn wa-l-muǧtama', in: Maǧallat al-qaḍā' wa-t-tašrī', Nr. 2, 1967, S. 9-17.

Amin, S., Le développement inégal, Paris 1973.

amnesty international (Hrsg.), Tunesien. Frauen Opfer von Schikanen, Folter und Inhaftierung, 06/1993, ai Index MDE 30/02/93, London 1993.

amnesty international (Hrsg.),Women in the Middle East. Human rights under attack, 2.8.1995, ai Index: MDE/01/01/95, London 1995.

Anderson, J.N.D., The tunisian law of personal status, in: ICLQ, Nr. 7, London 1958, S. 262-279.

Anderson, J.N.D.. Islamic law in the modern World, Westport 1975.

Anderson, N., Law reform in the muslim world, London 1976.

Antes, P., Der Islam als politischer Faktor, Bundeszentrale für politische Bildung, 2. Auflg., Hannover 1994.

Ascha, G., Du statut inférieur de la femme en Islam, Paris 1989.

ATFD (Hrsg.), Les violences à l'égard des femmes: Les atteintes aux droits humains, Tunis 1994.

Al-Bāǧī, M., tarkīz dātiyyat al-mar'a fī ẓill al-'islām, in: Maǧallat al-qaḍā' wa-t-tašrī', Nr. 7, 1975, S. 39-41.

Baffoun, A., Women and social change in the muslim arab world, in: Women and islam, hrsg. von A. al-Hibri, Oxford u. a. 1982, S. 227-242.

Bel Haj Hamouda, A., Les conflits conjugaux: aspects juridiques, in: Actualités Juridiques Tunisiennes, Nr. 1-2, 1989, S. 47-61.

Belhassen, S., L'Islam contestataire en Tunisie, Jeune Afrique, Nr. 949, Paris 14.3.1979, S. 82-84.

Belhassen, S., Femmes tunisiennes islamistes, in: AAN 1979, Paris 1980, S. 79-94.

Belhassine, O., Les jeunes et l'amour. Confidences...Confidences, in: Info CREDIF, Nr. 7, 3/1995, S. 4-7.

Ben Achour, Y., Islam perdu, islam retrouvé, in: AAN 1979, Paris 1980, S. 65-75.

Ben Ḍiyyā, 'A., ḫawāṭir ḥaula mabnā mas'ūliyyat al-'umm 'an taṣarrufāt 'ibnihā. Al-ḥadaṯ baina al-qanūn al-'islāmī wa-l-qānūn al-waḍ'ī at-tūnisī, in: Mağalla al-qānūniyya at-tūnisiyya, Nr. 2, 1976, S. 51-56.

Ben Ḥalīma, S., suknā al-ḥāḍina, in: Al-Mağalla al-qānūniyya at-tūnisiyya 1989, Nr. 1, S. 28-48.

Ben Ḥalīma, S., daur qāḍī al-'usra fī qaḍāyāt aṭ-ṭalāq, in RJL 01/1994, S. 25-57.

Ben Ḥalīma, S., hal yumkinu 'isnād al-ḥaḍāna li-'aḥad az-zauğain 'au li-ġairihimā ḥāl qiyām az-zauğiyya wa dūna qaḍiyya fī ṭ-ṭalāq?, in: Mağallat al-qaḍā' wa-t-tašrī', Nr. 5, 1994, S. 7-16.

Ben Hammed, M. R., Laïcité et fondamentalisme en Tunisie, in: RTD, 1985, S. 103-142.

Ben Miled, E., Etude comparative du statut sexuel des femmes dans le monde méditerranéen berbère et africain, in: RTSS, Nr. 82/83, 1985, S. 75-110.

Ben Miled, E. (et. al.), Education familiale et accès à la citoyenneté, in: La non-discrimination à l'égard des femmes entre la Convention de Copenhague et le discours identitaire, Colloque UNESCO-C.E.R.P., Tunis 13.-16.1.1988, S. 211-222.

Ben Miled, E., Violence et contre violence dans le couple, in: Les relations interpersonnelles dans la famille maghrébine, Cahier du CERES, Série Psychologie Nr. 6, Tunis 1988, S. 13-39.

Ben Saïd-Cherni, Z., Quiétude et déperdition ou l'étrange statut dualiste de la femme en Tunisie, in: Tunisiennes en devenir, 2. La moitié entière, Tunis 1992, S. 27-66.

Ben Salem, L., Structures familiales et changement social en Tunisie, in: RTSS, Nr. 100, 1990, S. 165-180.

Ben Salem, L., La famille en Tunisie: Questions et hypothèses, in: Structures familiales et rôles sociaux. Actes du colloque de l'Institut Supérieur de l'Education et de la Formation Continue, Tunis 1994, S. 13-25.

Bergmann-Ferid, Internationales Ehe- und Kindschaftsrecht: Tunesien, Bd. 11. Loseblattsammlung, begr. von A. Bergmann, fortgef. von M. Ferid, Frankfurt/Main 1996, S. 7-34.

Bessis, S./Belhassen, S., Bourguiba, Bd. 2: Un si long règne (1957-1989), Paris 1989.

Bessis, S./Belhassen, S., Femmes du Maghreb: l'enjeu, Tunis 1992.

Binder, L., Islamic Liberalism. A critique of development ideologies, Chicago 1988.

Blili, L., La famille moderne: réalité ou mystification?, in: Structures familiales et rôles sociaux. Actes du colloque de l'Institut Supérieur de l'Education et de la Formation Continue, Tunis 1994, S. 73-80.

Bliss, F., Frau und Gesellschaft in Nordafrika. Islamische Theorie und gesellschaftliche Wirklichkeit, Bad Honnef 1987.

Bolz, R., Tunesien. Wirtschaftliche und soziale Strukturen und Entwicklung, Institut für Afrika-Kunde, Heft 6, Hamburg 1976.

Borrmans, M., Divorce et abus du Droit en Tunisie, IBLA, 1967, Bd. 2/3, Nr. 118-119, S. 227-272.

Borrmans, M., Deux études sur le divorce en Tunisie, in: IBLA, 1968, Bd. 2, Nr. 122, S. 255-294.

Borrmans, M., Statut Personnel et famille au maghreb de 1940 à nos jours, Paris 1972.

Borrmans, M., Statut personnel et droit familial en pays musulmans, in: Proche Orient Chrétien 23 (1973), S. 133-147.

Borrmans, M., Documents sur la famille au Maghreb de 1940 à nos jours, Estratto da Oriente Moderno Bd. 59, Paris 1979.

Bouhdiba, A., Point de vue sur la famille tunisienne actuelle, in: RTSS, Nr. 11, 1967, S.11-23.

Bouraoui, S., La constante inégalité entre les sexes ou de l'antinomie entre droit interne et conventions internationales. Quelques réflexions sur la loi, in: RTD, Trentenaire 1953-1983, 1983, S. 425-441.

Bouraoui, A., Mariages préférentiels? Evolution et répartition des mariages consanguins en Tunisie (1970-1982), in: Les relations interpersonnelles dans la famille maghrébine, Cahier du CERES, Série Psychologie Nr. 6, Tunis 1988, S. 85-94.

Bouraoui, S., Droit de la famille et relations familiales à la lumière des dernières réformes juridiques, in: RTD, 1993, S. 120-240.

Bouraoui, S./Behnam, D., Familles musulmanes et modernité. Le défi des traditions, Paris 1986.

Bousquet, G.-H., Le droit musulman, Paris 1963.

Al-Brāhmī, 'A., ṣundūq ḍamān an-nafaqa wa-ǧirāyat aṭ-ṭalāq, in: Maǧalla al-qānūniyya at-tūnisiyya, Nr. 2, 1998, S. 51-69.

Brown, L. C., The role of islam in modern North Africa, in: State and society in independent North Africa, hrsg. von L. C. Brown, Washington 1966.

Būrqība, aš-Š., ḥaula al-faṣlain 236-231 al-ǧadīdain min al-qānūn al-ǧazā'ī, in: Maǧallat al-qaḍā' wa-t-tašrī', Nr. 6-7, 1969, S. 7-8.

Camau, M., La Tunisie, Paris 1989.

Camilleri, C., Famille et modernité en Tunisie, in: RTSS, Nr. 11, 1967, S. 25-35.

Chabbi-Labidi, L., Lutte des femmes contre la répression, in: IBLA, 1984, Bd. 47, Nr. 154, S. 249-276.

Chani, Z., Rapports homme-femme au sein du couple et devenir social chez Tahar Al Haddad, in: Les relations interpersonnelles dans la famille maghrébine, Cahier du CERES, Série Psychologique Nr. 6, Tunis 1988,
S. 109-118.

Charfi, M., Les conditions de forme du mariage en droit tunisien, in: RTD 1969/70, S. 11-37.

Charfi, M., Le droit tunisien de la famille entre l'islam et la modernité, in: RTD, 1973, S. 11-37.

Charnay, J. P., Lire le Coran au féminin actuel, in: Les Cahiers de l'Orient, Nr. 47, 1997, S. 15-34.

Charrad, M., Repudiation versus Divorce: Responses to State policy in Tunisia, in: Women, the family and policy: A global perspective, hrsg. von E. N. Chow u. C.W. Berheide, Albany/New York 1994.

Chater, S., La femme tunisienne. Citoyenne ou sujet?, Univ. Diss., Tunis 1976.

Chekir, H., Pour une égalité effective dans le Code du Statut Personnel, in: Sou'al, Nr. 4, 1983, S. 82-86.

Chekir, H., Les réserves présentées par la Tunisie, in: La non-discrimination à l'égard des femmes entre la Convention de Copenhague et le discours identitaire, Colloque UNESCO-C.E.R.P., Tunis 13.-16.1.1988, S. 43-54.

Chekir, H., La convention sur l'élimination de toutes les formes de discrimination à l'égard des femmes, in: RTD, 1989, S. 70-83.

Chelli, M., La relation conjugale: une variable déterminante dans l'explication de la modernité, in, L'avenir de la famille au Moyen Orient et en Afrique du Nord, Cahier du CERES, Série Psychologie Nr. 7, Tunis 1990, S. 97-106.

Chérif Chamari, A., La femme et la loi en Tunisie, Casablanca 1991.

Chérif Chamari, A., Le mariage. Guide des droits des femmes, Tunis 1995.

Cherni-Ben Said, Z., La femme tunisienne et l'indépendance nationale, in: IBLA, 1987, Bd. 50, Nr. 159, S. 115-134.

Colomer, A., Le Code du Statut personnel tunisien. Extrait de la Revue Algéri enne 1957, Nr. 4-6.

Coulson, N. J., A history of islamic law, Edinburgh 1964.

CREDIF (Hrsg.), Femmes de Tunisie. Situation et perspectives, Tunis 1994.

CREDIF (Hrsg.), Femmes rurales de Tunisie. Activités productives et actions de promotion, Centre de Recherche, de Documentation et d'Information sur la Femme, Tunis 1996.

CREDIF (Hrsg.), Le potentiel économique des femmes. Le contexte et les perspectives du travail féminin en Tunisie, Tunis 1996.

C.S.V.R.T. (Hrsg.), Tunisie. Situation des droits de l'Homme. Témoignages et Rapports Accablants, Bd. 4: Témoignages sur les Femmes Réprimées en Tunisie, Paris 1996.

Dammak, O. K., Travail de la femme et fécondité, in: RTSS, Nr. 56/57, 1979, S. 125-133.

Daoud, Z., Féminisme et politique au Maghreb (1930-1992), Casablanca 1993.

Darghouth Medimegh, A., Droits et vécu de la femme en Tunisie, Tunis 1992.

Darghouth Medimegh, A./Marzouk, M., La violence conjugale. Composantes sociologiques et institutionnelles, Tunis 1992.

Demeerseman, A., La famille tunisienne et les temps nouveaux, Tunis 1967.

Der Koran. Übersetzung von Rudi Paret, 5. Auflg., Stuttgart u. a. 1989.

Dilger, K., Das Schweigen des Gesetzgebers als Mittel der Rechtsfortbildung im Bereich des islamischen Rechts, in: Die islamische Welt zwischen Mittelalter und Neuzeit. Festschrift für H. R. Roemer, Bayreuther Texte und Studien, Bd. 22, 1979, S. 81-93.

Dilger, K., Tendenzen der Rechtsentwicklung im islamischen Orient, in: ZfK 4/1985, Stuttgart, S. 433-438.

Dilger, K., Die Entwicklung des islamischen Rechts, in: Die Religionen der Menschheit. Der Islam, Bd. 3, begr. Von C. M. Schröder; fortgef. u. hrsg. von P. Antes, Stuttgart u. a., 1990, S. 60-156.

Dridi, M., Zum Problem der kulturellen Identität, der Westernisierung und der ökonomischen Unterentwicklung in der Dritten Welt. Fallbeispiel Tunesien, Univ.-Diss., München 1980.

D'souza, D., The muslim practice of polygamy, in: The Bulletin of the Henry Martyn Institute of Islamic Studies, Bd. 8, Nr. 3, 07-09/1985, S. 68-78.

Durupty, M., La convention de New-York du 10 Décembre 1962 sur le consentement au mariage, l'âge minimum du mariage et l'enregistrement du mariage, in: RTD, 1968, S. 45-51.

Ebert, H.-G., Familiengesetze im Maghreb, in: Orient 33 (1992) 1, S. 61-79.

Ebert, H.-G., Das Personalstatut arabischer Länder. Problemfelder, Methoden, Perspektiven. Leipziger Beiträge zur Orientforschung, Bd. 7, Frankfurt a. M. 1996.

El Hamzaoui, M. M., Le divorce et ses effets matériels en droit tunisien, in Revue Juridique et Politique, Bd. 38, 04-06/1984, S. 412-429.

El Madani, K., Le fonds de garantie de la pension alimentaire et de la rente de divorce, in: Femme, Nr. 74, 11/1993, S. 14.

El Saadawi, N., The hidden face of Eve. Women in the Arab World, London 1980.

Endreß, G., Der Islam. Eine Einführung in seine Geschichte, 2. Auflg., München 1991.

Es-Snoussi, M. T., Code du Statut Personnel annoté, Tunis 1957 (franz./arab.).

Es-Snoussi, M. T., Code Pénal, Tunis 1976.

Faath, S., Die politische Entwicklung seit der Unabhängigkeit 1956-1986, Kommentar und Dokumentation, Deutsches Orient Institut, Hamburg 1986.

Faath, S., Herrschaft und Konflikt in Tunesien, Hamburg 1989.

Faath, S., Anspruch und Grenzen der Demokratisierungsbestrebungen in Tunesien unter Präsident Ben Ali, in: Demokratie und Menschenrechte in Nordafrika, hrsg. von S. Faath u. H. Mattes, Hamburg 1992, S. 489-563.

Faath, S., Tunesien (Tunesische Republik), in: Politisches Lexikon Nahost Nordafrika, hrsg. von U. Steinbach (et al.), 3. Auflg., München 1994, S. 270-282.

Faath, S., Probleme der Demokratisierung in den Maghrebstaaten, in: Aus Politik und Zeitgeschichte. Beilage zur Wochenzeitung Das Parlament, Nr. 44-45, Bonn 1995, S. 14-23.

Faṭnāṣī, 'Ā., tubūt an-nasab bi-l-firāš, in: Mağallat al-qaḍā' wa-t-tašrī', Nr. 6, 1978, S. 11-30.

Faṭnāsī, 'A., nušūz az-zauğa baina š-šarī'a wa-l-qānūn, in: Mağallat al-qaḍā' wa-t-tašrī', Nr. 3-5, 1975, S.7-10.

Feder, E., Islamisches Scheidungsrecht. Ein systematischer Versuch, in: Die Welt des Islams. Zeitschrift der deutschen Gesellschaft für Islamkunde, Bd. I, Berlin 1913, S. 7-17.

Al-Firšīšī, al-B., ḫawāṭir ḥaula l-ḥaḍāna fī fiqh al-qaḍā' at-tūnisī, in: RTD/Al-Mağalla al-qānūniyya at-tūnisiyya, Nr. 1, 1978, S. 9-19.

Forstner, M., Neuerliche Änderungen im tunesischen Personenstandsgesetz, in: StaZ, Nr. 1, 1982, S. 17-19.

Forstner, M., Veränderungen im tunesischen Ehe- und Kindschaftsrecht, in: StaZ, Nr. 1, 1995, S. 1-8.

Fqī, B., ğarīmat al-faṣl 32 a min mağallat al-'aḥwāl aš-šaḫṣiyya, in: Mağallat al-qaḍā' wa-t-tašrī', Nr. 4, 1998, S. 115-144.

Fyzee, A. A. A., Outlines of muhammadan law, 2. Auflg., Oxford 1955.

Gadant, M./Kasriel, M., Femmes du Maghreb au présent. La dot, le travail, l'identité, Paris 1990.

Ghanmi, A., Le mouvement féministe tunisien. Témoignage sur l'autonomie et la pluralité du mouvement des femmes (1979-1989), Tunis 1993.

Gmati, F., Femme et famille en Tunisie, in: L'avenir de la famille au Moyen Orient et en Afrique du Nord, Cahier du CERES, Série Psychologie Nr. 7, Tunis 1990, S. 127-138.

Al-Ǧadī'ī, Ǧ., „haqā'iq taftaḥu mallaf al-ḫilāfāt az-zauǧiyya wa-muḫtaṣṣūn yufassirūna 'irtifā' nisab aṭ-ṭalāq", in: Réalité, Nr. 484, 3.-9.2.1995, S. 12-15.

Al-Ġālī, F., min „dār ǧawād" 'ilā qaṣr al-'adāla, in: Realité, Nr. 419, 15-21.10.1993, S. 19-21.

Habib Bourguiba, Articles de presse 1929-1934, Tunis 1967.

Al-Haddād, aṭ-Ṭ., imra'atuna fī š-šarī'a wa-l-muǧtama', o. Auflg., Tunis 1998.

Hallaq, W. B., Was the Gate of Ijtihad closed?, in: International Journal of Middle East Studies, Bd. 16, 1984, S. 3-41.

Hallaq, W. B., A history of islamic legal theories, Cambridge 1997.

Hamzaoui, S., Eros au champ d'honneur, in: Tunisiennes en devenir, 1. Comment les femmes vivent, Tunis 1992, S. 93-118.

Hassan, R., Feministische Interpretationen des Islams, in: Schöning-Kalender, C. (et al.) (Hrsg.), Feminismus, Islam, Nation. Frauenbewegungen im Maghreb, in Zentralasien und in der Türkei. Frankfurt a. M./New York 1997, S. 217-233.

Heller, E./ Mosbahi, H., Hinter den Schleiern des Islam. Erotik und Sexualität in der arabischen Kultur, München 1993.

Heller, E./Mosbahi, H. (Hrsg.), Islam Demokratie Moderne. Aktuelle Anworten arabischer Denker, München 1998.

Hermassi, E., The Islamicist Mouvement and November 7, in: Tunisia. The Political Economy of Reform, hrsg. von I. W. Zartmann, London 1991, S. 193-204.

Hermassi, M. E., La société tunisienne au miroir islamiste, in: Maghreb-Machrek, Nr. 103, Paris 01-03/1984, S. 39-56.

Hilfszentrum für mißhandelte Frauen vor der Eröffnung. Vereinigung kämpft gegen patriarchalische Unterdrückung. Ostsee-Zeitung vom 5.3.1993.

Hmed, A.-M./Hermassi, A., Le divorce dans la région de Tunis. Evolution et aspects psycho-sociologiques, Tunis 1983.

Höll, R., Die Stellung der Frau im zeitgenössischen Islam, Frankruft a. M. 1979.

Ḫmayyis, B., tuhmat az-zinā' ḥāl al-'idda, in: Maǧallat al-qaḍā' wa-t-tašrī', Nr. 6, 1972, S. 11-15.

Jaeger, C., Die Stellung der Frau im Islamischen Ehe- und Scheidungsrecht der Vereinigten Arabischen Republik, Univ. Diss., Tübingen 1969.

Jaeger, C., Probleme der Modernisierung des islamischen Familienrechts, in: Verfassung und Recht in Übersee, 2/1969, S. 181-198.

Juynboll, Th. W., Handbuch des islamischen Gesetzes nach der Lehre der schafi'itischen Schule, Leiden/Leipzig 1910.

Kamali, M. H., Divorce and women's rights: Some muslim interpretations of 2:228, in: The Muslim World, Nr. 74, 1984, S. 85-99.

Kandiyoti, D. (Hrsg.), Gendering the Middle East. Emerging Perspectives, London/New York 1996.

Karoui, N.: La notion d'émancipation de la femme à travers la presse: ébauche d'une analyse de contenu, in: RTSS, Nr. 47, 1976, S. 93-124.

Karoui, N., La femme tunisienne et le phénomène „bureau". Etude sociologique sur les attitudes et conduites des jeunes femmes tunisiennes dans l'administration des P.T.T., in: RTSS, Nr. 70-71, 1982, S. 75-109.

Karoui, N., Le couple en Tunisie: Du discours à la réalité, in: RTSS, Nr. 98-99, 1989, S. 59-79.

Karrū, al-H., zawāǧ al-muslima bi-ġair al-muslim, Maǧallat al-qaḍā' wa-t-tašrī', Nr. 2, 1971, S. 11-20.

Karrū, al-H., al-mar'a fī maǧallat al-aḥwāl aš-šaḫṣiyya, RTSS, Nr. 56/57, 1979, S. 3-28.

Kefi, Fayza: Le droit à l'éducation et l'enseignement des droits de l'homme, Série La Tunisie et les droits de l'homme, Tunis, 1992.

Kerrou, M./Kharoufi, M., Maghreb. Familles, valeurs et changements sociaux, in: Maghreb-Machrek, Nr. 144, 04-06/1994, S. 26-39.

Khalid, D., Die Wiederbelebung der islamischen Rechts- und Gesellschaftsordnung, in: Der Nahe und Mittlere Osten: Politik, Gesellschaft, Wirtschaft, Geschichte, Kultur, hrsg. von U. Steinbach u. R. Robert, Bd. 1, Opladen 1988, S. 555-565.

Khouini, R., L'impact de la crise sur l'emploi des femmes en Tunisie, in: Travail et développement, Nr. 13, 1989, S. 207-214.

Khoury, A.-T., Das islamische Rechtssystem. Grundlagen und Rechtsschulen, Cibedo-Dokumentation (Köln) Nr. 8, September 1980.

Kotrane, H., La Tunisie et le droit au travail, Série La Tunisie et les Droits de l'Homme, Tunis 1992.

Kotzur, H., Kollisionsrechtliche Probleme christlich-islamischer Ehen dargestellt am Beispiel deutsch-maghrebinischer Verbindungen, Univ. Dissertation, Tübingen 1988.

Krämer, G., The integration of the integrists: a comparative study of Egypt, Jordan and Tunisia, in: Democracy without democrats?, hrsg. von G. Salamé, London/New York 1994, S. 200-226.

Krämer, G., Politischer Islam. Kurseinheit 1, Fernuniversität Hagen 1994.

Kraiem, M., Pouvoir colonial et mouvement national. La Tunisie des années trente, Tunis 1990.

Krüger, H., Ehe und Brautgabe. Rechtliche Probleme bei Ehen mit Angehörigen islamischer Staaten, dargestellt am Beispiel Tunesiens, in: FamRZ, Nr. 2, 1977, S. 114-118.

Krüger, H., Zur Eheschließung von Tunesierinnen mit Nichtmuslimen, in: StaZ, Nr. 8, 1998, S. 251-252.

Lacoste-Dujardin, C., Mütter gegen Frauen. Mutterherrschaft im Maghreb, Zürich 1990.

Laghmani, S., Droit musulman et droit positif: Le cas tunisien, in: Politiques législatives, Egypte, Tunisie, Algérie, Maroc, Dossiers du CEDEJ, Kairo 1994, S. 157-165.

Lagrange, E. de, RTD 1963-65, S. 46-47.

Lagrange, E. de, Le législateur tunisien et ses interprètes, in: RTD, 1968, S. 11-51.

Lagrange, E. de, RTD 1968, S. 95-96, 99-101, 120.

Lagrange, E. de, RTD 1969-70, S. 188-190.

Lakhoua, M. H., Réflexion sur le divorce „caprice", in: RTD 1974, S. 61-73.

Lamouri, A., Insertion professionnelle des diplômés de l'enseignement supérieur, Institut Lamouri de Psychologie Appliquée, Tunis 1980.

La vie politique n'est plus la chasse gardée des hommes en Tunisie, in: Info CREDIF, Nr. 16, 11/1999, S. 7.

Lerch, W.G., Von den „Brotunruhen" zu Ben Ali. Tunesien und seine Fundamentalisten. FAZ vom 19.11.1996.

Les acquis de la femme tunisienne, Courrier de Tunisie, Nr. 7, 8/1994, S. 19-22.

Leßner, D., Zur sozialen Lage der Frau in Entwicklungsländern. Eine Fallstudie: Algerien, München 1978.

Linant de Bellefonds, Y., Traité de droit musulman comparé, Bd. II: Le mariage, la dissolution du mariage, Paris 1965.

Al-Madanī, Ḫ., al-ǧalsa aṣ-ṣulḥiyya fī qaḍāyāt aṭ-ṭalāq, in: Femme, N. 71, 1993, S. 26-27.

Al-Madanī, Ḫ., al-mar'a at-tūnisiyya wa-l-qanūn, in: Al-mar'a, Nr. 80, 08/1994, S. 16-17.

M.A.F.F./Unicef (Hrsg.), Enquête sur la Famille en Tunisie, Tunis 1993.

M.A.F.F. (Hrsg.), Les mesures du 5 Avril 1996, Tunis o. J.

M.A.F.F. (Hrsg.), 1987/1997 - Les acquis de la femme dans la dynamique démocratie/développement en Tunisie, Tunis 1997.

M.A.F.F. (Hrsg.), Droits de la femme en Tunisie. L'impulsion démocratique des années 90, Tunis 1998.

M.A.F.F. (Hrsg.), Le code du statut personnel. Le guide des jeunes, Tunis 1998.

Mahfoudh, D., La syndicalisation des femmes en Tunisie, in: Peuples Méditerranées, Nr. 44-45, Paris 1988, S. 29-47.

Mahfoudh, D., Les femmes universitaires entre la carrière et la vie familiale en Tunisie, in: La non-discrimination à l'égard des femmes entre la Convention de Copenhague et le discours identitaire, Colloque UNESCO-C.E.R.P., Tunis 13.-16.1.1988, S. 195-209.

Mahfoudh, D., La famille tunisienne aujourd'hui: Quelles formes de conjugalité?, in: L'avenir de la famille au Moyen Orient et en Afrique du Nord, Cahier du CERES, Série Psychologie Nr. 7, Tunis 1990, S. 69-80.

Mahfoudh-Draoui, D., Formation et travail des femmes en Tunisie. Promotion ou aliénation, in: AAN 1980, Paris 1982, S. 255-288.

Mahfoudh-Draoui, D., Paysannes de Marnissa. Le difficile accès à la modernité, Tunis 1993.

Mahfoudh-Draoui, Traditionalisme et modernisme conjugal dans la famille tunisienne, in: Structures familiales et rôles sociaux. Actes du colloque de l'Institut Supérieur de l'Education et de la Formation Continue, Tunis 1994, S. 81-88.

Marshall, S. E./Stokes, R. G., Tradition and the veil: Female status in Tunisia and Algeria, in: The Journal of Modern African Studies, 19,4 (1981), S. 625-646.

Marzouki, I., Le mouvement des femmes en Tunisie au XXème siècle, Tunis 1993.

Masud, A., Islam. Idee und Praxis. Frankfurt a. M. 1980.

Meier, A., Politische Strömungen im modernen Islam, Bonn 1995.

Mernissi, F., Beyond the veil. Male-Female Dynamics in a modern muslim society, Cambridge u. a. 1975.

Mernissi, F., Geschlecht, Ideologie, Islam. München 1987.

Meyer, T.: Fundamentalismus. Aufstand gegen die Moderne, Hamburg 1998.

Mezghani, A., Réflexions sur les relations du Code du Statut Personnel avec le droit musulman classique, in: RTD, 1975, S. 53-81.

Meziou, K., Féminisme et islam dans la réforme du Code du Statut Personnel du 18 février 1981, in: RTD, 1984, S. 253-282.

Moghadam, V. M., Modernizing Women. Gender and social change in the Middle East, Boulder/London 1993.

Montety, H. de, Mutation des moeurs familiales en Tunisie, in: Cahiers Nord-Africaines, 77, 02-03/1960, Paris, S. 18-27.

Moore, C. H., Tunisia since independence, Berkeley 1965.

Mosbahi, H., Eine nicht zu bändigende Frau. Die rebellischen Töchter Scheherezades (8): Die libanesische Roman-Schriftstellerin Hoda Barakat. SZ vom 15./16.6.1996.

Motzki, H., Dann machte er daraus die beiden Geschlechter, das männliche und das weibliche ... (Koran 75:39) - Die historischen Wurzeln der islamischen Geschlechterrollen, in: Aufgaben, Rollen und Räume von Frau und Mann, Teilband 2, Freiburg u. a. 1989, S. 607-641.

M'rad, H./Bagga, S., Touche pas à mon statut, in: Réalités, Nr. 191, 14.-20.04/1989, S. 9-13.

Al-Muḥīrṣī, al-Ḥ., hal tasquṭu al-ḥaḍāna bi-muǧarrad intihā' 'amadihā?, in: Maǧallat al-qaḍā' wa-t-tašrī', Nr. 6, 1959, S. 17-19.

Munir, A., Die Frau in der islamischen Gesellschaft, in: Der unbekannte Islam, hrsg. von A. Jäger u. A. Wildermuth, Zürich 1988.

Murphy, E. C., Women in Tunisia: A survey of achievements and challenges, in: The Journal of North African Studies, Bd. 1, Nr. 2, 1996, S. 138-156.

Nacef, T. (et al.), La famille tunisienne. Valeurs et traditions, IBLA, 1988, Bd. 51, Nr. 162, S. 263-281.

Nahost Jahrbuch 1997. Politische, wirtschaftliche und gesellschaftliche Entwicklung in Nordafrika und dem Nahen und Mittleren Osten, hrsg. vom Deutschen Orient-Institut, Opladen 1998.

Nasraoui, M., La vie sexuelle des jeunes ouvriers tunisiens célibataires (une approche selon le sexe), in: Psychologie différentielle des sexes, Cahier du CERES, Série Psychologique Nr. 3, Tunis 1986, S. 105-123.

Nasraoui, M., Les enfants abandonnés en Tunisie: Analyse de la situation de l'enfant et de la mère, in: L'avenir de la famille au Moyen Orient et en Afrique du Nord, Cahier du CERES, Série Psychologie Nr. 7, Tunis 1990, S. 139-147.

Nelson, H. D., Tunisia. A country study, 2. Auflg., Washington 1979.

Omrane, N.: Agression de trois adolescentes à El Manar. Faut-il une sanction exemplaire pour le machisme ordinaire?, in: Réalité, Nr. 699, 6.-12.5.1999, S. 38-39.

ONFP (Hrsg.), La famille en Tunisie, Tunis 1991.

ONFP (Hrsg.), Les jeunes au quotidien. Environnement socio-culturel et comportements de santé, Tunis 1996.

Ouajah, L., Professeur Sassi Ben Halima: „Le tout est une question d'exequatur", in: Réalité, Nr. 460, 12.-18.8.1994, S. 15-16.

Paret, R., Zur Frauenfrage in der arabisch-islamischen Welt. Veröffentlichungen des Orientalischen Seminars der Universität Tübingen, Heft 8, Stuttgart u. a. 1934.

Paret, R., Mohammed und der Koran, Stuttgart 1957.

Pearl, D., A textbook on muslim law, London 1979.

Plewka, A., Musterdemokratie?, in: ai-Journal, 2/1996, S. 14-15.

Pritsch, E., Das tunesische Personenstandsrecht, in: Die Welt des Islam, Bd. 5, 1958, S. 188-205.

Pruvost, L., Promotion de la femme et législation, IBLA, 1968, Bd. 2, Nr. 122, S. 347-355.

Raccagni, M.: Origins of feminism in Egypt and Tunisia, Univ. Diss., New York 1983.

Rauscher, T., Sari'a. Islamisches Familienrecht der sunna und shi'a. Schriftenreihe der wissenschaftlichen Gesellschaft für Personenstandswesen und verwandte Gebiete, Bd. 28, Frankfurt a. M. 1987.

Reintjens, H., Die soziale Stellung der Frau bei den nordarabischen Beduinen unter besonderer Berücksichtigung ihrer Ehe- und Familienverhältnisse, Univ. Diss., Bonn 1975.

Reissner, J., Islamischer Fundamentalismus, in: Der politische Islam. Intentionen und Wirkungen, hrsg. von J. Schwarz, Paderborn (u. a.) 1993, S. 87-98.

Rejeb, S., Le divorce d'après le vécu de femmes tunisiennes cadres, in: RTSS, Nr. 84-87, 1986, S. 277-343.

Rejeb, S., Destructuration, restructuration de la famille tunisienne. Le vécu familial dans un quartier populaire, in: RTSS, Nr. 88/91, 1987, S. 245-301.

Rejeb, S., La mère au travail et son enfant. Simple sondage sociologique, in: IBLA, 1991, Bd. 54, Nr. 167, S. 85-93.

Richter-Dridi, I., Frauenbefreiung in einem islamischen Land - ein Widerspruch?, Frankfurt a. M. 1981.

Riegel, K.-G., Tradition und Modernität. Zum Modernisierungspotential traditionaler Kulturen nichtwestlicher Entwicklungsgesellschaften, in: Handbuch der Dritten Welt, hrsg. von D. Nohlen und F. Nuscheler, Bd. 1, Unterentwicklung und Entwicklung: Theorien – Strategien – Indikatoren, Hamburg 1982, S. 73-91.

Rohe, M., Der Islam - Alltagskonflikte und Lösungen. Rechtliche Perspektiven, Freiburg i. B. 2001.

Sahli, S., Insertion de la jeune fille rurale dans le développement, in: RTSS, Nr. 64, 1981, S. 155-162.

Sahli, S., Le couple entre l'union et la rupture, in: RTSS, Nr. 66, 1981, S. 117-123.

Salem, G., Problèmes de la filiation en droit musulman et solutions de la jurisprudence Tunsienne. Mitteilungen des Deutschen Orient-Instituts, Nr. 3, Hamburg 1973.

Salem, N., Habib Bourguiba, Islam and the creation of Tunisia, London u. a. 1984.

Samaran, C., Le droit musulman tunisien moderne, in: Handbuch der Orientalistik, Teil 1, Erg. Bd. 3, Leiden/Köln 1964.

Schacht, J. (Hrsg.), G. Bergsträssers Grundzüge des islamischen Rechts, Berlin/Leipzig 1935.

Schacht, J., An introduction to islamic law, Oxford 1964.

Schöning-Kalender, C. (et. al.) (Hrsg.), Feminismus Islam Nation. Frauenbewegungen im Maghreb, in Zentralasien und in der Türkei, Frankfurt a. M./ New York, 1997.

Secrétariat d'Etat au Plan et aux Finances (Hrsg.), Annuaire Statistique de la Tunisie 1966, Tunis 1967.

Sivers, P. von, Maghreb und Westafrika, in: Der Islam in der Gegenwart, hrsg. von W. Ende u. U. Steinbach, 3. Auflg., München 1991, S. 399-418.

Smith, W. R., Kinship and marriage in early arabia, 3. Auflg., Oosterhout 1966.

As-Snūsī, M. Ṭ., Maǧallat al-aḥwāl aš-šaḫsiyya (arab./franz.), Tunis 1970.

So sprach der Prophet. Worte aus der islamischen Überlieferung. Ausgewählt und übersetzt von A. T. Khoury, Gütersloh 1988.

Spies, O./Pritsch, E., Klassisches islamisches Recht, in: Handbuch der Orientalistik. Hrsg. von B. Spuler. Erste Abteilung: Der Nahe und Mittlere Osten, Leiden u. a. 1964, S. 220-343.

Sraieb, N., Bildungspolitik und Bildungseinrichtungen, in: Tunesien, hrsg. von K. Schliephake, Stuttgart 1984, S. 378-407.

Statistisches Bundesamt (Hrsg.), Länderbericht Tunesien 1976, 1979 und 1988.

Steinbach, U., Vom islamisch-westlichen Kompromiß zur „Re-Islamisierung“, in: Der Islam in der Gegenwart, hrsg. von W. Ende u. U. Steinbach, 3. Auflg., München 1991, S. 198-211.

Aš-Šarīf, M. al-Ḥ., ḫaula šuġl al-mar'a, in: RTD, Nr. 1, 1986, S. 7-16.

Aš-Šarīf, M. al-Ḥ., az-zawāǧ al-muḫtalaṭ, in: Maǧallat al-qaḍā' wa-t-tašrī', Nr. 1, 1990, S. 11-32.

Aš-Šarīf, M. al-Ḥ., Ṣundūq ḍamān an-nafaqa wa-ǧirāyat aṭ-ṭalāq, Tunis 1994.

Aš-Šarīf, M. al-Ḥ., ḫaula al-mauqif al-'ā'ilī fī 'alāqatihi bi-l-qaḍā', in: Maǧallat al-qaḍā' wa-t-tašrī', Nr. 6, 1996, S. 15-25.

Aš-Šarīf, M. al-Ḥ., Maǧallat al-aḥwāl aš -šaḫsiyya, 3. Auflg., Tunis 1997.

Aš-Šarīf, M. al-Ḥ., al-'idn al-qaḍā'ī bi-z-zawāǧ, in: Maǧallat al-qaḍā' wa-t-tašrī', Nr. 4, 1998, S. 37-74.

Šimām, M., al-fiqh al-'islāmī wa-ta'ṯīruhu fī t-tašrī 'al-waḍ'ī, in: Maǧallat al-qaḍā' wa-t-tašrī', Nr. 1, 1977, S. 13-40.

Taamallah, K., Structures sociales en Tunisie, in: RTSS, Nr. 65, 1981, S. 183-190.

Taamallah, L., Les femmes et l'emploi en Tunisie, in: RTSS, Nr. 70/71, 1982, S. 143-166.

Taamallah, L., La scolarisation et la formation professionnelle des femmes en Tunisie, in: RTSS, Nr. 68/69, 1982, S. 107-128.

Taamallah, L., L'emploi des femmes dans le secteur tertiaire en Tunisie, in: RTSS, Nr. 88/91, 1987, S. 217-243.

Taamallah, K., Enseignement supérieur en Tunisie: Inégalité et reproduction sociale, in RTSS, Nr. 88/91, 1987, S. 303-326.

Taamallah, K., Evolution de la famille tunisienne à travers quelques indications sociales, in: Structures familiales et rôles sociaux. Actes du colloque de l'Institut Supérieur de l'Education et de la Formation Continue, Tunis 1994, S. 89-97.

Temime-Blili, L., Evolution des relations interpersonnelles dans la famille traditionnelle entre 1875 et 1930 à travers l'étude des témoins et des mandataires aux mariages, in: Les relations interpersonnelles dans la famille maghrébine, Cahier du CERES, Série Psychologique Nr. 6, Tunis 1988, S. 221-232.

Tessler, M. A., Political change and the islamic revival in Tunisia, in: The Maghreb Review, 5, Bd. 1, 01-02/1980, S. 8-19.

Tessler, M. A. (et al.), Tradition and Identity in Changing Africa, New York 1973.

Tessler, M. A. (et al.), Women's emancipation in Tunisia, in: Women in the muslim world, hrsg. von L. Beck, Cambridge/ Mass. 1982, S. 141-158.

Timm, K./Aalami, S., Die muslimische Frau zwischen Tradition und Fortschritt. Frauenfrage und Familienentwicklung in Ägypten und Iran, Berlin 1976.

Tlili, B., A l'aube du mouvement de réformes à Tunis: un important document de Aḥmad ibn abī-aḍ-Diyāf sur le féminisme, in: Ethnies 2, Paris 1972, S. 167-230.

Todd, E., La troisième planète; structures familiales et systèmes idéologiques, Seuil 1983.

Toscane, L./Lamloun, O., Les femmes, alibi du pouvoir tunisien. Discours modernisateur pour régime répressif. Le monde diplomatique 06/1998.

Trabelsi, S., Faut-il croire au sexe fort?, in: Réalité, Nr. 688, 1.-7.10.1998, S. 35-38.

Trabelsi, S., Le couple moderne. Petites gerçures au grand quotidien, in: Réalité, Nr. 687, 11.-17.2.1999 (Beilage „Femmes et Réalités“), S. 6-10.

Tunesien. Internationales Handbuch – Länder aktuell, Munzinger-Archiv Ravensburg , 17/1996.

UNFT (Hrsg.), L'image de la Femme[1] dans la Société Tunisienne, Tunis 1981.

UNFT (Hrsg.), Le rôle et le statut de la femme dans la société tunisienne, Tunis 1994.

UNFT (Hrsg.), L'image de la Femme[2] dans la Société Tunisienne, Tunis 1995.

Walther, W., Die Frau im Islam, in: Der Islam (Die Religionen der Menschheit, Bd. 25), hrsg. von M. D. Ahmed, Stuttgart u. a. 1990, S. 388-414.

Walther, W., Die Frau im Islam, 3. Auflg., Leipzig 1997.

Wiedensohler, G., Grundbegriffe des islamischen Rechts, in: Rabels Zeitschrift für ausländisches und internationales Privatrecht, 35 (1971), S. 633-644.

Wiedensohler, G., Ehescheidungsrecht in Tunesien, in: Rabels Zeitschrift für ausländisches und internationales Privatrecht, 41 (1977), S. 151-160.

Wolff, K., Zwischen Polizeistaat und Patriarchat. Die Association Tunisienne des Femmes Démocrates (ATFD), in: Inamo, Nr. 18, Sommer 1999, S. 42-45.

Yazbeck Haddad, Y./Esposito, J. L. (Hrsg.), Islam, Gender and Social Change, Oxford (u.a.) 1998.

Zamiti-Horchani, M., Les tunisiennes, leurs droits et l'idée qu'on s'en fait, in: Femmes de la Méditerranée, Peuples Méditerranéens, Nr. 22-23, 01-06/1983, S. 181-192.

Zerdoumi, N., Enfant d'hier. L'éducation de l'enfant en milieu traditionnel algérien, Paris 1970.

Zghal, A., Le retour du sacré et la nouvelle demande idéologique des jeunes scolarisés. Le cas de la Tunisie, in: AAN 1979, Paris 1980, S. 41-64.

Zghal, A., La circulation des femmes dans le commerce-politique, in: RTSS, Nr. 88-91, 1987, S. 11-29.

Zmerli, S., Les fondements juridiques et institutionnels du programme national de planification familiale, in: L'avenir de la famille au Moyen Orient et en Afrique du Nord, Cahier du CERES, Série Psychologie Nr. 7, Tunis 1990, S. 81-95.

Tunesische Zeitschriften und Institutsveröffentlichungen

Al-'aḥdāṯ al-qānūniyya at-tūnisiyya / Actualités Juridiques Tunisiennes

Courrier de Tunisie

Info CREDIF, Centre de Recherche, de Documentation et d'Information sur la Femme

INS (Hrsg.), Annuaire Statistique de la Tunisie, Bd. 39, 1996

INS (Hrsg.), Enquête Nationale Population-Emploi 1989, Volume national, Tunis 1990.

INS (Hrsg.), Recensement Général de la Population et de l'Habitat 1994. Principales caractéristiques démographiques de la population, Tunis 1995.

Al-maǧalla al-qānūniyya at-tūnisiyya / Revue Tunisienne de Droit

Maǧallat al-qaḍā' wa-t-tašrī' / Revue de Jurisdiction et Législation

Al-mar'a / Femme

Našriyyat al-'iḥṣā'iyyāt al-qaḍā'iyya, Ministère de la Justice

Našriyyat maḥkamat at-ta'qīb

Réalité

Revue Juridique et Politique

Revue Tunisienne des Sciences Sociales

Sou'al

Gesetzesblätter und Gesetzestexte

Code de Procédure Pénale, République Tunisienne, Tunis 1998

Code des Obligations et des Contrats, République Tunisienne, Tunis 1998

Maǧallat al-aḥwāl aš-šaḫsiyya. Mulḥaq bihā: tanẓīm al-ḥāla al-madaniyya wa-š-šahādat aṭ-ṭibbiyya as-sābiqa li-z-zawāǧ wa-t-taqādīm wa-l-wilāyat wa-t-tabannī. Al-matba'a ar-rasmiyya li-l-ǧumhūriyya at-tūnisiyya, Tunis 1994 (arab./franz.).

Ar-rā'id ar-rasmī li-l-ǧumhūriyya at-tūnisiyya / Journal Officiel de la République Tunisienne (J.O.R.T.)

Enzyklopädien und Wörterbücher

Enzyklopädie des Islam (EI[1]), Leiden/Leipzig, Band II (E-K) 1927, Band IV (S-Z) 1934, Erg. Bd. 1938

Faruqi, H. S., Faruqi's Law Dictionary. Arabic-English, 3. Auflg., Beirut 1986.

The Encyclopaedia of Islam (EI[2]), Leiden/London, Band II (C-G) 1965, Band III (H-IRAM) 1971, Band V (KHE-MAHI) 1979, Band VI (MAHK-MID) 1986, Band VII (MIF-NAZ) 1993, Band VIII (NED-SAM) 1995, Band IX (SAN-SZE) 1995.

Wehr, H., Arabisches Wörterbuch für die Schriftsprache der Gegenwart. Arabisch-Deutsch, 5. Auflg., Wiesbaden 1985.

Zitierweise der arabischen Gerichtsurteile

Die arabischen Gerichtsurteile werden wie folgt zitiert:
Nach der jeweiligen Instanz und der Unterscheidung zwischen Zivil- und Strafsache folgt das Aktenzeichen, das Datum des Richterspruchs und der/die Quellennachweis/e.

<u>Verwendete Begriffe:</u>

‘adad	Nummer; Aktenzeichen
Al-’aḥdāṯ al-qānūniyya at-tūnisiyya	zweisprachige Rechtszeitschrift (Actualités Juridiques Tunisiennes)
Al-maǧalla al-qānūniyya at-tūnisiyya	zweisprachige Rechtszeitschrift (Revue Tunisienne de Droit)
al-qism al-ǧazā’ī	strafrechtlicher Teil
al-qism al-madanī	zivilrechtlicher Teil
ǧuz’	Teil
Ḥukm ibtidā’ī madanī	zivilrechtliches Urteil erster Instanz (Gafsa, Mahdia, Marith, Sabiha, Tunis, Sousse)
Maǧallat al-qaḍā’ wa-t-tašrī‘	zweisprachige Rechtszeitschrift (Revue de Jurisdiction et Législation)
Našriyyat maḥkamat at-ta‘qīb	Veröffentlichung des Kassationsgerichtshofes Tunis

Qarār isti'nāfī madanī	zivilrechtliches Urteil des Berufungsgerichts (Sfax, Sousse, Tunis)
Qarār ta'qībī ǧazā'ī	strafrechtliches Urteil des Kassationsgerichtshofes Tunis
Qarār ta'qībī madanī	zivilrechtliches Urteil des Kassationsgerichtshofes Tunis
ṣ.	Seite (ṣafḥa)

Tabellenverzeichnis

Seite

Abkürzungsverzeichnis

a. F.	alte Fassung
AAN	Annuaire de l'Afrique du Nord
AFTURD	Association des Femmes Tunisiennes pour la Recherche et le Développement
ai	amnesty international
APROFE	Association de Promotion des Projets de Femmes dans l'Economie
ATFD	Association Tunisienne des Femmes Démocrates
B.I.P.	Bruttoinlandsprodukt
CERES	Centre d'Etudes et de Recherches Economiques et Sociales
C.S.V.R.T.	Comité de Soutien aux Victimes de la Répression en Tunisie
CNFCE	Chambre Nationale des Femmes Chefs d'Entreprises
COC	Code des Obligations et des Contrats
CPCC	Code de Procédure Civile et Commerciale
CPP	Code de Procédure Pénal
CREDIF	Centre de Recherche, de Documentation et d'Information sur la Femme

CSP	Code du Statut Personnel
FamRZ	Zeitschrift für das gesamte Familienrecht
FAZ	Frankfurter Allgemeine Zeitung
FNA	Federation Nationale des Femmes Agricultrice
GTZ	Deutsche Gesellschaft für technische Zusammenarbeit
H.	Hiğra (Auszug aus Mekka, markiert den Beginn der islamischen Zeitrechnung)
IBLA	Revue de l'Institut des Belles Lettres Arabes
ICLQ	The International and Comparative Law Quaterly
INS	Institut National de la Statistique
J.O.R.T.	Journal Officiel de la République Tunisienne
LTDH	Ligue Tunisienne des Droits de l'Homme
M.A.F.F.	Ministère des Affaires de la Femme et de la Famille
MTI	Mouvement de la Tendance Islamique
n. F.	neue Fassung
ONFP	Office National de la Famille et de la Population
PC	Parti Communiste
RCD	Rassemblement Constitutionel Démocratique

RTD	Revue Tunisienne de Droit
RTSS	Revue Tunisienne des Sciences Sociales
StaZ	Das Standesamt
SZ	Süddeutsche Zeitung
TD	Tunesischer Dinar (1 TD entspricht derzeit etwa 1,50 DM)
UFT	Union des Femmes de Tunisie
UGTT	Union Générale des Travailleurs Tunisiens
UJFT	Union des Jeunes Filles de Tunisie
UMFT	Union Musulmane des Femmes de Tunisie
UNFT	Union Nationale de la Femme Tunisienne
UNO	United Nations Organisation
ZfK	Zeitschrift für Kulturaustausch

Index

FSC
www.fsc.org
MIX
Papier | Fördert gute Waldnutzung
FSC® C083411

Kolibri 360 GmbH
Ferdinand-Jühlke-Straße 7
99095 Erfurt, Deutschland
produktsicherheit@kolibri360.de